Pierre Monnet
Karl IV.

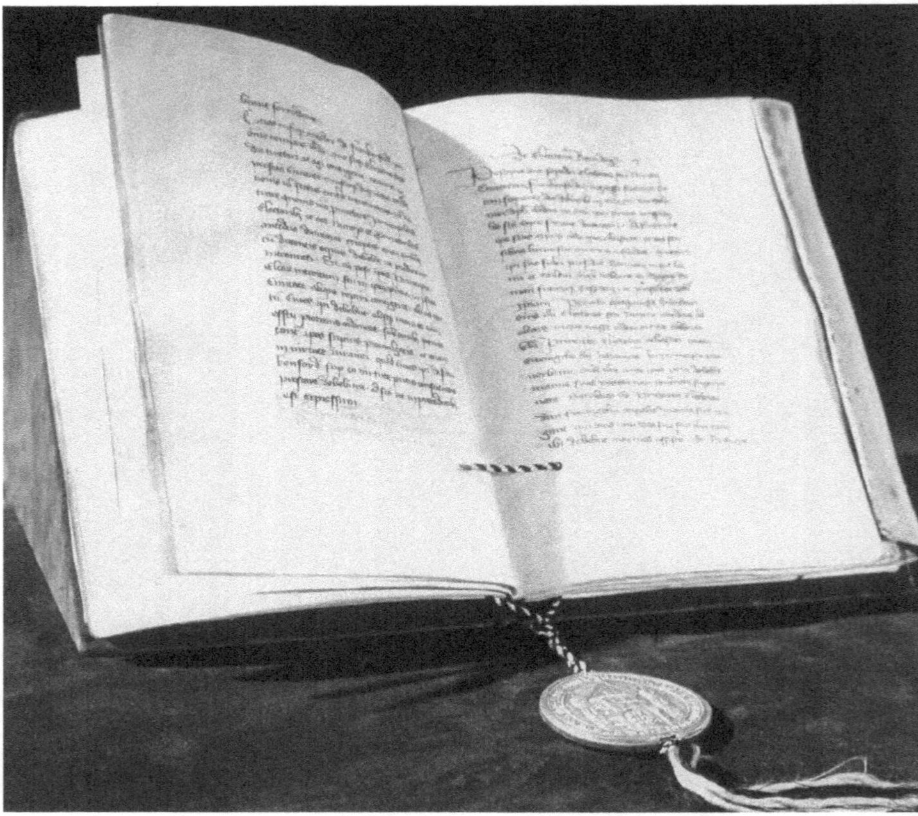

Das im Frankfurter Stadtarchiv aufbewahrte Original der 1356 erlassenen Goldenen Bulle mit kaiserlichem Siegel.

Pierre Monnet

Karl IV.
Der europäische Kaiser

Aus dem Französischen von
Birgit Lamerz-Beckschäfer

wbg THEISS

Die französische Originalausgabe erschien 2020 unter dem Titel
Charles IV. Un empereur en Europe bei Les éditions Fayard.

Die Deutsche Nationalbibliothek verzeichnet diese Publikation in der Deutschen Nationalbibliografie; detaillierte bibliografische Daten sind im Internet über www.dnb.de abrufbar.

wbg Theiss ist ein Imprint der wbg.

Die Herausgabe des Werkes wurde durch die Vereinsmitglieder der wbg ermöglicht.
Lektorat: Julia Niehaus, Berlin
Satz: Arnold & Domnick, Leipzig
Gedruckt auf säurefreiem und alterungsbeständigem Papier
Printed in Europe

Besuchen Sie uns im Internet: **www.wbg-wissenverbindet.de**

ISBN 978-3-8062-4271-3

Elektronisch sind folgende Ausgaben erhältlich:
eBook (PDF): 978-3-8062-4272-0
eBook (epub): 978-3-8062-4273-7

Für Viktoria und Jean-Baptiste, Kinder Europas

Inhalt

Einleitung

Ein Sommernachtstraum

Der König träumt. Er träumt in Terenzo, wenige Wegstunden südwestlich von Parma. Man schreibt den 15. August 1333, Mariä Himmelfahrt. Der Verfasser dieser Schilderung, der sich durch die Verwendung des Pluralis Majestatis als Chronist seiner selbst ausweist, ist Gegenstand des vorliegenden Buches. Am Tag seiner Vision ist er 17 Jahre alt und noch ein Niemand, nicht einmal Markgraf des fernen Mähren. Doch an jenem Tag um das Jahr 1350, als er davon berichtet, ist er bereits seit über drei Jahren König von Böhmen und römisch-deutscher König und damit Anwärter auf die Kaiserkrone.

> „In jener Nacht aber, als uns der Schlaf übermannte, hatten wir eine Erscheinung. Denn ein Engel des Herrn trat zur Linken unseres Lagers, stieß uns in die Seite und sprach: ‚Steh auf und folge uns!' [...] Und er nahm uns vorn an den Haaren und trug uns mit sich durch die Lüfte, bis wir uns über einem großen Reiterheer befanden [...]. Er [...] sprach: ‚Gib Acht und schau hin!' Und siehe, ein anderer Engel kam vom Himmel herab mit einem feurigen Schwert in der Hand. Damit durchbohrte er einen Menschen, der sich inmitten des Heeres befand, und schlug ihm das Geschlechtsteil ab. [...] ‚Wisse, dies ist der Dauphin von Vienne, der wegen der Sünde der Ausschweifung so von Gott durchbohrt wurde. Nun also nehmt euch in Acht! Auch eurem Vater könnt ihr sagen, er solle sich vor solchen Sünden hüten.' [...] Plötzlich waren wir wieder an unseren alten Ort zurückversetzt, während der Morgen schon graute. [...] Da ließ der Vater uns rufen und fragte, ob das wahr sei und wir das so gesehen hätten. Wir antworteten ihm: ‚Herr, seid versichert, der Dauphin ist tot.' Der Vater aber schalt uns: ‚Glaub' doch nicht an Träume!' [...] Nach einigen Tagen brachte ein Bote die Nachricht, der Dauphin sei [...] gestorben. Als unser Vater diese Nachricht hörte, sagte er: ‚Wir wundern uns sehr darüber, denn unser Sohn hat uns dessen Tod vorhergesagt.'"[1]

Für Historiker ist eine solche Traumschilderung[2] eine wichtige Quelle, die sich jedoch als Falle erweisen kann, vor allem, wenn der Verfasser über sich selbst spricht, denn die Versuchung, sich der Person besonders nahe zu glauben, ist umso größer.[3] Sei es aufgrund des Einblicks in ihr Innenleben, den ein Traum besser als jedes andere Ereignis in ihrem Leben zu gewähren scheint, sei es aufgrund der Aussagen dieser Person über sich selbst, wie sie im Übrigen jedes „autobiografische" Zeugnis beinhaltet. Als autobiografisch darf der Text – mit den üblichen Vorbehalten – eingestuft werden. Sein Verfasser war Karl IV., geboren 1316, gestorben 1378, Herrscher über Luxemburg, Böhmen, Mähren und Brandenburg, deutsch-römischer, lombardischer und burgundischer König und Kaiser des Heiligen Römischen Reichs.[4] Der Traum, den er 1333 träumte, bietet viele Ansätze für eine verführerische, wenn auch trügerische Annäherung. Finden sich darin nicht sogar Stichworte für eine tiefenpsychologische Analyse? Eine moderne Lesart könnte eine zwanghafte Beschäftigung mit dem Tod (des Dauphins) und der Sexualität (Amputation der Genitalien), den Vater-Sohn-Konflikt, die augenscheinliche Spaltung von Körper und Geist sowie die hellseherische Vorahnung hervorheben. Eine solche (Psycho-)Analyse würde jedoch den festen Platz, den die mittelalterliche Gesellschaft jedem Einzelnen, zumal einem König, zuwies, völlig unberücksichtigt lassen, und sie würde ausblenden, dass die Geschehnisse aus der Erinnerung niedergeschrieben wurden. Denn als die *Vita* in den Jahren 1349/50 entstand, war ihr Verfasser bereits 33 Jahre alt, so alt wie Jesus Christus bei seinem Tod.

Doch auch wenn wir uns vor Anachronismen hüten, bleibt die königliche Traumerzählung aufschlussreich. Sie gliedert sich in drei Schritte: den Traum selbst, die Erinnerung an ihn und die Niederschrift. Ganz zu Beginn „spricht" der Traum. Er eröffnet den unmittelbaren Dialog zunächst zwischen Engel und Träumendem, später zwischen Vater und Sohn. Danach lässt er den Träumenden eine Reihe bewegter Szenen „sehen". Und wie der Traum ist auch die Wiedergabe in drei Phasen unterteilt: Aufstieg, Vision und Schilderung. In der Niederschrift Karls oder desjenigen, dem er diktierte, ist der Traum weder Trugbild noch Lügengespinst, sondern Ausdruck der Überzeugung, dass Gott sich Karl im Traum offenbart hat. Hierin liegt der grundlegende Unterschied zwischen dem modernen „psychoanalysierten" Traum und dem mittelalterlichen Traum. Für die Menschen des 14. Jahrhunderts enthüllte ein Traum keine verborgenen oder verdrängten Aspekte der Seele, sondern eine von außen kommende Botschaft, die dem Träumenden aufzeigte, welchen Weg er als Christ und als König einschlagen sollte – als Christ insofern, als der Wortlaut mit Zitaten aus der Heiligen Schrift gespickt ist, und als König, weil der Traum einer Erweckung ähnelt, symbolisiert durch den Aufstieg zum Himmel und die Rückkehr zur Erde.

Könnte es in dieser Schwebe zwischen Himmel und Erde, zwischen dem Heranwachsenden und dem gestandenen Mann, zwischen dem jugendlichen Prinzen und dem späteren König, zwischen privater und erlauchter Person, an diesem Übergangsort also, der an das gut erforschte Sinnbild des Fegefeuers erinnert,[5] nicht auch um persönliche Freiheit gehen – hier in Gestalt einer autobiografischen Traumerzählung? Dieses Zwischenreich bildet auch den Raum, der das christliche vom königlichen Subjekt trennt und die beiden zugleich eint. Nach der biblischen Überlieferung kennzeichnen Träume, die eine Wahrheit enthüllen, Personen höchster Autorität, und in der Tradition von Konstantin bis zu Karl dem Großen zeigte der Traum eines Königs immer dessen Macht an. Das Bewusstsein seiner selbst galt als königliche Tugend, verknüpft mit der Überzeugung, nur ein König, der seinen eigenen Körper beherrsche, könne auch sein Reich beherrschen. In der Welt, in der Karl IV. aufwuchs und regierte, bildete der Traum das Bindeglied zwischen den Lebenden und den Toten, Himmel und Erde, Vätern und Söhnen und regte einen politischen Diskurs über das Königtum an. Vielleicht ist gerade dieser Aspekt das Neue an dieser Traumerzählung: Karl ist König nicht trotz, sondern aufgrund des Traums. Vielleicht war es erst in jenem Jahrhundert und erst für diesen König überhaupt möglich, sich so zu äußern. Doch über welches Jahrhundert sprechen wir hier?

Das 14. Jahrhundert

Das 14. Jahrhundert – soweit diese Einteilung Historiker noch überzeugt[6] – hat einen schlechten Ruf. Das Zentennium zwischen dem glänzenden 13. Jahrhundert mit seinen aufblühenden Städten und seinem demografischen und wirtschaftlichen Wachstum, und dem 15., das bereits einen Vorgeschmack auf die Neuzeit gab, ist gleichbedeutend mit Seuchen, Hungersnöten und Kriegen.[7] Es wirkt wie der Inbegriff all der Ängste, die sich in einer uralten Litanei widerspiegeln: „Herr, erlöse uns von der Pest, vom Hunger und vom Krieg." Nicht genug, dass ab 1318 erste Missernten die Kleine Eiszeit ankündigten, zwischen den beiden größten Königreichen des Abendlands – Frankreich und England – Krieg ausbrach, der gesamte Alpenraum im Januar 1348 von einem bis Venedig spürbaren Erdbeben erschüttert wurde, 1338 und 1346 Schwärme von Heuschrecken über Europa herfielen, die Pest ab 1347 innerhalb weniger Jahre 30 bis 40 Prozent der Bevölkerung dahinraffte und blutige Pogrome in Hunderten jüdischer Gemeinden auslöste und eine Währungskrise eintrat, zerriss 1378 zu allem Überfluss das Abendländische Schisma die Christenheit. Ein Jahrzehnt lang erschütterten immer wieder Aufstände die großen Städte, und schließlich drangen die Türken nach ihrem Sieg in der Schlacht bei Nikopolis 1396 in das christliche Europa vor.[8] Dieses von Todeshauch durchwehte Zeitalter, ferner Spiegel[9] unserer eigenen Ängste, inspirierte Historiker seit der Renaissance zu gewaltigen, düsteren Tableaus von verblüffender Aktualität in ihrer Voraussage, das Anthropozän werde zunehmend durch Wirren geprägt sein. Und dennoch schrieb Johan Huizinga in *Herbst des Mittelalters* 1919 – bezeichnenderweise unmittelbar nach der Katastrophe des Ersten Weltkriegs –, diese Epoche habe den „Geruch von Blut und Rosen in einem Atemzug" ertragen.[10] Nicht zuletzt war das 14. Jahrhundert auch die Epoche, in der Karl V., genannt der Weise, seine Bibliothek gründete, Petrarca und Dante, Froissart und Christine de Pizan schrieben, die Fresken der Guten und der Schlechten Regierung in Siena entstanden[11] und Jean de Mandeville von seiner Reise ins Heilige Land berichtete, der Papstpalast in Avignon gebaut, in Brügge die erste Börse gegründet wurde und Venedig sich als wirtschaftliche Weltmacht etablierte.

Und es ist auch das Jahrhundert Karls IV., inmitten einer umfassenden Verschiebung oder eher noch Neuausrichtung der Machtverhältnisse zwischen West und Ost in Europa. Karl IV. ist Zeuge und zugleich Akteur dieses Wandels, der vielleicht erst dazu führte, dass dieser Teil des Kontinents sich als Europa zu verstehen beginnt.[12] Die bedeutendsten Messen finden nun nicht mehr in der Champagne statt, sondern in Flandern, in den Städten am Rhein, in Frankfurt und in Leipzig; Silber aus den Minen in Kuttenberg, Freiberg und Iglau überschwemmt die Münzprägestätten in ganz Europa; die Nürnberger Hütten verarbeiten Luppen aus Rennöfen in der Oberpfalz, im Bayerischen Wald, Niederösterreich und dem Erzgebirge zu Eisenwaren für das ganze Abendland; Süddeutschland orientiert sich an den dynamischen Innovationen Norditaliens; die Hanse erhält 1358 eine konkrete Struktur und dominiert den Handelsaustauch zwischen England und Russland; in Preußen und östlich davon weitet der Deutschherrenorden sein Territorium aus und bekehrt die letzten „Heiden" des Kontinents; in Polen, Böhmen und Ungarn schließlich entstehen neue Metropolen, werden neue Kathedralen errichtet und neue Universitäten gegründet.

Die Versuchung, einen einzelnen Mann, und sei er noch so herausragend, lediglich als Aufhänger für die Schilderung eines von Krisen geschüttelten Zeitalters zu benutzen, war groß. Doch nicht weniger gering war die Gefahr, nichts als die spannende Lebensbeschreibung eines Königs von der Wiege bis zum Grab zu präsentieren. Für beides hätte es eine solide Grundlage gegeben. Doch erst in der Schnittmenge beider Perspektiven lässt sich einerseits Karl IV. als Individuum anschaulich darstellen und andererseits der methodische Ansatz auf den Prüfstand heben. In der Tat geht es in diesem Buch weniger um die Lebensumstände eines einzelnen Mannes als vielmehr um Fragen, die eine Betrachtung der Epoche, in der er lebte, im Licht seiner Überlegungen und Bedenken aufwirft. Aus den von ihm eingeführten Neuerungen – das Regieren durch Wort und Bild, die Verwaltung einer Vielfalt von Territorien und Kulturen, die Umstrukturierung seines Reiches, die Annäherung der Randbereiche an die Mitte, die Anbindung von Ost- und Westeuropa oder die Begründung einer Tradition – ergab sich für die Zeitgenossen Karls IV. ein Problem, das auch heutige Historiker beschäftigt und dessen sich der Kaiser zweifellos mehr als jeder andere bewusst war: die Frage nach dem Individuum und seinem Aufstieg zum Herrscher. In diesem Fall das Problem der Definition und Darstellung der Person des Königs, die, allen Porträts, Unterschriften, Siegeln und seiner Autobiografie nach zu urteilen, im 14. Jahrhundert trotz – höchstwahrscheinlich sogar aufgrund – aller Wirren eine neue Dimension erhielt.[13] Insofern geht es in dieser biografischen Annäherung unter anderem um eine Form der Selbstfindung.

Doch ist ein solcher Ansatz angesichts einer mittlerweile offenbar global ausgerichteten Geschichtswissenschaft, die ihren Blick auf die ganze Welt und alle Jahrtausende erweitert, überhaupt noch zeitgemäß? Diese Frage legt zwei Arten der Annäherung nahe: über die Erinnerung und über die Geschichte. Beide sind untrennbar und dennoch grundverschieden, und gerade ihre Verknüpfung ist für Historiker von Interesse.

Erinnerung

Zunächst die Erinnerung. Was Karl IV. von Luxemburg (1316–1378) betrifft, wüssten tschechische Leser die im Raum stehende Frage kurz und knapp zu beantworten. Jede Umfrage im Land würde den Spitzenplatz bestätigen, den dieser Monarch im kollektiven Gedächtnis und Selbstverständnis als *Pater Bohemiae* oder *Pater patriae* einnimmt,[14] zweifellos auch infolge seiner Stilisierung zum tschechischen Nationalhelden im 19. Jahrhundert.[15] Weder die Integration Böhmens in das Österreich-Ungarische Kaiserreich der Habsburger bis 1918 noch die schwierige Geburt der Tschechischen Republik zwischen den Weltkriegen noch die Annexion durch das NS-Regime 1939 konnten diesem Erinnerungsgebäude das Geringste anhaben. Auch die Tschechoslowakische Sozialistische Republik (1948–1989) trübte keineswegs dieses Bild, das übrigens die Kommunisten bei ihrer Machtübernahme im Zuge des Februarumsturzes 1948 sehr geschickt zu instrumentalisieren wussten. Diese kollektive Symbolik und Erinnerung an den großen Karl IV., auf einer Stufe mit dem Reformator Jan Hus, den das Konzil von Konstanz 1415 auf dem Scheiterhaufen verbrennen ließ, als legendären Gründer des böhmischen Staates und Beschützer der tschechischen Sprache im Mittelalter, wurde bei der Samtenen Revolution 1989 ebenso reaktiviert und mobilisiert wie bei der Teilung in Tschechien und die Slowakei 1993. Bereits ein kurzer Spaziergang durch Prag zeigt, wie präsent Karl IV. noch immer in der Stadt ist, von der Karlsbrücke mit ihrem Figurenschmuck bis zu den Mosaiken und Büsten im und am Veitsdom. Die Universität, Orte und Straßen sind nach ihm benannt, Hotels und Speisekarten schmücken sich mit seinem Namen. Das Andenken an den großen König ist allgegenwärtig. Nur wenige andere Bauwerke in Europa sind bis heute so fest mit der Erinnerung an eine einzige Person verbunden wie die rund 20 Kilometer vor den Toren Prags gelegene Burg Karlstein, die nicht nur kaiserliche Residenz, sondern auch privater Rückzugsort war und als Schatzkammer für die Reichskleinodien und Karls IV. Reliquiensammlung diente und damit zum Inbegriff einer einzigen Regierungszeit, eines einzigen Königs und all dessen, was ihn antrieb, wurde.

Doch wie steht es außerhalb Tschechiens? Sobald man die Grenze hinter sich lässt, verblasst das Bild Karls IV. rasch, doch im Gebiet des einstigen Königreichs Böhmen wird sein Andenken noch immer gepflegt. Vor allem ist Karl IV. ein Musterbeispiel für die großen Könige des Raumes,

Die kaiserliche Residenz Burg Karlstein.

den wir in der Neuzeit unter dem im Spätmittelalter noch unbekannten Begriff „Mitteleuropa“ kennen und der im Laufe der letzten tausend Jahre umfassendere Grenzverschiebungen erlebte als jeder andere Teil des Kontinents.[16] Das gilt auch für Böhmens großen Nachbarn Deutschland mit seiner lebendigen Erinnerung an Karl IV., vor allem als Kaiser des Heiligen Römischen Reiches und damit als ein Kettenglied in der langen Reihe von Königen und Kaisern, die bis 1806 über ein Gebiet herrschten, das doppelt so groß war wie die heutige Bundesrepublik. Er sprach Deutsch, residierte häufig im Land und ließ dort Schlösser, Burgen und andere Bauwerke errichten, von denen einige noch heute existieren. Über Heiraten und überkreuzte dynastische Bündnisse knüpfte er enge Bande zu den Fürstenhäusern von Bayern, Brandenburg und Österreich. Vor allem aber schenkte er diesem Flickenteppich aus Reichsstädten, Fürstentümern und Königreichen mit der 1356 verkündeten Goldenen Bulle die einzige dauerhafte „Verfassung“ des ausgehenden Mittelalters. Bis zum Untergang des Reiches zu Beginn des 19. Jahrhunderts legte dieses Dokument fest, dass der römisch-deutsche König in Frankfurt von den deutschen Fürsten gewählt und in Aachen gekrönt wurde und damit für die Kaiserkrone designiert war.[17] Der unvollendet gebliebene Text ist die älteste und langlebigste Erbfolgeregelung des Abendlands und führt neben der Erblichkeit den Grundsatz der Königswahl durch die Kurfürsten ein, der nicht nur das politische Denken Europas langfristig prägte, sondern in Deutschland eine Territorialstruktur entstehen ließ, die auf Gleichgewicht, Kompromissbereitschaft und Zusammenhalt fußte.

Natürlich darf in diesem paneuropäischen Panorama des Gedenkens auch Luxemburg nicht fehlen, das als Stammhaus und Familiensitz Karls IV., als Grafschaft und späteres Herzogtum in der hier behandelten Epoche ein strategisch wichtiges, wohlhabendes Gebiet zwischen Flandern, dem Königreich Frankreich und den deutschsprachigen Ländern bildete. Für die Grafen von Luxemburg wendete sich das Blatt 1308 mit der Wahl von Karls Großvater Heinrich VII. zum römisch-deutschen König und seiner Kaiserkrönung 1312 in Rom. Karl IV. erbte hierdurch ein Fürstentum, dem es in der ersten Hälfte des 14. Jahrhunderts gelang, drei Teilstücke in seinen Besitz zu bringen, die den Bogen vom Westen bis zum Osten Europas schlagen konnten: Luxemburg, das Heilige Römische Reich und Böhmen. Aus diesem Ehrgeiz, dieser Herausforderung speist sich das Andenken der Luxemburger an eine Dynastie, die nach dem Tod von Karls Zweitgeborenem Sigismund keinen europäischen Monarchen mehr stellte. Man darf sich aber durchaus ausmalen, was aus Europa bis zur Französischen Revolution geworden wäre, hätten die Habsburger die Luxemburger nicht abgelöst.[18] Zumindest die Beziehungen zwischen Frankreich und Deutschland in der Neuzeit hätten sich völlig anders entwickelt, doch auch der Kontinent sähe anders aus.[19]

Apropos Frankreich: Mit ziemlicher Sicherheit gehört der König, über den wir hier sprechen, im kollektiven Gedächtnis der Franzosen nicht zu den herausragenden Vertretern des Mittelalters. Dennoch bildete vor allem im 14. Jahrhundert das Bündnis zwischen den Luxemburgern und den Kapetingern und später dem Haus Valois in diesen beiden Reichen eine diplomatische Konstante, vor allem in der Frühphase des Hundertjährigen Krieges. Karl IV. wurde nach Karl IV. von Frankreich benannt, verbrachte sieben Jahre in Paris, heiratete in dieser Zeit eine französische Prinzessin und gestaltete seine eigene Hauptstadt Prag nach französischem Vorbild. Auch hinsichtlich Kunst und Kultur lässt sich durchaus von einem kontinuierlichen Austausch zwischen beiden Höfen sprechen. Bezeichnenderweise führt seine letzte Reise Karl IV. 1377/78 nach Paris, um dort noch einmal die Paläste, Kirchen, Reliquien und Burgen seiner Kindheit wiederzusehen. Doch all diesen engen, fruchtbaren Beziehungen zum Trotz ist in Frankreich von diesem Atemzug der Geschichte (fast) nichts mehr zu spüren. Warum ihn also wieder heraufbeschwören?

Geschichte: ein Leben (be)schreiben

Kommen wir zur zweiten Form der Annäherung, der Geschichte. Die Haltung von Historikern zum Nutzen einer „Biografie" hat selbst bereits eine Geschichte.[20] Die Romantik und die positivistische Geschichtswissenschaft des 19. Jahrhunderts im Allgemeinen begeisterten sich für Biografien, nicht nur, weil sie für ein breites Publikum interessant waren, dem Nationalstolz schmeichelten und Stellung und Rolle des Historikers untermauerten, sondern auch aufgrund der Art, die Vergangenheit zu konstruieren, auszumalen und den Lauf der Zeit in Regierungszeiten und aufeinanderfolgende Reiche zu unterteilen. Eine bedeutende Person verkörperte eine ganze Epoche, ein Jahrhundert und seinen Geist: Ihr Leben mit seinen Höhen und Tiefen stand stellvertretend für das ihrer Zeitgenossen und spiegelte die kollektiven Vorgänge, die diese Person durch ihr Handeln ihrerseits mitgestaltete. Für das Mittelalter standen in diesem Sinne unter anderem Karl der Große, Ludwig der Heilige, Jeanne d'Arc und Friedrich II.

Aus eben diesen Gründen kritisierte die neue historiografische und erkenntnistheoretische Strömung, in Frankreich unter anderem vertreten durch die Annales-Schule, das Genre der Biografie als zu eng, zu emotional, zu personalisiert.[21] Nach der Abkehr von den großen systemischen Ideologien des 20. Jahrhunderts, der Rückbesinnung auf Subjekt und Akteur und eine dichte, nah am Gegenstand bleibende Schilderung durch die fachübergreifende Zusammenarbeit insbesondere mit Kunst und Literatur, den Aufbau von Spannungsbögen und schließlich das, was man Mikrogeschichte nennen könnte, gesteht man dem Genre der Biografie seit einigen Jahrzehnten wieder eine Deutungsfähigkeit zu, die man ihm eine Zeit lang abgesprochen hatte. Nun jedoch aufgrund seines hybriden, transversalen und experimentellen Charakters, der sich nicht auf den Triumph des Willens einer überragenden Persönlichkeit über den Lauf der Ereignisse beschränkt.[22]

Das ist das Anliegen des vorliegenden Bandes: Es geht weder (nur) darum, das Privatleben eines Königs aufzudecken, noch ein umfassendes

Bild seiner Regierungszeit zu zeichnen, erst recht nicht um die Wiederherstellung einstigen Ruhms. Man möchte vielmehr diese Einzelperson quasi zum Beobachtungsposten erklären und mit ihrer Hilfe einen Zeitausschnitt ausleuchten.[23] Als Jacques Le Goff 1996 seine Biografie Ludwigs des Heiligen in Angriff nahm, definierte er mehrere methologische Prämissen für eine solche Lebensgeschichte: Die betreffende Person muss dokumentarisch hinreichend belegt sein, sei es von eigener Hand oder durch andere, damit man von ihr ausgehend weiterreichende Fragen diskutieren kann; sie muss im kollektiven Gedächtnis Spuren hinterlassen haben, die bis heute relevant sind; die oder der Historiker*in muss das Wechselspiel zwischen Individuum und Gesellschaft aufzeigen können; und er oder sie muss eine gewisse Sympathie für die biografierte Person verspüren.[24] Le Goff strebte eine „Gesamtgeschichte" Ludwigs des Heiligen an. Im Fall Karls IV. sind diese Prämissen erfüllt. Hinzu kommt eine Dimension, die bei Ludwig dem Heiligen fehlte, nämlich die der Autobiografie.[25] Sie bestärkt den Eindruck, dass dieser Mann sich seiner Individualität bewusst war, oder zumindest dessen, was seine Zeit sich darunter vorzustellen vermochte.

Somit ist geklärt, welche Ziele die nachstehende Biografie verfolgt und welche Vorbehalte zunächst ausgeräumt werden mussten. Bleibt noch zu gestehen, dass sie zweifellos zu wenig tschechisch ist, weil ihr Autor diese Sprache nicht beherrscht.[26] Stattdessen kommt Karl IV. in diesem Fall (hoffentlich) französischer und deutscher, ja sogar möglichst europäisch daher, und zwar nicht aus politischer Korrektheit und Konvention, sondern zum einen aus der Überzeugung heraus, dass dieser Monarch, der fünf Sprachen in Wort und Schrift beherrschte, zu seiner Zeit ein Herzogtum, mehrere Markgrafentümer, vier Königreiche und ein Kaiserreich zu einem Gebiet verschmolz, in dem zehn bis zwanzig Sprachen oder Dialekte gesprochen wurden, das sich über vier Klimazonen mit warmen und kalten Meeresküsten, Gebirgen, Ebenen, Strömen und Fernstraßen erstreckte, auf eine Weise regierte und Unvereinbares zusammenzuhalten verstand, die bis heute zum Nachdenken anregt. Der zweite Aspekt ist die Gewissheit, dass die Pluralität der Blickwinkel auf Karl IV. in seiner französischen, italienischen, deutschen, tschechischen und Luxemburger Gestalt beileibe kein Hindernis, sondern Voraussetzung dafür ist, ihn zu verstehen. Was auch beinhaltet, dass der Rückzug auf einen engen, nationalen Blickwinkel fatal und wissenschaftlich unangebracht wäre.

Auch auf die Gefahr hin, gelegentlich zu verwirren, hält sich dieser Band deshalb nicht immer an den traditionellen Lebenslauf von der Jugend bis zum Tod, sondern wechselt immer wieder die Perspektive und verlässt die Chronologie, um nicht nur einen, sondern mehrere Karl IV. zu entdecken. Sein Leben entfaltet sich in drei Akten wie in drei Daseinszuständen eines dem Herrschen geweihten Lebens, drei Zeitstufen und damit drei Atemzügen der Geschichtsschreibung. Im ersten Akt – Erobern – konstituieren sich die Gestalten eines Fürsten, Königs und später Kaisers. Im zweiten – Herrschen – geht es um die ungewöhnlichen neue Wege des Königtums. Im Mittelpunkt des letzten Akts schließlich stehen Porträts, Reliquien, Schriften und Gedenken. Von diesen drei Ansätzen, in denen sich Ereignisse und Strukturen vermischen, erscheint uns keiner wahrhaftiger oder legitimer als die anderen. Jeder davon hilft uns zu klären, was in jener Epoche möglich und unmöglich war, welche Entscheidungen Karl IV. mit Blick auf seine diversen Kronen traf oder vermied und welche Vorbehalte er hegte, um die Verflechtungen und Widersprüche einer Geschichte zu entwirren, die zur Erinnerung geworden ist.

I. EROBERN

Es dauerte 30 Jahre, bis der spätere Karl IV. zum König gekrönt wurde. Im damaligen Europa war dergleichen keine Seltenheit, und selbst in Monarchien, deren Nachfolge strikt durch das Erblichkeitsprinzip geregelt war, mussten nicht wenige Prinzen lange warten, bis sie nach dem Tod ihres Vaters dessen Thron besteigen durften. Doch selbst unter Berücksichtigung der zunächst bescheidenen Rolle seines Hauses und des Wahlprinzips, dem die Weitergabe der Königskrone im Heiligen Römischen Reich unterstand, war die Krönung des jungen Luxemburger Prinzen ein langwieriger, zäher und Zufällen unterworfener Prozess. Um 1346 und 1347 innerhalb weniger Monate zum römisch-deutschen und böhmischen König gekrönt zu werden, führte Karl sämtliche Waffen ins Feld, die ihm als Prinz zur Verfügung standen: Er kämpfte, verhandelte, heiratete, setzte auf Geld, Gesetze und dynastisches Denken, brach Bündnisse, studierte und lernte regieren und versicherte sich der Unterstützung Mächtigerer, angefangen mit dem König von Frankreich, dem Papst und dem deutschen Hochadel. Hinzu kam, sagen wir es ruhig, eine frühzeitige klare Vorstellung von seinem Leben, seinen Titeln und seiner Person.

Auch dies war nicht außergewöhnlich, denn der Werdegang vieler Prinzen verlief nach einem ähnlichen Muster. Origineller ist dagegen, dass er diesen Aufstieg und später seine Machtentfaltung in jeder Etappe im vollen Bewusstsein der bereits zurückgelegten und der noch vor ihm liegenden Strecke betrachtete und reflektierte. Unter diesem Aspekt lässt sich die von Karl IV. um 1350 im Pluralis Majestatis verfasste *Vita* vielleicht als frühe Manifestation und zugleich als Medium einer Form der Erklärung und Rechtfertigung des eigenen Handelns verstehen, die später Schriften, Porträts, Reliquien und Bauwerke immer wieder vermitteln. Kurz gesagt als eine ihm eigene, für einen amtierenden König ungewöhnliche Art und Weise, über das enge Band zwischen Mensch und Macht, die private Dimension seiner

Person und die öffentliche Tragweite seines Amtes nachzudenken. *Via est vita,* lautet ein lateinisches Sprichwort: Der Weg ist das Leben. Nur wenige Könige des 14. Jahrhunderts machten sich so intensiv Gedanken über den Sinn dieser Sentenz im Schnittpunkt zwischen persönlichem Schicksal, Vorbestimmung und Heil im Dienste einer königlichen und später kaiserlichen Regierung. Er war sich – wohl als letzter Monarch seiner Epoche – sehr bewusst, dass er das Universelle und Himmlische mit den Zufälligkeiten des Irdischen verweben musste, noch dazu in einer Zeit voller Krisen, die Ängste vor einem bevorstehenden Weltuntergang schürten.

Vor diesem Hintergrund sollten wir die drei Phasen seines Lebens als Prinz, König und Kaiser neu betrachten und miteinander verknüpfen. Es war darauf ausgerichtet, Gegensätze miteinander zu versöhnen: Vater und Sohn, Königtum und Kaisertum, König und Mensch, Ost und West, Nord und Süd, und letzten Endes auch sich selbst mit sich selbst. Dieses dynamische Spiel der Gegensätze definiert das, was man einen Individuationsprozess nennen könnte, zumindest die Selbst-Werdung eines Mannes und Herrschers, der über einen Namen, ein Bewusstsein, ein Ziel, eine Erinnerung und ein Selbstbild verfügte. Ein Selbstbild, das Karl mit Hingabe in Bildern, Schriften und Symbolen ausdrückte.

Kapitel 1

Der Prinz: 1316–1346

Ein künftiger König wird geboren.

„Diesem König Johann von Böhmen schenkte Königin Elisabeth im Jahre 1316, in der ersten Stunde des 14. Mai, zu Prag seinen ersten Sohn Wenzel."[1] So schildert Karl in seiner Lebensbeschreibung die eigene Geburt. Dass er Tag und Stunde der Niederkunft nennt, ist der neuen Aufmerksamkeit für die astrologische Planetenkonstellation[2] ebenso geschuldet wie der Tatsache, dass man in dieser Zeit begann, nicht mehr den Sterbetag, sondern den Geburtstag zu feiern.[3] Die Angabe zur Geburt Wenzels/Karls folgt auf einen Absatz, in dem er das Haus Luxemburg in den Mittelpunkt der Fürstentümer rückt, deren rechtmäßiger Erbe er ist, bestehend aus der Grafschaft Luxemburg nach seinem Vater, dem Königreich Böhmen nach seiner Mutter und der Aussicht auf die Kaiserwürde nach seinem Großvater. Als er diese Zeilen Mitte des 14. Jahrhunderts verfasst, ist er längst König und kennt seinen Lebenslauf. Doch zum Zeitpunkt seiner Geburt war all das noch ungewiss.

Wie viele zeitgenössische Fürsten und Könige ging auch Karl IV. aus einer Verbindung in einer Reihe von dynastischen Verknüpfungen und strategischen Heiraten hervor, deren Erfolg oder Scheitern nicht nur von demografischen und territorialen oder politischen Faktoren abhing, sondern auch von zufälligen Zusammentreffen. So war keineswegs vorhersehbar, dass eine relativ bescheidene Grafenlinie wie die Luxemburger letztlich bis 1437 auf der europäischen Bühne Bestand haben und, zählt man sämtliche Äste des Stammbaums und alle Kronen zusammen, insgesamt dreizehn Könige, zwölf Königinnen und drei Kaiser hervorbringen würde. Und wer hätte 1316 geahnt, dass der Sohn, den Johann von Luxemburg und Elisabeth von Böhmen nach zwei totgeborenen Kindern bekamen, einst zu den einflussreichsten Herrschern des 14. Jahrhunderts gehören würde?

Zwei dieser Ehebande sind besonders interessant. Das eine entsteht 1292 durch die Heirat von Karls Großvater Heinrich VII. (1274–1313), Graf von Luxemburg, mit Margarete von Brabant. Mit ihr beginnt ein kometenhafter Aufstieg, dessen Früchte letztlich Karl IV. erntet: Heinrich festigt die Grafschaft seiner Familie durch eine Ehe, die eine langjährige Fehde mit dem nahen, mächtigen Herzogtum Brabant beendet, wird zum römisch-deutschen König gewählt und später zum Kaiser gekrönt, und vermählt schließlich seine drei Kinder mit den einflussreichsten Königshäusern des Kontinents. Johann heiratet 1310 Elisabeth, letzter Spross und seit 1306 Erbin der böhmischen Přemysliden, Beatrix ehelicht 1318 den ungarischen König Karl I. Robert von Anjou, Marie 1322 König Karl IV. den Schönen von Frankreich. Der Tod Heinrichs VII. 1313 in Buonconvento bei Siena bringt diese Erfolgsstory zwar vorübergehend ins Stocken, die königlichen Hochzeiten seiner beiden Töchter finden ohne den Vater statt, aber man sollte seine Regierungszeit keinesfalls allein im Licht dieser Tragödie betrachten. Das belegen kürzlich veröffentlichte Urkunden aus seiner Regierungszeit.[4] Heinrich VII. war eindeutig derjenige, der das Haus Luxemburg an die Spitze des räumlich, politisch und symbolisch größten westlichen Reiches katapultierte.[5] Dante als rückhaltloser Unterstützer der Ghibellinen und des Kaisertums war sich dessen sehr wohl bewusst, als er allein Heinrich VII. einen Platz im Paradies zuwies. Im 30. Gesang der *Göttlichen Komödie* heißt es: „In diesem großen Stuhl, zu dem die Krone / mit welcher er schon prangt, dein Auge lenkte, / wird, eh' an diesem Hochzeitsmahl du teilnimmst, / des hohen Heinrichs Seele, der auf Erden / den Purpur tragen wird, und der Italien / zu heilen kommt, eh' es bereit ist, thronen."[6]

Das zweite wichtige Eheband knüpfen 1310 Karls Eltern Johann und Elisabeth im Speyerer Dom, nachdem eine zwölfköpfige böhmische Gesandtschaft offiziell darum geworben hat. Wie damals üblich, sind die Brautleute blutjung: Johann ist 14, Elisabeth 18 Jahre alt.[7] Sicher nicht zufällig reserviert Johanns Onkel Balduin dieser Hochzeit in der Bilderchronik, die er anlässlich der Krönung seines Bruders Heinrich zum römisch-deutschen König und zum Kaiser in Auftrag gibt, einen Ehrenplatz. Mit Bedacht steht die Episode im *Codex Balduini* unmittelbar unter einer Buchmalerei, die Heinrich und Margarete in Anbetung der Heiligen Drei Könige in Köln zeigt, so als kündigten die drei zusätzlichen Kronen (zusammen mit denen des königlichen Paares sieht man in der Miniatur fünf) bereits die Häufung von Königreichen an.[8] Ebenfalls kein Zufall ist, dass die erste bedeutende Chronik in tschechischer Sprache, die sogenannte Chronik des Dalimil, 1326 mit einem Kapitel über Johanns Heirat und Regierung endet: „Dann, als die Böhmen erkannten, dass sie in dem Kärntner [Heinrich von Kärnten] keinen Verbündeten hatten, gaben sie die Königstochter Elisabeth Johann zur Frau, dem Sohn des Kaisers und Grafen von Luxemburg, und luden ihn ein, den Thron zu besteigen. Sie vertrieben den Kärntner wegen des Mährers und krönten Johann von Luxemburg zum König von Böhmen. Gebe Gott, dass es lange hält!“[9] Auch in dieser Hinsicht wurden Johanns Regierungs- und Handelsweise kürzlich neu bewertet. Gewiss war er ein Heißsporn, als Ritter stets darauf bedacht, auf dem Schlachtfeld Ruhm und Ehre zu erwerben. Gewiss war er weder der eifrigste noch der bestorganisierte König, den Böhmen je hatte. Gewiss hatte er bei seinen Vorstößen nach Italien nicht immer eine glückliche Hand. Aber er konsolidierte das Bündnis mit Frankreich, verstand es, Böhmen unter Kontrolle zu halten und um Schlesien zu vergrößern, und er manövrierte geschickt durch das Spannungsfeld zwischen den Wittelsbachern und den Habsburgern – den beiden großen deutschen Fürstenhäusern seiner Zeit –, und erwirkte so 1346 die Wahl seines Sohnes Karl zum König.

Ein freudiges Ereignis

Die Geburt Wenzels (später Karls) von Böhmen am 14. Mai 1316 in Prag fand nicht nur in seiner eigenen Lebensbeschreibung Erwähnung, sondern auch bei einem anderen bedeutenden Chronisten jener Zeit. Der gebürtige Böhme Peter von Zittau war 1305 in das Zisterzienserkloster Königsaal (Aula Regia) eingetreten und dort 1316 zum Abt aufgestiegen.[10] Die Abtei, die Wenzel II. 1292 wenige Kilometer südlich von Prag gegründet hatte, war zum bevorzugten Kloster des přemyslidischen Königshauses geworden und diente ihm als Grablege. Ihre letzte Ruhe fanden dort neben dem Gründer und seiner Tochter Elisabeth, der Mutter Karls IV., auch Angehörige des Hauses Luxemburg, allen voran Margarete, eine Schwester Karls IV., und Johanna von Bayern, die Gemahlin Wenzels IV. Mit seinen königlichen Gruften rühmte sich das Kloster Königsaal, Hüterin des böhmischen Königtums zu sein, so wie die Abtei Saint-Denis für Frankreichs Monarchen. Ab den 1290er-Jahren führte Abt Otto von Thüringen das

Chronicon Aulae Regiae,[11] in dem sich die Geschichte des Klosters mit der Böhmens und des Heiligen Römischen Reiches seit 1253 vermischt. Sein Nachfolger Peter von Zittau setzte die Chronik bis zu seinem Tod 1339 fort. Er war außerordentlich gut informiert, nachdem er 1305 das lange Sterben König Wenzels II. miterlebt, die Anfänge der neuen Dynastie der Luxemburger in Böhmen verfolgt und Heinrich VII. nach Italien zur Kaiserkrönung in Rom begleitet hatte.[12] Zudem war er der Beichtvater von Königin Elisabeth. Die Königsaaler Chronik galt schon früh historisch und literarisch als so bedeutend, dass sie als Blaupause für alle großen spätmittelalterlichen Chroniken Böhmens diente. Im 127. Kapitel des Ersten Buchs heißt es: „Im Jahre des Herrn 1316 am Vortag der Iden des Mai in der ersten Stunde wurde in der Stadt Prag Wenzel, der erste Sohn des Herrn Königs Johann und der Frau Elisabeth, Königin von Böhmen und Polen, geboren. Bei seiner Geburt erhoben sich Freude und Jubel bei allen, die das Glück für König und Königreich liebten. Dieser Knabe wurde am dritten Tag vor den Kalenden des Juni am heiligen Pfingsttag in der Kathedralkirche zu Prag in Gegenwart des Herrn Balduins, Erzbischofs von Trier, der Bischöfe Herrn Johannes von Prag und des Herrn Hermann von Prizren durch Herrn Peter, den Erzbischof von Mainz, unter freudigen Zurufen aller Anwesenden feierlich aus dem heiligen Taufbrunnen wiedergeboren."[13]

Auffallend ist hier nicht nur die Wiederholung der Ordinalzahl „erster", die gleich zu Beginn den mit dieser Geburt verknüpften Aspekt des Neuanfangs hervorheben soll, sondern auch die fast wörtliche Übereinstimmung zwischen dem ersten Satz des *Chronicon Aulae Regiae* und der 1350 von Karl IV. in seine Autobiografie eingebetteten Chronik. Interessanterweise ist das Ereignis nur in zwei zeitgenössischen Schilderungen bezeugt, aus denen alle späteren Quellen lediglich zitieren.[14] Es finden sich also nur wenige Erwähnungen, noch dazu alle in Böhmen. Die Geburt dieses Kronprinzen erhielt bei Weitem nicht die Aufmerksamkeit wie rund 50 Jahre später diejenige von dessen Erstgeborenem Wenzel 1361 in Nürnberg. Als dritter Aspekt fällt auf, dass die eingehendere Schilderung von Geburt und Taufe des späteren Karl IV. bei Peter von Zittau, wie ab dem Mittelalter unter anderem bei Krönungen, Hochzeiten und Beisetzungen üblich, auch auf das soziale Umfeld eingeht und damit Einblick in den Kreis seiner Verbündeten und Unterstützer gewährt. Abgesehen von Vater und Mutter des kleinen Prinzen nennt die Chronik neben dem Bischof von Prag als Hausherrn die Erzbischöfe von Trier und Mainz, zwei der mächtigsten Kirchenfürsten des

Reiches, beide noch dazu de facto Kurfürsten, schon bevor sie 1356 dieses Amt offiziell ausübten. Der Erzbischof von Trier, den die Chronik an erster Stelle nennt, war Balduin, Großonkel des späteren Karl IV. und Bruder des verstorbenen Kaisers Heinrich VII. Bis zu seinem Tod 1354 war er derjenige, der die Geschicke des Hauses Luxemburg auf dem politischen Parkett Europas lenkte. Balduin hatte in Paris studiert und am französischen Hof gelebt. Ab 1308 stand er der mächtigen Kirchenprovinz Trier vor und betrieb noch im selben Jahr mit Unterstützung des Erzbischofs von Mainz, Peter von Aspelt (dessen Anwesenheit bei der Taufe die Chronik ebenfalls erwähnt), die Wahl seines Bruders zum römisch-deutschen König, denn schließlich ist ein großer Kirchen- und Kurfürst auch, vielleicht sogar an erster Stelle, ein Landesherr. Sein Erzbistum reformierte er mit einer Reihe von Kodifikationen, die unter seinem Namen in den *Balduineen*[15] zusammengefasst sind und später die Gesetzgebung seines Großneffen beeinflussten. Zudem setzte er seine Berufung zum Administrator mehrerer weiterer Bistümer und Erzbistümer im mächtigen, wohlhabenden Rheinland durch und trug bei seinem Tod den Titel Erzkanzler des Reiches.[16] Seine Territorialpolitik, seine enge Bindung an das Königreich Frankreich, seine Neigung zu kaiserlichem Glanz, seine Liebe zur zeitgenössischen Kunst und Literatur waren für Karl IV. zweifellos prägend. Um 1340 gab Balduin eine prachtvolle Bilderhandschrift in Auftrag, die als *Kaiser Heinrichs Romfahrt* bekannt ist, da sie vom Italienzug von Balduins Bruder Heinrich VII. berichtet.[17] Balduins eigene Taten sind Gegenstand der ebenso ausführlichen wie schmeichelnden *Gesta Baldewini*.[18]

Der bereits erwähnte Peter von Aspelt war von 1306 bis zu seinem Tod 1320 Metropolit von Mainz.[19] Seine Gegenwart im Dunstkreis der Häuser Luxemburg und Böhmen beruhte auf seiner vormaligen Stellung als Kanzler des Přemysliden-Königs Wenzel II. Diesen Titel behielt er unter Heinrich VII. bei, als sein Erzbistum für Böhmen zuständig war. Zudem hatte Peter von Aspelt den Vorsitz bei den Feierlichkeiten anlässlich der Krönung Johanns und Elisabeths zu König und Königin von Böhmen 1311 in Prag übernommen. Der illustre Kreis, der um die Wiege des künftigen Karl IV. versammelt war, bildete eine solide Grundlage für Wohlstand und Macht des Hauses Luxemburg in dieser Zeit.

Nach Ausschaltung seines Gegenspielers Heinrich von Kärnten 1310 konnte Johann trotz seiner oft monierten Abwesenheit im Königreich, die im Übrigen diversen Mitgliedern des böhmischen Hochadels gar nicht ungelegen kam, ab 1316 in Prag unangefochten regieren. Nach einem Aufstand von Teilen des Reichsadels unter der Führung von Heinrich von Leipa, den möglicherweise Königin Elisabeth verschärft hatte, gelangte er 1318 mit dem Adel zu einem Kompromiss, der den Fortbestand der Feudalrechte der böhmischen Großen sicherte. Fortan musste jede allgemeine Steuer durch eine Versammlung der böhmischen Landstände genehmigt werden, und zum Heerbann durfte der König nur noch zur Verteidigung des Königreichs aufrufen. Als Preis für die endgültige Akzeptanz eines Luxemburgers auf dem Přemysliden-Thron waren dies nicht unerhebliche Zugeständnisse, denn letztlich ging es bei Steuern und Waffendienst um die beiden Grundpfeiler des Herrschaftsverhältnisses zwischen König und Adel. Andererseits bildete Böhmen im ausgehenden Mittelalter, als die Neuerungen der Monarchien fast überall mit den Vorrechten des alten Adels kollidierten und dessen Widerstand weckten, in dieser Hinsicht keine Ausnahme.[20] Diese gegenläufigen Interessen gaben, wie wir heute wissen, den Anstoß zur Weiterentwicklung der aristokratischen Eliten zu Adelsklassen mit entsprechendem Selbstverständnis.[21] Einen Nachhall dieser Geschehnisse bildete die ablehnende Haltung der adligen Landstände Böhmens gegen die *Maiestas Carolina*, das von Karl IV. 1355 für sein Reich verfasste Gesetzbuch.

Im Schatten des Vaters

Bei der Geburt seines ersten Sohnes ist der 20-jährige Johann jedenfalls nicht nur König von Böhmen, sondern auch Markgraf von Mähren und Graf von Luxemburg und erhebt zudem Anspruch auf den polnischen Königsthron, dessen Titel sein Schwiegervater Wenzel II. bereits getragen hatte. Diese Forderung Johanns, obwohl er schon alle Hände voll damit zu tun hat, die Lage in Böhmen zu beruhigen und seine Stellung im Reich zu festigen, ist seiner Politik der Vereinigung der Kronen geschuldet, die im Übrigen das ganze 14. Jahrhundert hindurch immer wieder verfolgt wurde, später auch von Ungarn, dem Heiligen Römischen Reich und den österreichischen Habsburgern. 1320 jedoch wollen die Polen von einer Doppelherrschaft nichts wissen und vertrauen den Thron dem Piasten Wladislaus I. an.[22] Auf anderen politischen Bühnen hingegen zeigt Johann in der Mitte des Jahrzehnts Stärke. Seine Teilnahme an mehreren Feldzügen des

Deutschherrenordens in Polen und bis nach Litauen und sein Anspruch auf Schlesien, den er nie aufgibt, zeigen, dass der junge Luxemburger von seinem Königreich Böhmen aus politisch große Pläne hegt.

Die erste und zugleich größte Herausforderung stellte sich Johann im Reich. 1314 stand endgültig fest, dass er seinem Vater nicht auf den römisch-deutschen Thron nachfolgen würde. Diese Schlappe hatte mehrere Gründe. Johann war sehr jung und hatte noch keinen sicheren Stand in seinem eigenen Königreich Böhmen. Auf der anderen Seite hatte sein Vater als Kaiser einen Ehrgeiz bewiesen, der manchen Kurfürsten argwöhnisch machte. Als mächtiger Hüter und Berater der Dynastie sprach sich sein Onkel Balduin dafür aus, in diesem Fall den Wittelsbacher Ludwig IV. zu unterstützen,[23] denn Friedrich der Schöne von Habsburg konnte in seinen Augen den im Westen gelegenen Gebieten der Luxemburger und letztlich sogar dem Königreich Böhmen weitaus gefährlicher werden. Auf Betreiben seines Onkels versuchte Johann vom Machtkampf zwischen den beiden Kandidaten zu profitieren, die jeder etwa gleich viele Stimmen der Kurfürsten für sich verbuchen konnten. Beide ließen sich am selben Tag krönen: Friedrich in Aachen und Ludwig in Bonn. Ohne hier auf die einzelnen Phasen der Auseinandersetzungen zwischen den beiden Widersachern einzugehen, ist erstens interessant, dass Papst Clemens V. als gewiefter Taktiker keinen der beiden als König anerkannte, mit dem Ziel, das Heilige Römische Reich entsprechend der schon von seinen Vorgängern seit dem 13. Jahrhundert verfolgten Strategie möglichst zu schwächen, das Kurkollegium zu spalten und im Hinblick auf eine spätere Kaiserkrönung in Rom Druck auf die deutschen Königshäuser auszuüben. Die Kaiser-Frage war allerdings von heiklen Differenzen und Animositäten zwischen den italienischen Parteien überschattet, die für die Päpste immer undurchsichtiger wurden, seit sie ab 1309 quasi unter der Kuratel des französischen Königs in Avignon residierten. Zweitens gab die Konfrontation zwischen Habsburgern und Wittelsbachern den Luxemburgern nicht nur Gelegenheit, das eine Haus gegen das andere auszuspielen und Kapital aus ihrer Unterstützung zu schlagen, sondern kam Johann auch angesichts der Politik, die er im Osten, in Frankreich und Italien zur Durchsetzung eigener dynastischer Interessen zu verfolgen gedachte, gar nicht ungelegen. Drittens schließlich deuteten die 1314 zur Bewältigung der Krise im Reich getesteten Lösungen einen politischen und territorialen Kurswechsel an, der den Luxemburgern langfristig in die Hände spielen mochte.

Nach seiner Niederlage 1322 in der Schlacht bei Mühldorf wurde Friedrich der Schöne von Ludwig IV. inhaftiert. Der Wittelsbacher, der sich als einzigen legitimen römisch-deutschen König sah, stellte sich damit gegen den Papst und verlor dadurch auch den Rückhalt Johanns von Böhmen, der im Feld an seiner Seite gestanden hatte, auch wenn der weiterhin die Habsburger bekämpfte, denen nun Friedrichs jüngerer Bruder Leopold vorstand.[24] Ludwig IV. wurde 1324 von Johannes XXII. exkommuniziert und musste im Jahr darauf Friedrich freilassen und als Mitkönig des römisch-deutschen Reiches anerkennen, wenn auch nur per Vertrag und ohne Krönung. Diese aus Sicht vieler Historiker erstaunliche Doppelherrschaft warf zwei unlösbare Probleme auf. Zum einen ließ sich der Wittelsbacher 1328 in Rom durch den von ihm selbst designierten Gegenpapst Nikolaus V. zum Kaiser krönen und delegitimierte damit seine anderen Titel. Zum anderen brachte das 1325 ausgehandelte und 1326 erneut proklamierte „Mitkönigtum" keine Klärung in der Frage, die jedes mittelalterliche Fürstenhaus umtrieb: die der Erblichkeit und Weitergabe von Königreichen, in diesem Fall des Kaiserreichs.

Friedrich, der keinen männlichen Erben hatte, zog sich nach dem Verlust der Krone bis zu seinem Tod 1330 auf sein Herzogtum Österreich zurück. Ganz anders Ludwig IV., der zehn Kinder aus zwei Ehen vorzuweisen hatte, darunter seinen ältesten Sohn Ludwig, der später seine eigene Stellung in Bayern, Brandenburg und Tirol festigen konnte. Immerhin hatte er ab 1330 sogar als exkommunizierter Kaiser von den Habsburgern keine Konkurrenz mehr zu befürchten. Blieben noch die Luxemburger, allen voran Johann und dessen inzwischen 14-jähriger Sohn Karl. Das Haus hatte seit 1314 teils mehr, teils weniger fest aufseiten der Bayern gestanden, und der Turnierheld Johann, der keinem ritterlichen Kampf auswich, hatte sich an der Seite des Wittelsbachers bei dessen Sieg 1322 hervorgetan. Trotz des Kirchenbanns blieb Ludwig IV. fest im Sattel. Zum einen konnte er in Italien auf die Unterstützung der kaisertreu gebliebenen „ghibellinischen" Städte und Fürstentümer wie Verona, Ferrara und Mailand zählen, zum anderen auf die Schützenhilfe von Gelehrten, die für ihn und gegen den Papst waren, darunter Marsilius von Padua, der ihm zwischen 1324 und 1326 seine Schrift *Defensor pacis* widmete. Zudem war auch keiner der Kurfürsten im Reich gewillt, Ludwig abzusetzen, zumal dieser bereits 1323/24 in Nürnberg und Frankfurt mit den „Appellationen" Macht und Eigenständigkeit der deutschen Fürsten bestätigt und gefordert hatte, ein Konzil einzuberufen, das gegen das seiner Meinung nach korrupte, autokratische und dem König von Frankreich hörige Papsttum vorgehen sollte. Nicht zuletzt pflegte Ludwig auch Bündnisse mit den einflussreichsten Reichsstädten, die ihm treu ergeben waren und seine Kassen mit Steuergeldern füllten. Diesen Herrscher vom Thron zu stoßen, erforderte einiges.

Johann beschloss, sich Unterstützung in der Peripherie zu suchen, um von außen nach innen zum Ziel zu gelangen. Im Osten sicherte er sich 1335 in Schlesien und in der Lausitz Gefolgsleute. Im selben Jahr schlossen in Visegrád (Plintenburg) die Könige von Böhmen, Polen und Ungarn ein Bündnis gegen die Habsburger.[25] Ähnlich wie die Habsburger, deren Motto *tu felix Austria nube* (du, glückliches Österreich, heirate) den Legendenschatz der Dynastie bereicherte, verfolgten die Luxemburger nach allen Seiten eine stringente Heiratspolitik: Johanns Schwester Beatrix war 1318 mit dem ungarischen König Karl I. von Anjou, seine Schwester Marie 1322 mit dem französischen König Karl IV. vermählt worden. Johann verlobte eine seiner Töchter (Margarete) 1341 mit dem polnischen König Kasimir III. und gab eine andere (Guta) 1332 dem französischen Kronprinzen Johann Herzog der Normandie zur Frau. Für seinen Sohn Karl stiftete er 1324 die Ehe mit einer ebenfalls französischen Prinzessin, Blanca von Valois. Im Reich wurde eine weitere Tochter Johanns mit einem Herzogssohn von Österreich, ein Sohn mit einer Grafentochter von Tirol verheiratet, während er sich selbst in Teilen Brandenburgs in Position brachte, die ihm Ludwig IV. zur Belohnung für die 1322 gewährte Unterstützung überlassen hatte. Was also zog Johann nach Italien? Zum einen hatte die Halbinsel einen festen Platz im Blickfeld der großen Fürstenhäuser Deutschlands, die davon träumten, aus ihren Reihen den Kaiser zu stellen, und immerhin war ja Johanns Vater als erster römisch-deutscher König seit dem berühmten Friedrich II. in Rom gekrönt worden. Zweitens lockte Norditalien mit Reichtümern, Innovationen, berühmten Künstlern und Gelehrten. Auch der Papst behielt selbst von Avignon aus die Besitzungen des Heiligen Stuhls und die Ewige Stadt fest im Blick; außerdem wollte er den exkommunizierten Ludwig IV. zur Räson bringen. Es bestand also die Aussicht, dass Johann von Böhmen diese Sehnsucht nach Italien in Ruhm und klingende Münze verwandeln und dabei womöglich sogar die Gunst des Papstes gewinnen konnte.

Wenn er dieses Risiko 1330 einging, dann auch, weil ihm das Kräfteverhältnis günstig erschien: Ludwig IV. saß zwar nach wie vor fest auf dem römisch-deutschen Thron, war jedoch durch seine zweifelhafte kaiserliche Krönung und die anhaltende Feindschaft des Papstes angeschlagen. Auf Johanns Habenseite standen Böhmen, die Unterstützung des Königs von Frankreich und das Wohlwollen des Heiligen Stuhls. Nach einem Treffen mit Ludwig am 6. August 1330 in Hagenau war Johann überzeugt, dass der Bayer ihm freie Hand lassen würde, in seinem Namen den Norden Italiens als integralen Teil des Reiches zurückzuerobern und den deutschen Machtanspruch dort zu festigen.

Zweifellos gab es noch einen weiteren Grund für Johanns Italienzug. Sein Sohn Karl hatte inzwischen das richtige Alter erreicht, um sich auf dem Schlachtfeld als Ritter zu bewähren. Sieben Jahre lang – von 1323 bis 1330 – hatte ihn sein Vater am französischen Hof erziehen lassen, damit er dort Kultur, feine Lebensart und die traditionelle Verbundenheit der Luxemburger mit dem französischen Königshaus kennenlernte; genauso hatte es Johann selbst getan und vor ihm sein Vater Heinrich VII., der am Hof Philipps des Schönen aufgewachsen war.

Während Karl seine frühe Kindheit in Böhmen in seiner *Vita* mit keinem Wort erwähnt, erstreckt sich die Schilderung der Pariser Jahre über mehrere Seiten. Französische Chroniken bestätigen seine Darstellung dieser Zeit, die im Wesentlichen seiner Erziehung gewidmet war. Karl lernt Lesen und Schreiben, Französisch, Liturgie und Gebete. Sein Hauslehrer ist der Abt Peter Roger von Fécamp, der von 1342 bis 1352 als Clemens VI. auf dem Papstthron sitzen wird und den Karl als „gebildete und gelehrte Persönlichkeit von hohem moralischem Ansehen" beschreibt.[26] In Paris legt Wenzel seinen böhmischen Vornamen ab und erhält stattdessen von seinem Firmpaten, dem französischen König Karl IV., den ruhmreichen fränkischen Namen Charles/Karl. Und er heiratet im Alter von acht Jahren die französische Prinzessin Blanca von Valois. So weit die Einführung des jungen Prinzen bei Hofe. An diese Jugendzeit knüpft er wehmütig nochmals an, als er an seinem Lebensabend, wenige Monate vor seinem Tod, 1378 ein letztes Mal nach Paris reist. Seine *Vita* spiegelt die schönen persönlichen Erinnerungen an eine unbeschwerte Zeit wider: „Der französische König ließ mich durch einen Bischof firmen und gab mir seinen eigenen Namen Karl. Außerdem vermählte er mich mit der Tochter seines Oheims Karl. Sie hieß Margareta, wurde aber Blanca genannt. […] Dieser König liebte mich sehr. Er vertraute mich seinem Kaplan an, damit dieser mir ein wenig Unterricht erteile, obwohl er selbst keine solche Ausbildung genossen hatte."[27] Johann wollte seinen Sohn jedoch nicht für immer in Paris lassen. Der inzwischen 14-jährige Prinz sollte nicht am Ufer der Seine verkümmern, wo er lediglich „in der Heiligen Schrift las", wie Karl seine Zeit in Paris rückblickend mehrfach beschrieb. Sein Vater habe ihn schließlich von Italien aus zu sich beordert: „In jener Zeit schickte mein Vater nach mir in die Grafschaft Luxemburg." Als Karl im März 1331 in Norditalien eintrifft, steht Johann bereits seit dem Herbst 1330 mit rund 400 Rittern im Feldlager. Kaum in Pavia angekommen, wird der junge Prinz auf brutale Weise mit den rauen Sitten konfrontiert, die südlich der Alpen herrschen: „Am Ostermontag [...] wurde mein Gefolge vergiftet. Geschützt durch die göttliche Gnade entging ich diesem Anschlag [...]."[28] Auch die weiteren Ereignisse in Karls Erzählung sind nicht erfreulicher: 1332 kommt es zu einem Komplott gegen seinen Vater und ihn, zu fruchtlosen Belagerungen und Kämpfen bei Modena und Pavia, zu einer Schlacht vor Florenz, gefolgt von einem strengen Winter, einem Attentat in einer Kirche, einem Aufstand in Cremona und einer Verschwörung 1333 in Lucca. Nichts bleibt dem jungen Prinzen erspart. Vielleicht will Johann auf dem Schlachtfeld seine Ausbildung zum Thronanwärter abrunden. Nach Erreichen des Mindestalters von 16 Jahren erhält Karl den Ritterschlag. Möglicherweise hat man ihn bislang zu einseitig als König der Feder, des Talars und des Wortes dargestellt, denn bis hin zur Schlacht von Crécy 1346, wo er eine schwere Verwundung davonträgt, und zum tragischen Unfall bei einem Turnier 1350, tut er alles, was einem Ritterkönig geziemt: Wo notwendig, zieht er bewaffnet an der Spitze seiner Truppen ins Feld und nennt rückblickend in seiner *Vita* peinlich genau deren Zahl und Zusammensetzung. Allerdings sind Johanns Ambitionen in Italien nicht von Erfolg gekrönt. Sein Feldzug endet 1333 ohne Gebietsgewinne und ohne Subsidien; vor allem aber gelingt es ihm nicht, Norditalien zum Brückenkopf für eine Rückeroberung oder einen nachdrücklichen Widerstand gegen Ludwig IV. auszubauen. Für Karl hingegen hat der Italienfeldzug letztlich vier entscheidende Konsequenzen für sein weiteres Handeln. In erster Linie erkennt er, dass planlose Kämpfe ohne klare diplomatische Ziele ins Leere führen. An zweiter Stelle lernt er die Situation in Italien hautnah kennen: im Süden das stabile Königreich Neapel, fest in der Hand des Hauses Anjou, von dem ein Zweig zudem im Königreich Ungarn herrscht; in Mittelitalien Gebiete, die nach wie vor unter der Knute der Guelfen stehen oder wo sich der lange Arm der Päpste selbst von Avignon aus bemerkbar macht; im

Norden ein Flickenteppich von Stadtstaaten und Fürstentümern, die teils die Sache des Kaisers und der Deutschen, teils die des Papstes vertreten, teils aber auch, wie die Visconti, eigene Interessen verfolgen, ganz zu schweigen von der Serenissima, der Republik Venedig. Auch bei seinen eigenen beiden Feldzügen 1355 und 1368 sind Karl IV. diese Verhältnisse sicher gegenwärtig. Der dritte Schluss, den Karl aus den beiden Jahren in Italien zieht, hat mit wahrscheinlichen Meinungsverschiedenheiten zwischen ihm und seinem Vater zu tun. Jedenfalls muss Johann im Oktober 1333 endgültig das Feld räumen, als Karl der Meinung ist, es sei höchste Zeit, heimzukehren und sich um Böhmen zu kümmern. Zu alledem fasst der junge Prinz den glücklichen Ausgang bestimmter Ereignisse als Fingerzeig der Vorsehung auf, dass ihm das Königtum vorherbestimmt ist, etwa seinen Sieg in San Felice bei Modena im November 1332 (den er dem Eingreifen der hl. Katharina zuschreibt, die er sein Leben lang glühend verehrt), den Bau einer Burg, die man zur Feier seines Sieges in der Feldschlacht bei Lucca „Mons Karoli" (Monte Carlo) taufte, oder die Tatsache, dass er mit viel Glück einem Attentat und einem Giftanschlag entging.

Die Schilderung der Anfänge und Handlungsweisen Johanns bis zu dessen fast völliger Erblindung 1340 in der Rückschau ist für Karl IV. schon deshalb notwendig, weil er als junger Prinz den Anordnungen des Vaters hatte Folge leisten müssen, nach Erreichen der Volljährigkeit jedoch seine eigenen Entscheidungen unter anderem auf die tatsächlichen oder vermeintlichen Mängel stützte, die er im Verhalten seines Vaters zu erkennen glaubte. Wir kommen hierauf später noch zurück: Der so oft beschworene Konflikt zwischen Karl und seinem Vater ist zweifellos übertrieben worden, und zwar primär von Historikern, aber auch von Karls Zeitgenossen, angefangen bei ihm selbst, denn in seiner *Vita* bildet dieser Gegensatz fast schon ein Leitmotiv für seine Lebensgeschichte und die Emanzipation vom Vater. Seine Mutter hingegen erwähnt Karl kaum, obwohl er das Erbe und die Tradition der Přemysliden ja seiner Abstammung von ihr verdankt. Dass Elisabeth zwischen 1315 und 1320 offenbar den böhmischen Adel bei einem Aufstand gegen ihren Mann unterstützte, dürfte zur Entfremdung zwischen König und Königin beigetragen haben. Ab 1323 wurde sie von der Erziehung des kleinen Wenzel ausgeschlossen. Zuvor war 1320 ein Bruder Karls zweijährig verstorben. Von den Zwillingsmädchen, die Elisabeth 1323 zur Welt brachte, lebte das eine nur wenige Monate, das andere wuchs in Bayern auf. Auch ihre übrigen drei Kinder wurden an Höfen im Ausland erzogen. Sie selbst durfte erst 1325 nach Böhmen zurückkehren und starb 1330 vereinsamt außerhalb von Prag, während Johann in der Ferne von Schlachtfeld zu Schlachtfeld zog.[29]

Zwischen Böhmen und dem Heiligen Römischen Reich: die römisch-deutsche Krone

Nach seiner Rückkehr aus Italien war Karls erstes Ziel in Böhmen das Grab seiner Mutter im Kloster Königsaal, bevor er weiterreiste und am 30. Oktober 1333 in Prag eintraf. Wenig später erhob ihn sein Vater zum Markgrafen von Mähren. In seiner Autobiografie zeichnet Karl ein recht trostloses Bild von dem Böhmen, das er im Auftrag seines Vaters verwalten soll. Baufällige Schlösser, menschenleere Ortschaften und eine verlotterte Hauptstadt, die königlichen Güter verfallen oder verpfändet: „Und so fanden wir bei unserer Ankunft in Böhmen weder Vater noch Mutter, weder Bruder noch Schwester, noch irgendeinen Vertrauten. [...] Auch die böhmische Sprache hatten wir völlig verlernt. [...] Dieses Königreich trafen wir derart verwahrlost an, dass wir keine einzige freie Burg fanden, die nicht schon mit allen königlichen Gütern verpfändet war. So hatten wir keine andere Bleibe außer in Stadthäusern, wie jeder andere Bürger auch. Die Prager Burg aber war [...] verwahrlost, verfallen und heruntergekommen."[30] Die Lage war aller Wahrscheinlichkeit nach nicht ganz so verzweifelt, wie der junge Prinz sie darstellt, um seine eigene Rolle beim Wiederaufbau aufzuwerten. Es stimmt aber wohl, dass er das Königreich, das er nach zehnjähriger Abwesenheit vorfand, kaum wiedererkannte. Nicht einmal die Sprache beherrschte er noch richtig. Er war mit dem empfindlichen Gleichgewicht innerhalb des Hochadels nicht vertraut und wusste noch nicht, auf welche Ressourcen er zurückgreifen konnte. Innerhalb weniger Jahre, so Karls Schilderung, setzt er die Ansprüche des Königshauses wieder durch, verschönert Prag und andere Städte, erwirbt die verpfändeten königlichen Güter zurück, baut eine funktionierende Justiz auf und bringt die aufsässigen Freiherren dazu, sich ihm wieder zu unterwerfen. Doch mit alledem verletzt er die Eitelkeit und den kleinlichen Stolz seines Vaters so empfindlich, dass dieser ihm die Verwaltung Böhmens entzieht: „So blieb uns nur der leere Titel eines Markgrafen von Mähren."[31] Die Realität dürfte etwas differenzierter ausgesehen haben: Die wichtigen Entscheidungen im

Rahmen der Wiederherstellung der königlichen Macht in Böhmen fielen sicher in Abstimmung zwischen Vater und Sohn. In Frankreich und in Luxemburg standen beiden Berater zur Seite, die den jungen Prinzen schon in den 1330er-Jahren auch in Prag begleiteten. Ebenso wurden die großen diplomatischen Vorstöße gemeinsam vorbereitet, namentlich das 1335 mit dem polnischen König geschlossene Übereinkommen zu Schlesien und das im November desselben Jahres in Visegrád vereinbarte Neutralitätsabkommen zwischen den Königreichen Polen, Böhmen und Ungarn. Ohne eine solche enge Abstimmung innerhalb des Hauses Luxemburg, die Karls Großonkel Balduin als Kurfürst und Erzbischof von Trier aufmerksam überwachte, wären die zielgerichtet aufeinander abgestimmten Schritte zwischen 1340 und 1346 nicht nachvollziehbar, an deren Ende sich Karl bei der Königswahl gegen den mächtigen Ludwig den Bayern durchsetzen konnte.

In der Tat lassen sich schon 1340 erste Anzeichen dafür ausmachen, dass die gesamte Luxemburger Dynastie für Karl hohe Ziele verfolgte. 1341 trat Johann nach seiner endgültigen Erblindung alle Ansprüche auf Böhmen an seinen Sohn ab. Schon 1340 war bei einem Treffen mit Papst Benedikt XII. auf Vermittlung von Peter Roger von Fécamp, Karls Hauslehrer in seiner Zeit in Paris und zwei Jahre später Nachfolger Benedikts auf dem Papstthron, offenbar eine Allianz zwischen Avignon und Prag geschmiedet worden, um den exkommunizierten Kaiser zu schwächen und möglichst bald abzulösen. Bei dieser Gelegenheit, so die *Vita*, sagte Peter Roger von Fécamp zu Karl: „Du wirst noch römischer König werden." Daraufhin antwortete der Luxemburger seinem Mentor: „Zuvor wirst du Papst sein."[32] Im selben Jahr hatte Karl seine älteste Tochter Margarete fünfjährig mit dem ungarischen König Ludwig I. von Anjou verlobt. Den Anlass zu einer ersten Konfrontation zwischen Karl und Ludwig IV. lieferte der Wittelsbacher, als er 1342 die 1330 geschlossene Ehe zwischen Karls jüngerem Bruder Johann Heinrich und Herzogin Margarete von Tirol und Kärnten für nichtig erklärte. Margarete (die später den Beinamen „Maultasch" erhielt) hatte nämlich den verhassten Ehemann mit Unterstützung eines Teils des Tiroler und Kärntner Adels hinausgeworfen und behauptet, er habe die Ehe wegen Impotenz nie vollzogen. An seiner Stelle heiratete sie Ludwig I. von Brandenburg, den ältesten Sohn Ludwigs des Bayern, der diese neue Ehe umgehend anerkannte, obwohl die erste Ehe nach dem Kirchenrecht noch gar nicht wirksam geschieden war. Die Luxemburger, allen voran Karl als junges Oberhaupt dieses Hauses, forderten Genugtuung für die Demütigung, die Ludwig IV. durch sein Verhalten Karls Bruder und damit der gesamten Dynastie beigebracht hatte, und wollten zugleich mit aller Macht die drohende Gefahr abwenden, dass sich an der Süd- und Ostgrenze Böhmens Bayern und Österreich zusammentaten. 1342 exkommunizierte der neue Papst Clemens VI. das frisch vermählte Paar und wendete sich damit in erster Linie gegen den amtierenden Kaiser. 1344 versuchte Ludwig IV. zwar, vor einem Kassationsgericht die Aufhebung des 20 Jahre zuvor gegen ihn selbst verhängten Kirchenbanns zu erreichen, jedoch ohne Erfolg, denn Clemens setzte auf Karl von Luxemburg, von dem er sich ein Bündnis oder zumindest Unterstützung versprach, sobald dieser König und später womöglich Kaiser wurde. Diese Präferenz unterstrich Clemens durch ein prestigeträchtiges Privileg, das er Johann und Karl von Böhmen gewährte: Am 30. April 1344 erhob er das Bistum Prag, das bis dahin Teil des Mainzer Metropolitanverbandes gewesen war, zum Erzbistum. Zusammen mit den beiden Suffraganbistümern Olmütz und Leitomischl, die er Prag zuschlug, entsprachen die Grenzen des neuen Erzbistums denen des böhmischen Königreichs. Als entscheidendes Signal an die Reichsfürsten entließ der Papst 1346 schließlich den bayerntreuen Kurfürsten und Erzbischof der mächtigen Metropolitanprovinz Mainz, Heinrich von Virneburg, und setzte an seine Stelle Gerlach von Nassau, einen Verwandten der Landgrafen von Hessen und erklärten Gefolgsmann Karls und Balduins. Letzterer musste nun nur noch von Tür zu Tür gehen und sich als Königsmacher betätigen.

Doch bevor er im Reich die Werbetrommel für den Gegenkönig zu rühren begann, sicherte sich der mächtige alte Erzbischof von Trier gegenüber seinem Großneffen ab. Mit zwei Verträgen, die am 16. März und 22. Mai 1346 unterzeichnet wurden, zwang er Karl, sämtliche territorialen Besitzungen des Erzbistums Trier anzuerkennen und zudem eine Hypothek in Höhe von 6000 Silbermark zu seinen Gunsten aufzunehmen, für die er Ländereien in der Grafschaft Luxemburg verpfänden musste (zweifellos, um die voraussichtlichen Kosten der Wahl zu decken). Mochte er Luxemburger und der Großonkel des künftigen Königs sein, so war Balduin doch in erster Linie selbst ein Landesherr, der seine eigenen Interessen zu wahren wusste und sich für seine Schützenhilfe fürstlich belohnen ließ. Klar wird zudem, dass sämtliche Beteiligten zu diesem Zeitpunkt bereits ausschließlich Karl als legitimen Ansprechpartner betrachteten und nicht mehr seinen Vater Johann, der ja noch am Leben war. Zwischen den beiden Verträgen hatten Karl und sein Vater am 22. April 1345 im Beisein der zwölf mächtigsten Kardinäle der Kurie mit dem Papst in einer offiziellen Übereinkunft ihre wechselseitige „Freundschaft“ bekräftigt. Für Karl war diese Geste nicht ungefährlich, denn die deutschen Reichsfürsten hätten darin eine klare Unterwerfung des künftigen Königs und Kaisers unter den Papst sehen können, zumal die aufseiten Ludwigs IV. stehenden Chronisten den Luxemburger bereits als „Pfaffenkönig“ schmähten und den Bayern als Kämpfer für die deutschen Privilegien bzw. Freiheiten und das alleinige Vorrecht der deutschen Kurfürsten zur Wahl „ihres“ Königs rühmten. Diesen Preis mussten die Luxemburger jedoch für die tatkräftige, wenn auch unter der Hand vom französischen König betriebene Unterstützung des Papsts zahlen. Wie die Annahme der Goldenen Bulle, die eine rein „deutsche“ Wahl des römisch-deutschen Königs festlegt, zehn Jahre später bezeugt, war Karl 1346 keineswegs von seinem Ehrgeiz geblendet, sondern konnte sehr wohl über die wenigen Monate hinaus blicken, die ihn von einer eventuellen Thronbesteigung trennten.

Bis zum letzten Akt, der Wahl zum Gegenkönig, waren jedenfalls vorerst alle Hindernisse aus dem Weg geräumt. Der gewiefte Balduin legte Wert darauf, zumindest nicht öffentlich als Verfechter der dynastischen Interessen der Luxemburger in Erscheinung zu treten, sondern als Reichs-, Kur- und Kirchenfürst. Ludwig IV. verweigerte er in einem scharfen Verweis sowohl den Königs- als auch den Kaisertitel und titulierte den Bayern stattdessen als „erlauchten Herrn“, den er aufforderte, die Anerkennung der zweiten Ehe der Herzogin Margarete zurückzuziehen und sich als exkommunizierter Ketzer dem Papst zu unterwerfen. Als sich Ludwig dem wie erwartet nicht fügte, berief Gerlach von Nassau, neuer Erzbischof von Mainz und Reichserzkanzler für Deutschland, dem protokollarisch im Kurkollegium die erste Stimme zustand, am 20. Mai 1346 den Kurfürstentag für eine neue Wahl ein. Doch nur fünf der sieben Kurfürsten machten sich auf den Weg nach Rhens am Rhein im Erzbistum Köln, wo der Kurverein 1338 unter Ludwig IV. eine Vereinbarung geschlossen hatte, die ihm das alleinige Privileg für die Wahl des römisch-deutschen Königs zusicherte und sich ausdrücklich gegen eine vorherige päpstliche Approbation verwahrte. In Gegenwart der drei geistlichen Kurfürsten von Trier, Köln und Mainz, des Herzogs von Sachsen und des Königs von Böhmen, jedoch in Abwesenheit des Pfalzgrafen bei Rhein und des Markgrafen von

Brandenburg (zwei Unterstützer der Wittelsbacher) wurde Karl von Luxemburg, Markgraf von Mähren, jedoch zu dieser Zeit noch nicht König von Böhmen (was eine entscheidende Rolle spielte), von den fünf Kurfürsten am 11. Juli 1346 einstimmig zum römisch-deutschen König gewählt. Ludwig der Bayer tat dieses Ereignis als Treppenwitz der Geschichte ab. Sein mehr oder weniger offizieller Chronist und Verfasser der *Chronik der Herzöge von Bayern*, vielleicht ein Mönch aus Oberalteich, vermerkte lapidar: „Auf welche Weise, wann und von welchen Kurfürsten er jedoch gewählt wurde, habe ich bis heute nicht in Erfahrung bringen können."[33] Für Karl spielte das kaum eine Rolle, denn er konnte mit Fug und Recht darauf hoffen, in die Fußstapfen seines berühmten Großvaters zu treten. Als er die Boten aussandte, die dem Papst offiziell die gute Neuigkeit überbringen sollten, bewies Karl sogleich, dass er sich von nun an als Verteidiger des Reiches verstand. Denn anders als wenige Wochen zuvor in Avignon vereinbart, forderte er den Heiligen Vater nicht zur formalen Approbation, sondern lediglich zur Kenntnisnahme seines neuen Titels auf. Philipp VI. von Frankreich scherte sich gar nicht erst um solche Finessen: Vom Moment der Wahl an nannte er seinen Verwandten *Dei gratia rex Romanorum*. Der französische König hatte Grund genug, den deutschen König noch vor seiner Krönung rückhaltlos anzuerkennen, war doch die Allianz zwischen den beiden Häusern schon vom Großvater Heinrich VII. geschmiedet und später von Johann bekräftigt worden. Zudem war Philipp VI. gerade dabei, seinen gesamten Heerbann mobil zu machen, um sich mit einem möglichst großen Aufgebot den Engländern entgegenzustemmen. Auch Johann stand seit Mai 1346 mit einem Luxemburger Heeresverband, dem zeitgenössischen Quellen zufolge schätzungsweise 500 Ritter angehörten, in Frankreich im Feld, um an der Seite des französischen Königs Eduard III. aufzuhalten, der am 12. Juli in der Normandie gelandet war.

Um Haaresbreite wäre der von Johann, Balduin und Karl so geschickt eingefädelte Plan bei dieser Gelegenheit sang- und klanglos verpufft, so, wie die Linie der Luxemburger 1288 bei Worringen oder 1313 bei Siena beinahe ausgelöscht worden wäre. In der Schlacht bei Crécy, einem entscheidenden Wendepunkt in der Frühphase des Hundertjährigen Krieges, wurde am 26. August 1346 vor den Augen Philipps VI. und Eduards III. die Crème der Ritterschaft Frankreichs von englischen Armbrust- und Bogenschützen niedergemäht.[34] Unter den illustren Rittern, die in der Schlacht fielen, waren der Herzog von Lothringen (ein Bruder König Karls II. von

Valois), Ludwig von Dampierre (Graf von Nevers und Flandern), die Grafen von Blois, Harcourt, Roucy und Sancerre – und Johann der Blinde, König von Böhmen und Graf von Luxemburg.[35] An dieser Stelle ist weder Raum für Einzelheiten der Schlacht, die von den Chronisten, allen voran Jean le Bel, fast augenblicklich zum Mythos erhoben wurde, noch für den von Jean Froissart verewigten Heldentod Johanns, der sich von seinen Knappen an sein Streitross binden und in das Getümmel führen ließ, wo ihn englische Ritter erschlugen.[36] Als der Sohn Eduards III., der berühmte Schwarze Prinz, am nächsten Morgen Johanns Leiche fand, nahm er dessen Zimier an sich und machte sich das darauf stehende Motto „ich dien" zu eigen. Es ziert bis heute das Wappen des Prince of Wales. Karl entging nur knapp demselben Schicksal. Froissart erwähnt keine Verwundungen, berichtet aber, dass Karl das Schlachtfeld verließ: „Als er sah, dass die Sache schlecht für ihn stand, ging er fort, und ich weiß nicht, welchen Weg er einschlug."[37] Die verstörende Legende vom jungen Herrscher und frisch gekrönten römisch-deutschen König, der schmählich vom Schlachtfeld flüchtet, ohne dem eigenen Vater beizustehen, wurde schon früh von den Ludwig IV. ergebenen Chronisten kolportiert. Der Vorwurf muss so gravierend gewesen sein, dass Papst Clemens VI. sich veranlasst sah, in einem Brief vom 5. November 1346 zu bekräftigen, durch Karls Wahl sei ein *princeps militiae* auf den römisch-deutschen Thron gelangt, ein Ritterfürst, der durchaus fähig sei, die Christenheit in die Schlacht zu führen. Vielleicht war Karl ebenfalls daran gelegen, im Nachhinein gegen das böse Gerücht anzugehen, als er in seiner *Vita* ausführlich seine militärischen Erfolge in Italien aufzählte.

Dieser tragische 26. August 1346 raubte ihm nicht nur seinen Vater und mit ihm die kostbare uralte Allianz mit Frankreich, sondern fiel ausgerechnet auf den Vortag seiner auf den 27. August angesetzten Krönung. Karl suchte Zuflucht in seiner Grafschaft Luxemburg, denn der Weg ins weit entfernte Böhmen führte zum Teil durch Gebiete, die in der Hand von Gefolgsleuten Ludwigs IV. waren. Trotz allem musste er den vorgesehenen Ablauf bis zum Schluss durchstehen und die Krönung vornehmen, denn sonst wäre seine Königswahl vielleicht ein vergebliches Unterfangen geblieben. Dieser Tatsache war sich auch der amtierende Kaiser wohl bewusst, denn er titulierte Karl weiterhin als „angeblichen Markgrafen von Mähren", um demonstrativ darauf hinzuweisen, dass er in seinen Augen nicht einmal die Krone Böhmens trug. Auch der Papst begriff, dass Eile geboten war. Zunächst einigte man sich auf eine behelfsmäßige Krönung am 26. November 1346 in Bonn, denn Aachen, das als kaiserliche heilige Stätte mit Thron und Grab Karls des Großen eigentlich angemessen gewesen wäre, war dem Bayern treu ergeben und hielt seine Tore genauso verschlossen wie im Mai Frankfurt als eigentlich üblicher Ort der Königswahl.

Nach den glückverheißenden Omen, die Karl während des Italienzugs zu erkennen geglaubt hatte, nach seiner Abnabelung vom Vater, nach den ersten recht geschickten Schritten auf dem politischen Parkett Böhmens, die ihn bis an die Stufen des römisch-deutschen Throns geführt hatten, erinnerte ihn das Schicksal nun mit aller Härte daran, wie rasch sich das Blatt wenden kann. Karl lernte daraus offensichtlich, dass er das brüchige Konstrukt, dessen Erbe er nach dem Tod seines Vaters war, möglichst rasch stabilisieren musste. Eine Grafschaft und ein Königreich hielt er in der Hand, der römisch-deutsche Thron war ihm gewiss, wenn auch als Gegenkönig eines regierenden Kaisers, dazu die vage Aussicht auf die Kaiserkrone. Fehlte noch ein männlicher Thronerbe. Im folgenden Jahrzehnt, von 1346 bis 1356, konnte Karl über seinen Rivalen in Deutschland triumphieren, Kronen sammeln, ehrgeizige Pläne schmieden, seinem Königreich eine Verfassung geben, sich in Rom zum Kaiser krönen lassen, seine Hauptstadt Prag größer und prächtiger machen und mit einer neuen Universität ausstatten, die seinen Namen trug. Er schloss zwei Ehen, ordnete Böhmen neu und konnte sich in einem von der Pest entvölkerten und vom Krieg zwischen England und Frankreich zerrütteten Abendland als maßgebliche Instanz etablieren.

Kapitel 2

Der König: 1346–1355

Ein König thront.

Am 11. Juli 1346 wurde Karl zum römisch-deutschen König gewählt und am 26. November desselben Jahres in Bonn gekrönt. Mit Bedacht beschließt er seine *Vita* mit der Erinnerung an diese beiden Ereignisse: „So schritten die Kurfürsten unverzüglich zur Wahl und wählten den Markgrafen Karl von Mähren unter glücklichen Vorzeichen zum römischen König."[1] Wie wir wissen, war ihm das Glück nicht lange hold. Schlimmer noch: Ende des Jahres 1346 war Karl noch immer nicht König von Böhmen, während Ludwig IV. im Reich fest im Sattel saß und sich damit brüstete, Karl „gleich einem Wurm zu zertreten". Würde Karl gezwungen sein, einem Mann, der 1322 in der entscheidenden Schlacht seinen damaligen Gegenspieler vernichtend geschlagen hatte, im Kampf entgegenzutreten und sein Leben zu riskieren wie seinerzeit in Crécy? Karl wusste den Papst an seiner Seite, machte sich jedoch keine Illusionen darüber, dass der Heilige Vater gern mehr als ein Eisen im Feuer hatte. Zudem ließ das Scheitern des französischen Aufgebots in Crécy einen langwierigen Krieg gegen den englischen König befürchten, sodass Karls Allianz mit dem Königreich Frankreich vielleicht auf Dauer nicht mehr so üppige Früchte tragen würde.

Wenn es in der Politik des jungen Königs bis zu seiner Kaiserkrönung in Rom 1355 einen roten Faden gab, dann war es die weitgehende Kontinuität in der Konsolidierung seines eigenen Königreichs. Böhmen bildete unter dem Strich das einzige Standbein, auf das er überhaupt selbst Einfluss ausüben konnte. Er überführte den Sarg seines Vaters nach Luxemburg und kehrte am 1. Januar 1347 nach Prag zurück, blieb dort fast das ganze Jahr über und hielt sich auch danach bis 1353 im Wesentlichen auf seinen Besitzungen im Osten auf. Diese Entscheidung basierte in erster Linie darauf, wie Karl seine Zeit und die Verhältnisse im Reich einschätzte. Nur ein Fürst, der in seinem dynastisch angestammten Gebiet fest etabliert war, hatte in seinen Augen eine Chance, das gesamte Gebilde zu beherrschen. Er merkte, dass die schwierige Lage des Königs von Frankreich auch seine Position schwächte. Eines wusste er ganz genau: Falls er sich gegen den Papst und zugleich gegen die deutschen Reichsfürsten stellte, würde er ebenso scheitern wie alle, die das vor ihm versucht hatten.

Böhmen: Karl IV. und sein Reich

Innerhalb weniger Jahre ergriff Karl eine ganze Reihe von Maßnahmen, um die Macht des Königs und die Ansprüche seiner Dynastie in Böhmen zu untermauern. Dazu musste er zunächst einmal seinem Vater auf den böhmischen Thron folgen. Die Krönungszeremonie bereitete er sorgfältig vor. Schon im Sommer 1347 setzte er von eigener Hand eine neue Krönungsordnung auf, deren Elemente und Rituale er teils in Frankreich, teils im Heiligen Römischen Reich, vor allem aber der přemyslidischen Tradition entlehnte.[2] Eine seiner Neuerungen betraf das *Kyrie eleison*, das nun nicht mehr auf Griechisch, Latein oder Deutsch, sondern auf Tschechisch gesprochen wurde: *„Hospodine pomiluj nyi"*. Der eigentlichen Krönung ging eine Akklamation voraus, danach erklang der „St.-Wenzels-Choral", der als ältester bekannter alttschechischer Kirchenhymnus galt.[3] Dann bekräftigte Karl die Privilegien, die der böhmische Adel bereits seit der Thronbesteigung Johanns 1311 genoss (Beschränkung von Abgaben auf die vom Lehnswesen vorgesehenen Fälle, Unveräußerlichkeit Böhmens und Mährens, Achtung der Entscheidungen der Adelsstände im Königreich). Am 2. September 1347 erhielt Karl im Prager Dom die ehrwürdige Krone der Přemysliden aus den Händen des Erzbischofs Ernst von Pardubitz, der sein enger Vertrauter und Berater war, die drei aufeinanderfolgenden Gemahlinnen Karls IV. krönte, 1361 seinen Sohn Wenzel taufte und 1363 zum König von Böhmen krönte, Karl 1355 zur Kaiserkrönung in Rom begleitete, bis 1364 an allen großen Reichstagen teilnahm und wichtige Gesandtschaften an den Papst in Avignon sandte. Kein Zufall also, dass Karl diesen Mann 1348 zum ersten Kanzler der neu gegründeten Prager Universität ernannte.

Von allen Maßnahmen zur Konsolidierung des Königreichs Böhmen hatte diese Stiftung des ersten Studium generale im ganzen Reich herausragenden Stellenwert. Karl dachte dabei an zwei illustre Vorbilder: die 1224 von Friedrich II. für sein Königreich Sizilien in Neapel gegründete Hochschule sowie die Universität Paris, die Philipp II. von Frankreich 1200 ins Leben gerufen hatte und an der Karls Vater Johann als Zehnjähriger studiert hatte. So, wie er während seiner gesamten Regierungszeit eifrig Kronen und Reliquien sammelte, weil er meinte, die Wiederholung bestimmter Rituale untermauere seine Würde als Monarch, stiftete Karl nicht nur in Prag eine Alma Mater. Das Königreich Italien, nach wie vor Teil des Reiches, verdankte ihm die Gründung der Universitäten von Cividale (1353) und Pavia (1361) und die Erhebung der Hochschulen von Perugia (1355), Arezzo (1356), Siena (1357), Florenz (1364) und Lucca (1369) zu kaiserlichen *studia generalia*. Anlässlich seiner Krönung zum König des Arelat 1365 ergänzte Karl IV. die Liste seiner Universitätsgründungen um diejenigen in Genf und Orange.[4] Mit sage und schreibe zehn Hochschulen stellte er einen Rekord auf, den ihm kein abendländischer König oder Fürst streitig machte. Kasimir III. von Polen bemühte sich, es Karl nachzutun, gründete jedoch nur 1364 die Universität von Krakau, Ludwig I. von Anjou 1367 lediglich Fünfkirchen (Pécs). Die Prager Universität war Karl offensichtlich ein Herzensanliegen. Zudem wollte er mit ihrer Gründung eine 1281 von Alexander von Roes in seinem *Memoriale de prerogativa imperii Romani* aufgestellte These von einer Ordnung in Europa entkräften, nach der den Deutschen die Herrschaft, den Italienern die Geistlichkeit und den Franzosen die Bildung zustünde. Karl IV. versöhnte Wissenschaft und Imperium miteinander. Mit Ausnahme der 1365 gegründeten Universität Wien wurden im Reich erst nach seinem Tod weitere Hochschulen aus der Taufe gehoben: 1379 Erfurt, 1386 Heidelberg und 1388 Köln. In Karls Augen mehrte die Prager Universität nicht nur den Glanz seiner Hauptstadt, die damit nun auf Augenhöhe mit Paris stand. Sie hatte zudem den konkreten Auftrag, gebildete Männer hervorzubringen, die König- und Kaiserreich regieren konnten oder als Verwalter, Rechtsgelehrte und Theologen fähig sein würden, die Heldentaten und die Regierungspolitik des Königs für die Nachwelt festzuhalten.[5] Die an den Papst gerichtete Bitte um das Privileg für die Gründung (das nur der Heilige Vater gewähren konnte, was er in einer Bulle vom 26. Januar 1347 auch tat) verfasste Karl IV. entweder eigenhändig oder er machte seinem Kanzler genaue Vorgaben. In der Gründungsurkunde schließlich erläuterte er sein Anliegen wie folgt:

„[...] auf daß unsere getreuen Untertanen, die unablässig nach dem Genusse der Wissenschaften dürsten, nicht gezwungen in der Fremde um Brocken

> zu betteln, im Königreich ihren gedeckten Tisch finden und daß diejenigen, die eine angeborene Feinheit der Anlage zu Ratgebern vorbestimmt, sich wissenschaftlich schulen können und nicht einfach genötigt sind, ja es für überflüssig erachten, zur Erwerbung von Wissen den Erdkreis zu durchwandern, fremde Völker aufzusuchen, und damit ihr Verlangen gestillt werde, in fremden Landen zu betteln, sondern daß sie ihre Ehre darein setzen, andere aus der Fremde zum süßen Geruch und zur Teilnahme an solcher Köstlichkeit zu entbieten. Damit nun eine so heil- wie lobesame Empfängnis Unseres Geistes auch rechte Frucht bringe, so wollen Wir mit den frohen Erstlingen der Neuerung den Thron des genannten Königreichs erhöhen und haben mit vorbedachtem zeitigen Rat beschlossen, in Unserer reizvollen Metropolitanstadt Prag, welche die Fülle des Bodenertrags und die anmutige Lage gepaart mit Wohlstand für ein solches Unternehmen zweckdienlich machen, ein Generalstudium einzusetzen, einzurichten und neu zu schaffen. An diesem Studium soll es Doktoren, Magister und Scholaren geben in jeglicher Fakultät."[6]

Abgesehen von den Früchten des Studiums wünschte sich der König eine Universität, deren Glanz weit über Prag hinaus vor allem in das Herz Kontinentaleuropas ausstrahlen und seinem Reich, seiner Stadt Ehre machen sollte. Karls Hofchronist Benesch Krabitz von Weitmühl sah diese Zusammenhänge schon damals genauso: „In Prag gegründet wurde ein solches Studium, wie man es niemals in irgendeinem Teil Deutschlands gesehen hatte; Studenten kamen aus der Fremde dorthin, namentlich aus England, Frankreich, der Lombardei, aus Ungarn, Polen und anderen Nachbarländern […]. Die Stadt Prag wurde auf diese Weise durch die Universität überall im Ausland berühmt und gefeiert."[7] Um dies zu erreichen, mussten Karl und seine Berater das Rad nicht neu erfinden, sie kopierten einfach das glänzende Musterbeispiel jener Zeit: die Universität Paris. Die Gründungsurkunde wurde am 7. April 1348 verkündet und am 14. Januar 1349 ausgefertigt und mit einem goldenen Siegel versehen, das auf der einen Seite Rom, auf der anderen Karl IV. als römisch-deutschen König und König von Böhmen auf dem Thron zeigt. In der Urkunde sichert der König allen Studenten und allen Lehrern, die sich auf den Weg zur Universität Prag machen wollen, freies Geleit unter seinem Schutz auf allen Landstraßen zu, die seiner Gerichtsbarkeit unterstehen. Bezeichnenderweise orientierte sich der Verfasser der Urkunde – Karls Privatsekretär

Nicolas Sortes – dabei unmittelbar an Stil und Formalien der Gründungsurkunde der Universität Neapel, die ihm aus der Briefsammlung von Petrus de Vinea bekannt war, dem Kanzler Friedrichs II.[8]

Genau wie am linken Seineufer entstanden an der Moldau vier Fakultäten: Theologie, Recht, Medizin und Philosophie. Nach dem Vorbild der Sorbonne von 1257 wurde in Prag 1366 das *Collegium Carolinum* gegründet, mit den Einkünften aus zwölf Dörfern im Umkreis von Prag dotiert und mit einer Bibliothek ausgestattet, die 140 gelehrte Handschriften umfasste. Wiederum nach Pariser Vorbild führte die Karls-Universität 1369 die Aufteilung und Immatrikulation von Studierenden und Lehrenden in vier *nationes* ein: Böhmen (einschließlich Mähren und Ungarn), Polen, Bayern (einschließlich Österreich, Schwaben, Franken und dem Rheinland) sowie Sachsen (mit der Markgrafschaft Meißen, Dänemark, England und Schweden).[9] Als Karl 1378 auf dem Gipfel seines Ruhms starb, hatten sich in der Universität, die er unter den Schutz des hl. Wenzel gestellt hatte, seit ihrer Gründung bereits insgesamt 7000 immatrikuliert, was bei einer Stadt mit gerade einmal rund 40 000 Einwohnern eine enorme Zahl ist. Bei der Totenmesse für Karl am 15. Dezember 1378 hob der Erzbischof von Prag, Johann Očko von Vlašim, in seiner Trauerrede die Liebe des Kaisers zur Wissenschaft und zu seiner Universität hervor: „Er besaß Sinn für die Wissenschaften. Wie jeder weiß, war er so gebildet, dass er als Gelehrter und Magister der Theologie hätte auftreten können, denn er erklärte die Psalmen verschiedentlich sehr schön, ebenso das Evangelium […]. Er disputierte mit Magistern, Doktoren und anderen Gelehrten. Das ist auch der Grund, warum er die Universität zu Prag und viele Lehranstalten aus der Taufe hob.“ Einige Jahre später griff der hessische Chronist Tilemann Elhen von Wolfhagen in der Geschichte seiner Heimatstadt Limburg, die er zwischen 1378 und 1402 verfasste, das Motiv wieder auf: „Er [Karl] war klug und gelehrt, so daß er die Meisterdispute zu Prag besuchte und sich daran beteiligen konnte. […] Karl regierte und herrschte wie ein Löwe länger als dreißig Jahre […].“[10]

Die Universitätsgründung blieb nicht der einzige herausragende Regierungsakt im Jahr 1348. Im März begann der Bau der Prager Neustadt, mit der Karl die Fläche des Stadtgebiets verdreifachte und Prag damit zur drittgrößten Stadt Europas nach Rom und Konstantinopel machte. Parallel dazu nahm er gewaltige Bau- und Sanierungsarbeiten in Angriff. Von der Prager Burg über die königliche Residenz in Vyšehrad, den Veitsdom, das Rathaus und diverse Festungswerke bis zur Heilig-Geist-, Ägidius- und Nikolauskirche – überall waren Arbeiter am Werk. Die rastlose Bautätigkeit war der Stein werdende Wille Karls IV., sein Königreich, wie Frankreich um Paris, um eine Metropole zu einen, die böhmische Chroniken schon seit Cosmas um 1100 als „Herrin von ganz Böhmen", ab etwa 1350 als *„caput regni"* oder auch als *„Behem stul und hoep"*, Sitz und Haupt Böhmens, feierten. Im Licht der Heiligkeit der Krone und der zentralen Hauptstadt als Hort von Macht und Wissen erhielt Böhmen seine Gestalt als *corona Bohemiae*, „Krone Böhmen", die über dem König und einem einzelnen *regnum* stand. Die neue Identität fußte auf der Verehrung der böhmischen Heiligen, allen voran Wenzel, der auf Ewigkeit zum wahren Eigentümer der böhmischen Krone erklärt wurde. Das 1344 erneuerte Kleinod prangte auf seinem Kopfreliquiar, das Karl eigens für den neuen Dom anfertigen ließ. Unter der Krone Böhmens vereint, galten Schlesien, die Lausitz und sogar Mähren als „Lehen der Könige und der Krone von Böhmen". Diese Zweiteilung führte die Theorie von den zwei Körpern des Königs – einem sterblichen weltlichen und einem unsterblichen mystischen – in den politischen Diskurs um das Königreich ein.[11] In keiner der in seiner Kanzlei ausgefertigten Urkunden verzichtete Karl je auf die Nennung seines Titels *Boemie rex* neben dem des römisch-deutschen Königs und später Kaisers. Sicher war es auch kein Zufall, dass am Tag der Gründung der Prager Universität auch die Unveräußerlichkeit des Reichsguts verkündet wurde. Die Königswürde wurde nach dem dynastischen Prinzip in männlicher und weiblicher Linie jeweils an das erstgeborene Kind weitervererbt; nur in dem Fall, dass keine Erben existierten, sollten die Landstände ein Mitspracherecht haben. Zur gleichen Zeit belehnte Karl seinen Bruder Johann Heinrich mit Mähren, unter der Bedingung, dass er und seine Nachkommen jeglichen Anspruch auf den böhmischen Thron fallen ließen.[12]

Karl IV. durfte sich rühmen, seinem Königreich zu Glanz verholfen zu haben, und wie vor ihm Philipp II. mit Fug und Recht seiner Titulatur das Epitheton „Mehrer des Reiches" hinzufügen, denn 1348 war ein sehr erfolgreiches Jahr. Die bereits 1335 von Johann und 1339 in den Verträgen von Trentschin und Krakau vorbereitete Inkorporation Schlesiens in die Krone Böhmen brachte er durch die Einigung mit dem polnischen König im Vertrag von Namslau zum guten Abschluss. Ergänzt wurde dieser Gebietszuwachs durch weitere Zugewinne im Herzogtum Pfalz-Neuburg und 1353 durch die Angliederung der Gebiete, die Karls dritte Frau Anna von

Schweidnitz mit in die Ehe brachte. Vor allem aber konnte Karl sich darüber freuen, dass die Vorsehung es mit seinem Königreich offenbar gut meinte, denn als der Schwarze Tod ab Ende 1347 den Mittelmeerraum entvölkerte und dann 1348 in Frankreich und England, 1349 im Heiligen Römischen Reich und 1350 in Skandinavien wütete,[13] blieben Sachsen, Brandenburg, Polen und Böhmen aus bis heute ungeklärten Gründen (diskutiert werden klimatische und geografische Bedingungen, eine geringere Mobilität, andersartige Viehbestände oder bessere Schutzmaßnahmen) weitgehend, stellenweise sogar völlig verschont. Der Chronist Franz von Prag erklärte das Phänomen durch den günstigen Einfluss des „frischeren, kälteren Windes".[14] Den in Böhmen und vor allem in Prag ansässigen jüdischen Gemeinden blieben so weitgehend die Pogrome erspart, die ihre Glaubensbrüder und -schwestern in deutschen Städten wie Basel, Speyer, Mainz, Frankfurt, Straßburg und Nürnberg mit aller Härte trafen. Trotz des kaiserlichen Schutzes, den Juden auf dem Papier genossen, führten die Massaker in 300 der 350 seinerzeit im Reich registrierten jüdischen Ansiedlungen vielerorts zur völligen Auslöschung der Gemeinden: Allein in Nürnberg waren über 600 Opfer zu beklagen, in Frankfurt mehr als 350. Der Pest hingegen, die einem zeitgenössischen Sprichwort zufolge weder Arm noch Reich, weder Stadt- noch Landvolk, weder Freibauern noch Könige noch Päpste unterscheidet, fielen auch mehrere Angehörige des Hauses Luxemburg zum Opfer: 1349 starb Karls Schwester Guta wenige Monate, bevor sie zur Königin von Frankreich gekrönt worden wäre, im selben Jahr eine seiner Töchter, Königin Margarete von Ungarn. Besonders schmerzlich und politisch nicht ungefährlich für Karl war schließlich 1351 der Verlust seines einzigen Sohnes, des zweijährigen Wenzel, dem 1353 seine Mutter, Karls zweite Gemahlin Anna von der Pfalz, ins Grab folgte.

Als der böhmische Adel 1355 die 127 Statuten der *Maiestas Carolina* zurückwies, mit der Karl die Rechte des Königs gegenüber seinen Lehnsleuten zu stärken versuchte, dämpfte dies zwar sicher seine Hoffnung, sämtliche Fäden des Reiches in seiner Hand zusammenzuführen, doch am energischen Ausbau von Staatswesen und Königtum seit 1346 änderte dies nichts. Auffallend sind unter anderem die reich sprudelnden Einkünfte der Krone sowohl vonseiten der Städte als auch durch die lukrativen Silberminen bei Kuttenberg und im Erzgebirge. Weitere Hinweise auf einen florierenden Staat geben die erfolgreiche Umsetzung eines allgemeinen Landfriedens auf Grundlage einer *ordo judicii terrae* und die Wiederaufnahme des Mautsystems an Elbe und

Moldau. Hinzu kamen Einnahmen durch den Verkauf von Privilegien, Adelsbriefen und vor allem Urkunden, deren Zahl sich im Vergleich zu Johanns Regierungszeit verdoppelte. Die Kanzlei, die sie aufsetzte, schwoll mit der Zeit auf rund 200 Notare an, die der Aufsicht eines besser ausgebildeten und effizienteren königlichen Rates unterstanden. Zu der festen Überzeugung, in seinem Königreich Ordnung geschaffen zu haben, gelangte Karl spätestens 1350, also in dem Jahr, in dem er seine *Vita* verfasste, während ihn eine Krankheit ans Bett fesselte. Woran er litt, ist bis heute ungeklärt; die Thesen reichen von einem Turnierunfall bis zu einer Nerven- oder Knochenerkrankung. Einig sind die Chronisten darin, dass er seinen Regierungsgeschäften lange fernblieb und zurückgezogen in seiner Residenz lebte, sodass man um sein Leben fürchtete. Matthias von Neuenburg vermerkte in der Chronik, die er in den 1360er-Jahren im Auftrag der Bischöfe von Straßburg verfasste: „Diesmal war der König so lange und schwer erkrankt, dass manche schon dachten, er sei vergiftet worden."[15] Auch Heinrich Taube von Selbach schrieb in seiner Chronik der Kaiser und Päpste der Jahre 1294 bis 1363: „Seine Krankheit dauerte mehr als ein Jahr."[16] Woran Karl auch gelitten haben mag, er blieb bis an sein Lebensende von den Folgen gezeichnet: Sämtliche halbwegs realistischen Porträts ab dieser Zeit zeigen ihn mit einem gekrümmten Rücken, der schmerzhaft gewesen sein muss. In die Zeit der offenbar von der Krankheit mitbedingten Abfassung seiner *Vita* fiel aber noch ein weiteres entscheidendes Ereignis: Am 12. März 1350 nahm Karl in Prag jene Insignien und Reliquien in Empfang, die seit Anbeginn der Zeiten die Herrschaftszeichen der römisch-deutschen Könige und Kaiser waren. Gesandte des Markgrafen Ludwig von Brandenburg, eines Sohnes Ludwigs IV. des Bayern, überbrachten Karl aus München unter anderem die Reichskrone, die heilige Lanze, das Reichsschwert und das Kreuzpartikel. Was war in der Zwischenzeit im Heiligen Römischen Reich geschehen, dass Karl IV. nun zum Hüter von dessen heiligsten und politisch brisantesten Kleinodien wurde?

Die Beilegung der Reichskrise

Als Ludwig IV. am 11. Oktober 1347 bei einer Bärenjagd in den Wäldern bei Fürstenfeldbruck vor den Toren Münchens tödlich verunglückte, bestätigte dies Karl in der Überzeugung, dass die göttliche Vorsehung ihm wohlgesonnen war. Die Wittelsbacher versuchten umgehend, unter den Söhnen des Verstorbenen einen fähigen Nachfolger zu finden, doch infrage kam nur der Erstgeborene. Ludwig V. war zu diesem Zeitpunkt 32 Jahre alt, seit 1323 Markgraf von Brandenburg und mit Herzogin Margarete von Tirol verheiratet.[17] Nach dem Tod seines Vaters trat er automatisch dessen Nachfolge als Herzog von Bayern an. Seine fünf Brüder, die weniger glänzend verheiratet oder begütert waren, forderten ebenfalls ihr Erbteil: Ludwig VI., Otto V., Stefan II., Wilhelm III. und Albrecht I. Wie sein Vater war auch Ludwig V. wegen seiner skandalösen Heirat 1342 exkommuniziert worden und konnte sich deshalb nicht zur Königswahl stellen. Da seine Brüder vermutlich nicht hinreichend befähigt oder einfach zu jung waren, sprach der Wittelsbacher Erbprinz sich für eine Kandidatur des englischen Königs Eduard III. aus, der am 10. Januar 1348 tatsächlich von den vier bayerntreuen Kurfürsten zum Gegenkönig gewählt wurde, sich aber angesichts des Krieges gegen den König von Frankreich schon am 10. Mai wieder zurückzog. Der junge Herzog versuchte sein Glück daraufhin bei seinem Schwager Friedrich von Meißen, der jedoch ablehnte. Anschließend gelang es Ludwig, in Bayern Unterstützung für einen einfachen Grafen namens Günther von Schwarzburg zu finden, der daraufhin am 30. Januar 1349 in Frankfurt gewählt wurde, und zwar mit den Stimmen von Ludwig V. selbst (als Markgraf von Brandenburg), Pfalzgraf Rudolf bei Rhein (einem Wittelsbacher), Herzog Erich von Sachsen (gegen satte „Entschädigung") und Heinrich III. von Virneburg, dem seit 1346 abgesetzten Erzbischof von Mainz. Die Stadt Frankfurt am Main hatte jedoch inzwischen Karl IV. als rechtmäßigen König anerkannt. Dieser stellte ein Heer auf und besiegte Günther im Mai 1349 bei Eltville am Rhein auf dem Schlachtfeld. Günther willigte daraufhin ein, gegen eine Entschädigung von 20 000 Silbermark auf den Königstitel zu verzichten, und kehrte nach Frankfurt zurück, wo er kurz darauf, am 12. Juni, aller Wahrscheinlichkeit nach an der Pest starb.[18] Als einziger deutscher König fand Günther seine letzte Ruhestätte im Frankfurter Reichsstift St. Bartholomäus, der vor und nach seiner Bestattung Schauplatz vieler Königswahlen war. Karl IV. hatte schon im Vorjahr die Position Ludwigs V. von Bayern weiter geschwächt, indem er den „falschen Waldemar" gegen ihn unterstützt hatte. Dieser Hochstapler – vielleicht ein gewisser Jakob Rehbock – hatte sich als der 29 Jahre zuvor verstorbene alte Markgraf Waldemar ausgegeben und behauptet, die Bestattung sei seinerzeit nur eine Inszenierung gewesen, in Wahrheit habe er all die Jahre als Pilger im Heiligen Land gelebt und Buße getan.[19] Ob Karl IV. den Schwindel durchschaute oder nicht, sei dahingestellt. Zugute kam Waldemar eine gewisse Faszination, die so oft von „falschen" Königen und Fürsten ausgeht, sowie das Ansehen, das Eremiten und messianische Heilsbotschaften speziell aus Jerusalem genossen. Karl IV. erkannte ihn an und belehnte ihn mit der Mark Brandenburg, denn die Täuschung kam den Absichten des Luxemburgers bestens entgegen. Zudem warf sie gewichtige Fragen nach Identität und Legitimität auf und machte Lücken im Staatsgefüge deutlich.[20] Nachdem sich Karl im Vertrag von Bautzen 1350 mit den Wittelsbachern geeinigt hatte, ließ er den „falschen Waldemar" jedoch fallen. Er behauptete, er sei hintergangen worden, und vergab die Mark Brandenburg als Lehen an Ludwig V. von Wittelsbach, der sie 1351 an zwei seiner Halbbrüder abtrat. Durch den Tod des Grafen von Schwarzburg platzte jedenfalls die Hoffnung der Bayern, Karl die Königswürde streitig machen zu können, zumal der Luxemburger sich mithilfe von Privilegien und Steuererleichterungen die Gunst der großen Reichsstädte erkaufte, allen voran die von Frankfurt und Nürnberg. Sogar die Habsburger hatten sich im Mai 1348 im Zuge eines Bündnisses mit Herzog Albrecht II. zur Neutralität verpflichtet, im Gegenzug hatte Karl seine sechsjährige Tochter Katharina mit Albrechts Sohn und Erben Rudolf von Österreich verlobt. Kurze Zeit später schloss Karl mit dem polnischen König den Frieden von Namslau. Im Dezember konnte er sich auf den Reichstagen in Dresden und Wittenberg die Unterstützung des Landgrafen von Thüringen und des Markgrafen von Meißen sichern. Man sieht: Um die Ansprüche der Bayern zu konterkarieren, setzte Karl weniger auf Waffen als auf Diplomatie, ergänzt um eine gezielte Heiratspolitik, die er bis zum Ende seiner Herrschaft nie aus dem Auge verlor.

Am 1. August 1348 starb seine erste Frau Blanca von Valois. Nachdem damit der Platz an seiner Seite frei geworden war, hatte Karl eine Idee, wie er dem Wittelsbacher Lager endgültig den Wind aus den Segeln nehmen konnte. Am 4. März 1349 heiratete er Anna von der Pfalz, die Tochter des Grafen und Kurfürsten Rudolf, der zweimal Kandidaten von Karls Gegenspielern unterstützt hatte. Nun konnte Karl sich als großmütiger Sieger geben und die Ansprüche der sechs Söhne Ludwigs IV. auf Bayern und Brandenburg bestätigen. Nichts und niemand trennte ihn mehr von einer bedingungslosen definitiven Anerkennung als römisch-deutscher König. Dabei hätte er es belassen können, doch das widersprach seinem ausgeprägten Sinn für Tradition und für die Würde des ihm verliehenen Königtums. Er war in Rhens gewählt und in Bonn gekrönt worden – nun musste er beide Zeremonien an den althergebrachten und damit „richtigen" Orten noch einmal wiederholen: die Königswahl am 17. Juni 1349 in Frankfurt und die Krönung durch seinen Großonkel Balduin von Trier am 25. Juli in Aachen. Das Besondere an diesen Städten war ihre enge Verknüpfung mit dem Andenken an den als Heiligen verehrten Karl den Großen.[21]

Allerdings blieb Karl IV. nicht lange im Reich; er wollte die Konsolidierung des Königreichs Böhmen abschließen. Er ernannte Balduin zum Reichsvikar und beauftragte ihn, im Süden, insbesondere in Franken und Schwaben, Landfriedensbündnisse mit königlicher Garantie zu schließen. Balduin ebnete zudem den Weg für eine Aussöhnung mit den Wittelsbachern und ihren Verbündeten. Er starb am 21. Januar 1354 und erlebte den Frieden von Sulzbach, den Ludwig V. am 1. August 1354 unterzeichnete, nicht mehr mit. Der Vertrag befriedete das Reich und krönte Balduins Lebenswerk, denn er verkörperte den Sieg des Hauses, das er fast 40 Jahre lang mit aller Kraft unterstützt hatte. Bei alledem hatte Karl allerdings wohl die Kosten unterschätzt, die sich beträchtlich summierten: 900 000 Gulden waren an die Kurfürsten gegangen, 500 000 an eine ganze Reihe anderer Reichsfürsten, 300 000 an diverse Freiherren und Adlige, 100 000 an die Reichsstädte. Es dauerte lange, bis der nun endlich als legitim anerkannte König sich von diesen Ausgaben erholte. Gedeckt wurden sie teils durch Darlehen, teils durch die Verpfändung und Überschreibung großer Teile der königlichen Besitzungen oder zumindest dessen, was davon Mitte des 14. Jahrhunderts noch vorhanden war.[22] Die Parteigänger der Bayern, allen voran der Chronist Matthias von Neuenburg, verspotteten Karl nun nicht mehr nur als „Pfaffenkönig", sondern obendrein als ewig in Geldnöten steckenden Krämer und Geizkragen: „Er hatte über seine vorhandenen Mittel hinaus für das Reich so viel ausgegeben und verschwendet, dass die Schankwirte in gewissen Städten ihn nur mehr bedienen wollten, wenn er ihnen dafür eine Hypothek oder Garantie gab, und mehrmals wurden wegen unbezahlter Schulden seine Güter gepfändet."[23] Bei aller Plumpheit liegt in dieser Unterstellung ein Körnchen Wahrheit: Wenn Karl es so eilig hatte, nach Böhmen heimzukehren, dann auch, weil er auf die sprudelnden Einkünfte seines Königreichs zählte, um wenigstens einen Teil der Verbindlichkeiten zu decken, die er für die Festigung seines römisch-deutschen Thronanspruchs eingegangen war. Doch damit war es nicht getan. Von jedem neu gewählten und gekrönten römisch-deutschen König wurde erwartet, dass er möglichst bald seine Kaiserkrönung betrieb. Sie bildete die entscheidende letzte Etappe auf dem weiten Weg zum weltlichen Oberhaupt der Christenheit und musste in Rom erfolgen. Karl war bewusst, dass auf dieser langen Reise, die ihn trotz bereits leerer Kassen viel Geld kosten würde, viele Gefahren lauerten und Hindernisse zu überwinden waren. Den Tod seines Großvaters Heinrich VII. 1313 hatte er sicher nicht vergessen. Zudem waren angespannte Verhandlungen mit dem Papst zu erwarten, denn seit dem Tod seines treuen Verbündeten Clemens VI. 1352 saß der unnahbare Innozenz VI. auf dem Thron Petri, der die Rechte des Heiligen Stuhls mit Argusaugen hütete.[24] Auch der Gedanke an eine neuerliche Begegnung mit dem Wespennest Italien, das er zwischen 1331 und 1333 fürchten gelernt hatte, behagte Karl vermutlich nicht. Zu alledem musste er sich auf unbestimmte Zeit von seinen Königreichen Böhmen und Deutschland entfernen, von denen zwar das erste fest in seiner Hand war, Letzteres jedoch nur bedingt. Dennoch war die Kaiserkrönung nicht nur eine Pflicht, sondern auch verführerisch, zumal Innozenz VI. Karl ebenso dazu drängte wie der Volkstribun Cola di Rienzo und der Dichter Petrarca. Verlockend war auch das Geld der kaisertreuen ghibellinischen Städte. Seine Berater überzeugten Karl, dass er sich seinem Schicksal nicht entziehen dürfe und mehr zu gewinnen als zu verlieren habe, wenn er sich – wie Karl der Große im Jahr 800 – zum Kaiser krönen ließ.

1355: Ein Kaiser wird gekrönt

Eine Kaiserkrönung lässt keinen Geschichtsschreiber kalt. Alle zeitgenössischen Chronisten erwähnen sie: die Italiener aus Siena, Pisa und Florenz, die Deutschen und die Tschechen, ganz zu schweigen von der Entourage des Königs und seinen Beratern. Manche widmeten dem Ereignis eigenständige Berichte wie etwa der Augenzeuge Jean Porte d'Annonay (Johannes Porta de Annoniaco), dessen Schilderung korrekterweise „Die römische Reise des Herrn Kardinal Petrus de Colombier, Kardinal von Ostia, zur Krönung Kaiser Karls IV." hätte heißen müssen und für die sich im 19. Jahrhundert der Titel *Liber de coronatione Karoli IV. Imperatoris* einbürgerte, „Buch von der Krönung Karls IV."[25] Heute ist davon lediglich noch eine vollständige Abschrift aus dem 15. Jahrhundert erhalten, die in Prag aufbewahrt wird. Sie ist bezeichnenderweise in eine Handschrift eingebunden, die auch die *Vita Caroli IV*, eine Fassung der Goldenen Bulle von 1356 und die böhmische Chronik von Karls offiziellem Geschichtsschreiber Přibík Pulkawa von Radenin enthält. Jean Porte d'Annonay war Privatsekretär des Kardinalbischofs von Ostia, Pierre Bertrand le Jeune de Colombier (Petrus Bernardus iunior de Columbario), den Innozenz VI. am 10. November 1354 offiziell damit beauftragte, an seiner Statt die Kaiserkrönung vorzunehmen. Jean war deshalb bei der gesamten Zeremonie anwesend und führte sorgfältig Protokoll. Wie schon bei der Krönung Heinrichs VII. residierte Innozenz in Avignon und konnte die Feierlichkeiten nicht persönlich leiten, hatte jedoch seinem Legaten präzise Instruktionen gegeben. Karl, der bereits die römisch-deutsche und die böhmische Königskrone trug, war dagegen schon recht versiert.[26]

Das für die Christenheit so bedeutungsvolle Zeremoniell zwischen den beiden Universalmächten Kaiser und Papst war nicht ohne Risiko und verlangte Mut. Der feierliche Akt, gleichermaßen herbeigesehnt und gefürchtet, war auf beiden Seiten von langer Hand vorbereitet worden. Schon 1350 hatte Karl IV. die Florentiner in einem Brief über seine Aussöhnung mit den Bayern informiert und sie wissen lassen, dass er sich nun im Besitz der Reichsinsignien befand: Krone, Mantel, Schwert, Reichsapfel. Zur gleichen Zeit hatte Clemens VI. seine italienischen Kardinäle aufgefordert, die Frage der Kaiserkrönung nicht ohne ihn zu erörtern, und 1351 und nochmals 1353 seinen Kardinallegaten Gil de Albornoz eindringlich gebeten, sich in Rom für ihn einzusetzen. Obwohl also alle im Stillen darüber nachdachten, wagte niemand, das Thema offen anzusprechen. Bis die Frage durch eine abenteuerliche Laune des Schicksals unversehens im Raum stand: 1347 hatte Cola di Rienzo, eigentlich Nicola di Lorenzo, in Rom die Macht ergriffen und sich selbst den Ehrentitel „Anwärter auf den Heiligen Geist, gestrenger und barmherziger Ritter, Befreier Roms, Verteidiger Italiens, Freund der Erde und erlauchter Tribun" zugestanden, der als Inschrift am Giebel der Basilika Santa Maria in Aracoeli hoch oben auf dem Kapitolshügel prangte. Der Volkstribun hatte die alteingesessenen Adelsfamilien verjagt und eine Republik nach altrömischem Vorbild ausgerufen.[27] Mit der Behauptung, ein unehelicher Spross des verstorbenen Kaisers Heinrich VII. zu sein, hatte der Sohn einer Wäscherin und eines Schankwirts sich anfangs die Unterstützung des Papstes erschlichen, der unter Umständen eine vage Chance witterte, seine Rückkehr nach Rom zu erreichen. Doch schon im Dezember des gleichen Jahres musste Rienzo Hals über Kopf aus Rom fliehen. 1350 erschien er am Prager Hof und beschwor Karl IV., sich in Rom zum Kaiser krönen zu lassen. Er berief sich dabei auf Dante und auf Petrarca (mit dem Karl bereits in einem Briefwechsel stand) und köderte ihn mit der vielversprechenden eschatologischen Aussicht auf die Herrschaft im angeblich gerade anbrechenden Reich des Heiligen Geistes, jenem von Joachim von Fiore vorhergesagten „Dritten Reich". Zwei Jahre lang hielt Karl IV. Rienzo gefangen und ließ ihn dann von einem päpstlichen Legaten nach Avignon zum gerade neu gewählten Innozenz VI. bringen, der dem Volkstribun die Absolution erteilte und ihn sogar zurück nach Rom schickte, um die dort herrschenden Colonna und Orsini daran zu erinnern, dass ihre Macht nicht ewig währen werde. Cola di Rienzo wurde zum römischen Konsul erhoben, 1354 jedoch von den römischen Adelsfamilien gefangen gesetzt, enthauptet und verbrannt. In den Augen Karls IV. warf dieses tragische Ende einer Utopie offenbar erneut ein fragwürdiges Licht auf seine Rompläne, doch gewann die Aussicht auf das Kaisertum letztlich die Oberhand, zumal sie ihm als die einzige Möglichkeit erschien, der Welt Frieden und Seelenheil zu schenken und selbst auf den Gipfel der Macht zu gelangen.

Ende September 1354 brach Karl von Nürnberg aus in Begleitung von 300 Rittern auf. Nachdem seine zweite Frau Anna von der Pfalz im Februar 1353 gestorben war, hatte Karl knapp vier Monate später Anna von Schweidnitz geheiratet, die ihn nach Rom begleitete. Zu Beginn seiner dritten Ehe besaß Karl noch immer keinen männlichen Erben. Die Alpen konnte er dank der feierlichen Erneuerung des Friedens mit den Habsburgern und Wittelsbachern beim großen Reichstag im März 1353 in Wien von Tirol aus gefahrlos überqueren. 1351 war es ihm gelungen, seinen unehelichen Halbbruder Nikolaus als Patriarch von Aquileia einsetzen zu lassen. Die Loyalität dieser Kirchenprovinz mitten in Friauler Gebiet, in der die österreichischen Passstraßen über die Dolomiten endeten, war von entscheidender Bedeutung für Karls neuerlichen Zug über Udine, Belluno und Feltre bis in die Po-Ebene sowie die Weiterreise über die Toskana nach Rom. Am 5. Oktober erreichte Karl mit seinem Tross Salzburg, überquerte problemlos die Pässe und erreichte am 13. Oktober südlich der Alpen Gemona oberhalb von Udine. In Norditalien fand er eine komplizierte Lage vor, erschwert durch den Krieg von Venedig und Florenz gegen Mailand, dessen einflussreicher Erzbischof Giovanni Visconti kurz zuvor gestorben war. Dennoch begab sich Karl im Januar 1355 von Mantua aus nach Mailand, das ihm Truppen und Subsidien in Höhe von 150 000 Gulden versprochen hatte, dafür aber das Reichsvikariat in Italien verlangte. Vor allem aber hütete Mailand die eiserne Krone der Langobarden, auf die Karl als römisch-deutscher König Anspruch erhob. Mit dieser Krone ließ er sich am Dreikönigstag, auf die Stunde genau 44 Jahre nach seinem Großvater, in der Mailänder Kirche Sant'Ambrogio zum König von Reichsitalien krönen und bewies damit erneut seine Vorliebe für Symbole und Traditionen. Zwei Tage später fungierte er als Garant des Waffenstillstands zwischen Mailand und dem florentinisch-venezianischen Bündnis gegen die Visconti. Danach reiste er weiter nach Pisa, um 60 000 Gulden Subsidien in Empfang zu nehmen und mit dem päpstlichen Legaten Pierre Bertrand die Krönungsvorbereitungen zu erörtern. Bertrand gewährte Karl gern die Bitte um eine Gedenkmesse für dessen Großvater Heinrich VII. Zum Zeichen seines Wohlwollens zwang Innozenz VI. die als Guelfen mit dem Haus Luxemburg eigentlich verfeindeten Florentiner, Karl mit 100 000 Gulden und 200 Rittern unter die Arme zu greifen. Als Gegenleistung sollte Karl den einst von Heinrich VII. gegen die Stadt verhängten Reichsbann aufheben. Florenz sollte jährlich 4000 Gulden zur Begleichung von Steuerschulden zahlen und dafür von Karl die Bestätigung seiner Freiheiten und Privilegien erhalten. Karls nächste Station war Siena, wo er eine Revolte niederschlug und den Stadtrat wieder einsetzte. Am 1. April schließlich erreichte der königliche Tross die Tore der Ewigen Stadt.

Als Tag der Krönung wurde keineswegs zufällig Ostern gewählt, das 1355 auf den 5. April fiel. Karl, der in der Nacht zuvor im schlichten Mönchsgewand unerkannt durch die Stadt gestreift war, hielt am Sonntag Einzug in Rom, den Chroniken zufolge in Begleitung von „10 000", also „sehr vielen" Rittern. Gemäß den Anweisungen, die Innozenz VI. schon am 31. Januar 1355 erteilt hatte, folgte eine kurze „klassische" Zeremonie. Gemäß der *ordo coronationis*, der Krönungsordnung, wurde Karl zunächst zum Kanonikus des Domkapitels von St. Peter ernannt. Anschließend schwor er, den Papst und die heilige römische Kirche zu verteidigen. Danach wurde er gesalbt, erhielt die Reichsinsignien und wurde mit der vermeintlichen Krone Karls des Großen gekrönt. Hierauf folgte die Einkleidung seiner Gemahlin. Dann nahm er, auf der Estrade sitzend, dreimal die Anrufung entgegen: *„Domino Carolo invictissimo Romanorum imperatori et semper* *augusto salus et victoria*" – „dem Herrn Karl, unbesieglichem und allzeit erhabenem Kaiser der Römer, Heil und Sieg". In Abwesenheit des Papstes, der ja zumindest nach seinen eigenen offiziellen Anweisungen der „einzige Bischof von Rom" war, verzichtete man auf das *Strator*-Ritual, bei dem der frisch gekrönte Kaiser wie ein Stallknecht den Zelter des darauf sitzenden Papstes am Zügel führte und das schon in der Vergangenheit als symbolischer Akt der Unterwerfung der weltlichen unter die geistliche Macht Unbehagen ausgelöst hatte.[28] Was Art und Umfang der Reichskleinodien betrifft, bleibt Jean Porte – übrigens ebenso wie Benesch von Weitmühl – eigentümlich vage, obwohl diese Insignien in den Augen der Chronisten höchstes Prestige genossen. Die heute in der Schatzkammer der Wiener Hofburg streng bewachten *insignia imperiales* galten zur damaligen Zeit einerseits als kostbare Symbole der Kaiserwürde, zugleich aber auch als Reliquien. Karl hatte sie ja schon 1350 in Besitz genommen, und es ist anzunehmen, dass er sie bei seinem Romzug bei sich führte. Darunter war auch die Krone, die in einer von ihm selbst verfassten Urkunde von 1350 beschrieben ist als „des egenanten heiligen keyser Karls guldein crone mit dem bogen und creucz, dy dar uf gehòrn, gewurcht von mancherley edelem gestyne, darin ist besundern gewurcht ein edel steyn, den man nennet den weysen."[29] Mit dieser Krone auf dem Kopf trat Karl, so die Schilderungen, durch die geöffneten Türen der Petersbasilika vor das Volk und schwor mit lauter Stimme, die alten Freiheiten der Stadt Rom zu achten. Anschließend erteilte er auf der Engelsbrücke 1500 Männern den Ritterschlag, „nach rechts und links, nach vorn und hinten, mal mit dem Schwert, mal dem Stock, mal dem Stab, selbst mit der Hand."[30] Nach der Krönung nahm Karl an einem Bankett teil, reiste dann aber umgehend ab, weil er dem Papst zugesagt hatte, nicht in Rom zu übernachten. Schon am 19. April erreichte er Siena, zog an Florenz vorüber und hielt sich drei Wochen in Pisa auf, wo ihn ein Aufstand am 20. Mai um ein Haar das Leben gekostet hätte. Nach diesem Erlebnis brach er eilends in Richtung Cremona auf und gelangte über Zürich nach Augsburg, wo er am 3. Juli eintraf.

Karls Romzug dauerte alles in allem achteinhalb Monate. Dass er das Abenteuer abgesehen von dem Schrecken in Pisa unbeschadet überstand, lag allein schon daran, dass er gar nicht vorgehabt hatte, die bestehende politische und territoriale (Un-)Ordnung auf der zwischen Ghibellinen und Guelfen zerrissenen Halbinsel infrage zu stellen, seine Ansprüche auf Reichsitalien als römisch-deutscher König womöglich mit Gewalt durchzusetzen oder sich der Rückeroberung der päpstlichen Güter durch Innozenz VI. und seinen Legaten Albornoz entgegenzustellen.[31] Petrarca empfand Karls Abreise als Kapitulation und Flucht und schleuderte ihm empört nach: „Du bringst schließlich die eiserne Krone und die goldene Krone heim, dazu noch den unfruchtbaren Namen der Kaiserschaft. Kaiser der Römer wirst du dich nennen lassen, der du nur König von Böhmen allein bist." Dabei hatte sich Karl schon lange zuvor für eine Politik entschieden, die sich auf Böhmen und das römisch-deutsche Reich konzentrierte, aber die Geschicke Italiens weise ausklammerte.[32] Immerhin sicherte er mit dem Kaisertitel seinem nach wie vor erhofften Sohn und Nachfolger den römisch-deutschen Königstitel und -thron und ebnete den Luxemburgern den Weg für eine dynastische Politik, wie sie kein Monarch im Heiligen Römischen Reich mehr gewagt oder auch nur gewollt hatte, seit Friedrich II. 1220 seinen Erstgeborenen Heinrich (VII.) zum König hatte wählen lassen und nach dessen Absetzung 1237 seinen zweitältesten Sohn Konrad IV. auf den Thron gesetzt hatte.[33]

Die Bilanz von Karls Romzug liest sich jedenfalls recht gut. Zunächst einmal besaß er nun auf ewig die Kaiserwürde und war damit als einziger Monarch des Abendlands befugt, die Bügelkrone zu tragen und sich *Karolus quartus divina favente clemencia Romanorum imperator semper augustus et Boemie rex* zu nennen. Geschickt hatte er es vermieden, sich den Papst zum Feind zu machen, was nicht jedem seiner Vorgänger gelungen war. Anders als sein Großvater hatte er sich auch nicht den erbitterten Hass der italienischen Fürstenhäuser und Städte zugezogen. Er hatte mit den Visconti ein Bündnis geschmiedet und war von den anderen Adelshäusern anerkannt worden. Er hatte weder gewagt noch vorgehabt, die stolze Unabhängigkeit des Hauses Anjou in Neapel infrage zu stellen. Und er brachte, sozusagen als Sahnehäubchen, kostbare Reliquien und einige wohlgefüllte Geldschatullen mit nach Hause, auch wenn die darin enthaltenen Reichtümer letztlich weit hinter den Gerüchten zurückblieben, die guelfische Chronisten wie der Florentiner Matteo Villani neiderfüllt in die Welt setzten.

Dem Kaiser dürfte solche Kritik herzlich wenig ausgemacht haben, denn bei der Rückkehr in seine deutschen Gebiete Mitte 1355 hatte er längst einen Paukenschlag im Sinn, der das Reich stärken, seine Fürsten befrieden und sein eigenes Ansehen mehren sollte. Am 8. Juli berief er von Nürnberg aus für den 25. November desselben Jahres einen großen Reichstag ein, dessen

Tagesordnung nichts weniger verkündete als Zoll- und Währungsreformen, ein allgemeines Friedensabkommen und die Festlegung eines Kurkollegiums, dessen Mitglieder befugt sein sollten, mit einfacher Mehrheit den König zu wählen, „damit nicht mehr Krieg um das Reich werde.“[34]

Kapitel 3

Der Kaiser: 1356–1378

Ein König wird Kaiser.

Auf dem Höhepunkt kaiserlicher Macht? Die Goldene Bulle

In Goethes Lebenserinnerungen *Dichtung und Wahrheit* kommt die Goldene Bulle von 1356 gleich mehrmals vor. Mit seiner Heimatstadt Frankfurt am Main ist sie eng verknüpft, denn die römisch-deutschen Könige wurden dort gewählt und vom 16. Jahrhundert bis 1806 zum König und später direkt zum Kaiser gekrönt. Die erste Erwähnung der Bulle bei Goethe findet sich in der Schilderung der Besuche, die er als junger Mann dem Kaiserdom St. Bartholomäus abstattete, wo bis heute die Wahlkapelle zu besichtigen ist: „[…] Wir fanden diesen in der deutschen Geschichte so merkwürdigen Raum, wo die mächtigsten Fürsten sich zu einer Handlung von solcher Wichtigkeit zu versammeln pflegten, keineswegs würdig ausgeziert, sondern noch obenein mit Balken, Stangen, Gerüsten und anderem solchen Gesperr, das man beiseitesetzen wollte, verunstaltet. Desto mehr ward unsere Einbildungskraft angeregt und das Herz uns erhoben, als wir kurz nachher die Erlaubnis erhielten, beim Vorzeigen der Goldnen Bulle an einige vornehme Fremden auf dem Rathause gegenwärtig zu sein.“[1] Mit geradezu mittelalterlichem Blick interessiert sich Goethe mehr für die Rituale als für den nur wenige Quadratmeter großen Schauplatz mit den zwei oder drei Bänken, wo die Königswahl ab 1356 offiziell stattfand. Rund hundert Seiten weiter berichtet er uns: „Ich hatte von Kindheit auf die wunderliche Gewohnheit, immer die Anfänge der Bücher und Abteilungen eines Werks auswendig zu lernen, zuerst der fünf Bücher Mosis, sodann der ‚Äneide‘ und der ‚Metamorphosen‘. So machte ich es nun auch mit der Goldenen Bulle, und reizte meinen Gönner[2] oft zum Lächeln, wenn ich ganz ernsthaft unversehens ausrief: ‚*Omne regnum in se divisum desolabitur: nam principes ejus facti sunt socii furum.*' *[Jedes Reich, das in sich selbst zerspalten ist, wird veröden, denn seine Fürsten sind Gefährten der Diebe geworden.] Der kluge Mann schüttelte lächelnd den Kopf und sagte bedenklich: ‚Was müssen das für Zeiten gewesen sein, in welchen der Kaiser auf einer großen Reichsversammlung seinen Fürsten dergleichen Worte ins Gesicht publizieren ließ.*'"[3] Auch diese eine eher mittelalterliche als moderne Sichtweise: Schon das Incipit bestimmt Tenor und Anspruch der Urkunde.

Noch vier Jahrhunderte später spürte der Dichterfürst, dass der Verfasser Würde und Zweck der auf den beiden Reichstagen in Nürnberg im Januar und in Metz im Dezember 1356 verabschiedeten Bestimmungen, als so außerordentlich empfunden hatte, dass er sie in einem Prolog hervorheben wollte. Dieses Proömium macht aus der Bulle eine Quelle des Lichts, der Eintracht, der Einheit, zu gleichen Teilen getragen vom Kaiser und den designierten Kurfürsten. Deren Zahl hat Symbolcharakter, etwa wenn die Bulle die Fürsten „sieben strahlende Leuchter" nennt. Von der Urkunde selbst über den majestätischen Rahmen bis hin zum Verkündungsdatum war alles dazu angetan, Karl IV. als Gesetzgeber in Erscheinung treten zu lassen, der den Vergleich mit erlauchten Vorgängern wie Alfons X. dem Weisen, Ludwig dem Heiligen oder Friedrich II. nicht zu scheuen brauchte. Dieses „Image" gefiel dem Kaiser; bereits im zweiten Kapitel seiner *Vita* definierte er den idealen König erstmals anhand von Psalm 99,4: „Die Würde des Königs strebt nach gerechtem Gericht."[4] Dieser Satz findet sich als Inschrift auf der König David geweihten Platte der achteckigen Reichskrone, mit der Karl IV. wenige Monate zuvor zum Kaiser gekrönt worden war. Bezeichnenderweise bildete die Bulle 1356 seine erste wichtige Amtshandlung seit seiner Salbung in Rom.[5]

Die 31 Bestimmungen der Urkunde, die am Weihnachtstag in Gegenwart der Reichsfürsten, von Boten der Reichsstädte, Äbten (darunter demjenigen von Cluny), des Kardinallegaten des Papstes, der Kaiserin „sowie Karls, des erstgeborenen Sohnes des Königs von Frankreich, erlauchten Herzogs der Normandie und Dauphins von Vienne" in Metz feierlich verkündet wurden, nennt die Vorrede schlicht „Gesetze", doch in die Geschichte des Heiligen Römischen Reiches sind sie als dessen bedeutendste „Verfassung" eingegangen. Zugleich enthalten sie die langlebigste Nachfolgeregelung der europäischen Geschichte, die erst 1806 mit dem Untergang des alten Kaisertums, das sie erst mitbegründete, ihre Gültigkeit verlor.[6] Zu Lebzeiten des

Kaisers nannte man die Urkunde „Anordnung", „kaiserliches Gesetz" oder auch „Kodifizierung des kaiserlichen Rechts". Der Name, unter dem sie uns heute bekannt ist – „Goldene Bulle" –, tauchte ein erstes Mal in einer Abschrift des Diploms aus dem Umfeld des Trierer Erzbischofs Kuno von Falkenstein (1363-1388) auf und etablierte sich zu Beginn des 15. Jahrhunderts., nachdem Wenzel, der Sohn Karls IV., 1400 als römisch-deutscher König abgesetzt worden war. Wenzel hatte eine Prachthandschrift der väterlichen Urkunde in Auftrag gegeben, in der dem Prolog ein Satz vorangestellt wurde: „Hier beginnt die Goldene Bulle der Kaiserwahl."[7] Ein Jahrhundert später – 1519 – bezeichnete Karl V. die Urkunde als „wichtigstes Reichsgesetz" und legte 1530 die Abläufe und Zusammenkünfte der Reichstage in einer weiteren Urkunde fest, der *„Bulla Aurea Caroli Quinti"*.

Diese Kanonisierung von Wortlaut und Gesetzeswerk ging mit einer bemerkenswert weiten Verbreitung des Textes einher: 173 Handschriften und Wiegendrucke sind allein aus dem 15. Jahrhundert bekannt, eingebunden in die unterschiedlichsten anderen Schriften. Dabei handelt es sich beileibe nicht nur um juristische Konvolute wie Privilegiensammlungen, Reichs- oder Stadtchroniken, Landfriedensbündnisse und Verträge gemäß kanonischem, konziliarem, Zivil- oder Gewohnheitsrecht. Auf die Goldene Bulle berufen sich auch die großen Abhandlungen über Reichsreformen, etwa das als *Reformatio Sigismundi* bekannte anonyme Traktat, das vermutlich 1439 beim Konzil von Basel verfasst und 1476 erstmals veröffentlicht wurde,[8] die *Concordia catholica* von 1433/34 von Nikolaus von Kues[9] oder das von Peter von Andlau 1460 verfasste *Libellus de Cesarea monarchia.*[10] Interessanterweise ist über das gesamte 15. Jahrhundert hinweg eine Art Konstitutionalisierungsprozess zu beobachten, in dessen Zuge sich der Status der Bulle von 1356 von einem bloßen Privileg zugunsten der Kurfürsten zu einem „Grundgesetz" des Heiligen Römischen Reiches weiterentwickelt.

In der Einladung zum Reichstag in Nürnberg war neben dem Wahlverfahren eine Reform des Landfriedens, der Wegzölle und des Münzwesens auf die Tagesordnung gesetzt worden.[11] In den Augen Karls IV. war also die Königswahl so eng mit dem Frieden im Reich verknüpft, dass beide Aspekte zur selben Zeit geregelt werden sollten. Nichts deutet jedoch darauf hin, dass in dieser Frage definitive, weitreichende Entscheidungen gefallen wären, auch wenn die Abgesandten der Stadt Straßburg ihrem Stadtrat berichteten, dies sei geplant gewesen. Da es in Nürnberg keine Räumlichkeiten gab, die sich für derartige Verhandlungen geeignet oder auch nur genügend

Platz für alle Stände und Fürsten geboten hätte, fanden eher informelle Erörterungen statt, Tag für Tag protokolliert unter der strengen Aufsicht des Kanzlers Johannes von Neumarkt, der vermutlich gemeinsam mit dem Kaiser und König den Prolog zur Bulle verfasste. An den Verhandlungen beteiligt waren im Wesentlichen die sieben Kurfürsten, die in der Urkunde namentlich genannt sind und denen der Kaiser noch vor den darin ausdrücklich genannten Privilegien separat zahlreiche weitere Vorrechte gewährt hatte. Es scheint, als habe Karl nach der Verabschiedung der 23 Kapitel, die Ablauf und Rituale der Königswahl festschreiben, und nach der Gewährung der Privilegien für die Fürstentümer der sieben Kurfürsten am 10. Januar 1356 in Nürnberg seine Pläne vorerst auf Eis gelegt.[12] Dass dennoch ein zweiter Reichstag anberaumt wurde, hatte mit der Forderung der Kurfürsten nach einer weiteren Untermauerung ihrer Vorrechte und nach einer Präzisierung ihrer jeweiligen Ämter zu tun, aber auch mit der neuen Situation in Frankreich aufgrund der Geschehnisse im Herbst (Niederlage bei Poitiers, Gefangennahme des Königs, Zusammentreten der Generalstände) sowie der Ansprüche, die der spätere Karl V. von Frankreich auf die Dauphiné erhob.[13] Die zweite Zusammenkunft wurde deutlich schneller anberaumt und besser vorbereitet, zumal die meisten Artikel schon vor Dezember in Abstimmung mit den Fürsten redigiert worden waren.

Bei der am 25. Dezember 1356 verabschiedeten, nun 31 Artikel umfassenden Bulle handelt es sich konkret um eine königlich-kaiserliche Urkunde, die von der Hofkanzlei erstellt und mit einem Goldsiegel versehen wurde, das ihre Echtheit und Erhabenheit bezeugt.[14] Unter den Hunderten Urkunden, die von der Kaiserlichen Kanzlei erstellt und bulliert wurden, verkörpert allein dieses später „Goldene Bulle" genannte Dokument eindeutig und unmissverständlich den berühmten Text von 1356.[15] Das kostbare Siegel dokumentiert weithin sichtbar den Stellenwert, den Karl IV. ihm trotz des situationsgebunden unfertigen Charakters beimaß.[16] Die Siegelfelder des beidseitig geprägten Goldsiegels sind mit sechs Zentimetern Durchmesser groß genug für detailreiche Bilddarstellungen. Auf dem Revers sieht man die Stadt Rom, auf dem Avers den thronenden Kaiser mit Krone, Zepter und Reichsapfel. Diese drei Reichsinsignien symbolisieren die Heiligkeit und Souveränität des Königs und erinnern an die Bestimmungen der Kapitel XXVI und XXVII darüber, in welcher Reihenfolge und von welchen Kurfürsten diese Gegenstände getragen, präsentiert und dem gewählten König überreicht werden sollen, nämlich von den drei geistlichen Kurfürsten, den Erzbischöfen von Trier, Köln und Mainz. Rechts vom Kaiser sieht man den Kaiserschild mit dem einköpfigen Adler, links von ihm den böhmischen Königsschild mit dem Löwen. Die Umschrift nennt die vollständige kaiserliche Titulatur: *karolus quartus divina favente clemencia romanorum imperator semper augustus et boemie rex.* Die beiden Wappen berühren die Armlehnen des Throns; er ist Darstellungen des biblischen Königs David nachempfunden, der auf einer der seitlichen Platten der Kaiserkrone abgebildet ist.[17] Der Revers trägt in der Mitte die Aufschrift *aurea roma* und die Umschrift *roma caput mundi regit orbis frena rotundi* („Rom, das Haupt der Welt, lenkt die Zügel des Erdkreises") rings um eine schematische Darstellung der Ewigen Stadt, wie sie sich bereits auf den Bullen Konrads II. (1024–1039) findet. Karl IV. greift hier eine Tradition wieder auf, mit der sein Vorgänger Ludwig IV. gebrochen hatte, damit sich die Romdarstellung auf seinen Bullen – vor allem nach Verhängung des Kirchenbanns 1328 – von denen auf päpstlichen Siegeln unterschied. Durch die Entlehnung seiner Vorlage bei Friedrich II. präsentierte Karl IV. sein Gesetzeswerk als unmittelbares Erbe der Staufer, insbesondere Friedrichs II. als Urheber überragender Gesetzessammlungen wie der Konstitutionen von Melfi, die er 1231 in seinem Königreich Sizilien erließ.

Das Goldsiegel: der thronende Kaiser auf dem Avers, der Revers zeigt die Stadt Rom.

Was besagen nun die 31 Artikel der Goldenen Bulle? Zunächst einmal legen sie fest, dass der Kaiser den Kurfürsten auf ihrem Weg durch das Reich nach Frankfurt freies Geleit zusichert, wo sie einen „römischen König und künftigen Kaiser“ wählen sollen. Sie versammeln sich in der Kirche des hl. Bartholomäus,[18] der in karolingischer Zeit gegründeten kaiserlichen Stiftskirche, die im 14. Jahrhundert Hauptschauplatz des Kultes um den „Heiligen“ Karl den Großen war.[19] Die Kurfürsten feiern eine Messe und schwören, den am besten geeigneten Kandidaten auf den Thron zu wählen. Danach schließen sie sich in der Seitenkapelle der Kirche ein und schreiten zur Wahl. Ist nach 30 Tagen keine Entscheidung gefallen, erhalten sie wie bei einer Papstwahl nur noch Wasser und Brot. Die Abstimmung erfolgt mit einfacher Mehrheit, wobei jeder Kurfürst sich zur Wahl stellen und sich auch selbst wählen darf. Der gewählte König muss den Kurfürsten, die als „gediegene Stützen und unerschütterliche Säulen des Reiches“ gelten, unverzüglich sämtliche „Privilegien, Urkunden, Rechte, Freiheiten, Bewilligungen, alten Gewohnheiten und auch Würden“, die sie bis zum Tag der Wahl innehatten, vor aller Ohren bestätigen und besiegeln.[20] Es folgen präzise Vorgaben für die Sitzordnung und Reihenfolge der Kurfürsten bei Reichstagen, Festtafeln, Prozessionen und „feierlichen Aufzügen“. Eine Sonderstellung hat dabei „der König von Böhmen, weil er ein gekrönter und gesalbter Fürst ist.“[21] Die weltlichen Kurfürsten – der König von Böhmen, der Herzog von Sachsen, der Markgraf von Brandenburg und der Pfalzgraf bei Rhein – kommen durch die Bulle in den Genuss der Erblichkeit und Unveräußerlichkeit ihres Stimmrechts und der gewährten Privilegien, die nach ihrem Tod auf ihren erstgeborenen Sohn übergehen. Alle Kurfürsten einschließlich der drei Erzbischöfe von Trier, Köln und Mainz erhalten „Gerechtsamen“ [Hoheitsrechte] in Bezug auf Bergwerke und die Prägung von Gold- und Silbermünzen sowie Gerichtsfreiheit vor jedem königlichen Gericht. Die sieben Kurfürsten, so die Bulle weiter, müssen einmal jährlich vier Wochen nach Ostern in einer Stadt ihrer Wahl einen Reichstag abhalten und dort Angelegenheiten ihrer Fürstentümer und des Reiches erörtern. Den Städten verbietet die Bulle die Aufnahme und Einbürgerung von „Pfahlbürgern“ [außerhalb der Stadt wohnenden Inhabern der Bürgerrechte] und die Beteiligung an Städtebünden.[22] Die beiden letzten Artikel bekräftigen nochmals, dass „die feierliche Wahl des Römischen Königs und künftigen Kaisers in der Stadt Frankfurt, die erste Krönung in Aachen und [der erste Reichstag] in der Stadt Nürnberg“ stattfinden sollen. Angesichts der Vielfalt an Gesetzen, Gebräuchen, Lebensweisen und Sprachen in den verschiedenen Ländern des Heiligen Römischen Reiches sollen die Söhne der weltlichen Kurfürsten neben ihrer deutschen Muttersprache ab ihrem siebten Lebensjahr in der lateinischen, italienischen und slawischen [tschechischen] Sprache unterrichtet werden, „weil diese Sprachen in besonderem Maße im Heiligen Römischen Reiche benützt und benötigt werden und weil man in ihnen die schwierigsten Reichsgeschäfte erörtert".

Weder Erblichkeit noch Approbation durch den Papst, sondern eine „deutsche" Wahl also: Das ist die Essenz der Urkunde, die das Wahlprinzip mit dynastischem Denken verknüpft sowie die Anerkennung und erlauchte Würde der sieben Kurfürsten herausstreicht, denen in ihren eigenen Fürstentümern erhebliche Hoheitsrechte und -attribute zustehen. Ihre Abstimmung nach dem Mehrheitsprinzip, die „Kur", genügt bereits, damit der König automatisch der künftige Kaiser ist, ohne dass eine päpstliche Bestätigung erforderlich wäre. Geschickt vermied es Karl IV. 1356, den gleichen Fehler zu machen wie sein Vorgänger Ludwig IV., der beim Reichstag in Frankfurt 1338 in dem Mandat *Licet iuris* dem Papst das Recht, die Königswahl durch eine Approbation zu bestätigen, ausdrücklich abgesprochen hatte.[23] Karl wusste sehr genau, dass derartige Aussagen auf den Heiligen Vater wie ein rotes Tuch wirken und den alten Streit unter den beiden Universalmächten wieder aufflammen lassen würden. Schweigen war in dieser Situation genauso Gold wie das Siegel von Karls Bulle, die 1356 den Papst schlicht und einfach ausklammerte. Vor allem aber verdeutlicht die Liste der sieben Kurfürsten, dass der König von Böhmen nun die vollwertige Stellung genießt, die ihm der *Sachsenspiegel* und der Schwabenspiegel als die beiden bekanntesten deutschen Rechtsbücher des 13. Jahrhunderts noch abgesprochen hatten.[24] Sie signalisiert zudem, dass die beiden Dynastien, die den Luxemburgern den Thron streitig gemacht hatten (die bayerischen Wittelsbacher und die österreichischen Habsburger), vorerst aus dem Rennen waren. Gelegentlich heißt es ein wenig vorschnell, die Bulle sei Karls Abrechnung mit den konkurrierenden Fürstenhäusern, doch das stimmt im Fall der Wittelsbacher nur zur Hälfte, denn einer ihrer jüngeren Zweige in der Kurpfalz war erbberechtigt in Bezug auf das Stimmrecht und die damit verbundenen Privilegien. Schon eher trifft diese Einschätzung auf die Habsburger zu. Herzog Rudolf IV. von Österreich, der Steiermark und Kärnten sowie Graf von Tirol, der 1356 ausgerechnet Karls Tochter Katharina von Böhmen geheiratet hatte, sah sich jedenfalls 1358/59 veranlasst, das *Privilegium minus* zu manipulieren. Mit diesem „kleinen

Freiheitsbrief" hatte Friedrich I. 1156 die Markgrafschaft Österreich zum eigenständigen, erblichen Herzogtum erhoben. Das von Rudolf in Auftrag gegebene *Privilegium maius*, eine der bekanntesten Urkundenfälschungen des Mittelalters, verwob überaus geschickt Wahrheit und Lüge in fünf Einzelurkunden von 1058 bis 1283. Der Herzog von Österreich wird darin unversehens als „Erzherzog" tituliert und damit de facto in denselben Rang erhoben wie die Kurfürsten.[25] Obwohl der Betrug schon 1360 durch Petrarca aufgedeckt wurde, bestätigte der Habsburger Kaiser Friedrich III. das Privileg 1453. Die Fälschung verhalf den Habsburgern nicht nur zu mehr Ansehen und einem ranghöheren Titel, sondern zu einem kaiserlichen Reichsvikariat für sämtliche österreichischen Besitzungen ihres Hauses.[26] Die Geschichtsschreibung deutete diese Lüge lange Zeit als frühes Indiz dafür, dass die Habsburger eine Sonderrolle innerhalb des Kaiserreichs oder sogar die Abtrennung davon anstrebten, doch das Gegenteil ist der Fall: Die Fälschung von 1358 sollte wohl eher die Integration der Dynastie und Österreichs in das Kaiserreich vorantreiben. Karl IV. machte zunächst kein großes Aufhebens um diesen „großen Freiheitsbrief", sondern betrachtete ihn nüchtern als eine Liste überzogener Ansprüche, wie er sie im Laufe seiner Herrschaft schon oft gesehen hatte. Durch diesen geschickten Schachzug konnte er 1364 eine „Erbverbrüderung"[27] zwischen den Häusern Luxemburg und Habsburg aushandeln, die in diesem Moment harmlos erschien, jedoch ab dem 15. Jahrhundert für die Zukunft des Reiches und somit Deutschlands und Österreichs eine entscheidende Rolle spielte. Vereinbart wurde nämlich, dass in dem Fall, dass eine der beiden Dynastien erbenlos erlosch, die andere sämtliche Güter und Ländereien der ausgestorbenen Familie erben sollte.[28] Ironie des Schicksals: Ausgerechnet die Habsburger, die als einzige große Familie im Reich in der Bulle von 1356 ausgeklammert worden waren, lenkten ab 1437 vier bis fünf Jahrhunderte lang die Geschicke des Heiligen Römischen Reiches.

Ein König, der von sieben Kurfürsten gewählt wird: Das ist ab 1356 Fakt und fortan die grundlegende Definition, das Organisationsprinzip des Heiligen Römischen Reichs. Von diesem Tag an basierte die Geschichte des Reiches (und damit Deutschlands) lange Zeit auf vier Faktoren, die in der Goldenen Bulle festgeschrieben sind. Der erste besteht in der Beziehung zwischen König (und gegebenenfalls Kaiser) und Kurfürsten, der zweite in der Haltung dieser Fürsten gegenüber dem König/Kaiser. Der dritte Faktor ist das Einvernehmen der Kurfürsten untereinander, der vierte schließlich

Karl IV. und die sieben Kurfüsten in einer Handschrift aus dem 14. Jhd.

die Eintracht der Kurfürsten mit den übrigen Fürsten und Herren im Reich. Insofern strebt die Bulle nach Ausgewogenheit, die „auf ewig“, sprich konstitutionell, einen festen Rahmen für das Wechselspiel der Kräfte zwischen dem König und Kaiser, der seinerseits Kurfürst ist, und den übrigen Kurfürsten vorgibt. Das bestätigt auch ein Blick auf die Wortwahl der Bulle. Während in der *Vita* Karls IV. gleich zwölfmal der Begriff *imperator* vorkommt, davon allein achtmal mit negativem Unterton auf den damaligen Gegner und Rivalen Ludwig IV. gemünzt, jedoch 128 Mal das Wort *rex*,[29] ist das Verhältnis zwischen Wortfeldern, die sich einerseits auf die Kurfürsten und andererseits auf den Kaiser beziehen, in der Bulle eher ausgewogen.

Der Nutzen, den Karl IV. aus der Goldenen Bulle zieht, ist nicht unerheblich: Er nabelt sich damit vom Papsttum ab, sichert sich die Möglichkeit einer gezielten Familien- und Hausmachtspolitik und bindet Böhmen fester in das Heilige Römische Reich ein. Als einziger gekrönter und gesalbter König (von Böhmen) nimmt er nun unter den weltlichen Kurfürsten den ersten Platz ein, den zuvor der Pfalzgraf innegehabt hatte, und ist dafür nicht einmal auf die kaiserlichen Insignien angewiesen. Zudem gewinnt er durch die Bulle zum Teil das Prestige und die Vorrechte zurück, die er in seinem eigenen Königreich durch das Scheitern seiner *Maiestas Carolina* 1355 eingebüßt hatte. Ihm ist klar, dass er sich im Reich vorerst nicht gegen die Fürsten wird durchsetzen können, doch zumindest begrenzt er mit der Bulle die Zahl der Entscheidungsträger auf sieben, sodass es rein rechnerisch ausreicht, wenn sich ihm nie mehr als drei von ihnen ernsthaft entgegenstellen. Die Einbeziehung des böhmischen Königs (und seines Königreichs) in die Urkunde erklärt allerdings auch, warum die Goldene Bulle im Gegensatz zu anderen nationalen „Verfassungen" in Europa nicht oder erst sehr spät in die Konstituierung einer spezifischen Versammlung der deutschen Reichsländer münden konnte. Die Bulle dokumentiert darüber hinaus eine Schwerpunktverschiebung im Reich von West nach Ost: Die Besitzungen von drei der vier weltlichen Kurfürsten liegen im Osten, und die drei Dynastien, die im 14. und 15. Jahrhundert um den römisch-deutschen Thron wetteiferten – Luxemburg, Wittelsbach und Habsburg –, konzentrieren sich auf Gebiete, Königreiche und Grenzen im Norden und Osten des Reiches.

Einen „Kompromiss" stellt die Bulle nur oberflächlich gesehen dar. Durch das gewährte Privileg unterstellt der Kaiser die Kurfürsten einem Regelwerk und gibt damit der Formel „Kaiser und Reich" eine konkrete Gestalt, sozusagen als imperiale Version der antiken Maxime *Quod omnes tangit, ab omnibus tractari et approbari debet (Was alle angeht, das müssen alle erörtern und gutheißen)*. An der Urkunde von 1356 prangt allein das kaiserliche Siegel, während diejenigen der Kurfürsten fehlen; sie wurden lediglich an den Wahlurkunden angebracht. In dieser Tradition titulierten Rechtsgelehrte ab dem 16. Jahrhundert die sieben Kurfürsten als *cardo imperii* oder „vorderste Glieder des Reiches". Mit der Bulle regelte Karl zudem erfolgreich das naturgemäß heikle Verhältnis zwischen mehreren Königreichen, einem Kaiserreich und Fürstentümern auf dem Weg in die Quasisouveränität. Im Vergleich zu anderen staatlichen und politischen Konstrukten im Europa jener Zeit ist das sicher das Besondere der Goldenen Bulle. Ihre Bestimmungen, ihre Rezeption und Verbreitung bezeugen, welche zentrale Rolle der Kur innerhalb der Institutionen und des Machtgefüges im Abendland zukam, zumal sie nicht nur einen Königstitel betraf, sondern die Kaiserkrone. Auch wenn der Wortlaut den Ablauf der Wahl festlegt, handelt es sich nicht um eine Reichsreform: Kapitel XII sieht zwar eine jährliche Zusammenkunft der Kurfürsten vor, ruft damit jedoch keine allgemeine oder ständige Versammlung ins Leben. Lediglich der königliche Reichstag bleibt bestehen, wird aber nach und nach zu einem kaiserlichen.[30] Die Bulle verfügt also nicht die Integration des Reiches durch eine Politik der Kooperation und begründet so gesehen auch keine kaiserliche Politik, die eine kaiserliche Regierung zu untermauern vermöchte. Hierin liegt zweifellos auch der wesentliche Unterschied zu der politischen Theorie und Praxis Frankreichs.[31] Die Bulle kann letztlich nicht weiter gehen, als es die Lage im Heiligen Römischen Reich 1356 gestattet: sie basiert auf einem Konstrukt, in dem der König nicht mehr als eine Vermittlerrolle einnimmt.

Die Bulle gewinnt ihren Stellenwert in erster Linie durch den betont feierlichen Charakter der Urkunde. Ihr Inhalt ist nicht neu, wohl aber die Zusammenstellung vieler Bestimmungen zu einer derartigen Verfassung. Dabei regelt die Bulle wie gesagt nicht primär das Zusammenspiel der Staatsfunktionen im Reich, denn die Rede ist weder von Steuern noch von einem Parlament, einer Armee oder einer Hauptstadt, weder von der Regierung noch von irgendeinem Stand, nicht einmal von einer behutsamen Reichsreform. Wirklich innovativ ist der Text hinsichtlich der Rituale, auf die neun der 31 Artikel Bezug nehmen und die nie zuvor so eingehend schriftlich festgehalten worden waren.[32] Ein Bemühen um Rationalisierung ist hierin jedoch nicht zu sehen, im Gegenteil: die Bulle erschafft eine ganz neue Vorstellungswelt für die Symbole der Macht. Eine neue Ordnung verlangt nach neuen Ritualen und neuen Bildern. Hoheitsgewalt manifestierte und definierte sich im Mittelalter unter anderem durch Rituale, Festakte und symbolische Handlungen, die weder die dahinterstehende Politik verschleiern sollten noch eine entbehrliche folkloristische Zugabe darstellten; sie waren vielmehr die Voraussetzung für die Existenz und Nachvollziehbarkeit der Souveränität.[33] Die Bulle sollte nicht nur Unstimmigkeiten über die Rangordnung vorbeugen, sondern zudem Regeln aufstellen, die von der Nachwelt weder vergessen noch gestrichen noch ersetzt werden sollten. Sie markiert zugleich die Geburtsstunde einer neuen Rangfolge, die durch das visuelle Motiv des Königs im Kreis seines Kurkollegiums verkörpert wird, aber auch durch die Relegierung der Königin an den Schluss der Krönungsprozession, weil in einer Wahlmonarchie nicht mehr sie den Thronfolger stellt.[34] Vor allem aber beantworteten die in der Bulle festgeschriebenen Rituale ab 1356 eindeutig die Frage, was das Heilige Römische Reich eigentlich ausmachte. Erst wenn die Bedeutung dieses

Zeremoniells verwässert würde (was Goethe hinsichtlich der Zustände im Reich und der Frankfurter Kaiserkrönungen im 18. Jahrhundert zu erkennen meinte),[35] erst wenn es nur noch als altmodische Bürde empfunden würde, verlöre sich auch der Charakter des Reiches als stabilem Verband, bestehend aus einem König und seinen Kurfürsten, und als Wechselspiel zwischen den Kurfürsten, die *pars pro toto* das Reich repräsentieren wie das goldene Siegel des Kaisers die Gesamtheit der Urkunde.

Zunächst jedoch gaben die Bestimmungen von 1356 dem Kaiser in der Praxis einen relativ großen Handlungsspielraum, von der Konzentration auf die Befriedung des Reiches über den Rückzug in seine angestammten Gebiete in Luxemburg und Böhmen und einen Ausgleich zwischen Ost und West bis zur Wiederaufnahme einer kaiserlichen Politik, die über die Reichsgrenzen hinaus vor allem nach Italien schaute. Keine dieser Optionen schloss der Kaiser von Vornherein aus, keine vernachlässigte er. Klug hütete er sich davor, starrsinnig eine Richtung weiterzuverfolgen, wenn dies das Ganze zu schwächen drohte, wie es in Italien oder an den Westgrenzen des Reiches der Fall war. Seine Präferenz stand dennoch fest, und zwar nicht erst ab 1356, sondern schon seit dem Jahrzehnt davor: Das dauerhafte Fundament und das Sprungbrett seiner Dynastie sollte Böhmen sein.

Die Konsolidierung der Hausmacht

Im Westen hatte Karl IV. zunächst nach Kräften die Expansionspolitik seines Halbbruders Wenzel von Luxemburg aus nach Brabant und Limburg unterstützt. Beide Herzogtümer waren ihm 1352 als Mitgift seiner Frau Johanna von Brabant zugefallen. Wenzels Expansion stieß jedoch auf Widerstand seitens des benachbarten Herzogtums Jülich, dessen Fürst sich mit dem Herzog von Geldern zusammentat. Gemeinsam schlugen sie 1371 bei Baesweiler das Luxemburger Heer und setzten Wenzel gefangen. Der Kaiser musste seinen Halbbruder „freikaufen". Er zahlte Wilhelm von Jülich eine „Entschädigung" in Höhe von 50 000 Gulden, wobei der ehrenrührige Begriff „Lösegeld" vermieden wurde, und erteilte Wilhelms Sohn die Erlaubnis, sein Herzogtum mit dem Herzogtum von Geldern zu verschmelzen. Die Luxemburger mussten daraufhin alle Pläne für eine territoriale Expansion in diesen Teil des Reiches aufgeben. Bewahren konnten sie das dreifache Herzogtum Luxemburg, Brabant und Limburg, das jedoch nach dem Tod Herzog Wenzels 1383 auseinanderbrach. Jedes Mal, wenn Karl IV. ab 1356 zwischen seinen westlichen und östlichen Besitzungen wählen musste, entschied er sich für Letztere, weil in seinen Augen dort die Zukunft seines Hauses lag.

Wie andere vor ihm, machte sich Karl IV. von Anfang an Gedanken darüber, ob und wie sein Königreich, seine Hausmacht und seine Dynastie ihm bei der Erlangung und Erhaltung der römisch-deutschen Krone helfen konnten, ohne aber aus dem Auge zu verlieren, wie sich die Interessen des Reiches im Gegenzug letztlich auf Böhmen auswirkten. Beide waren auf Gedeih und Verderb miteinander verwoben. Karl IV. trug bis an sein Lebensende beide Titel, und es ist ganz gewiss kein Zufall, dass es gleich zu Beginn seiner *Vita* heißt, er widme dieses Werk „den Nachfolgern, die auf meinen zwei Thronen sitzen".[36] Er war bei Weitem nicht der erste mittelalterliche Monarch, der zwei oder mehr Kronen auf seinem Haupt vereinigte. Statistisch war das doppelte oder dreifache Königtum sogar eher die Regel als die Ausnahme. Doch auch diese Tatsache machte es nicht einfacher, zwei oder drei Regierungen unter einen Hut zu bringen. Die Interessen des einen Reiches sind nicht zwangsläufig dieselben wie die eines zweiten oder gar dritten, umso mehr, wenn es ein König- und ein Kaiserreich auszubalancieren gilt.[37] Aus dieser Perspektive ist es nicht verwunderlich, dass Karl als König von Böhmen eine anders gerichtete Politik verfolgte und andere Wege einschlug als im Heiligen Römischen Reich, das ab 1356 von den Kurfürsten gelenkt wurde.[38]

Die Politik der Expansion und Konsolidierung Böhmens, die Karl seit seiner Kaiserkrönung verfolgte, wird meist in zwei Phasen unterteilt.[39] Die erste dauerte bis 1361, bis zur Geburt des ersehnten Thronfolgers. Zu diesem Zeitpunkt hatte Karl seine Stellung in den überwiegend bereits von seinem Vater Johann eroberten Gebieten ausgebaut und gesichert, also in der Oberlausitz und einem Großteil von Schlesien. Hinzu kam die Gegend um Eger/Cheb (nicht zu verwechseln mit dem ungarischen Eger) unweit von Karlsbad, das Karl IV., wie der Name erkennen lässt, zur Königsstadt erhoben hatte, nachdem sein Vater Johann es in den 1320er-Jahren von Ludwig dem Bayern als Pfand für ein Darlehen erhalten hatte. Vor allem aber hatte Karl am 7. April 1348 mit 13 Urkunden an einem einzigen Tag die Fürstentümer Lausitz und Schlesien in die Krone Böhmens inkorporiert. Ähnliche Ziele verfolgte er mit seiner dritten Ehe. Anna von

Schweidnitz war mütterlicherseits ein Spross der ungarischen Anjou und Erbin des Herzogtums Schweidnitz-Jauer, das Karl in Schlesien als einziger Mosaikstein noch fehlte. Durch die Heirat 1353 kam auch dieses Herzogtum unter den Einfluss Böhmens und wurde nach dem Tod des letzten Herzogs Bolko II. 1368 den Ländern der böhmischen Krone zugeschlagen. Der zweite Meilenstein in den 1350er-Jahren war von 1353 bis 1355 die Bildung einer Landbrücke zwischen Prag und Nürnberg entlang der „Goldenen Straße" durch Erweiterung der Landstriche bei Lauf und Sulzbach, die Karl 1349 durch seine zweite Ehefrau Anna von der Pfalz zugefallen waren, zur *terra trans silvam Boemicalem in Bavaria,* nach moderner Lesart Oberpfalz oder „Neuböhmen".[40] Diese strategische Achse hatte für den Kaiser so hohen Stellenwert, dass er dort von 1357 bis 1378 nur zwei Landeshauptmänner seines Vertrauens einsetzte. Die feierliche Inkorporation des Gebietes erfolgte mit einer goldgesiegelten kaiserlichen Urkunde, die Karl als erste unmittelbar nach seiner Kaiserkrönung im April 1355 verkünden ließ. Sie führte detailliert die Rechte der böhmischen Krone auf: alleinige Zuständigkeit königlicher Gerichtshöfe, exklusive Ausübung der Regalien, Monopol auf Zölle, Münzwesen und Maut, Bergbau und – gegen klingende Münze – Schutz der jüdischen Gemeinden. Die einzelnen von der Krone beanspruchten Güter wurden, in 24 Bezirke unterteilt, im „Salbüchlein" von 1366 bis 1368 verzeichnet, das sich als Mustervorlage für die zentralisierte königlich-böhmische Verwaltung etablierte.[41] Als krönenden Abschluss erhob Karl Lauf an der Pegnitz zur Königsstadt und baute dort eine Burg, die er nach seinem Sohn und dem böhmischen „Nationalheiligen" Wenzel benannte. Das Herzstück des Schlosses bildete der Wappensaal, der zweireihig mit 112 farbig ausgelegten Wappen der Bistümer, des Erzbistums, der Städte, Freiherren- und Rittergeschlechter Böhmens geschmückt war.[42] Erstmals präsentiert wurde diese regelrechte Wappenschau dem Gefolge, das Karl 1361 nach Nürnberg zur Taufe seines Sohnes Wenzel begleitete.

Die Geburt des Erben und potenziellen Thronfolgers läutete die zweite Phase in Karls Konsolidierung seiner Hausmacht ein. Sie konzentrierte sich auf Nordböhmen und die angrenzenden Gebiete, wobei das langwierigste, schwierigste und kostspieligste Unterfangen der Erwerb der Mark Brandenburg war. Um sie zu besitzen, scheute Karl offenbar keine Kosten und Mühen, denn sie öffnete ihm den Weg an Elbe und Oder entlang nach Norden zur Nord- und Ostsee, zur Hanse und zum Deutschordensstaat. Zugleich bot sie sich als solides Bollwerk gegen die Ambitionen der polnischen Krone an. Eine Rolle spielte auch, dass der Markgraf von Brandenburg seit 1356 eine der sieben Stimmen im Kurfürstenkollegium innehatte. Auf die Mark hatte der Kaiser schon lange ein Auge geworfen. Bereits 1361 berief er einen Gefolgsmann zum Erzbischof von Magdeburg, zu dessen Suffraganen neben jenen von Havelberg, Naumburg-Zeitz, Merseburg und Meißen auch Brandenburg gehörte. Der Erwerb 1373 verschlang Unmengen von Gold und Silber, kostete Dutzende Reichsstädte ihre Freiheit, beraubte das schöne, zusammenhängende Neuböhmen der Hälfte seiner Fläche, bescherte dem Königreich Böhmen dafür jedoch eine nie zuvor oder danach erzielte Ausdehnung.

Wie immer bei Karl führte der Weg dorthin über Heiraten. Ein Jahr nach dem Tod seiner dritten Gemahlin Anna von Schweidnitz ehelichte Karl 1363 Elisabeth, die Alleinerbin des Herzogtums Pommern. Sie war eine glänzende Partie, denn ihre Morgengabe verlängerte die Ausdehnung nach Norden weit über die Grenzen des so eifrig umworbenen Brandenburgs hinaus. Zudem war Elisabeth die Enkelin des polnischen Königs Kasimir III. Die Heirat erfolgte im rechten Moment, um einem Bündnis, das die Könige von Ungarn, Polen und Dänemark mit dem Herzog von Österreich gegen Böhmen geschmiedet hatten, den Wind aus den Segeln zu nehmen. Dass die Hochzeit in Krakau stattfand, deutet darauf hin, wie wichtig es Karl war, den Großvater seiner jungen Braut auf seine Seite zu ziehen und damit die gefährliche Allianz aufzubrechen. Als ihm Elisabeth 1368 auch noch einen zweiten Sohn schenkte, schien Karls Erbfolge gesichert. Nun konnte er die Hand nach Brandenburg ausstrecken.

1348 hatte Karl ja in Brandenburg den „falschen Waldemar“ gegen den ältesten Sohn seines Gegenspielers Ludwig IV. unterstützt, sich aber später mit dem Bayern ausgesöhnt. Als 1361 Ludwig V. und kurz darauf 1363 auch sein Nachfolger Meinhard starb, entbrannte unter den Wittelsbachern ein Erbfolgestreit. Kaiser Ludwig hatte zwar sechs Söhne in die Welt gesetzt, doch einige von ihnen waren kinderlos geblieben, und den Sprösslingen der anderen war keine große Zukunft beschieden. Die sechs Söhne hatten sich das Erbe geteilt: Ludwig V., Ludwig VI. und Otto V. erhielten Oberbayern, Brandenburg und Tirol, Stefan II., Wilhelm I. und Albrecht I. Niederbayern und Hennegau-Holland. In der Goldenen Bulle war es Karl 1356 bereits gelungen, dem bayerischen Zweig der Wittelsbacher die Kurstimme zu entziehen und stattdessen dem Pfälzer Zweig zuzuschlagen. 1363 bot er Hilfe und Geld an, um den Streit zu schlichten, und brachte die Erben zur Unterzeichnung eines Abkommens, dem zufolge Böhmen die Mark Brandenburg erwerben konnte, sollten die drei gemeinsam eingesetzten Wittelsbacher Markgrafen kinderlos bleiben. Die Regierungsgeschäfte in Brandenburg übernahm Otto V. Wieder setzte Karl auf eine geschickte Heiratspolitik: Am 19. März 1366 gab er auf der „Prager Doppelhochzeit" Otto seine Tochter Katharina zur Frau und vermählte zugleich den Habsburger Herzog Albrecht III. von Österreich mit seiner anderen Tochter Elisabeth. Karl schlug also gleich drei Fliegen mit einer Klappe: Brandenburg rückte in greifbare Nähe, er schloss Frieden mit den Wittelsbachern und den Habsburgern, und er wendete die Gefahr einer Koalition zwischen Polen, Ungarn und Österreich-Bayern ab. Otto lebte ohnehin am Prager Hof und interessierte sich nicht für Brandenburg, das Karl IV. de facto regierte – und die Gelegenheit nutzte, um 1364 die Niederlausitz herauszulösen (zunächst als Grundpfandrecht, 1367 dann durch Kauf) und 1370 der böhmischen Krone einzuverleiben.[43] Otto versuchte zwar 1371, die Bayern und einen Teil des Brandenburger Adels gegen die böhmischen Beamten aufzuwiegeln, doch konnte Karl Otto mit Militärgewalt rasch zur Räson bringen. Bei alledem war der Kaiser stets auf die Neutralität des ungarischen Königs Ludwig bedacht, der sich 1370 des polnischen Throns bemächtigt hatte. Karl versprach, ihn zu unterstützen, sollte er Mühe haben, beide Königreiche zugleich zu regieren, und verlobte seinen Sohn Sigismund mit Ludwigs ältester Tochter Maria. Der Doppelkönig aus dem Hause Anjou fürchtete, insbesondere nach dem Desaster von Adrianopel (Edirne) 1365, die Osmanen, die nach der Vernichtung des bulgarisch-serbischen Heeres und dem Tod des serbischen Königs auf dem Schlachtfeld an der Mariza in Thrakien 1371 bereits an der Grenze zu Ungarn standen. Kurz gesagt: Polen und der Balkan hielten Ungarn in Schach. Da Ottos Ehe kinderlos blieb (er warf Karl sogar vor, ihm absichtlich eine unfruchtbare Frau untergeschoben zu haben), schlug er ein, als Karl IV. 1373 anbot, ihm die Markgrafschaft mit dem Vertrag von Fürstenwalde für die atemberaubende Summe von insgesamt 500 000 Gulden abzukaufen (200 000 Gulden in bar, 100 000 in Form von Steuern und Zollrechten, 100 000 durch Abtretung der Einkünfte einiger Reichsstädte, 100 000 durch Abtretung von Gebieten in der Oberpfalz), jedoch unter der Bedingung, dass Otto das Brandenburger Stimmrecht im Kurfürstenkollegium lebenslang behielt und die Markgrafschaft erst nach seinem Tod als Lehen an Karls drei Söhne Wenzel, Sigismund und Johann fallen sollte.

Einmal im Besitz dieser weitläufigen Mark, ging Karl IV. dort erneut nach dem Muster vor, das sich bereits beim Aufbau von Neuböhmen in der Oberpfalz bewährt hatte: Er baute Burgen, ernannte Landeshauptmänner, ließ sich eine befestigte Residenz in Tangermünde errichten, die er ebenso wie in Lauf mit zahlreichen böhmischen und Luxemburger Wappen schmückte, und ließ eine Bestandsaufnahme aller Grundherrschaften vornehmen und diese in drei Landkreise unterteilen (die Altmark rings um Tangermünde, die Mittelmark rings um Berlin und jenseits der Elbe die Neumark). Dieses „Landbuch" von 1375, das gelegentlich mit dem englischen *Domesday Book* verglichen wird, gilt zu Recht als ein Höhepunkt spätmittelalterlicher Territorialstatistik.[44] Anhand eines zwölf Punkte umfassenden Fragebogens registrierten die Beamten 730 000 vermahlene Maß Getreide, erfassten 72 mittelgroße Städte, 51 Kleinstädte und 730 Dörfer, zählten rund 200 000 Einwohner und führten sämtliche Kirchspiele, Klöster, Kirchen, Gasthäuser, Brauereien, Fischteiche, Bergwerke, Forste, Zehnte, Steuern, Frondienste, Münzstätten, Einkünfte aus Feudalgerichtsbarkeit, Zöllen und Wegegeldern, geleitfreie Straßen, Gerichtsgebühren, Vasallen des Markgrafen und vieles mehr auf. Karls Berater konnten anhand dieses Dokuments durchaus zu dem Schluss gelangen, dass sich der enorme finanzielle Einsatz mittelfristig auszahlen würde, ungeachtet der Tatsache, dass 14 verbündete Reichsstädte unter der Führung von Konstanz und Ulm am 4. Juli 1376 gegen ihre Verpfändung rebellierten. Doch vor allem das wesentliche Ziel war erreicht: Nach der Stimme des böhmischen Königs hatte Karl auch die von Brandenburg an sich gezogen. Hierin zeigt sich die Flexibilität der Goldenen Bulle. Sie ließ eine Vielzahl von Deutungen zu (was ja vielleicht bis heute Sinn und Zweck jeder Verfassung ist): Niemand wird leugnen, dass es darin vordergründig vor allem um die Königswahl ging, doch konnte sie, wenn man es geschickt anstellte, in der Praxis auch dynastisch von Nutzen sein. Zumindest vier der sieben Kurfürstenstimmen ließen sich über Hausmachtpoltik steuern.

Den Kurfürsten blieb all dies nicht lange verborgen. Drei Jahre nach dem Erwerb der Mark Brandenburg und trotz einer riskanten Finanzpolitik (mit der Karl allerdings nicht allein dastand, denn von dem im Krieg befindlichen Königreich Frankreich bis zum Heiligen Stuhl stand alle Welt in der Kreide), verwirklichte Karl seinen seit 1356 verfolgten Plan, mit Strategie und Beharrlichkeit Kaiserreich, Böhmen und Luxemburg miteinander zu verbinden. Einen Vorgeschmack erhielten die Kurfürsten bereits auf dem Reichstag in Nürnberg, bei dem lediglich der Erzbischof von Trier fehlte. Der Kaiser nutzte ihre Anwesenheit, um mit großem Pomp die Taufe seines neugeborenen Sohnes Wenzel zu feiern. Mit einer Symbolik, die irgendwo zwischen Aberglaube, Votivgabe und Heilszauber angesiedelt war, ließ er den Säugling auf das Gramm genau in Feingold aufwiegen und stellte die Reichskleinodien zur Schau, die er eigens aus Prag herbeischaffen ließ, um das einende Band zwischen den beiden Städten und Kronen herauszustellen. Ein zweiter Vorfall hätte die Kurfürsten aufhorchen lassen müssen: Wenzel wurde 1363 als Wenzel IV. zum König von Böhmen gekrönt, was sich in Karls Augen als nützlich erweisen würde, sollte ihm dieser Sohn einmal auf den Kaiserthron folgen. Der Kaiser konnte sich an fünf Fingern abzählen, dass die Wahl seines Sohnes zum römisch-deutschen König zu seinen Lebzeiten bei den Kurfürsten auf Vorbehalte stoßen würde. Einen vergleichbaren Fall hatte es eineinhalb Jahrhunderte zuvor unter Friedrich II. gegeben, und damals hatten die Kurfürsten im Gegenzug Abmachungen verlangt, die ihren Fürstentümern praktisch sämtliche Regalien zusprachen. Doch diese Zugeständnisse enthielt die Goldene Bulle jetzt bereits. Womit also konnte sich Karl IV. die Kurfürsten gewogen machen?

Seiner Gewohnheit entsprechend zog er alle Register, die ihm als Kaiser zur Verfügung standen: für den Herzog von Sachsen Privilegien, für den Erzbischof von Mainz Unterstützung gegen einen Konkurrenten um sein Amt, jeweils 40 000 Gulden für die Erzbischöfe von Köln und Trier und als größten Batzen 50 000 Gulden für die Schatulle des Pfalzgrafen. Um diesen Preis erreichte Karl, dass die sieben Fürsten Wenzel am 10. Juni 1376 nicht nur mehrheitlich, sondern einstimmig wählten. Der Akt sollte über jeden Hauch von Zweifel oder Zwietracht erhaben sein, den der Papst gewiss zum Anlass genommen hätte, die Wahl anzufechten. Allerdings wurde der Heilige Vater getreu den Vorgaben der Bulle gar nicht erst konsultiert, und das Schreiben, das ihn über die Wahl unterrichtete, titulierte Wenzel bereits als designierten römisch-deutschen König. Die im Rekordtempo nur knapp einen Monat später in Aachen erfolgte Krönung ließ dem Heiligen Stuhl ohnehin kaum Zeit zu reagieren. Karl gelang es also, seine Pläne durchzusetzen, ohne auf ernsthaften Widerstand seitens des Papstes oder der Kurfürsten zu stoßen. Doch dieses Kabinettstück hatte einen Nachteil: Der Kaiser war gezwungen, seinen Nachlass zu regeln.[45] Wenzel als Ältestem und nun bereits römisch-deutschem König fiel mit Böhmen und den Ländern der böhmischen Krone – Mähren, der Lausitz, Schlesien und der Oberpfalz – der Löwenanteil zu. Der Zweitgeborene Sigismund sollte Brandenburg erhalten und Johann als Jüngster das Herzogtum Görlitz. Zwei Dimensionen dieser Regelung haben die Chronisten und Historiker zu wenig Aufmerksamkeit geschenkt: Sofern Wenzel kinderlos starb, was tatsächlich eintrat, sollte Sigismund alles erben. Für den zeichnete sich durch die Heirat mit Maria von Anjou die Aussicht auf die Königreiche Polen und Ungarn ab. Er würde also, wenn ihm Böhmen und das Heilige Römische Reich zufielen, mehr Kronen auf seinem Haupt vereinigen als sein Vater. Und genauso kam es ja auch. Ein weiterer Nachteil der Krönung von 1376 ist allseits bekannt: Nach der Auslösung seines in Gefangenschaft geratenen Halbbruders Wenzel von Luxemburg 1372 und dem Erwerb der Mark Brandenburg 1373 herrschte in Karls Staatskassen gähnende Leere. Die deutschen Historiker des 19. Jahrhunderts verziehen ihm die großen Geldzahlungen an die Kurfürsten nicht. Sie warfen ihm vor, er habe deutsche Ländereien und Städte allein zum Nutzen der Tschechen verscherbelt. Demgegenüber sahen tschechische Historiker und sehen sogar einige heutige Fachleute in der Aushöhlung des Kronschatzes eine der Ursachen für die Strukturkrisen, die Böhmen im letzten Drittel des 14. Jahrhunderts erschütterten und im darauffolgenden Jahrhundert in die Hussitenkriege mündeten. Nichts deutet jedoch darauf hin, dass die Königswahl Wenzels nach dem Tod seines Vaters zwei Jahre später weniger Geld verschlungen hätte. Ja, es ist davon auszugehen, dass der Preis nach dem Ableben des geachteten, grandiosen Kaisers sogar noch gestiegen wäre. Die Wittelsbacher und die Habsburger handelten nicht anders. Die Ausweitung der Hausmacht stand den Interessen des Kaiserreichs nicht entgegen; dem Wortlaut der Goldenen Bulle nach war erst diese Hausmacht ein Garant für die Stärke des Reiches.

Dauerbrenner Italien

Apropos Goldene Bulle ... Der Papst kommt, wie schon erwähnt, in der Urkunde von 1356 nicht vor. Dasselbe gilt jedoch auch für das Königreich Arelat (Burgund) und für Italien, denn grundsätzlich war der gewählte römisch-deutsche König de facto dreifacher König von Germanien, Burgund

und Reichsitalien. Nachdem es Karl gelungen war, sich 1355 zum Kaiser krönen zu lassen und 1356 die Goldene Bulle zu proklamieren, ohne sich den Zorn des Heiligen Vaters oder gar einen Kirchenbann zuzuziehen, hütete er sich, erneut den Fuß auf italienischen Boden zu setzen. Dort ging das allgemeine Hauen und Stechen weiter: Mailand gegen Florenz, Genua gegen Venedig, Guelfen gegen Ghibellinen, Städte gegen *Signorie* und die neapolitanischen Anjou von Süditalien aus gegen alle. In der Mitte der Halbinsel hatte Kardinal Gil de Albornoz gerade die Rückeroberung und Neuordnung des Kirchenstaates abgeschlossen.[46] Mailand, das im Zuge seiner Expansion innerhalb von zwei Jahrzehnten Bergamo, Cremona, Pisa, Parma, Pistoia, Genua und Bologna an sich gezogen hatte, wurde unter Galeazzo II. zum entscheidenden Player – mitten in dem Gebiet, das noch vom Reichsitalien des römisch-deutschen Königs übrig war. Natürlich war dieser Machtzuwachs Florenz und dem Papst ein Dorn im Auge, aber auch dem Kaiser, der nicht nur die stolze Stadt von Ambrosius mit dem Reichsbann belegte, sondern im Einvernehmen mit Clemens VI. aus der Ferne mehrere Feldzüge gegen die Visconti dirigierte. Aber es gab auch Rückschläge. Im November 1356 wurde ein Kontingent, das der Reichsvikar aufgestellt hatte, von Mailänder Truppen vernichtend geschlagen. Immerhin gelang es unter dem Strich, mithilfe einer Liga, zu der sich auch Florenz gesellte, den Visconti Genua, Asti und Bologna zu entreißen.

Der größte dieser „transalpinen" Feldzüge erfolgte 1366 auf Betreiben Karls IV. quasi als Auftakt für die Rückkehr der Päpste nach Rom, die Urban V. ins Auge gefasst hatte. Schon 1365 hatte er sich mit Karl IV. darüber verständigt, zweifellos als Gegenleistung für seine Zustimmung zu dessen Krönung zum burgundischen König, die im selben Jahr in Arles stattfand. Die Lage in Avignon spitzte sich für den Papst mehr und mehr zu, seit in den Wirren des Hundertjährigen Krieges Banden versprengter englischer, bretonischer und französischer Soldaten und Söldner marodierend durch die Provence zogen. Albornoz hatte Rom mit einem wehrhaften Verteidigungswall umgeben lassen und Urban schließlich überzeugt, der Zeitpunkt für eine Rückkehr in die Stadt des Heiligen Petrus sei günstig. Der Papst brach am 30. April 1367 in Avignon auf, erreichte am 9. Juni Viterbo, schloss dort eine weitreichende Allianz gegen Mailand und hoffte, dass auch Karl IV. sich auf den Weg nach Italien machen würde, zumal er dem Kaiser zur Finanzierung seiner Romfahrt bereits ein Jahr lang den Zehnten auf sämtliche Kirchengüter in Böhmen und im Heiligen Römischen Reich zugesagt hatte. Doch als Urban V. am 16. Oktober feierlich in die Ewige Stadt einzog, glänzte Karl durch Abwesenheit. Er kam erst im Mai 1368 nach Italien und zunächst nur bis Padua. Nach Avignon zurückzukehren, kam für Urban V. kaum infrage. Seit seiner Abreise war die Provence derart verwüstet worden, dass einer ihrer Anführer, der berühmt-berüchtigte Bertrand du Guesclin, im September 1368 sogar exkommuniziert wurde. Aber ihm wurde auch die Brisanz des politischen Klimas in Rom klar, das nach wie vor von Clanfehden, Rivalitäten zwischen Kardinälen und der Einflussnahme sämtlicher Gutsherren, Herzöge, Äbte und Könige der Halbinsel geprägt war. Angesichts dieses Sumpfes dachte Urban daher trotzdem an Rückzug, als Karl IV. endlich am 20. Oktober 1368 in Rom eintraf. Einzug hielt nicht mehr der 39-jährige König von einst, dem der damalige Papst verboten hatte, länger als 24 Stunden an den Ufern des Tibers zu bleiben, sondern ein Kaiser, angetan mit sämtlichen Insignien seiner Majestät. Dennoch führte er „wie ein zweiter Konstantin" das Pferd des Papstes am Zügel in die Stadt. „O lieber Herr Jesus, welch ein Schauspiel, die beiden höchsten Fürsten, ja die einzigen Monarchen des ganzen Erdkreises, den Beherrscher der Seelen und den der Leiber, in solchem Frieden und solcher Eintracht, in solcher Herzensheiterkeit und solchem Wohlwollen einander verbunden zu sehen!"[47] So die optimistische Deutung des später bedeutenden Humanisten Florentin Coluccio Salutati, der als Kanzler die höchste politische Instanz Roms war, in einem Brief an Giovanni Boccaccio.[48] Weitaus bitterer hingegen das Urteil Ulman Stromers, Ratsherr und Patrizier zu Nürnberg:[49] „Do stund der Kayser unter dem tor zu Rom ab von seym pferd und ging neben dem pobst und zewmt den durch die stat zu Rom uncz für daz munster zu Sant Peter und Pawl; daz heten die Romer fur ein gross smochheit dem reych."[50] In jedem Fall nutzte Karl diesen Romzug, um seine vierte Gemahlin Elisabeth von Pommern zur Kaiserin krönen zu lassen, was am 1. November mit großem Prunk geschah. Bei seinen ersten Aufenthalten 1331/1333 und 1355 hatte Karl gelernt, dass er mit Diplomatie und Pragmatismus in Italien am weitesten kam. Er hatte nicht vor, sich zu verausgaben, um Mailand zu vernichten oder die fragile Gemengelage in Norditalien zugunsten des Papsttums ins Wanken zu bringen. Nur zu gern vergab er hingegen das Reichsvikariat gegen klingende Münze und nahm Subsidien der Stadtstaaten entgegen, allein 50 000 Gulden von den reichen Florentinern für die Zusage ihrer Lehnsherrschaft über Lucca. Auch Pisa erleichterte er um 15 000 Gulden.

Erst am 20. Oktober 1368, zwölf Monate nach Urban V., ritt Karl also in die Ewige Stadt ein und blieb dort bis Dezember. In dieser Zeit sicherte er sich die Unterstützung des Papstes in zwei Angelegenheiten, die ihm am Herzen lagen: Er wollte das drohende Bündnis zwischen den Königen von Ungarn und Polen gegen Böhmen aufbrechen und günstige Nominierungen für die Erzbischöfe und Kurfürsten von Köln und Trier erwirken, um langfristig die Wahl seines Erben zum römisch-deutschen König schon zu seinen Lebzeiten durchzusetzen. Im Gegenzug versprach Karl dem Papst, ihm bei der Absicherung seiner Stellung in Rom zu helfen, und trat ab 1369 mehrere Steuern aus diversen toskanischen Gemeinden in Höhe von 100 000 Gulden an den Heiligen Stuhl ab. Anschließend verließ er Rom, verbrachte mehrere Monate in Lucca, überquerte im August 1369 die Alpen und setzte danach bis zu seinem Tod nie wieder den Fuß auf italienischen Boden. Am Dreikönigstag (6. Januar) 1370 hielt er prunkvollen Einzug in Prag. Volk und Klerus bejubelten ihn als *princeps pacis,* als Friedensfürsten, der dem Papsttum wieder zu Ruhe und Ordnung verholfen hatte, auch wenn die Realität sich rund 1400 Kilometer südlich von Prag ein wenig anders darstellte. Urban V. konnte sich noch bis zum Sommer 1370 in der Engelsburg halten, kehrte dann aber zurück nach Frankreich. „Seine lieben Söhne" ließ er wissen, nachdem sie sich seiner Gegenwart erfreut hätten, müssten sie nun „sicher schweren Herzens die Abreise ihres Vaters zur Kenntnis nehmen". Die vorübergehende Rückkehr der Päpste nach Rom hatte somit gerade einmal 33 Monate gedauert und endete mit dem Tod Urbans wenige Monate nach seiner Heimkehr nach Avignon.

Angesichts des großen Schismas acht Jahre darauf sind die Historiker heute geteilter Meinung über die Politik, die Karl IV. bei seinem zweiten Italienzug verfolgte.[51] Während manche wehmütig all die verpassten Chancen aufzählen, halten andere Karl realistisch seinen beschränkten Handlungsspielraum zugute. In jedem Fall hatte der Kaiser nicht vor, für einen hypothetischen Zugewinn südlich der Alpen die dynastischen und territorialen Pläne zu opfern, die er nördlich davon seit 1346 beharrlich schmiedete. Erst sein Sohn Sigismund sollte 40 Jahre später von 1412 bis 1414 einen offensiveren politischen Kurs auf der Halbinsel einschlagen. Karl IV. jedoch blieb vorerst nichts übrig, als den Geschehnissen in Italien und damit auch in Avignon aus der Ferne zuzusehen. Vielleicht erkannte er auch zu spät, welche Konsequenzen seine Zurückhaltung haben würde. Gregor XI., der Nachfolger Urbans V., unternahm 1370 mit mehr Erfolg einen Feldzug gegen Mailand, der 1374 in einen Friedensvertrag mündete. Der Papst sah damit die Chance für seine Rückkehr nach Rom in greifbarer Nähe, scheiterte jedoch schon 1375 am Widerstand von Florenz, das den gesamten Kirchenstaat gegen den Papst aufwiegelte und dafür von Gregor mit einem Kirchenbann belegt wurde. Im Januar 1377 gelang Gregor zwar der Einzug in die gärende Stadt, doch zwangen ihn die anhaltenden Aufstände im Mai, seine Residenz nach Anagni zu verlegen. Erst im November konnte er in die Ewige Stadt zurückkehren, doch erging es ihm nicht besser als seinem Vorgänger. Er starb wenige Monate später, am 27. März 1378, an Entkräftung.[52] All diese Entwicklungen geschahen fernab von Prag, und wie schon von der wachsenden Not des Oströmischen Reiches Byzanz, nach dem das Osmanische Reich mehr und mehr die Hand ausstreckte, so hörte Karl IV. auch hiervon nur ein gedämpftes Echo. Seinen Einfluss auf das Papsttum, das sich nach Ansicht italienischer Denker in Avignon „in babylonischer Gefangenschaft" befunden, zumindest viel zu sehr unter französischer Kuratel gestanden hatte, verlor er paradoxerweise in dem Moment, als er sich zu Jahresbeginn aus Paris und vom französischen Hof verabschiedete. Nicht zufällig waren neun der Avignonesischen Päpste und drei Viertel der Kardinäle Franzosen, und es verwundert nicht, dass sie sich in Rom, in Italien generell, nur mit Mühe zurechtfanden. Da aber Gregor XI. in Rom starb, war mit einem Mal die Wahl eines Italieners nicht unwahrscheinlich, und tatsächlich bestieg der Erzbischof von Bari, Bartolemeo Prignano, als Urban VI. die Kathedra Petri.[53] Die meisten Mitglieder des Kardinalskollegiums waren jedoch von den römischen Milizen eingeschüchtert worden und standen nicht wirklich hinter der Politik Urbans VI. und seiner Parteigänger, der „Urbanisten". Am 20. September 1378 wählten sie Robert Graf von Genf zum Gegenpapst, der als Clemens VII. erneut in Avignon residierte.[54] In Karls Augen besaß Urban VI. jedoch zwei Vorzüge. Zum einen hatte der römische Papst am 26. Juli Karls Sohn Wenzel als rechtmäßigen römisch-deutschen König anerkannt, zweifellos um sich die Unterstützung des Kaisers zu sichern, weil abzusehen war, dass sich der französische Hof auf die Seite derer schlagen würde, die seine Wahl bereits damals anfochten. Zum anderen hatte Urban VI. am 18. September den Erzbischof von Prag zu einem der 29 neu ernannten Kardinäle erhoben. Allerdings besaß Karl IV., geschwächt durch die zähen Verhandlungen mit den Reichsfürsten beim Hoftag in Nürnberg und kurz darauf durch einen Sturz vom Pferd ans Bett gefesselt, nicht mehr die Kraft, das sich abzeichnende Abendländische Schisma abzuwenden. Die Ursachen lagen jedenfalls auch zwischen Prag und Rom, nicht nur zwischen Paris und Avignon. Womit wir bei Frankreich wären.

Karl IV. und Frankreich

Konsolidierung und Expansion im Königreich Böhmen, konstitutionelle Neuordnung im Heiligen Römischen Reich, pragmatische Zurückhaltung in Italien – hatte Karl IV. über alledem das Königreich Frankreich im Westen aus den Augen verloren, wo der Auftakt seines Lebens als Herrscher stattgefunden hatte und wo sich dieses seinem Ende zuneigen würde?

Die Geschichtsschreibung sieht das Bündnis zwischen den Häusern Valois und Luxemburg besonders unter Karl IV. traditionell oft als ein Kontinuum. Mehrere neuere Untersuchungen verweisen jedoch zu Recht darauf, dass die Beziehung komplexer war.[55] Wie wir gesehen haben, bestand zwischen den beiden Dynastien in der Tat zumindest bis in die frühen 1340er-Jahre eine enge Bindung, von der beide Seiten profitierten, angefangen mit Johann dem Blinden, der in Paris erzogen wurde, in zweiter Ehe ebenso wie später sein Sohn Karl eine französische Prinzessin heiratete und sich aufseiten des französischen Heers bei Crécy selbst opferte.

Doch gerade dieser Krieg zwischen Frankeich und England trübte seit 1337 das Einvernehmen und brachte Unruhe in die gesamte europäische Diplomatie.[56] Um einem Bündnis zwischen Eduard III. von England und Kaiser Ludwig IV. zuvorzukommen, stützte sich Philipp VI. von Frankreich von Anfang an auf die Luxemburger, doch vor Johanns Sohn war man am französischen Hof auf der Hut. Karls *Vita* zeichnet im Übrigen kein allzu schmeichelhaftes Bild des Valois: „Philipp übernahm zwar die Räte seines Vorgängers, aber er kümmerte sich in keiner Weise um deren Ratschläge und verfiel der Habsucht."[57] Der Papst, der Karl schon vorher unterstützt hatte, unterrichtete den König von Frankreich erst am 3. Juni 1346, also gut zwei Monate nach dem Besuch Karls und Johanns in Avignon, davon, dass er den jungen Böhmen für den römisch-deutschen Thron favorisierte. Nach Karls erfolgreich verlaufener Wahl zum Gegenkönig hatte Philipp zwei Möglichkeiten: ihm die Anerkennung zu verweigern, um den amtierenden Kaiser nicht gegen sich aufzubringen, oder Karl als legitimen König anzuerkennen und damit Ludwig IV. womöglich in die

Arme des englischen Königs zu treiben. Nach dem Debakel des französischen Heeres bei Crécy blieb Philipp VI. jedoch keine andere Wahl mehr, als seine bestehenden Bündnisse zu festigen. Allerdings war dabei mehr Vernunft als Sympathie im Spiel, denn als Karl 1347 in Tirol in Nöten war und Philipp um Schützenhilfe bat, rührte der Franzose keinen Finger. Später verpfändete er das an die Grafschaft Luxemburg angrenzende Hennegau ausgerechnet an Ludwig den Bayern. Der Tod des Kaisers am 11. Oktober 1347 bereinigte die Fronten wieder, vor allem, als die von den Bayern 1348 kurzzeitig erwirkte Wahl Eduards III. zum Gegenkönig Karls IV. dem französischen König klarmachte, in welcher Gefahr sein Land schwebte, sollte der englische König zugleich den römisch-deutschen Thron besetzen. Karl wiederum wartete nicht erst ab, ob Philipp sein Misstrauen ihm gegenüber ablegte, sondern sagte Eduard III. unmittelbar nach dessen Rückzug Neutralität in dem Konflikt zu, in dem dieser seinem französischen Schwager gegenüberstand. Mit Philipps Tod 1350 lockerten sich jedoch die familiären Bande zwischen Valois und Luxemburgern, nachdem Karls erste Frau Blanca bereits 1348 verstorben war und 1349 auch seine Schwester Guta, deren Ehe mit dem späteren französischen König Johann II. als so zerrüttet galt, dass man zeitweise sogar munkelte, Johann habe seine Frau vergiften lassen.

All das erklärt, warum Karls Verhältnis zu Johann II. kaum besser war als das zu Philipp VI. Es herrschte keine Feindschaft oder gravierende Abneigung zwischen ihnen, aber eine Distanziertheit, die sich im Grunde durch die seit Langem bestehenden Vorbehalte Karls gegen den glänzenden, mächtigen Nachbarn erklärt, der auf Luxemburg und auch das Heilige Römische Reich herabsah. Karl IV. machte sich deshalb die schwierige Lage Frankreichs zunutze, um seine königlichen und kaiserlichen Ansprüche in Lothringen nach Kräften durchzusetzen.[58] Er zählte dabei auf die Bischöfe von Toul, Metz und Verdun, alle drei Suffragane der Kirchenprovinz Trier. Die drei Städte und Bischofssitze gehörten zwar zum Heiligen Römischen Reich, standen jedoch ausgehend von der Champagne und dem westlichen Teil des Barrois, der dem König von Frankreich als Lehnsherrn unterstand, mindestens seit 1300 bezüglich Sprache und Recht mehr und mehr unter französischem Einfluss. Karl IV. verlieh 1367 Toul die begehrten Rechte einer freien Stadt und erhob 1374 auch Verdun zur freien Reichsstadt, um ihre Unabhängigkeit von Frankreich abzusichern. Die Entwicklungen im Barrois belegen, dass Karl IV. den Westen seines

Reiches keineswegs schuldhaft vernachlässigte, wie oft behauptet wurde, sondern nichts unversucht ließ, um die zum Reich gehörigen Gebiete zu halten, soweit dies in seiner Hand lag. Das zeigt auch der Fall der Reichsstadt Metz, die von 1324 bis 1326 im „Krieg der vier Herren" von einer Koalition belagert und verwüstet worden war, der neben Johann von Böhmen auch Balduin von Luxemburg (Erzbischof von Trier), Graf Eduard I. von Bar und Herzog Friedrich IV. von Lothringen angehörten.[59]

Karl war sich des zunehmenden Einflusses bewusst, den Frankreich in dem Gebiet vor den Toren von Metz ausübte. Dass er ausgerechnet diese Stadt für die Verkündung der Goldenen Bulle 1356 auswählte, war kein Zufall. Schon die Einberufung zum Reichstag erinnerte ausdrücklich an ihren Status als *civitas imperii*. Auch wenn diese Tatsache gelegentlich aus dem Blick gerät, war der Metzer Hoftag auch ein „deutsch-französisches" Treffen auf diplomatischer Ebene. Der Dauphin, Karls Neffe Karl (der spätere Karl V. von Frankreich), erschien in Begleitung seines Bruders Johann, des Herzogs der Bretagne, des Grafen von Étampes, des Kanzlers Petrus Foresta und mit einem Gefolge von 2000 Rittern und 200 Bogenschützen – den Chroniken zufolge alles in allem 10 000 Mann! Der Kaiser bat Karl, der in Vertretung seines Vaters vor Ort war, weil Johann II. nach der Niederlage bei Poitiers in englische Gefangenschaft geraten war, für die Dauphiné die Huldigung gegenüber dem Heiligen Römischen Reich zu erneuern. Er ließ auch den Herzog von Burgund auffordern, den Lehnseid für die Freigrafschaft Burgund ebenfalls durch seine Gesandten zu bestätigen, sodass beide Fürsten zumindest auf dem Papier ordnungsgemäß belehnte Reichsfürsten blieben. Im Gegenzug schloss Karl IV. mit dem König von Frankreich einen Freundschaftsvertrag, der im Grunde ein Neutralitätspakt war. Aus Sicht des Königs bannte diese Übereinkunft die Gefahr eines Rückversicherungsvertrags zwischen dem Kaiser und England. Faktisch erkannte er die rechtlich noch ungeklärte Rolle von Lothringen, Burgund und der Dauphiné als kaiserliche Lehensgebiete an. Der Vertrag von 1356 kann mit Fug und Recht als Matrix für die Allianz und Anerkennung gelten, die „von Dynastie zu Dynastie und von Königreich zu Königreich" ausgehandelt und fast wortwörtlich bis in das erste Jahrzehnt des 15. Jahrhunderts bekräftigt wurden.[60] In jedem Fall begründete er die wechselseitige Verpflichtung, die territoriale und symbolische Integrität des Nachbarlands zu wahren und zu achten.[61] Die meisten Historiker sind sich einig, dass die Beziehung zwischen Karl IV. und dem Dauphin Karl, der ab 1364 als Karl V.

regierte, deutlich besser war als die zu dessen Vater und Großvater. Es heißt sogar, während der Krise im Herbst 1355, als der Kaiser mit seinem Schwager zerstritten war, habe sein Neffe Karl mit dem Gedanken gespielt, zu seinem Onkel zu flüchten, und von diesem Plan nur deshalb abgesehen, weil sein Vater ihn endlich zum Herzog der Normandie erhob.[62] Im Jahr darauf schenkte der künftige Karl V. dem Kaiser in Metz zwei Dornen von der wahren Dornenkrone Jesu, denn zu diesem Zeitpunkt wusste bereits jeder Fürst in Europa, dass man Karl IV. keine größere Freude bereiten konnte. Im Gegenzug ernannte der Kaiser seinen geliebten Neffen zum Reichsvikar, und als in den Schatullen Frankreichs Ebbe herrschte, gewährte er ihm zudem ein Darlehen in Höhe von 50 000 Gulden. Beim Metzer Hoftag waren alle zufrieden: Der knapp 19-jährige Dauphin Karl hatte seinen Vater am Verhandlungstisch würdig vertreten und sein diplomatisches Geschick unter Beweis gestellt. Sein Onkel Karl IV. hatte seinerseits einen Rollentausch eingeleitet, nachdem die Grafen von Luxemburg zu Beginn des Jahrhunderts nur als Verwandtschaft zweiter Klasse gegolten hatten, die man zwar empfing und am französischen Hof aufnahm, jedoch auch mit Herablassung behandelte. Karls Reise nach Paris 1378 erfolgte in einer Atmosphäre der Neutralität, des wechselseitigen Respekts und der friedlichen Akzeptanz der Faktenlage. Für die Dauphiné ernannte der Kaiser bei dieser Gelegenheit den französischen König zum Reichsvikar auf Lebenszeit, mit Erbrecht für dessen ältesten Sohn. Im 19. Jahrhundert sah man diese Abtretung eines deutschen Gebiets an Frankreich als Schande, die erst mit dem Vertrag von 1871 durch das zwischengeschaltete Elsass-Mosel-Gebiet getilgt werden konnte. Dabei übersah man jedoch, dass diese Art gleichzeitiger Herrschaft von König und Kaiser im selben Staatsgebiet im Mittelalter häufiger vorkam (etwa im Barrois) und dass ein König Vasall eines anderen Monarchen sein konnte wie letzten Endes auch in Aquitanien, das zum Zankapfel zwischen den Königen von Frankreich und England wurde.

Vor allem aber muss man den Wortlaut der Urkunde buchstabengenau lesen, was den Notaren der mittelalterlichen Kanzleien sehr wohl bewusst war. Zwar ist der französische Thronfolger auf Lebenszeit Reichsvikar der Dauphiné, doch rechtlich und titularisch blieb die Dauphiné Teil des Heiligen Römischen Reiches. Von einer Eigentumsübertragung, Annexion oder Inkorporation in das Königreich Frankreich ist nirgends die Rede, doch dem Geist des Bündnisses von 1356 war damit Genüge getan: Zumindest auf dem Papier blieb die territoriale Integrität des Nachbarlandes gewahrt. Nur eine Katastrophe vom Ausmaß des Großen Schismas konnte dieses vertragliche Einvernehmen auf die Zerreißprobe stellen, freilich ohne dass es dadurch zum Krieg kam. Allerdings baute der König von Frankreich in den 1360er-Jahren seine Stellung in Lothringen erneut aus. Karl IV., der ab 1361 endlich einen männlichen Erben hatte, war mit seinen Gedanken mehr im Osten des Reiches. Er vernachlässigte jedoch die Gebiete im Westen nicht völlig. Nicht zu unterschätzen ist hier der Stellenwert der Krönung Karls zum König von Burgund (des Arelat) 1365, bei der er größten Wert darauf legte, das Ritual in der Kathedrale Saint-Trophime in Arles unter exakter Einhaltung der uralten Krönungsordnung vorzunehmen, die erstmals seit Friedrich I. Barbarossa 1178 wieder zelebriert wurde.[63] Anschließend ließ Karl IV. sich die beiden kostbaren Mauritiusreliquien aus der Abtei Agaune übergeben.[64] Er gründete zwei Universitäten und ließ Gold- und Silbermünzen mit seinem Abbild prägen. Außerdem wird oft übersehen, dass Karl IV. bereits 1361 umsichtig Savoyen aus dem Arelat ausgegliedert, in ein reichsunmittelbares Fürstentum umgewandelt und die Regierung dem „grünen Grafen" Amadeus VI. als „ständigem und erblichen Reichsvikar im alten Königreich Arelat" überlassen hatte.[65] Damit erreichte er, dass Angelegenheiten der Dauphiné diesen zur Kontrolle der Alpenpässe so wichtigen Teil des Heiligen Römischen Reiches in keiner Weise gefährdeten. Die Teilung betraf auch die Einwohner: Während die Rechtshoheit in der Dauphiné in Händen Frankreichs lag, waren in Savoyen die kaiserlichen Gerichte zuständig. Nach alledem dürfte Karl IV. seine Königskrönung in Arles nicht nur mit dem Papst abgestimmt haben. Sie richtete sich keineswegs gegen Frankreich, mit dem er sich den Einfluss in dieser Region in gewisser Form teilte, weshalb auch Karl V. seine drei Brüder zur Krönung entsandte. Das Nachsehen bei alledem hatte vor allem Johanna, Königin von Neapel und Gräfin der angrenzenden Provence, die in erster Ehe Andreas von Ungarn, beide aus dem Haus Anjou, geheiratet hatte. Bei der Krönung Karls IV. glänzte sie durch Abwesenheit.[66]

Inzwischen geht man davon aus, dass die Krönung in Arles weit mehr als anekdotischen Wert besaß und im europäischen Rahmen von Papsttum, Luxemburgern und dem Königreich Frankreich als Warnung an die Adresse Anjou gedacht war, sollte man dort an eine Expansion im Süden und Osten des Kontinents denken. Das hinderte allerdings beide Häuser nicht daran, zu Beginn der 1370er-Jahre ein Bündnis mit den Töchtern Ludwigs I. von Ungarn anzustreben: Katharina wurde mit einem Sohn Karls V. von Frankreich verlobt und Maria mit Sigismund von Luxemburg vermählt. Offenbar sah der französische König von dem Moment an, als die Angelegenheit betreffend die Dauphiné und das übrig gebliebene Königreich Arelat vom Kaiser und seinem Hof nicht mehr infrage gestellt wurde, in den Königreichen im Osten keine Kriegsgefahr mehr. Das Große Schisma bewirkte zwar einen Bruch zwischen dem Heiligen Römischen Reich, das aufseiten Urbans VI. in Rom stand, und dem Königreich Frankreich, das das Avignonesische Papsttum unterstützte, aber unter dem Strich blieb das Verhältnis zwischen den Häusern Valois und Luxemburg vom Geist des Einvernehmens der Jahre 1349 bis 1356 geprägt. Genau das bestätigte auch der lange Aufenthalt Karls IV. in Paris im Januar 1378.

Erster Akt

1378: ein letztes Mal Paris

Der Staatsbesuch Karls IV. bei seinem Neffen Karl V. von Frankreich 1378 in Paris ist eine der berühmtesten Episoden in der Geschichte des Spätmittelalters: Der zweiwöchige Aufenthalt des Kaisers in der Hauptstadt des benachbarten Königreichs und das erste „Gipfeltreffen" nach modernem Verständnis erstaunte schon die Zeitgenossen der beiden Monarchen und beschäftigt die Historiker bis heute. Das Treffen war ein singuläres Ereignis, denn abgesehen von den Päpsten, die sich regelmäßig mit den Königen und Kaisern des Abendlands trafen, ist kein weiterer Fall bekannt, in dem zwei Monarchen so lange Zeit zusammenkamen. Dieser Ausnahmecharakter des Geschehens, aber auch das, was dabei auf dem Spiel stand, waren Anlass genug, es der Nachwelt angemessen prunkvoll zu überliefern. Zwei solche Quellen sind bekannt: eine reich bebilderte Darstellung des Treffens in den *Grandes Chroniques de France*[1] sowie bei Christine de Pizan als eingehende und mit vielen Details ausgeschmückte Schilderung im *Livre des faits et bonnes mœurs du sage roi Charles V.*[2]

Dass die beiden Beschreibungen über sechs Jahrhunderte hinweg bis heute so sehr beeindrucken, ist weniger ihrer Qualität, ihrer Genauigkeit oder ihrem Weitblick geschuldet als ihrer Einzigartigkeit. Wären diese beiden Chroniken verloren gegangen, wüssten wir so gut wie nichts über die letzte Reise, die Karl IV. in Europa unternahm, das Zusammentreffen zweier der bedeutendsten abendländischen Herrscher ihres Zeitalters und die unzähligen Bankette, Umzüge und Unterredungen, die es prägten. Schweigende Quellen sind für Historiker ebenso aufschlussreich wie beredte: Das Fehlen deutscher oder tschechischer Schilderungen aus dem Blickwinkel Karls IV. verwundert bis heute und wird uns noch beschäftigen.

Überliefert ist jedenfalls ausschließlich die „französische" Sicht. Sie umfasst beachtliche 28 Blätter am Schluss einer der prächtigsten und berühmtesten Versionen der *Grandes Chroniques de France*, die nichts weniger sind als eine „Nationalgeschichte des Königreichs Frankreich". Die als *Grandes Chroniques de France de Charles V* überlieferte Abschrift ließ Karl V. noch zu seinen Lebzeiten von 1377 bis 1379 unter der strengen Aufsicht seines Kanzlers Pierre d'Orgemont anfertigen.[3] Sie entstand also in etwa zeitgleich mit den darin geschilderten Ereignissen und beeindruckt die Fachwelt seit jeher mit dem Umfang der Beschreibungen,[4] vor allem aber auch mit ihren reichen Buchmalereien und ihrer Aufmachung.[5] Den Text kopierten mit großer Sorgfalt zwei der besten „königlichen Scriptoren": Henri du Trevou den ersten Teil der Chronik bis 1350, Raoulet d'Orléans den zweiten bis 1377 sowie die Ereignisse der Jahre 1378 und 1379. Die Buchmalereien in dieser Abschrift sind das Werk von den vier exquisitesten Miniaturmalern dieser Zeit (oder deren Werkstätten): den sogenannten Meistern der Krönung Karls VI., des *Livre du sacre* Karls V., der Bibel von Jean de Sy sowie Perrin Remiet.[6] Allein 17 Miniaturen illustrieren den Besuch des Kaisers in Paris und verkörpern offenbar eine neuartige Agenda der Illustration als politischer Propaganda.

Stellenwert und Symbolcharakter der *Grandes Chroniques de France* sind nicht zu unterschätzen. Als „große Chroniken Frankreichs" gehörten sie Mitte des 14. Jahrhunderts bereits zum erinnerungspolitischen Apparat des Königtums und unterstrichen allein durch ihren Titel die Wichtigkeit jeder einzelnen Episode in dieser Dokumentation, die eigentlich ein „Roman aux roys", eine „Geschichte der Könige Frankreichs" ist. Die von Ludwig dem Heiligen um 1250 in der Abtei Saint-Denis in Auftrag gegebene und, so heißt es, von einem dort tätigen Mönch namens Primat 1274 Philipp III. dem Kühnen offiziell überreichte Chronik enthält nichts Geringeres als das zentrale königlich-dynastische, ehrfürchtige Andenken an die kapetingische Monarchie, das die Valois ab 1328 in seiner Gesamtheit für sich vereinnahmte. Die Tragweite dieses Werkes, das die Tugenden, Siege, Vorzüge und die Heiligkeit der französischen Könige hervorhebt, zeigt sich schon darin, dass von den verschiedenen Versionen rund 700 Abschriften erhalten sind. Berücksichtigt man zudem, dass der Text durchgehend auf Französisch verfasst wurde und man für die Ausschmückung der kostbaren Handschriften die angesehensten und teuersten Buchmaler engagierte – wie bei dem für Karl V. angefertigten Exemplar,[7] das wir im Folgenden betrachten –, ist eines unverkennbar: Wenn man 1378/79 sage und schreibe 28 Blätter einem Geschehen widmete, das zumindest der französische König von Anfang an als offiziellen Staatsbesuch deklarierte, dann wollte man damit ein Zeichen setzen. Wozu dieser Detailreichtum in Text und Bild?

Es fehlt buchstäblich nichts. Der Besuch wird in allen Einzelheiten Tag für Tag, teilweise sogar Stunde für Stunde nacherzählt, und das vom ersten Moment an: Das erste Kapitel in diesem Teil der Chronik ist überschrieben: „Wie der römische Kaiser Karl dem König schrieb, er wolle nach Frankreich kommen", in der Version Karls V. mit dem Zusatz „um den König zu sehen und eine Wallfahrt zu unternehmen". Die Reise Karls IV. dauerte von November 1377 bis zum 19. Januar 1378 und war die letzte, die er ins Ausland unternahm. Laut Chronik verfolgte er drei Anliegen. Er wollte zur Reliquienverehrung heilige Stätten wie die Abtei Saint-Denis und die Sainte-Chapelle aufsuchen, die ihm aus der Jugendzeit vertraut waren, als er von 1323 bis 1330 unter dem letzten Kapetinger und dem ersten Valois am Pariser Hof gelebt hatte. Das entsprach den spirituellen Interessen des passionierten Sammlers von Devotionalien und Reliquien. An zweiter Stelle stand eine Wallfahrt zur Abtei Saint-Maur-des-Fossés, durch die er sich Heilung von der Gicht erhoffte. Dort verbrachte er die letzten Tage seines Aufenthalts und bekam noch zweimal Besuch von seinem Neffen, am 12. und am 15. Januar 1378. Das dritte Anliegen war politischer Natur: Der alternde, mit seiner Nachfolge beschäftigte Kaiser wollte dem König von Frankreich seinen Sohn Wenzel vorstellen.[8]

Der Besuch des Kaisers in Frankreich erregte großes Aufsehen. In einer Zeit, in der Reisen immer mühsam und gefahrvoll waren, kam es nicht oft vor, dass ein Monarch einen anderen aufsuchte. In diesem Fall kam hinzu, dass der Mann, der sich im tiefsten Winter solchen wochenlangen Strapazen unterzog, schon 61 Jahre alt war und so krank, dass er in der Sainte-Chapelle im Angesicht der glühend verehrten Passionsreliquien um Heilung beten wollte. Vor dem Hintergrund des sogenannten Hundertjährigen Krieges war das Einvernehmen zwischen Frankreich und dem Heiligen Römischen Reich von elementarer Bedeutung. Ständige diplomatische Beziehungen waren damals noch nicht üblich, umso außergewöhnlicher die persönliche Visite des Kaisers. Ähnlichen Nachhall fand der Besuch Kaiser Sigismunds 1416, dem eine Ergänzung zu den *Chroniques de France* ebenfalls nicht weniger als 30 Blätter widmete.

Das Treffen von 1378 hatte also den Charakter eines Spitzentreffens, was dem diplomatischen Austausch und den Gesprächen über Heiraten und

Nachfolgeregelungen zwischen den beiden Dynastien tiefere Bedeutung verlieh, verstärkt durch den unmittelbaren Dialog zweier Monarchen, die miteinander gut bekannt waren,[9] denn der Besuch war ja auch ein Familientreffen zwischen Onkel und Neffe. Sinn und Zweck der *Grandes Chroniques de France* war die Glorifizierung des französischen Königshauses und sämtlicher Mitglieder dieser illustren Dynastie, in einer Zeit, als mit der Oriflamme als Reichsbanner, dem Lilienwappen, dem Heiligen Dionysius und der Jungfrau Maria als Schutzpatronen des Königreichs und Ludwig dem Heiligen die „Geburtsstunde der französischen Nation" schlug.[10] Im 14. Jahrhundert verstand man unter Diplomatie in erster Linie Gespräche über Dynastien, Huldigungen, Freundschaften und Bündnisse oder aber Mesalliancen und Verrat unter Königen und Fürsten. Darüber hinaus erwartete eine Gesellschaft, in der das Schrifttum zwar schon eine Rolle spielte, aber die Macht der Symbole noch lange nicht verdrängt hatte, dass persönliche Beziehungen insbesondere zwischen Königen sich in zahlreichen Gesten, Ritualen, Geschenken und Zeichen manifestierten.[11] Da das Verhältnis, so auch im Falle von Karl IV. und Karl V., zwischen Kaiser und König immer eine empfindliche bzw. heikle Angelegenheit ist, wollte jede Botschaft wohlüberlegt sein. Beide waren sakrale Personen: der König durch die Salbung im Rahmen seiner Krönung in Reims, der Kaiser durch seine Krönung in Rom, durch die er zur zweiten Universalmacht der Christenheit geworden war, zum König der Könige in der Nachfolge Karls des Großen. Karl IV. zeichnete seine Bullen, Briefe und Urkunden als „Caesar, Augustus, Imperator". Der König von Frankreich war, der ehrwürdigen Formel entsprechend, „Kaiser im eigenen Königreich",[12] wie er selbst, seine Berater und die immer zahlreicheren Rechtsgelehrten in seinem zusehends straffer organisierten Staat ohne Unterlass betonten. Auch als Verbündete und Verwandte kamen Karl IV. und Karl V. daher um das Spiel um Vorrang, Anerkennung und Unabhängigkeit nicht herum. Deshalb wurde jede Etappe der Reise von den Chronisten und später den Historikern genauestens unter die Lupe genommen, nicht zuletzt im Hinblick auf die beiden Protagonisten. Karl IV. war nach unzähligen Reisen, Aufenthalten an Höfen und Treffen mit Fürsten und Königen zum versierten Kenner in Sachen Protokoll, Rituale und Zeremoniell geworden,[13] doch das Vorrecht, diese Abläufe festzulegen, lag beim Gastgeber, Karl V., dem ebenfalls sehr bewusst war, dass solche Rituale zwar Macht, Titel und Würde nicht begründeten, ihnen aber erst Glanz ihren verliehen.[14]

Alles wurde möglichst genau vorbereitet. Bevor Karl IV. französischen Boden betrat, feierte er aus Respekt vor der Souveränität seines Gastgebers Weihnachten noch auf Reichsgebiet im Bistum Cambrai. So vermied er es, auf französischem Boden zur Weihnachtsmesse mitten im Gottesdienst mit kaiserlichen Insignien in Erscheinung zu treten.[15] Zwischen den Jahren reiste er über Senlis weiter zur Abtei Saint-Denis und besuchte dort die Königsgräber, die einst Ludwig der Heilige hatte umgestalten lassen. Eine bewegende Passage in den *Chroniques* berichtet vom innigen Interesse Karls IV. für die Gräber Karls des Schönen und Philipps VI. von Valois, die ihn als Knaben am französischen Hof aufgenommen und erzogen hatten und denen er viel Gutes verdankte. Am Tag darauf ließ er sich in einer Sänfte zur Kathedrale Saint-Denis bringen, wo ihn die Schöffen und der Prévôt von Paris empfingen. Dort bestieg er mit großer Mühe einen Rappen, um Karl V. entgegenzureiten, der seinerseits auf einem Schimmel saß, denn die Farbe Weiß war dem König vorbehalten, so jedenfalls die *Chroniques de Charles V*: „Denn die Kaiser von Gottes Gnaden sind es gewohnt, wenn sie in die guten Städte ihrer Grundherrschaft oder ihres Reiches einziehen, auf weißen Pferden zu reiten; und der [französische] König wollte nicht, dass dies in seinem Reich geschehe, damit es nicht als Herrschaftsanspruch gedeutet werde." Der Passus nennt ohne Umschweife den Kern des Problems: Zwischen den beiden Monarchen ging es um Herrschaftsverhältnis und Rangordnung. In der für Karl V. angefertigten Abschrift der *Chroniques de France* ist die Szene Gegenstand einer ganzseitigen Buchmalerei. Die Fellfarbe des Pferdes mag auf den ersten Blick nebensächlich wirken, ist aber in Wahrheit äußerst bedeutsam. Als Karl IV. am 23. Mai 1365 den Papst in Avignon aufsuchte, hatte Urban V. nicht gewagt, dem Kaiser das Privileg streitig zu machen, zum Zeichen seiner Macht einen Schimmel zu reiten, der „mit einer seidenen Decke und goldenem Zaumzeug geschmückt war, an dem ein Adler und die Reichsinsignien prangten", wie Jan Neplach, der böhmische Berater Karls IV., in seiner Chronik vermerkte. In Saint-Denis hingegen musste sich der Kaiser mit einem Ross begnügen, dessen Farbe die Chronik als „dunkel" („*morel*") bezeichnet, alles andere wäre in Paris undenkbar gewesen. Onkel und Neffe zogen Seite an Seite in die Stadt ein (deren damalige Stadtmauer, die „*enceinte de Charles V*", die Porte Saint-Denis, die Porte Saint-Martin und an der Nordseite die Temple-Festung umfasste) und weiter zum Palais de la Cité.[16] Auch den Einzug zeigt die Chronik Karls V. in einer reich illuminierten ganzseitigen Miniatur. Die erste Station des Kaisers waren die Reliquien in der Sainte-Chapelle. Die *Chroniques de France* betonen seine Frömmigkeit, aber auch seine körperliche Hinfälligkeit, neben der die kraftstrotzende Gesundheit Karls V. und damit seines Königreichs umso eindrucksvoller hervortritt.[17] Am Dreikönigstag fand ein Festbankett mit 30 Gängen und zwei „Zwischengängen" statt (zu denen zwei Akte eines Theaterstücks über die Einnahme Jerusalems durch die Kreuzfahrer aufgeführt wurden). Die drei Könige Wenzel, Karl V. und Karl IV. verkörperten dabei gewissermaßen die Heiligen Drei Könige, zu deren Fest sie an einem Marmortisch unter einem Baldachin Platz nahmen.[18] Die Episode ist in der Handschrift ebenfalls durch eine prachtvolle ganzseitige Miniatur hervorgehoben, auf der man sie Seite an Seite tafeln sieht. Drei weitere Treffen folgten: eines im Louvre, wo die drei Könige ein Bündnis besiegelten, eines im Hôtel Saint-Pol, wo die Königin die Gäste empfing, und schließlich im Schloss Vincennes, wo der junge Wenzel dem König von Frankreich die Treue schwor. Zum guten Schluss machte sich der Kaiser über Saint-Maur-des-Fossés auf den Heimweg und erreichte über Meaux, Château-Thierry und Reims wieder sein eigenes Reich. Die Buchmaler und Verfasser der *Chroniques* erkannten die Bedeutung der Geschehnisse sehr wohl und inszenierten alle weiteren Episoden, räumlich und zeitlich rhythmisch gegliedert, rings um das zentrale Triptychon der drei ganzseitigen Miniaturen, auf denen jeweils alle drei Könige gemeinsam abgebildet sind: Begrüßung, Einzug in die Stadt und Bankett.

Ein derart ausgefeiltes „Layout" in Wort und Bild macht deutlich, dass trotz aller Fortschritte des Schrifttums, für die die Handschrift selbst ein Beleg ist, die mündliche, gestische und persönliche Kommunikation noch im Vordergrund stand, obwohl zu dieser Zeit längst jeder Friedensvertrag, den die beteiligten Parteien eben noch für die Ewigkeit beschworen hatten, schon wenig später Schall und Rauch war. Der Hundertjährige Krieg könnte genauso gut hundertjähriges Bemühen um Frieden heißen, denn er ist letztlich nichts anderes als eine endlose Aneinanderreihung von Verhandlungen, Verträgen und Waffenstillständen, die umgehend wieder gebrochen wurden. Vor diesem Hintergrund bildet der leibhaftige Austausch von Worten und Verpflichtungen zwischen zwei Herrschern einen politischen Höhepunkt – zumal, da der König über kein etabliertes Protokoll für den Empfang eines Kaisers verfügte. Die Abfolge der Miniaturen zum Besuch des Kaisers 1378 in Frankreich trägt dem Rechnung; sie soll das

Das Festbankett zu Ehren Karls IV. am Dreikönigstag 1378. Ganzseitige Miniatur aus den *Grandes Chroniques de France*, ca. 1379.

außerordentliche Ereignis in der Erinnerung verankern und zugleich die sich abzeichnende Neuerung herausstellen. Was Rangfolge und Hierarchie betraf, lenkte man im Moment des Geschehens erfolgte Anpassungen quasi im Nachhinein in die geregelten Bahnen eines ritualisierten protokollarischen Ablaufs und hielt sie darüber hinaus im Manuskript in Wort und Bild für die Nachwelt fest. Auf diese Weise blieb kein Zweifel daran, dass der Kaiser „in keiner Kirche mit Prozessionen und Glockengeläut empfangen wurde und auch in keiner Weise irgendeine Vor- oder Lehnsherrschaft demonstrierte, denn dies steht im ganzen Königreich Frankreich allein dem König oder denjenigen, die in seinem Auftrag handeln, zu". Auch das von der Chronik betonte biblische Bild der Eintracht und Freundschaft dreier Könige war zweifellos ein Propaganda-Schachzug Karls V.[19]

Denselben Eindruck vermittelt die Schilderung des Besuchs im *Livre des faits et bonnes mœurs du sage roi Charles V.* von Christine de Pizan. Das Werk unterscheidet sich in Stil, Auftrag und Entstehungsgeschichte erkennbar von der Chronik Karls V., auch wenn diese als Vorbild diente. Wir haben es mit einer Verfasser*in* zu tun, die sich zudem gewisse literarische Freiheiten nahm. Die 17 Kapitel über den Empfang Karls IV. finden sich im dritten Teil eines Werkes, das allein Persönlichkeit und Regierung des französischen Königs darstellen sollte. Es entstand im Auftrag Philipps des Kühnen, Herzog von Burgund und ein Bruder Karls V., vorrangig zur Belehrung des Dauphins. Das Kapitel über die „Weisheit" Karls V. beschäftigt sich weit weniger mit der juristischen und physischen Person des Königs als mit seiner Regierung und ihren Vorzügen für das Gemeinwohl: Ein guter König gibt Bauarbeiten in Auftrag, schützt die Universität, unterstützt die Literaten, beschäftigt sich mit Astrologie, liebt die Philosophie … und weiß, wie man ausländische Fürsten empfängt! „Man kann unmöglich alles im Detail schildern", so Christine de Pizan am Schluss ihrer Darstellung, doch in Wahrheit lässt sie nichts aus. Auch hier wirft die Überfülle an Details (von der Länge der bei Tisch servierten Fische über den genauen Preis jedes Geschenks, das der Kaiser, sein Sohn oder sein Gefolge erhalten, bis zur minutiösen Beschreibung der Kopfbedeckungen, Ornate etc.) Fragen auf. Da Christine de Pizan im Gegensatz zu den Verfassern der *Grandes Chroniques* bei dem Besuch nicht selbst anwesend war und ihn zudem erst 1404, also ein Vierteljahrhundert später beschrieb, ist ihre Schilderung durch nachfolgende Ereignisse eingefärbt, die Erinnerung durch diese gefiltert und geformt. Aus Christines Feder erhält das Treffen zwischen Karl IV. und Karl V. eine Mustergültigkeit, die ihm die *Grandes Chroniques* noch nicht zuschreiben konnten, da sie praktisch zeitgleich zu Papier gebracht wurden. 1378 musste im Zusammenspiel von Kaiser und König so gut wie alles improvisiert werden, was Vorrang, Protokoll, Hierarchie und Würde der Kopfbedeckungen, Farben und Kleidungsstücke betraf. Trotz der Bilderfülle und ihrer eindeutigen Absicht als Propagandamittel wirken daher auch die *Grandes Chroniques* an dieser Stelle noch ein wenig wie

Stückwerk. 1404 hingegen sollte das Narrativ angesichts der zu diesem Zeitpunkt akuten Krise Frankreichs, das von einem geisteskranken König regiert und von den Begehrlichkeiten und Rivalitäten seiner Onkel zerrissen wurde, eine perfekt eingespielte protokollarische Ordnung vorgaukeln.[20] Mit ihrer Darstellung gelang es Christine de Pizan, dem Leser von 1404 weiszumachen, das Zeremoniell von 1378 sei bereits durchweg formalisiert, also auch vom Kaiser und seinem Gefolge als solches akzeptiert gewesen. Sie unterstellt damit, Karl IV. habe der vollen Eigenständigkeit und damit einer gewissen Überlegenheit des Königs von Frankreich zugestimmt. Und weiter: Was 1378 für Karl V. galt, gilt auch für dessen schwachen Sohn Karl VI. Die tiefere Botschaft beider Texte lautet letzten Endes: Der Kaiser hat den Sonderstatus des Königs von Frankreich anerkannt. Und das zählte augenscheinlich mehr als die konkreten diplomatischen Ergebnisse dieses Staatsbesuchs, die sich bei genauem Hinsehen doch recht bescheiden ausnehmen.[21]

Dem Drängen des französischen Königs, seiner Brüder und des gesamten Hofes zum Trotz machte Karl IV. keine konkreten Zusagen, Karl V. von Frankreich gegen den englischen König zu unterstützen, geschweige denn, ihm Subsidien oder ein Heer zu stellen. Vor dem Hintergrund, dass Ludwig der Bayer Eduard III. unterstützt hatte, war die Zurückhaltung des Kaisers bei allem Wohlwollen seinem Neffen gegenüber durchaus nicht belanglos. Ob eine Intervention Karls IV. das Blatt im Hundertjährigen Krieg tatsächlich gewendet oder zur Klärung der verwickelten Lehnsverhältnisse in Aquitanien beigetragen hätte, sei dahingestellt. Immerhin zog seine weise Enthaltung keinerlei Brüche nach sich, auch wenn der französische König im Stillen enttäuscht gewesen sein dürfte. Aber Karl IV. war kein Mann für Kurswechsel. Er hielt sich an die wohlwollende Neutralität, wie sie der Freundschaftsvertrag von 1356 vorsah.[22] Ein weiteres Thema war das Königreich Burgund (Arelat), vor allem das Schicksal der Dauphiné.[23] Eigentlich gab Karl IV. nicht ohne Weiteres Titel, Würden oder Kronen auf. 1365 hatte er sich in Arles zum König von Burgund krönen lassen.[24] Doch war diese symbolische Inszenierung des Heiligen Römischen Reiches nicht von Dauer gewesen. Schon im Jahr darauf hatte Karl IV. die Ansprüche auf die Krone auf seinen Neffen Ludwig von Anjou übertragen. Was das mit Frankreich, vor allem mit seinem Parisaufenthalt 1378 zu tun hatte? Die Antwort liefert ein Blick auf die Landkarte: Die Fernstraßen nach Italien verliefen durch Savoyen, dessen Zugehörigkeit zum

Heiligen Römischen Reich Karl 1361 sichergestellt hatte, und die Grenze zwischen Frankreich und dem Reich zog sich zum guten Teil an Rhone und Saône entlang. Genau in dieser Achse lag auch Avignon, seit 1316 Papstresidenz und 1348 von Johanna von Anjou, Gräfin der Provence und Königin von Neapel, an den Heiligen Stuhl verkauft. Als Teil der Grafschaft Provence gehörte die Stadt allerdings zum Heiligen Römischen Reich. 1378 in Paris ging es vorwiegend um die Dauphiné. Das „Delfinat" war 1349 entstanden, als der letzte Dauphin von Vienne, Humbert II., seine persönlichen Rechte an der Grafschaft Vienne im Vertrag von Romans auf den noch jugendlichen Karl von Frankreich (den späteren Karl V.) übertrug. In der Folge wurde fortan der älteste Sohn und präsumtive Thronfolger des jeweiligen französischen Königs als „Dauphin" bezeichnet. Von dieser Übereignung unberührt blieb das Lehnsverhältnis, dem zufolge der Dauphin de Vienne Vasall des Kaisers war, denn das Gebiet war Teil des Heiligen Römischen Reiches. Der spätere Karl V. hatte die Huldigung 1356 in Metz geleistet und war im Gegenzug vom Kaiser zum Reichsvikar für die Dauphiné ernannt worden. Damals war Karl IV. offensichtlich nicht bereit gewesen, das Königreich Burgund aufzugeben. Die Gesandten des Königs von Frankreich unter der Führung von Jean de Berry[25] hätten die Zukunft der Dauphiné gern anlässlich der Krönung 1365 geklärt, doch Karl bekräftigte und verlängerte den Status quo: Der Dauphin behielt seine persönlichen Ansprüche, blieb jedoch Vasall des Reiches und musste dem Kaiser huldigen. Das änderte sich nun: Am 7. Januar 1378 trat Karl IV. die Rechte dauerhaft (ohne Erneuerung des Lehnseides) an den Dauphin von Frankreich ab, der zugleich zum Reichsvikar nicht nur der Dauphiné, sondern auch der Grafschaften Provence, Forcalquier, Burgund und Piemont erhoben wurde, wobei Savoyen und das Comtat Venaissin (das den Päpsten gehörte) ausdrücklich ausgeklammert waren. Die französischen Chronisten und Rechtsgelehrten bejubelten diesen Erfolg naturgemäß, während ihre deutschen Kollegen ebenso wie einige deutsche Fürsten dem Kaiser vorwarfen, er habe, was im Grenzgebiet vom Heiligen Römischen Reich noch übrig gewesen sei, sinnlos verschleudert. Doch abgesehen von der theoretischen Möglichkeit einer Huldigung, die ohnehin nur als Tauschmittel und Gelegenheitsbündnis gedient hätte – was war von der effektiven Macht des Kaisers und vor allem des Heiligen Römischen Reiches überhaupt noch übrig in diesen Landstrichen, die weder seine Sprache sprachen noch Abgaben leisteten, die kaum je seine Gerichte anriefen und von Häusern verwaltet wurden, die sich kaum als deutsche Fürsten wahrnahmen? Von der Plausibilität der Vorwürfe abgesehen, ist zweifellos ein geopolitischer Faktor erkennbar: Aus Sicht des Reiches und der Luxemburger verschaffte Karls Parisreise ihm freie Hand für eine „Ostpolitik" (Ungarn, Polen, Böhmen) zum Vorteil seiner Dynastie. Möglicherweise glaubte er selbst noch an die Chance auf eine „europäisch" zugeschnittene Allianz zwischen den Valois und den Luxemburgern,[26] doch schaut man sich die Fakten und die eingegangenen Verpflichtungen an, änderte das Treffen nichts an der allmählichen, aber unaufhaltsamen Schwerpunktverlagerung im Reich nach Osten, die der Konflikt zwischen Frankreich und England noch begünstigte. So gesehen tat Karl IV. einen wesentlichen Schritt, indem er die Unabhängigkeit seines Neffen als „Kaiser im eigenen Königreich" bestätigte und dem Dauphin – dem künftigen Karl VI. – die Dauphiné *ad vitam eternam* übertrug.

Auch wenn es angesichts des ehrwürdigen Alters des Kaisers, des sich abzeichnenden Großen Schismas und des Todes Karls V. zwei Jahre darauf so erscheinen mag, markierte das Treffen in Paris alles in allem weniger das Ende einer Ära als vielmehr den Beginn eines neuen Zeitalters. Zumindest für die Belange des Heiligen Römischen Reiches, das sich mehr und mehr auf die Gebiete im Osten und angrenzende Königreiche konzentrierte, während sich das Verhältnis zu Frankreich zunehmend lockerte. Vorzeichen für die Zeit der Habsburger sind hier bereits erkennbar. Es wäre deshalb interessant, nicht nur die Perspektive des französischen Gastgebers, sondern auch die seines böhmisch-deutschen Gastes genauer zu kennen, doch während die französischen Quellen ausführlich über das Ereignis berichten, haben die deutschen, kaiserlichen und böhmischen auffallend wenig darüber zu sagen. Lediglich kurz nach der Rückkehr Karls IV. wurde, möglicherweise in der Entourage des Grafen von Flandern, auf Französisch eine Art Memorandum erstellt und vom kaiserlichen Kanzler und Augenzeugen der Pariser Ereignisse Nikolaus von Riesenburg abgesegnet. Das Dokument hatte jedoch keinerlei offiziellen Charakter und sollte ganz bestimmt nicht als Vorlage für eine illuminierte Prachthandschrift dienen.[27] Ein Vergleich zwischen diesem knappen Protokoll und den *Grandes Chroniques de France* bringt überdies zahlreiche Abweichungen zum Vorschein, die sicher nicht dem Zufall geschuldet sind: Während es in der Chronik heißt, der Kaiser sei zur Linken des Königs geritten, behauptet das Memorandum das Gegenteil. Das Gleiche gilt für die Frage, wer von beiden bei der Begrüßung als Erster das Haupt entblößte: „Und als der König ihm begegnete, lüftete der seinen Hut, und der Kaiser zog die Pelzmütze, die er auf dem Kopf trug", so das Memorandum im Gegensatz zur Chronik. Die Zurückhaltung der Schriftquellen lässt sich in der Rückschau auch darauf zurückführen, dass es Karl V. und seinen Beratern bei diesem Staatsbesuch weniger um das Heilige Römische Reich und seine Interessen ging, sondern darum, mit Unterstützung des Kaisers Frankreichs Überlegenheit gegenüber England zu sichern. Doch Karl IV. stieg darauf nicht ein. Er, der so viel Wert auf Protokoll legte und für die Nachwelt gezielt ein bestimmtes Bild von seiner Herrschaft aufbaute, machte sich nicht die Mühe, diesen Besuch schriftlich festhalten zu lassen und damit zur Blaupause für künftige Zusammentreffen zwischen den Königen von Frankreich und den römischen Kaisern zu machen. Immerhin: Was die Themen betrifft, die beide Monarchen unter vier Augen besprachen, hüten sich die *Grandes Chroniques* zumindest davor, die Wahrheit zu verdrehen. Sie behaupten lediglich, über die Besprechungen sei nichts bekannt geworden. So auch bei Christine de Pizan. Als Karl V. kurz nach dem Dreikönigstag im Louvre versucht, seinen Onkel zu einem offiziellen Bündnisvertrag zu drängen, hört sich Karl IV. die Argumente der Franzosen an (denen die französische Chronik drei Blätter widmet und dabei an jeden Vertrag, jede Huldigung, jeden Brief, jeden Verrat der „Feinde aus England" erinnert), versichert ihm seinen guten Willen,[28] verspricht aber lediglich, ihn in Schutz zu nehmen, sollten sich in Deutschland Zweifel regen. In diesem Fall werde er den Standpunkt Frankreichs gegenüber jedem, der es hören wolle, zur „gerechten Sache" erklären. Die Chronik berichtet weiter, dieses minimale Zugeständnis habe Karl V. zweifellos missfallen und am folgenden Tag, dem 9. Januar, habe sich der Kaiser „überlegt, dass er dem König mit seiner Antwort nicht genug angeboten habe", und sich entschuldigt. Erst im Nachhinein also – vermutlich auf Anraten seiner Berater – rechtfertigt sich Karl IV. und nennt Verbündete, die bereit seien, sich für Frankreich zu einzusetzen. Überall soll bekanntgegeben werden, dass er und sein Sohn, der römisch-deutsche König Wenzel, den er eigens zu diesem Zweck mitgebracht hat, ebenso wie seine anderen Kinder, Verbündeten, Untergebenen und alle, die ihm wohlgesonnen sind, zum [französischen] König stehen, ihn verteidigen und seine Habe und seine Ehre, sein Reich, seine Kinder und seine Brüder beschützen werden. Er überreicht ihm eine Schriftrolle mit einer Liste von Namen. Das ist alles, was der kostspielige lange Staatsbesuch Karl V. einbringt: eine Schriftrolle, die den Kaiser als seinen Verbündeten ausweist, aber keinen Vertrag.

Eine Bestätigung dafür, dass Karl V. seinem Onkel nicht mehr als diese mageren Zugeständnisse entlocken konnte, und einen ganz anderen Blick auf dieses „französische" Ereignis finden wir in einigen wenigen „deutschen" Quellen, in diesem Fall in der Chronik des Jacques d'Esch. Dieser Bürger der Reichsstadt Metz verfasste zwischen 1434 und 1438 eine Stadtgeschichte der Jahre von 1308 bis 1431, die vor allem das Andenken des Hauses Luxemburg ehrt.[29] Am Schluss von Kapitel XLII vermerkt Jacques d'Esch: „Und beim Abschied erbat sich der Kaiser vom König von Frankreich als Geschenk die Zusage, dass dieser nichts dagegen unternehmen und dies auch von anderen nicht dulden werde, dass sein Sohn Wenzeslaus nach seinem [Karls IV.] Tod das [Heilige Römische] Reich übernahm. Der König sagte ihm dies zu und hielt sein Versprechen. Und das war der Grund, warum der Kaiser nach Saint-Maur in Paris gekommen war."[30] Unterschiedlicher könnten die Erklärungen für die Beweggründe des Staatsbesuchs von 1378 nicht sein, und zwar nicht nur in Detailfragen, etwa welche Farbe das Pferd hatte oder wer zuerst den Hut lüftete. Während die französische Chronik zunächst behauptet, über die Besprechungen sei nichts bekannt, lässt sie zum Schluss durchblicken, es sei in erster Linie um England gegangen. Demgegenüber konstatiert sowohl das Memorandum (andeutungsweise) als auch die Metzer Chronik (explizit), Karl IV. habe vor allem über seine Nachfolge und seinen Sohn Wenzel reden wollen, der ihn wohl aus gutem Grund nach Paris begleitete. Als Jacques d'Esch Anfang bis Mitte der 1430er-Jahre seine Chronik verfasste, waren alle Augenzeugen längst gestorben, sodass er sich auf andere Schriftquellen stützen musste. Dabei dürfte es sich vorrangig um das Memorandum aus dem Umfeld des Grafen von Flandern gehandelt haben, das später in die Bibliothek der Herzöge von Burgund gelangte und ebenso wie die Metzer Chronik anklingen lässt, dass Karl IV. vorrangig durchaus nicht den anglofranzösischen Krieg im Sinn hatte, sondern sich vor allem rückversichern wollte, dass Frankreich sich nicht einmischen werde, wenn sein Sohn Wenzel nach ihm Kaiser würde, damit der Königs- und der Kaisertitel innerhalb des Hauses Luxemburg reibungslos vom Vater auf den Sohn übergehen konnte. Karl IV. trieben also 1378 ganz andere Gedanken und Ziele um als seinen Neffen Karl V. Diese Tatsache unterschlagen die *Grandes Chroniques de France*, sofern ihr Verfasser überhaupt etwas davon ahnte. Der Kaiser verfolgte schon länger eine dynastische Politik und war dabei, seine Hausmacht auszubauen, um Böhmen mit Blick auf eine politische Expansion und Konsolidierung im Osten fest in das Heilige Römische Reich einzubinden.

Vielleicht erklärt dies letztlich, warum das Ereignis trotz seiner Einzigartigkeit in den jüngeren französischen Quellen nach den *Chroniques de Charles V.* nicht den Raum einnimmt, der ihm aufgrund seiner konkreten und symbolischen Bedeutung hätte zukommen können und müssen. Die unter Karl VI. und seinen Nachfolgern entstandenen Abschriften der *Grandes Chroniques de France* erwähnen den Besuch Karls IV. nur am Rande. Selbst der sonst so redegewandte Zeitzeuge Froissart, dessen Chronik die Jahre 1325 bis 1400 auf Tausenden Blättern behandelt, schweigt sich darüber aus und vermerkt nur knapp, dass Karl IV. im November 1378 in Prag starb. Die einzige erhaltene Handschrift der *Chronique des quatre premiers Valois*, deren unbekannter Verfasser die Jahre 1327 bis 1393 schilderte, widmet dem Staatsbesuch lediglich eine Seite und stützt sich dabei im Wesentlichen auf die *Grandes Chroniques*.

Im kollektiven Gedächtnis hinterließ das Gipfeltreffen dennoch tiefe Spuren. Es krönte eine lange Regierungszeit, und mit ihm endete eine Form des Königtums, von dem Karl IV. ganz bewusst in Paris – damals die politisch spannendste Metropole im Abendland – einen eindrucksvollen letzten Widerschein hinterlassen wollte.

II. HERRSCHEN

Das so prachtvoll verewigte Bild des Kaisers, der kurz vor seinem Lebensende in vertraute Pariser Gefilde zurückkehrt, sollte eine Art und Weise königlichen Gebarens und Regierens in Szene setzen, die sich von den vorangehenden deutsch-römischen Königen und Kaisern, aber auch von vielen anderen Monarchen Europas radikal abhob. Durch das systematische Ineinandergreifen von Regierungspraxis, Propaganda und Symbolik prägte Karl IV. sein Zeitalter so nachhaltig, dass es in der Rückschau das Etikett „karolinisch" erhielt, denn dieser König und seine Herrschaft markierten einen Wendepunkt und schufen einen neuartigen Herrschafts-„Stil". Das Siegel, das Karl IV. seinen Staaten, Hoheitsgebieten, Untertanen, Städten und Besitzungen mitsamt ihrer Verwaltung aufdrückte, hat mehrere Facetten. Zum einen zeichnete sich Karl – im Gegensatz zu seinem oft voreiligen Vater – durch eine gewisse Langsamkeit oder eher geduldige Bedächtigkeit aus. Zweitens war er bemüht, sich als weiser König und Gesetzgeber, als frommer, maßvoller Herrscher zu profilieren, der auf Kompromisse und Verhandlungen anstelle von Kriegen setzte. Ihm war bewusst, dass er ausgehend von teilweise gegenläufigen römischen, christlichen, französischen, deutschen, kaiserlichen, böhmischen Traditionen neue Handlungsmodi erfinden musste, die dem breiten Spektrum an Staaten, Ländern, Sprachen und Bräuchen in seinem Kaiserreich Rechnung trugen. Damit verknüpft war schließlich drittens ein Gleichgewicht zwischen An- und Abwesenheit, direkter und delegierter Machtausübung im Zuge einer Dynamik, die ein reges Reisekönigtum mit der Herausbildung einer festen Hauptstadtresidenz verband.

Schon zu Karls Zeiten, vor allem aber nach dem Scheitern seiner Söhne – der Abwahl Wenzels des Faulen und der von vielen Problemen und Konflikten beladenen Herrschaft Sigismunds –, deutete man Karls Haltung als friedfertige, angemessene Reaktion auf die vielen Krisen, Kriege und Seuchen seiner Zeit. Man darf jedoch auch unterstellen, dass Karl selbst dieses Image nutzte, um beharrlich und mit Erfolg eine politische Persönlichkeit, eine Aura von Ruhm und Ehre aufzubauen. Er war nicht nur ein Mann der Tat, sondern hielt immer wieder inne, reflektierte und thematisierte in Schriften und Zeremonien das Wesen seiner Titel, Ämter und der damit verknüpften Pflichten. So gesehen passt sein Verständnis von Königtum sehr gut in eine Zeit der zunehmenden Individuation, in der viele, auch die Mächtigen, ihre Persönlichkeit, ihre Autorität, ihr geistiges Erbe und ihre Identität auf den Prüfstand stellten. Karl IV. wurde nicht heiliggesprochen. Trotzdem – oder vielleicht gerade deswegen – war er unter den Königen seines Jahrhunderts wohl einer der Menschen, zu denen wir bis heute am ehesten Zugang finden können.

Kapitel 4

Ländernamen

Die meisten spätmittelalterlichen Königreiche und Fürstentümer zeichneten sich durch eine große landschaftliche und kulturelle Vielfalt aus, doch hatten wohl nur wenige Herrscher derart riesige, vielgestaltige Reiche unter sich wie Karl IV., und diese Mannigfaltigkeit prägte auch seinen Regierungsstil in Theorie und Praxis. Wir sollten uns deshalb zunächst ansehen, welche Hoheitsgebiete bis zu seinem Tod das Fundament seiner Staaten und seines „Hauses“ bildeten. Dieses Konzept der „Hausmacht“ hatte im 14. Jahrhundert einen hohen Stellenwert.[1] Schon in seiner Lebensbeschreibung begab sich Karl IV. auf eine narrative Rundreise durch seine Länder. Am häufigsten spricht er dabei von Böhmen und Mähren (68 Mal) und Italien (57 Nennungen verschiedener Städte und Landstriche), gefolgt von Frankreich (26), Ungarn (15), Schlesien (4 Mal plus 17 Mal Krakau) sowie einem Konglomerat aus Tirol (26 Nennungen), Österreich (24), Bayern (18), Kärnten (13) und schließlich Luxemburg (zehn Mal).[2]

Das Luxemburg der Luxemburger

Ebenso wie seine Vorgänger entstammte auch Karl IV. ursprünglich einem Territorialfürstentum, dessen Interessen er über diejenigen seines Königreichs Böhmen oder des Kaiserreichs nie vernachlässigte. Er führte den Namen des Hauses Luxemburg, erhob die Grafschaft 1354 zum Herzogtum und achtete sorgfältig darauf, dass dieses unmittelbar an die Champagne, Lothringen, Burgund und die Pfalz angrenzende Gebiet zwischen dem Königreich Frankreich und dem Heiligen Römischen Reich, unweit der Einflusssphären der mächtigen Kirchen- und Kurfürsten von Trier und Köln sowie des Herzogtums Brabant und des Bistums Lüttich, seine Einheit und Eigenständigkeit bewahrte. Dass Existenz und Fortbestand solcher

Territorien in diesem umstrittenen Puffergebiet nicht ungefährdet waren, belegen Beispiele wie Burgund im 15. Jahrhundert oder auch das Schicksal Lotharingiens nach den Teilungen im 9. Jahrhundert.[3] Mit viel Glück ging der Grafentitel ohne Unterbrechungen von Heinrich VII. auf Johann den Blinden und dann auf Karl IV. über, der die Grafschaft 1354 zum Herzogtum unter seinen Halbbruder Wenzel erhob. Nach dessen Tod 1383 fiel Luxemburg an Karls gleichnamigen Sohn.

Das Gebiet der Luxemburger war seit 925 Teil des Heiligen Römischen Reiches. Der offizielle Grafentitel wurde dem Haus Luxemburg, das den Ottonen eng verbunden war, wohl in den 1080er-Jahren verliehen, zur selben Zeit, als es 1083 eine eigene Grablege einrichtete und das erste gräfliche Siegel schneiden ließ. Wie so oft wuchs rings um die Burg nach und nach eine Stadt, deren Einwohner erstmals 1175 als *burgenses* (Bürger) tituliert wurden und 1244 die Stadtrechte erhielten. Ausgelöst durch den Limburger Erbfolgestreit kam es zu Territorialstreitigkeiten, auf deren Höhepunkt 1288 in der Schlacht von Worringen neben einem Großteil der Luxemburger Ritterschaft auch Graf Heinrich VI. von Luxemburg und drei seiner Brüder ums Leben kamen, sodass die Dynastie um ein Haar erloschen wäre. Diese Gefahr bestand erneut 1313 mit dem Tod Heinrichs VII. und nochmals 1346 mit dem Tod Johanns des Blinden bei Crécy. Durch die Niederlage 1288 gegen Limburg verschoben sich zudem die Prioritäten: Über die Annäherung zwischen Luxemburg und Brabant hinaus zeichnete sich vage ein Bündnis mit Frankreich ab. 1292 heiratete Heinrich VII. von Luxemburg eine Tochter des Herzogs von Brabant und huldigte 1294 dem König von Frankreich. Solche doppelten Lehnsverhältnisse kamen in Gebieten, die an zwei Königreiche angrenzten, häufig vor. Nach der Wahl Heinrichs VII. 1308 zum römisch-deutschen König war das Schicksal Luxemburgs fortan mit dem des deutschen Reiches verflochten, zugleich aber auch mit dem Frankreichs. Durch die Heirat Johanns der Blinden 1310 mit der Erbin des Přemysliden-Reiches kam dann Böhmen ins Spiel, und dieser quantitative und qualitative Zugewinn katapultierte die Luxemburger für fast eineinhalb Jahrhunderte mitten in eine europäische Geschichte, in der die enge Bindung zwischen dem Römisch-Deutschen Reich und Böhmen eine wichtige Rolle spielte. Luxemburg vereinigte fortan die dreifache Würde als Kurfürsten, Könige und Kaiser auf sich und dehnte seine Hausmacht weit nach Osten aus, wobei die ursprüngliche Grafschaft in diesem Gefüge durchaus keine untergeordnete Rolle spielte. Johann der Blinde hielt sich dort rund fünfzig

Mal auf, alles in allem weit häufiger als sein Sohn Karl, und förderte durch eine Zoll- und Währungsreform eine rege Wirtschaftstätigkeit, die seine Kassen so prall füllte, dass er davon zum Teil den Lebensunterhalt seines Hofstaates und seiner Ritterschaft sowie später die Königswahl seines Sohnes finanzieren konnte.[4] Sogar seine letzte Ruhe fand Johann in seiner heimatlichen Grafschaft, die auf seinen Sohn und Nachfolger Karl überging, wenn auch zunächst unter Verwaltung seines Großonkels Balduin. Nach dessen Tod 1354 erhob Karl die Grafschaft zum Herzogtum unter der Regierung seines Halbbruders Wenzel, der durch die Heirat mit Johanna von Brabant kurz darauf auch Herzog von Brabant und Limburg wurde und damit den seit den 1280er-Jahren schwelenden Zwist zwischen Luxemburg und Brabant beendete.[5] Luxemburg blieb eigenständig und wurde zu keiner Zeit von Böhmen aus regiert.

Böhmen: vom Herzogtum zum Königreich

Das Königreich Böhmen existierte lange vor der Thronbesteigung Johanns des Blinden. Über die Ursprünge des Landes und über die Dynastie der Herzöge und später Könige aus dem Geschlecht der Přemysliden besitzen wir erfreulicherweise weit mehr dokumentarische Quellen als über die angrenzenden Königreiche Ungarn und Polen.[6] Zwar gingen viele Dokumente im 15. Jahrhundert in den Wirren der Hussitenkriege und im 17. Jahrhundert im Dreißigjährigen Krieg unter, doch hatte sich schon so früh eine solide historiografische Tradition herausgebildet, dass Abschriften der großen Chroniken rechtzeitig angefertigt und in Sicherheit gebracht werden konnten.[7] Bemerkenswert sind deshalb die frühe Existenz und die Kontinuität einer „allgemeinen“ Literatur über Böhmen, die in Bruchstücken von einem Werk zum nächsten weitergegeben wurde. Die Herausbildung dieser Überlieferung zeichnet sich durch eine Symbolik aus, die das Fortbestehen der böhmischen Ursprünge suggeriert.[8] Karl IV. machte sich gerade diese Formeln später zunutze, insbesondere im Konzept der „Krone Böhmens“ – *corona et regnum Boemie* –, das sich auf Přemysl den Pflüger als ersten Přemysliden und dessen Gemahlin Libuše (Libussa) berief und damit den Bogen zu deren gemeinsamem mythischem Vorfahr Čech schlug. Soweit die mittelalterlichen Quellen dieses Volk als „Tschechen“ bezeichnen, entspricht dies nicht dem Verständnis der Nationalgeschichte des 19. und 20. Jahrhunderts, sondern ist lediglich als atavistischer Verweis auf seine legendären Ursprünge gemeint, während man die politische Entität im Mittelalter immer mit dem lateinischen Begriff *Boemia* (Böhmen) und ihre Bevölkerung als *Boemi* (die Böhmen) bezeichnete. Die Kontinuität der auf historischen Fakten ebenso wie auf Legenden basierenden Chroniken vom 12. bis zum 15. Jahrhundert suggerierte schon früh zumindest auf dem Papier die Einheit von Land, Herzogtum, Dynastie, Hauptstadt (Prag), Schutzpatronen (Wenzel, Adalbert und Ludmilla) und Sprache (Tschechisch). Das änderte jedoch nichts daran, dass dieses Konglomerat *Bohemia* zugleich Teil des Heiligen Römischen Reiches war, denn der König von Böhmen gehörte ja seit dem 13. Jahrhundert zu den sieben Kurfürsten, die den römisch-deutschen König wählten. Auch die Grenzen der Kirchenprovinzen wiesen Böhmen seit Langem als Teil des deutsch-römischen Reiches aus. All das hinderte die Menschen im Herzogtum und später im Königreich Böhmen jedoch nicht daran, sich selbst zu den slawischen Völkern zu zählen, wenn auch schon früh als eigenständige, geografisch strikt gegen die übrigen Slawen und die Ungarn abgegrenzte Einheit. Andererseits verstanden sich die Böhmen seit ihrer Bekehrung ab Mitte des 9. Jahrhunderts als Christen. Aufgrund der Vermischung mit deutschstämmigen Einwanderern aus anderen Reichsgebieten galten die Luxemburger ebenso wie später die Habsburger, die im 14. und 15. Jahrhundert auf dem böhmischen Thron saßen, nur dann als Ausländer, wenn es aus konkreten politischen und polemischen Gründen gerade opportun war. Wie so oft im mittelalterlichen Europa basierte auch in Böhmen die Definition des Königreichs, seiner Herrscherfamilie und seiner Hoheitsgebiete als Gemeinschaft oder gar „Nation" nicht auf einem einzigen exklusiven Aspekt, sondern auf einem Zusammentreffen mehrerer Faktoren.[9]

Vom ersten bekannten Přemysliden-Herzog Bořivoj I. um 870 bis zum Tod des letzten Königs Wenzel III. 1306 konnte sich die Dynastie über vier Jahrhunderte einer lückenlosen Erbfolge rühmen. Der Adelstitel vererbte sich ohne zeitliche Unterbrechungen vom Vater auf den Sohn, gelegentlich auf einen Neffen oder Bruder; weitergegeben wurde jedes Mal das Territorium rings um das Kerngebiet Böhmen, zu dem schon früh Mähren hinzukam. Bis heute umstritten ist, ob die frühzeitige Existenz einer vergleichsweise fest definierten „Persönlichkeit" Böhmens die Annäherung und später Eingliederung in das Heilige Römische Reich durch Tribute, Investituren und Huldigungen zu Beginn des 11. Jahrhunderts begünstigte oder nicht. Diese Treue gegenüber dem Reich hatte auch damit zu tun, dass der damalige Kaiser keine eigenen Besitzungen in Böhmen hatte; belohnt wurde sie durch die Erhebung des Herzogtums zum Königreich im Mai 1085 und die Erblichkeit der Krone ab 1198. Der König von Böhmen war nun nicht nur als Reichsfürst aufgewertet, sondern fest in den kaiserlichen Hofstaat integriert und übte als Mundschenk eines der vier angesehensten Reichserzämter aus. Friedrich II. schließlich schuf 1212 in einer mit Gold bullierten Urkunde klare Verhältnisse: Der böhmische König sollte in Prag zwar von der Hand des Erzbischofs von Mainz gekrönt, jedoch weiterhin von seinen Ständen gewählt werden; seine Gebietsgrenzen sollten unantastbar bleiben. Weiter gehende Privilegien wandelten das Königreich 1216 schließlich in eine Erbmonarchie mit Primogenitur in männlicher Linie um und sicherten ihm die Hochgerichtsbarkeit inklusive des Appellationsprivilegs zu, das die Anrufung des Kaisers in Rechtsstreitigkeiten ausschloss. Der Vorrang männlicher Nachkommen und das Senioratsprinzip verhüteten zwar nicht jede Krise, boten aber immerhin den Vorteil, dass der Herzog beziehungsweise König sich den Adel durch vernetzte Treueverhältnisse zum guten Teil verpflichten konnte, damit dieser gar nicht erst in Versuchung kam, selbst die Hand nach dem Thron auszustrecken. Die mächtigen Großen im Königreich ließen sich davon allerdings nicht beeindrucken. Ohnehin zeigt sich in dieser Entwicklung das vielerorts wachsende politische, aber auch gesellschaftliche und kulturelle Selbstbewusstsein des weltlichen und geistlichen Adels. In Böhmen bildete sich im Laufe des 13. Jahrhunderts ein institutionalisierter Rat der Adelsstände heraus, der so gut wie jährlich zusammentrat und seine Funktion selbst darin sah, die königliche Regierung von innen zu unterstützen, notfalls auch einzugrenzen, nach außen hin aber zu verteidigen. Interessanterweise veränderten sich die „nach außen" gerichteten Ambitionen der Přemysliden auch später kaum: Die angestrebte Kontrolle über Mähren wurde als permanente Union mit Böhmen 1186 vom Kaiser bestätigt, und die Expansion des böhmischen Hoheitsgebiets nach Polen und in die nördlichen Grenzgebiete findet sich auch bei Karl IV. als Interesse an Schlesien und Brandenburg wieder. Mit Blick auf das Heilige Römische Reich nutzten die böhmischen Könige etwaige Schwächen der jeweiligen Monarchen für eigene Bodengewinne und schmiedeten Allianzen, um ihren Einfluss in den Fürstentümern an den Rändern des Reiches zu stärken. Nach dem Tod des römisch-deutschen Königs und Kaisers Friedrich II. entstand 1250 überraschend ein Machtvakuum, das sich Přemysl Ottokar II. (1253–1278) für einen Vorstoß in Richtung Österreich, Ungarn (durch Heirat mit einer Enkelin König Bélas) und Polen zunutze machte. Seinen Höhepunkt erreichte das Streben nach einer allseitigen Expansion Böhmens mit dem Ehrgeiz Ottokars II., 1273 römisch-deutscher König und später Kaiser zu werden. Der Plan ging jedoch ins Leere, als die Kurfürsten ihm einen Habsburger vorzogen und er selbst 1278 im Zuge der Niederlage auf dem Marchfeld bei Dürnkrut nahe Wien fiel. Für Böhmen war diese Schlappe eine bittere, aber letztlich doch fruchtbare Lektion, denn ein Jahrhundert später wusste Karl IV., seit 1347 König von Böhmen, dass er dem Reich mit einer geschickten Heiratspolitik, einem klugen Ausgleich der gegenläufigen Interessen der Kurfürsten sowie mithilfe von Privilegien und finanziellen Entschädigungen viel besser weitere Gebiete einverleiben konnte. Das Negativbeispiel Ottokars II. machte Karl zudem klar, dass jegliche Ambitionen eines böhmischen Königs im Hinblick auf das Heilige Römische Reich eine starke, straff durchorganisierte Hausmacht im eigenen Land voraussetzten. Dabei kamen ihm ab der zweiten Hälfte des 13. Jahrhunderts die Neuerungen vor allem im Steuer- und Gerichtswesen zugute. Vorbilder für seinen Traum von einer territorialen Erweiterung fand er zudem bei den letzten Přemysliden, allen voran Wenzel II., der 1300 zum König von Polen gekrönt worden war und seinen Sohn Wenzel III. mit einer ungarischen Prinzessin verheiratet hatte, sodass dieser nach dem Tod seines Vaters 1305 titularisch gleich drei Kronen trug, nämlich die von Ungarn, Polen und Böhmen. Die Ermordung Wenzels III. 1306 setzte dem „Kronensammeln" vorerst ein Ende, bevor sich das Königreich Böhmen, das bisher seine Stellung und seinen Aufstieg auf lange Sicht durch ein System aus Lehnsverhältnissen, Allianzen und friedlichem Miteinander abgesichert hatte, zum ersthaften Konkurrenten des Heiligen Römischen Reiches aufschwingen konnte. Auch aus dieser Konstellation zog Karl IV. Lehren für seine eigene Regierung. Ein Bruch mit dem Römisch-Deutschen Reich kam aus böhmischer Sicht schon angesichts der seit dem 13. Jahrhundert stetig wachsenden Zahl deutschstämmiger Neubürger nicht infrage. Neueren Forschungsergebnissen zufolge machten die Einwanderer um das Jahr 1300 schon rund 15 oder sogar 20 Prozent der Gesamtbevölkerung von schätzungsweise eineinhalb bis zwei Millionen aus.[10] Dieser Landesausbau (man vermeidet heute die Begriffe „Kolonisierung" oder „Ostsiedlung") heizte bei Ausbruch der Hussitenkriege im 15. Jahrhundert die Konflikte an. Ihre Nachwehen waren noch 1938 in der Sudetenkrise spürbar und mündeten ab 1945 in die Vertreibung deutschsprachiger Einwohner. Zunächst allerdings beschleunigten die Zuwanderer Aufbau und Organisation der Städte ebenso wie die Herausbildung eines Rechtssystems mit Anleihen im deutschen und römischen Recht. Auch auf Bergbau, Handwerk und Regierungsstil wirkten sich die diversen Einwanderungswellen erheblich aus. Die Sprachen der Neubürger wurden weder unterdrückt, noch dominierten sie. Ein Beispiel sind die deutschsprachigen höfischen Dichter und Sänger, die sich zwischen 1250 und 1300 am böhmischen Königshof großer Beliebtheit erfreuten, ohne dass sich das Mittelhochdeutsche dort durchgesetzt hätte. Es entstand vielmehr eine sprachliche Vielfalt, die einen Kulturtransfer und ein reges Übersetzungswesen begünstigte und Ende des 13. Jahrhunderts eine Flut literarischer Werke und Abschriften in tschechischer Sprache auslöste. Sie ebnete den Weg für volkssprachliche Werke wie die sogenannte Dalimil-Chronik, die bezeichnenderweise im Jahr des Thronwechsels 1310 beginnt.

Von den Přemysliden zu den Luxemburgern

Wie in anderen Epochen, lassen sich auch im Mittelalter an Machtwechseln territoriale Strukturen, politische Mechanismen und die zeitgenössische Kultur besonders gut ablesen. Eingebettet in ein komplexes Geflecht von Beziehungen und Motiven setzte jede Thronbesteigung eine Maschinerie in Gang, bei der die verschiedenen Allianzen, Lehnshierarchien und -pflichten ebenso eine Rolle spielten wie wirtschaftliche und diplomatische Bestrebungen, die Haltung des Papstes, des Adels und des Klerus sowie die Frage, ob der jeweilige Nachfolger durch Wahl, Nachlass oder Erblichkeit auf den Thron gelangte. Nur selten ging der Wechsel zwischen zwei Dynastien ohne Reibereien, Konfrontationen oder Kriege ab. Das galt auch für Böhmen im Jahr 1306, zumal die dynastische Krise sein Verhältnis zum Heiligen Römischen Reich nicht einfacher machte. Durch die Thronbesteigung der Luxemburger kamen zu den vorhandenen deutschen Elementen der Gebietsverwaltung und Herrschaftspraxis überdies kapetingische Einflüsse hinzu, die das Königreich Böhmen im 14. Jahrhundert zu einem Sonderfall machten.

Wenzel II. hinterließ 1305 drei Kinder. Sein Sohn Wenzel III., dreifacher König von Böhmen, Ungarn und Polen, wurde schon 1306 ermordet. Sein Nachfolger war ab 1307 der Ehemann von Anna von Böhmen, Heinrich von Goritz, Herzog von Kärnten und Graf von Tirol, der jedoch durch seine Mutter bayerischer Herkunft und mit den Habsburgern verbündet war. Ein Teil des böhmischen Adels favorisierte deshalb die Jüngste, Elisabeth, nahm Kontakt zum frisch gekürten deutschen König Heinrich VII. auf und arrangierte eine Heirat zwischen dessen Sohn Johann und Elisabeth.[11]

In Böhmen galt Johann I. nach seiner Ankunft in Prag 1311 als ausländischer König, und das war auch der Grund, warum ihn der böhmische Adel zunächst den als zu nah empfundenen Habsburgern vorzog. Das Haus Luxemburg war zu dieser Zeit eher dem Pariser Hof der Kapetinger zugewandt; zudem war Heinrich VII. von den Kurfürsten gewählt worden, weil sie ihn aufgrund seiner eher mittelmäßigen Qualitäten und seines vergleichsweise bescheidenen territorialen Besitzes, seines Blicks nach Westen und seiner noch jungen Dynastie als Monarchen zweiter Klasse einschätzten, dessen Ambitionen ihnen weit weniger gefährlich sein würden als die der Staufer, Wittelsbacher oder Habsburger. Johann eilte nach Böhmen also nicht der allerbeste Ruf voraus, wobei das geringe Renommee zwar vor allem von den zeitgenössischen tschechischen Chronisten verbreitet wurde, in zweiter Linie aber auch von Johanns eigenem Sohn Karl, der ja in seiner *Vita* kein sehr schmeichelhaftes Bild seines Vaters zeichnete. Karl verschaffte sich damit zwar selbst mehr Akzeptanz in Böhmen, fügte Johanns Andenken jedoch mit diesem Negativbild einen Schaden zu, der in der Geschichtsschreibung noch lange nachwirkte. Johann selbst hatte allerdings auch nicht viel unternommen, um sich bei den Böhmen einzuschmeicheln, sondern sein neues Königreich, dessen Sprache er nicht einmal beherrschte, nur selten mit seiner Anwesenheit beehrt. Seine Präferenz galt naturgemäß dem französischen Hof und Paris, wo er nicht nur die höfische Kultur genoss, sondern eine Residenz und Schlachtfelder fand, auf denen er sich viel eher zu Hause fühlte als in Böhmen und im Prager Hradschin. Im Hinblick auf das Heilige Römische Reich versuchte er, wie wir noch im Einzelnen sehen werden, sich im Spannungsfeld zwischen den Wittelsbachern und den Habsburgern zu behaupten. Lange Zeit war das alles, was die Historiker über Johann zu berichten wussten. Immerhin gelang es ihm, trotz des abrupten Dynastiewechsels das Königreich Böhmen durch alle Stürme zu steuern und seinen Einfluss mit Territorialgewinnen und geschickten Bündnissen weiter auszubauen. Weder untergrub Johann mit seinem Regierungsstil die königliche Autorität noch das Verwaltungs-, Steuer- und Justizsystem der letzten Přemysliden. Stattdessen bescherte er dank seiner engen Anbindung an Frankreich dem Prager Hof und der ganzen Stadt eine kulturelle Blüte, von der sein Sohn Karl noch in den 1340er-Jahren profitierte. Er gründete die Klöster Brünn und Königsaal, baute den Vyšehrad aus und beschäftigte sich schon mit ersten Plänen für den späteren Veitsdom. Seinen Prager Stadtpalast, das Haus zur steinernen Glocke unweit der Stadtmauern der Altstadt, ließ er Anfang der 1330er-Jahre umbauen und nach dem Vorbild des Pariser Palais de la Cité mit einer Prunktreppe, Statuen und Fresken schmücken. Geschickt wusste Johann auch die geduldige, versierte Unterstützung seines Onkels Balduin zu nutzen, der genau wusste, welches Potenzial das Königreich Böhmen dem Haus Luxemburg bot.

Das also war das zum großen Teil auf der přemyslidischen Tradition basierende Erbe, das Karl IV. nach seinem Vater antrat. Wie seit dem 12. Jahrhundert üblich, war er bereits 1333 mit der Markgrafschaft Mähren belehnt und 1341 als Thronerbe Böhmens anerkannt worden. Die Luxemburger brauchten keine neuen Regeln für ihre Erbfolge als Königshaus aufzustellen und konnten Titulatur und Rituale direkt von der vorherigen Dynastie übernehmen. Auch die Bindungen zwischen Böhmen und dem Heiligen Römischen Reich verliefen in geregelten, weitgehend akzeptierten Bahnen: Der Kaiser war der Lehnsherr des böhmischen Königs, der seinerseits eine Stimme im Kurkollegium besaß, Herr in seinem eigenen Königreich war und dort dem Klerus vorstand, gekrönt wurde, die Einkünfte aus den Bergwerken abschöpfte, die Verwaltung lenkte und sich mit dem Adel im Rahmen von Versammlungen abstimmte. Prag war unangefochtene Hauptstadt des Königreichs mit einer eindrucksvollen Phalanx altehrwürdiger Heiliger und Schutzpatrone. Die Nachbarstaaten Österreich, Bayern, Ungarn und Polen wurden nach Kräften auf Abstand gehalten, damit sie gar nicht erst Gelüste auf den böhmischen Thron entwickelten. Doch all das setzte voraus, dass Böhmen sich nicht gegen das Heilige Römische Reich stellte, sondern mit ihm gemeinsam oder zumindest an seiner Seite agierte. Ungeachtet des französischen Einflusses, den die Luxemburger mitbrachten, bildete das seit vier oder fünf Jahrhunderten bestehende Einvernehmen zwischen Böhmen und dem Heiligen Römischen Reich ein stabiles Fundament für das gemeinsame Gebäude, das in dem Moment vollendet war, als Karl IV. beide Kronen auf seinem Haupt vereinte. Doch was genau war dieses Reich eigentlich?

Drei Kronen für ein Reich

Von den rund 15 Monarchien im Europa des 14. Jahrhunderts war diejenige, die der gewählte „König der Römer" regierte, die flächenmäßig größte und dank der Aussicht auf den Kaisertitel auch die angesehenste.[12] Herrscher über dieses Reich, das man das Heilige Römische Reich (noch ohne den Zusatz „deutscher Nation") oder das römisch-deutsche Reich nennt, ist der „erwählte" römisch-deutsche König und römisch-deutsche Kaiser, offiziell *Romanorum Imperator* („Kaiser der Römer") und *semper Augustus*, meist als „Mehrer des Reiches" übersetzt. Hierin zeigt sich schon das erste sprachliche Dilemma: Der römisch-deutsche König ist zwar de facto Herrscher über das Land und das Reich der Deutschen, doch mit seiner konkreten Regierungstätigkeit hat dieser Titel herzlich wenig zu tun. Er beschreibt kein Amt für ein bestimmtes Hoheitsgebiet, sondern ein Programm, eher noch eine Herausforderung. Von „Deutschland" ist zu dieser Zeit noch nicht die Rede, allenfalls von *Germania*. In Dokumenten überwiegt bei Weitem das Adjektiv „römisch" für das Gebilde, das drei Königreiche mit jeweils eigener Krone umfasst: das römisch-deutsche Königreich, Reichsitalien und das Königreich Burgund (Arelat). Karl IV. als passionierter Sammler nicht nur von Reliquien, sondern auch von Kleinodien, die seiner Majestät und Autorität Ausdruck verliehen, trug nach langer Zeit als erster, aber auch als letzter Monarch alle drei Kronen. Abgesehen von dieser komplexen Konstellation, über die sich die Rechtsgelehrten am französischen Hof gelegentlich mokierten, erweisen sich auch der Kaisertitel, der eine Krönung in Rom voraussetzte, und das damit verbundene Amt als problematisch. Im gesamten 14. Jahrhundert wurden nur drei Kaiser in Rom gekrönt: 1312 Heinrich VII., 1328 Ludwig IV. (noch dazu von einem Gegenpapst) und 1355 Karl IV. Berücksichtigt man zudem, dass diese Epoche sich an das Interregnum anschloss, in dem es von 1220 bis 1312 überhaupt keinen Kaiser gegeben hatte, wird das ganze Ausmaß des Problems deutlich.

Das Heilige Römische Reich im 14. Jahrhundert zu beschreiben, ist so gesehen alles andere als einfach.[13] Sind seine Grenzen auch unumstritten, zumal nicht einmal der Begriff „Grenze" nach modernem Verständnis existiert,[14] und umweht den Kaisertitel auch eine Aura der Erhabenheit, so besteht dennoch eine Diskrepanz zwischen Ausdehnung und Struktur des Staates. Der Regierungsapparat befindet sich noch im Aufbau und ist alles andere als zentralisiert. Karl IV. ist sich dessen nur zu bewusst und versucht 1356, dieses Vakuum ambitioniert, wenn auch noch unzulänglich, mit der Goldenen Bulle zu füllen. Der Kaiser hat nicht einmal einen festen zentralen Sitz. Zwar dient ihm Prag ab 1350 faktisch als Hauptstadt sowohl Böhmens als auch des deutsch-römischen Reiches, doch ist er weit häufiger in den eigenen Landen auf Reisen als andere Monarchen in den ihren. Die Einkünfte des Kaisers fließen im Verhältnis zum riesigen Reichsgebiet und zur Vielzahl von Untertanen, aber auch im Vergleich zu den Steuereinnahmen anderer abendländischer Königreiche nur spärlich. So existiert weder ein gemeiner Pfennig, der regelmäßig in allen Ländern des Reiches als Steuer erhoben würde, noch ein festes Parlament und erst recht kein Korpus von Rechtsgelehrten und Beratern. Es gibt zwar eine funktionsfähige Reichshofkanzlei, doch überwacht sie nicht im Detail die im Reichsgebiet verstreuten Amtsbezirke all der Vögte, Truchsesse und Burgherren. Überdies schwindet das königliche Krongut rapide, und mit ihm die Zahl der Vizedome und Schultheißen, die vor Ort Gelder für den König eintreiben. Erschwerend kommt hinzu, dass der König/Kaiser nicht viel über sein Land weiß, denn es existiert kein Äquivalent zum *Domesday Book,* wie es die Normannen nach der Eroberung Englands 1066 erstellten, und kein Verzeichnis der Kirchengemeinden und Feuerstellen, wie es 1328 die Valois nach ihrer Thronbesteigung für ganz Frankreich erstellen ließen. Ebenso wenig gibt es Kompanien von Bogenschützen oder Kriegsknechten, die etwa im anglofranzösischen Krieg an der Seite der Ritter entscheidenden Einfluss auf den Ausgang der Schlachten ausübten. Aushebung und Aufstellung eines königlichen Heeres basieren im Feudalsystem primär auf der ausgehandelten Heerfolge, die in der Reichsmatrikel verzeichnet ist, und dieses Verzeichnis liefert im Grunde den einzigen „objektiven" Überblick über die bei den Reichsständen vorhandenen Streitkräfte. Ob der Herrscher über sie verfügen kann, hängt davon ab, ob der Reichsfürst Ritter stellen muss, die den König zu seiner Kaiserkrönung nach Rom begleiten, und von der finanziellen Großzügigkeit der tributpflichtigen Reichsstädte. Das erklärt großenteils, warum es auf den Reichstagen bis zum Ende des 15. Jahrhunderts im Wesentlichen um Kriege und die Finanzierung eines

Heeres geht, insbesondere darum, ob der anstehende Feldzug ein „Königskrieg“ ist oder ein „Reichskrieg“.

Zudem gibt es noch die „freien Städte“ und die Reichsstädte, die reichsunmittelbar direkt dem Kaiser unterstehen, ohne aber dessen Eigentum zu sein. Elemente des königlichen Rechts kommen zwar nach und nach zum Einsatz, stehen aber in keinem Verhältnis zu den großen territorialen Gesetzbüchern, die seit dem 13. Jahrhundert Rechtswesen und Alltag mehrerer Fürstentümer regeln. In Wahrheit bilden diese nämlich Rahmen und Gerüst des Heiligen Römischen Reiches, und die größten der Fürstentümer verfügen sogar über weit modernere Staatsstrukturen als das Reich selbst.[15] Allerdings hatte diese Entwicklung lange vor dem Regierungsantritt Karls IV. eingesetzt: Schon 1220 bestätigte der König in der *Confoederatio cum principibus ecclesiasticis* zunächst den großen Kirchenfürsten und dann 1231 im *Statutum in favorem principum* den weltlichen Fürsten die Abtretung der meisten Regalien betreffend die Gebietsverwaltung, Gerichtsbarkeit, Zoll- und Münzrechte, Straßengeleit und Besteuerung der Salz- und Erzbergwerke. Zudem durfte der König in den Domänen der Fürsten ohne deren Zustimmung auch keinen Marktflecken, keine Stadt und keine Burg gründen. Das erklärt, warum sich die Verwaltungsstrukturen für diese neuen Privilegien in den einzelnen Fürstentümern fast ein Jahrhundert früher herausbildeten als im Königreich. Selbst die großen Landfriedensproklamationen sind auf regionaler Ebene effizienter als auf Reichsebene.

Der nach altem Brauch übliche Leihezwang, dem zufolge heimgefallene Kronlehen nach kurzer Zeit wieder an Territorialfürsten verliehen werden mussten, hinderte den König daran, seine Krondomäne zu vergrößern, was für ihn auch finanzielle Nachteile mit sich brachte, denn bei Bedarf musste er seine übrige Domäne angreifen sowie freie und Reichsstädte verpfänden, was vor allem unter Karl IV. erhebliche Ausmaße annahm. Dabei sahen die königlichen Dynastien, allen voran die Luxemburger, nicht nur tatenlos zu, dass ihre Krondomäne von den Fürsten und Grundherren nach Belieben zerstückelt wurde, sondern trugen selbst aktiv zur Aufzehrung des einstigen Kronguts bei, indem sie die Besitzungen ihres eigenen Hauses aufbesserten und so die Fiktion, der König bestreite seinen Lebensunterhalt durch die Einkünfte aus den königlichen Domänen, mehr und mehr aushöhlten. Allein im 14. Jahrhundert verflüchtigen sich sage und schreibe 70 Prozent des Kronguts durch Schenkung, Verkauf, Beleihung, Verpfändung oder Verpachtung.

Wir haben es also mit einer Wahlmonarchie zu tun, die weder über ein effizientes oder exklusives Zentrum noch über eine administrative Tradition verfügt. Dem König wird persönlich und auch physisch eine Menge abverlangt: Er muss Gebiete regieren, die ihm teils königsnah, teils aber auch königsneutral, und die nach Norden hin zudem immer weiter königsfern von ihm sind. Es ist ein Königtum, das ständig mit Machtkämpfen zwischen den Kurfürsten konfrontiert ist, sich zunehmend auf den deutschen Reichsteil konzentriert, nach und nach die Bevormundung durch den Papst abschüttelt und weniger offensiv seinen universellen Anspruch verfolgt. Diese Entwicklung erhöht im Gegenzug den Stellenwert der Hausmachtpolitik der regierenden Familien und fördert so Modernisierung und Zentralisierung im Bayern der Wittelsbacher, im Österreich der Habsburger und im Böhmen der Luxemburger. Diese drei Dynastien, die im 14. Jahrhundert um den Thron rivalisieren, sind allesamt Fürstenhäuser, aus denen jeweils mindestens ein Kaiser hervorging. Keines von ihnen kann jedoch den Kapetingern oder Valois das Wasser reichen, und keines kann mit dem Reichtum der Herzöge von Brabant mithalten, vom steinreichen Herzogtum Mailand oder der prunkvollen Republik Venedig ganz zu schweigen. Ohnehin gehören sie zum Kreis der rund zwanzig erlauchten Reichsfürsten, von denen sich drei sogar rühmen können, Kurfürsten und damit „Königsmacher" zu sein: der Herzog von Sachsen (ein Askanier), der Markgraf von Brandenburg (bis 1373 ein Wittelsbacher, danach ein Luxemburger) und der Pfalzgraf bei Rhein (ein Wittelsbacher).

So weit das „Negativbild" vom Heiligen Römischen Reich im 14. Jahrhundert. Doch anstatt in das alte Klischee von einem schlecht aufgestellten Staat, einer unreifen Monarchie, einem halb fertigen Staatsgebäude einzustimmen, sollten wir das Problem einmal von einer anderen Seite betrachten. So banal es auch klingen mag, existiert das Heilige Römische Reich im ausgehenden Mittelalter noch immer, noch dazu mehr oder weniger in eben der Gestalt, die es 1356 durch die Goldene Bulle und 1495 durch die tiefgreifenden Reformen erhielt; es überlebt sogar die Französische Revolution und hält auch bis 1806 den Stürmen der napoleonischen Moderne stand. Trotz aller Schwächen und Probleme, die wir aufgezählt haben, trotz der mannigfachen Krisen, die in dieser Epoche die abendländischen Königreiche erschüttern, geht das Heilige Römische Reich im 14. und 15. Jahrhundert keineswegs unter. Es wird weiterhin ein römisch-deutscher König gewählt, und das unselige „Interregnum" von 1250 bis 1273 wiederholt sich nicht.

Der König ist noch immer Anwärter auf den Kaisertitel, und diese Würde besitzt auch an der Schwelle zur Neuzeit einen hohen Stellenwert, denn solange das von Gott gewollte römische, christliche, universelle Imperium besteht, liegt der Jüngste Tag noch in weiter Ferne. In direkter Linie ging es von den Griechen und später den Römern auf die Franken und weiter auf die Deutschen über. Auch wenn dieses theoretische Konstrukt als Verwaltungs- und Steuersystem zu wünschen übrig lässt, ist und bleibt es quicklebendig: kein zeitgenössischer Chronist, der das Heilige Römische Reich, das *imperium*, außer Acht ließe, kein Machttheoretiker, der sich nicht an einer Definition seiner Aufgaben und Grenzen versuchte. Die ewigen Klagen über Schwäche und Niedergang dieses Reiches implizieren im Grunde ein Bekenntnis zu einem kaiserlichen Machthunger, der im zeitgenössischen politischen Denken nach wie vor eine beträchtliche Rolle spielte. Sogar die Könige von Frankreich achteten stets peinlich genau darauf, den territorialen und symbolischen Einfluss dieses Reiches zu begrenzen, indem sie sich selbst auf die Fahne schrieben, „Kaiser im eigenen Königreich" zu sein, und sogar mehrmals selbst versuchten, einen französischen Fürsten auf den Thron der Römer zu erheben. Wie in einem Schmelztiegel trafen sich im Konzept des Kaisertums die alten Römer, Karl der Große, die Franken und die Deutschen. Dieses Konglomerat gebiert die Erinnerungen, die in gewisser Form das (noch nicht als solches begriffene) Selbstverständnis der Europäer speisten.[16] Das Abendländische Schisma, das die Christenheit von 1378 bis 1417 spaltete, führte zudem vor Augen, dass ein allzu schwaches Heiliges Römisches Reich dem Heiligen Stuhl nicht von Vorteil war und Reformen immer beide betreffen mussten.

Der König/Kaiser ist durch sein Gericht und seine Kanzlei nach wie vor Gesetzgeber und als Einziger befugt, grundsätzliche Statuten wie etwa die Goldene Bulle für alle ihm unterstehenden Länder zu erlassen. Zwar ist sein Hof als Organ der Regierung, Verwaltung, Beratung und Justiz nicht so hoch entwickelt wie seine Pendants in London oder Paris, aber er existiert, und in seiner Kanzlei sind rund 15 Beamte mit der Verwaltung des Reichsguts und der kaiserlichen Domäne beschäftigt. Der Kaiser mag keine militärische Macht im engeren Sinne ausüben, doch er fungiert als Regulierungsbehörde sowie als Gerichts- und Appellationsinstanz. Er nimmt die Huldigungen der Reichsfürsten einschließlich des Königs von Böhmen entgegen und bestätigt die Privilegien all derer, die ihm Rat, Beistand und Treue schulden. Dass der Kaiser damit wie ein Großfürst und

Angehöriger des Hochadels auftritt, ist ihm nicht anzulasten, denn sämtliche abendländischen Könige tun es auch (nicht zuletzt diejenigen von Frankreich und England, denn anders sind Auslöser und Verlauf des Hundertjährigen Krieges nicht nachvollziehbar). Andererseits gibt es für die Kaiserwahl (die als Designation und Approbation zugleich verstanden wird) feste Regeln, wie sie analog auch für die gesamte Geistlichkeit bis hin zur Papstwahl gelten. Mit diesem Wahlprinzip brüsten sich zeitgenössische Theoretiker gern, vor allem weil es den Kurfürsten ein besonderes Mitspracherecht in Reichsangelegenheiten einräumt, auch wenn es, wie wir gesehen haben, nicht verhindert, dass sich im 14. und 15. Jahrhundert eine dynastische und erbliche Thronfolge durchsetzt. Auch an symbolträchtigen Emblemen seiner Würde und Autorität spart das Heilige Römische Reich nicht, angefangen mit den für die Krönung unverzichtbaren Reichsinsignien, die Reliquien und Kleinodien zugleich sind und 1350 in die Obhut Karls IV. gelangen.

Beim flüchtigen Blick auf den Flickenteppich aus Hunderten Fürstentümern und Grundherrschaften mit ihren unzähligen Grenzen und Enklaven und alles in allem rund 12 bis 15 Millionen Einwohnern (vor der Pestepidemie 1349–1350) würde man kaum vermuten, dass es in diesem Gebilde eine strenge Hierarchie gab, die von den Kurfürsten über die übrigen Reichsfürsten, die rund 15 Großherzöge, die Mark-, Land- und Burggrafen bis zu den Grafen, Freiherren, Rittern und Ministerialen reichte, sowie eine weitere zwischen den geistlichen Reichsfürsten, von den Erzbischöfen über die Bischöfe bis zu den Äbten. In der schon seit dem 13. Jahrhundert im *Sachsenspiegel* beschriebenen und illustrierten Heerschildordnung fand jeder sich und die Seinen wieder; wie jede allgemeine Gesellschaftsordnung konnte auch das Feudalsystem damit zwar keinen Gehorsam einfordern, aber zumindest eine Rangfolge vereinbaren und festschreiben. Klar zu erkennen war diese Hierarchie bei den Hof- und Reichstagen, zu denen sich die Reichsstände in mehr oder weniger regelmäßigen Abständen einfanden: Vortritt, Sitzordnung, Eidleistung, räumliche Nähe zum König sowie Protokolle für Wortmeldungen und Beschlüsse folgten einer Rangfolge, die jeder kannte und beachtete;[17] das Gleiche galt für das Zeremoniell[18] der häufigen Herrschereinzüge.[19]

Am ehesten charakteristisch für das spätmittelalterliche Heilige Römische Reich ist wahrscheinlich die Kombination seiner Mechanismen und Regularien: Wahl und Erblichkeit, König- und Kaisertum, quasisouveräne

Großfürstentümer und Königtum, Partikularismus und Universalismus. Deutsche Historiker prägten für dieses Mischsystem den treffenden Begriff des „Dualismus", der vor Kurzem erst erweitert wurde durch das sehr nützliche Konzept der „Fraktalität" zur Beschreibung der „mehrskaligen" Vernetzungsstruktur.[20] Anstatt also einfach die Mängel des Reiches aufzuzeigen, sollten wir lieber seinen Platz innerhalb der Pluralität der Normen, Regeln und Doktrinen würdigen, denen die Herausbildung der politischen Gesellschaften im Mittelalter unterlag.

Das kleine Luxemburg, zunächst Grafschaft, später Herzogtum, das Königreich Böhmen und das bunt gemischte, vielgesichtige Heilige Römische Reich bilden das dreifache Erbe, das Karl IV. dank der dynastischen Thronfolge Böhmens und des römisch-deutschen Wahlkönigtums zufällt. Die Kunst besteht darin, ein dynastisches, patrimoniales Königreich mit der doppelten königlich-kaiserlichen römischen Wahlmonarchie unter einen Hut zu bringen. Dass in dieser Epoche Probleme gelöst werden können, über die spätere Jahrhunderte oft stolperten, ist der Kreativität des politischen Denkens in der Mitte des 14. Jahrhunderts ebenso zu verdanken wie dem klaren Blick Karls IV. Schon 1348 nämlich erkennt er, nunmehr zweifacher König, die Unterschiede zwischen seinen beiden Titeln und ist in der Lage, beides miteinander zu vereinbaren: Das Königreich Böhmen ist zwar Teil des Heiligen Römischen Reiches, doch die Huldigung gegenüber dem Lehnsherrn dieses Reiches schuldet der böhmische König als Person und nicht die ewige, zeitlose Krone Böhmens. Und obwohl dieser König von Böhmen Kurfürst und damit Inhaber eines Reichsamts ist, kann sein Nachfolger nur vom böhmischen Adel bestimmt werden und nicht vom Kaiserreich. Alle neu in das Königreich Böhmen inkorporierten Gebiete werden nicht etwa vom Kaiser als Reichslehen an den römisch-deutschen König vergeben, sondern unmittelbar dem böhmischen Krongut zugeschlagen.

So weit also in der Gesamtschau die wesentlichen territorialen und politischen Einheiten, über die Karl IV. schließlich herrscht.

Kapitel 5

König sein

Noch vor dem Herrschen und Regieren zeichnet sich das Königsein im Mittelalter wie auch in späteren Zeiten durch die Verfügungsgewalt über eine Reihe von Vorrechten und Symbolen aus, die nicht nur Würde und Majestät vermitteln, sondern auch die durch diesen Titel verliehene Macht und Autorität zusätzlich legitimieren.[1] Äußere Kennzeichen des Königseins, in denen sich persönliche und transpersonale Elemente vermischen und ihrem Inhaber Pflichten auferlegen, sind unter anderem Titel und Titulatur, der Vorname (gegebenenfalls gefolgt von einer Ordnungszahl, die ihrem Träger einen Platz in einer Ahnenreihe oder Tradition zuweist), das Siegel sowie natürlich Wappen und Wahlspruch.

Identität als Person, Identität als König

Dass Karl IV. großen Wert auf die Nennung seiner Titel und Kronen legte, hatte naturgemäß mit der Abfassung und Unterzeichnung der von seiner Kanzlei erstellten und mit seinem Siegel versehenen Urkunden zu tun, aber auch ureigene symbolische Gründe.[2] Sein Vater hatte seit seiner Krönung den Titel „von Gottes Gnaden König von Böhmen" getragen, fast immer gefolgt von seinem Titel als Graf von Luxemburg. Karl IV. hingegen war zunächst Markgraf von Mähren, verzichtete jedoch nach seiner Wahl zum römisch-deutschen König 1346 auf den Titel *marchio Moraviae* ebenso wie auf den Grafentitel von Luxemburg. Zu dieser Zeit lautete seine Titulatur „Karl, von Gottes Gnaden Römischer Kaiser, zu allen Zeiten Mehrer des Reiches und König von Böhmen".[3] Diese Formel verknüpfte seine beiden Kronen und ließ dafür alle nebenrangigen Titel unter den Tisch fallen, um sich gegenüber Ludwig dem Bayern aufzuwerten, der, wenn auch exkommuniziert, ebenfalls römisch-deutscher König, zudem aber Kaiser war. Ab seiner Krönung 1355 in Rom verwendete Karl die kaiserliche Formel „Karl IV., von Gottes Gnaden Römischer Kaiser, zu allen Zeiten Mehrer des Reiches und König von Böhmen".[4] Darin fällt die nun neu hinzugekommene Ordnungszahl *quartus* auf, die ihn in die kontinuierliche Nachfolge Karls des Großen stellt,[5] so wie die Ordnungszahl *septimus*, wie Karl selbst in seiner *Vita* anführt, seinen Großvater als siebten römisch-deutschen Kaiser namens Heinrich auswies. Meist folgte auf den Titel die Nennung der drei verschiedenen „Zeitalter" seiner Regierung als römisch-deutscher König, König von Böhmen und Kaiser. Auch der Vorname ist als königliches Attribut sehr bedeutsam und signalisiert in diesem Fall den Fortbestand des karolingischen Erbes. Verblüffend ist im Übrigen, dass von den deutschen Königen und Kaisern, die sich doch immer wieder als Nachfolger Karls des Großen gerierten,[6] nach Karl III. (dem „Dicken") im 9. Jahrhundert kein einziger mehr diesen Vornamen trug, der in Frankreich und Ungarn schon weit früher verbreitet war.[7]

Wie wir wissen, lautete Karls Taufname eigentlich Wenzel. Namenswechsel waren im Mittelalter nicht ungewöhnlich, etwa bei Papstwahlen, Klostereintritten oder Bekehrungen. Auch bei Königen finden sich hierfür einige Beispiele, etwa bei den Merowingern „Bruder Daniel", der später als Chilperich II. Frankenkönig wurde, und bei den Karolingern unter anderem ein Sohn Karls des Großen namens Karlmann, der in Italien zu „Pippin" wurde. Der jüngere Bruder Friedrichs I. Barbarossa, Konrad, nahm den Namen Friedrich an, als dieser durch den Tod seines älteren Bruders sozusagen „vakant" wurde. Ein Wechsel des Vornamens ist also immer bedeutsam und als anthropologisches Phänomen eingehend erforscht. Er signalisiert oder symbolisiert eine politische Wende.[8] Auslöser können unterschiedliche Faktoren sein, etwa eine dynastische Tradition, politische Ambitionen, eine geografische Besonderheit, eine spirituelle, hagiografische und religiöse Dimension oder eine Memoria.[9] Ein neuer Vorname konnte auch auf einer neu hinzukommenden Krone beruhen, wie es in den drei Königreichen Böhmen, Polen und Ungarn des Öfteren der Fall war. So hieß der Sohn des Přemysliden-Königs Wenzel II. von Böhmen ebenfalls Wenzel, bestieg aber 1301 den ungarischen Thron unter dem Namen Ladislaus (V.), nahm jedoch nach seiner Abdankung 1305 wieder seinen Taufnamen an. Dass Karl IV. seinen typisch böhmisch-přemyslidischen Vornamen Wenzel gegen einen ausgesprochen fränkischen, französischen und karolingischen Firmnamen eintauschte, dürfte jedenfalls den Ständen und vor allem dem Adel daheim in Böhmen gar nicht geschmeckt haben, zumal Wenzel 1323 auch noch eine französische Prinzessin heiratete, wie er in seiner *Vita* berichtet: „Der französische König ließ mich durch einen Bischof firmen und gab mir seinen eigenen Namen Karl. Außerdem vermählte er mich mit der Tochter seines Oheims Karl. Sie hieß Margareta, wurde aber Blanca genannt."[10] Dieser Passus wirft eine Frage auf, die vielleicht weniger banal ist, als sie auf den ersten Blick erscheint, und bisher nicht genügend ergründet wurde: Warum wählte Wenzel ausgerechnet den Namen Karl? Die konventionelle Erklärung lautet, Karl der Schöne, der letzte unmittelbare Kapetinger, habe dem jungen Luxemburger Prinzen seinen eigenen Vornamen gegeben und ihm zugleich die Hand der Prinzessin Blanca von Valois versprochen, deren Vater ebenfalls Karl hieß und deren Bruder Philipp 1328 als erster Valois den französischen Thron bestieg.

Hieraus ergeben sich zwei Probleme: Zum einen hätte nichts dagegen gesprochen, dem Taufnamen Wenzel einen zweiten Vornamen hinzuzufügen.[11] Zum Zweiten steht die Frage im Raum, warum sich die Kapetinger 1323 überhaupt der Mühe unterziehen, aus einem Wenzel einen neuen Karl zu machen. Schon seit Beginn des 13. Jahrhunderts stellte sich die französische Dynastie unter dem Schlagwort der „Rückkehr zum Stamm Karls des Großen" (*reditus ad stirpem Karoli*) systematisch in die Nachfolge Karls des Großen. Gerade der letzte unmittelbare Kapetinger, Karl IV. der Schöne, war hierfür ein glänzendes Beispiel. Wozu einen weiteren Karl „erschaffen"? Natürlich konnte 1323 niemand wissen, dass einige Jahre später nicht nur die Kapetinger in direkter Linie aussterben würden, vor allem aber, dass der junge luxemburgisch-böhmische Prinz ebenso viele Kronen auf seinem Haupt versammeln würde wie Karl der Große. Was sagt Karl selbst in seiner *Vita* dazu? Nach seinen eigenen Worten gab ihm Karl der Schöne als sein Firmpate *„nomen suum equivocum"*. Das lateinische Adjektiv *equivocum* ist hier doppeldeutig, denn es lässt sich als „seinen eigenen Vornamen", aber auch als „einen gleichlautenden Vornamen" deuten.[12] Geschickt schiebt Karl IV. damit dem König von Frankreich die alleinige Verantwortung für diese Umbenennung zu, wohl um seine Kritiker in Böhmen zum Schweigen zu bringen, die ihm diese namenskundliche „Entschechisierung" noch immer nicht verzeihen. Darüber hinaus legt der Satz jedoch den Schluss nahe, die Initiative sei weniger vom französischen König und Hof ausgegangen als von Johann von Böhmen selbst. Diesem war es nämlich durch den Namenswechsel und die Verheiratung Wenzels mit einer französischen Prinzessin gelungen, Luxemburg, das immerhin Teil des Heiligen Römischen Reiches war, unter das Dach der „großen Monarchie" Frankreich zu stellen. Der Hundertjährige Krieg war 1323 noch nicht abzusehen, und kein Königreich übertraf Frankreich an Macht, Reichtum und Bevölkerungszahl. Johann von Böhmen verband mit diesem Schritt zweifellos die Hoffnung auf eine groß angelegte Achse Paris–Prag, die das Heilige Römische Reich seines Rivalen Ludwig des Bayern in die Zange nehmen würde. Zudem war es sicher opportun, gegen diesen Kaiser einen Prinzen ins Feld zu schicken, der einen so angesehenen, so „deutschen" und so verheißungsvollen Namen trug wie *Karolus*. Vor diesem Hintergrund ist leichter nachvollziehbar, warum der französische König und sein Hofstaat einen Karl aufbauen wollten, der kein Konkurrent, sondern ein Verbündeter und quasi Vertreter eines „Satellitenstaats" war. Überdies war ja auch Johanns leibliche Schwester Maria die Gemahlin Karls IV. des Schönen und damit Königin von Frankreich.

Aufschlussreich sind neben Karls IV. eigener Darstellung auch die Aussagen anderer Quellen zum Namenswechsel. Der böhmische Chronist Peter von Zittau etwa schrieb in seiner Königsaaler Chronik: „Wenzel, der erstgeborene Sohn des Königs Johann und Erbe des Königreiches Böhmen, [wurde] auf Anordnung seines Vaters von Böhmen zum König von Frankreich gebracht, wo er von seiner Tante, Königin Maria von Frankreich, aufgenommen und in Gott erzogen wurde."[13] Wie bei den meisten böhmischen Historikern dieser Zeit gilt auch Peters Aufmerksamkeit primär dem Vater, der hier die Hauptrolle bei der Entfernung des Sohnes vom böhmischen Hof spielt, offenbar weil er dessen Einfluss auf seinen Sohn unterbinden wollte. Sehr wahrscheinlich hatte sich Johann bei der Geburt seines Erstgeborenen 1316 den Wünschen seiner Frau beugen müssen, die als letzte Přemyslidin ihrem Sohn den Vornamen Wenzel (nach ihrem Vater) als Zeichen der Treue gegenüber dem böhmischen Adel geben wollte. Übrigens nennen die Chroniken den Prinzen auch nach 1323 weiterhin „Wenzel" oder stellen den Taufnamen neben dem Firmnamen. Noch 1332 verwenden etwa die Prager Gesandten am Papstsitz in Avignon häufig die Wendungen „*Wenceslaus cognominatus Karolus*" oder „*Karolus, qui et Wenceslaus*", also „Karl alias Wenzel". Ein deutscher Chronist namens Heinrich von Herford geht sogar noch einen Schritt weiter: In seinem *Liber de rebus memorabilioribus* findet sich für das Jahr 1346 folgende eigentümliche

Notiz: „Vor seiner Wahl hieß er Wenzel, aber danach nannten ihn die Kurfürsten Karl“, ganz so, als hätte die Wahl zum römisch-deutschen König Anlass für diesen Wechsel gegeben und nicht etwa eine Initiative des französischen Hofes.[14] Interessanterweise wurde der Vorname Wenzel durch die Umbenennung 1323 sozusagen wieder frei und konnte daraufhin 1337 erneut verliehen werden, diesmal Johanns viertem Sohn, dessen Mutter die französische Prinzessin Beatrix von Bourbon war, Johanns zweite Frau. Der Prager Hof ließ sich davon jedoch ebenso wenig blenden wie der tschechische Adel, sondern warf Johann vor, er habe einen typisch böhmischen, heiligen Namen an einen Sprössling verschleudert, in dessen Adern kein einziger Tropfen Přemysliden-Blut floss.

Unter dem Strich ist die Umbenennung Wenzels in Karl alles andere als harmlos. Sie bezeugt zum einen eine enge Verbundenheit zwischen dem Königreich Frankreich und der Grafschaft Luxemburg; nicht zuletzt begleitete Johann fortan den französischen König bis zu dessen Tod wie ein treuer Vasall in alle Schlachten. Sie suggeriert zudem einen gewissen Abstand, zumindest ein strategisches Gleichgewicht zwischen der fränkisch-französischen und der böhmischen Tradition mit dem Ziel einer „Rückeroberung“ des römisch-deutschen Throns. Was Karl selbst betrifft, kündigt der Namenswechsel schließlich eine Art Programm an, denn er hat den neuen Namen nicht nur angenommen, sondern erweist sich seiner auch würdig: Seiner *Vita* zufolge errang er gleich nach seiner Ankunft in Italien 1332 bei Modena einen glänzenden Sieg, der gebührend gewürdigt werden musste: „Auf einem Berggipfel, zehn Meilen in Richtung Valdinievole von Lucca entfernt, errichteten wir eine stattliche Burg mit einer ummauerten Siedlung. Wir nannten sie Mons Karoli.“[15] Weitere Belege für diese Programmatik sind der Kult Karls des Großen, den Karl IV. in Aachen pflegte, und die Gründung der Burg Karlstein. Doch mehr noch: Nach seiner ersten Königswahl 1346 musste Karl eine Gesandtschaft zu Papst Clemens VI. schicken, um dessen Approbation zur Wahl zu erbitten. Der Papst antwortete, der junge Monarch sei gewiss „katholisch, fromm, ein Beschützer der Kirche“, aber was ihm am meisten gefalle, sei der neue Vorname: *quia Karolus*: „weil [er] Karl [heißt]. Doch wer wäre frommer und der Kirche gegenüber großzügiger gewesen als Karl der Große?“ Dieser Vorname jedenfalls war dem Kaiser genug, denn anders als viele andere Monarchen erhielt Karl IV. weder zu seinen Lebzeiten noch postum einen Beinamen, sei er abwertend, kritisch oder schmeichelhaft.[16] Den Namen Karl findet man nach ihm noch bei einigen anderen Kaisern (so von Karl V. bis Karl VII.), jedoch nie wieder bei einem König von Böhmen,[17] wie nach Wenzel und Sigismund von Luxemburg auch nie wieder ein römisch-deutscher König diese Vornamen trug.

Siegel und Kronen

Ebenso wie der Vorname ist auch das Siegel im Mittelalter für die geistlichen, aristokratischen und königlichen Eliten, mehr und mehr aber auch für weitere Stände und Gesellschaftsschichten Aushängeschild und Träger sichtbarer Indikatoren eigener Identität und Macht.[18] Einem König dient das Siegel naturgemäß vor allem zur Beglaubigung von Schriftstücken, Urkunden, Diplomen, als Demonstration seiner Majestät und Souveränität. Es bekräftigt die Wichtigkeit der von der königlichen Kanzlei ausgestellten Urkunden – ein wahrhaft königlicher Akt. Den Siegelstempel seines Privatsiegels hütet der König wie seinen Augapfel, um Fälschungen und Missbrauch zu verhüten. Nach seinem Tod wird dieses Typar öffentlich zerschlagen, denn ebenso wie Münzen enthält es das Konterfei und die Titulatur des Monarchen und trägt so zur Verbreitung seines Abbilds bei. Karl IV. verwendet entsprechend dem Erwerb seiner Titel und Kronen sukzessive mehrere Siegel:[19] als Markgraf von Mähren zunächst ein Reitersiegel, das ihn schematisch im Profil als Ritter mit Schild zeigt, auf dem als Wappenabzeichen die Löwen von Böhmen und Luxemburg sowie der mährische Adler zu sehen sind. Die Thronbesteigungen als römisch-deutscher und böhmischer König bescheren ihm den Aufstieg zum persönlichen Abbild oder gar Porträt. Das Siegel wird größer, erreicht schließlich einen Durchmesser von zehn Zentimetern und lässt sich so mit fein gravierten Details bis hin zu den Gesichtszügen versehen. Sogleich tritt Karl als imposanter König in Erscheinung: Er sitzt auf dem Thron, angetan mit den königlichen Insignien (Krone, Zepter, Reichsapfel), über ihm prangt sein Titel, seitlich von ihm stehen die Wappen seiner Königreiche. Die Kaiserkrönung schließlich verleiht ihm das Recht, ein kaiserliches Thronsiegel zu führen, das noch größer und schwerer ist als das königliche, anstelle von Wachs aus Gold besteht und nach dem Vorbild der Staufer im 13. Jahrhundert auf dem Revers die Ewige Stadt Rom zeigt. Genau wie der Vorname war auch das Siegel für Karl IV. von großer Wichtigkeit, wie alles, was mit seinem „Berufsbild" als König zu tun hatte. Zum einen widmete er in der Goldenen Bulle, die ihre gängige Bezeichnung ja ebendiesem Goldsiegel verdankt, nicht weniger als zwei der 31 Artikel (26 und 27) den kaiserlichen und königlichen Siegeln, deren Typare – sein eigenes und das seines Erzkanzlers – dem König und Kaiser bei den großen Aufzügen, Reichstagen und Banketten nach der Königswahl von den geistlichen Kurfürsten an einem „silbernen Stabe" vorangetragen werden. Besondere Aufmerksamkeit galt dem möglichst naturgetreuen Abbild von Gesicht und Attributen Karls IV. nicht nur auf den großen Thronsiegeln, was ja nicht verwunderlich wäre, sondern auch auf den kleineren Sekretsiegeln, dem Ringsiegel und den Gerichts-, Verwaltungs- und Landfriedenssiegeln, deren Typare geprüft, nicht selten vernichtet und neu angefertigt werden, damit sie den siegelnden Herrscher möglichst naturgetreu wiedergeben.

Zum König wird der Erwählte erst durch die Krönung.[20] Das Heilige Römische Reich ist von seinem Wesen und seiner historischen Tradition her die einzige Monarchie im mittelalterlichen Abendland, die dem Herrscher die Pflicht auferlegt oder die Möglichkeit einräumt, innerhalb desselben Staatsgebildes mehrere Kronen zu tragen: die römisch-deutsche (zu der sich die eiserne der italienischen Lombarden und die burgundische gesellen können) und die seit der Kaiserkrönung Karls des Großen im Jahr 800 in Rom verliehene Reichskrone.[21] Natürlich findet man auch in anderen Ländern und Epochen Herrscher, die aufgrund von Dynastiewechsel, Erbfall oder Personalunion mehrere Kronen oder Titel innehatten. Beispiele sind Dänemark, Schweden und Norwegen; Aragón und Kastilien; Ungarn, Polen und Böhmen; Navarra und Frankreich, aber auch der Versuch einer anglofranzösischen Doppelmonarchie im sogenannten Hundertjährigen Krieg. Bei den rund 100 Wechseln auf abendländischen Königsthronen, die zwischen 1350 und 1450 in 16 verschiedenen Adelshäusern stattfanden, trugen Berechnungen zufolge 18 Könige mehr als eine Krone: zwölf davon zwei und fünf weitere drei. Doch nur bei Karl IV. waren es alles in allem vier. Dieses Phänomen der multiplen Kronen[22] ist von großer Bedeutung. Zum einen verdeutlicht es die Pluralität der Thronfolgeregeln und -verfahren in den europäischen Monarchien, denn der Erwerb einer weiteren Krone konnte aufgrund eines Anspruchs, durch Krieg, Vertrag, dynastische Bestimmungen oder Wahl erfolgen. Es mag Könige ohne Königreich geben, aber langfristig kein Königreich ohne König. Zudem belegen multiple Krönungen, dass die Deckungsgleichheit von König, Königreich, Volk und Hoheitsgebiet, aus der letztlich die Nation hervorgeht,[23] im ausgehenden Mittelalter zwar schon voranschreitet, jedoch bei Weitem noch nicht etabliert und kohärent ist. Dieses System zeitigt jedoch Konsequenzen, die allen, die heutzutage das Mittelalter für ihre populistischen und nationalistischen Zwecke instrumentalisieren, zu denken geben sollten. Feudalherren waren nämlich nach dem noch im Spätmittelalter dokumentierten Prinzip der doppelten Vasallität manchmal mehreren Lehnsherren treuepflichtig, und Könige konnten und mussten sogar Gemeinschaften mit verschiedenen Sprachen, Rechtssystemen, Ethnien und später auch Konfessionen regieren. Das mittelalterliche Abendland – das spätere Europa – steht seit langer Zeit im Zeichen großer Vielfalt und Pluralität. Die Häufung von Kronen ist Teil der langen Geschichte einer „Europapolitik", wie sie das Habsburgerreich oder das Vereinigte Königreich von Großbritannien und Nordirland bis in unsere Zeit hinein verkörpern. Im Mittelalter hingegen bildet das Heilige Römische Reich einen Sonderfall, weil der Titel des römisch-deutschen Königs das dreigeteilte Königreich Germania, Reichsitalien und Burgund in sich vereint, der Königstitel die Aussicht auf die Kaiserkrone eröffnet und auf die Thronfolge im selben Staat sowohl das Wahl- als auch das Erbprinzip Anwendung finden. Die wegen der dreifachen Verknüpfung hochkomplexe Königs- und Kaiserwürde ist schwer zu erwerben und zu bewahren; aus diesem Grund hat das Krönungsritual einen so herausragenden Stellenwert.

Die Königskrönung war im Mittelalter ein glänzendes Ereignis. Die Grundlage bildete eine bis ins Detail ausgefeilte, mehr und mehr schriftlich fixierte Krönungsordnung (*ordo*). Sie legte die Einzelheiten für Liturgie, Zeremonie, Rituale, die Einkleidung mit den Insignien, die Salbung und die Thronbesteigung fest und machte für alle Schritte feste räumliche und zeitliche Vorgaben. Die Krönung wurde hierdurch zu einem politischen, liturgischen und heiligen Akt zugleich. Die Artikel 4 und 26 der Goldenen Bulle beschreiben die Kaiserkrönung erstmals als gleichzeitige Einkleidung mit der Krone, den Insignien und den Infuln (*infulae*), den ähnlich wie an einer Bischofsmitra seitlich an der Krone angebrachten Schmuckbändern.[24] Karl IV. war wie gesagt der größte „Kronensammler" seiner Epoche. Zeitlebens widmete er Kronen eine damals noch ungewöhnliche Aufmerksamkeit. Schon 1341, als sein Vater Johann noch Böhmen regierte, man aber wegen seiner Erblindung bereits um seine Gesundheit fürchtete, ließ Karl die böhmische Krone umarbeiten und 1346 im neuen Prager Dom dem

Kopfreliquiar des heiligen Wenzel aufsetzen. Er weihte sie dem Schutzpatron als unmittelbares Zeichen für ihre Unveräußerlichkeit und Dauerhaftigkeit und machte sie damit zum Sinnbild für das Reich als solches. Von dieser Zeit an bürgerte sich übrigens der Begriff der *corona Boemie* ein, der „Krone Böhmens" im Unterschied zur physischen Person des Königs.[25] Doch zunächst erhielt Karl die römisch-deutsche Königskrone. Nach seiner Wahl in Rhens am 11. Juli 1346 wurde er im selben Jahr am 26. November in Bonn gekrönt, also über vier Monate nach seiner Ernennung. Dieses relativ lange Intervall erklärt sich zum einen durch die Schlacht bei Crécy am 26. August, in der sein Vater fiel und er selbst nur knapp mit dem Leben davonkam, während das französische Ritterheer aufgerieben wurde. Zum anderen wollte Karl die Zeremonie aber auch am traditionellen Krönungsort Aachen durchführen und verzichtete darauf nur ungern, weil es die Umstände nicht zuließen.[26] Nach dem Tod Ludwigs des Bayern 1349 lagen zwischen seiner zweiten Königswahl am 17. Juni in Frankfurt und der zweiten Krönung am 25. Juli in Aachen nur 38 Tage. Nach vorherrschender Deutung haftete der ersten Krönung der Makel an, in aller Eile nicht „richtig" erfolgt zu sein, was nur durch eine ordnungsgemäße zweite Zeremonie behoben werden konnte. Ohne diese Interpretation anzuzweifeln, kann man in der Aachener Krönung aber auch eine nachträgliche Bekräftigung sehen, die der ersten Zeremonie mehr Gewicht verleihen sollte. Die Kanzlei Karls IV. handhabte dies übrigens geschickt, indem sie beide unterschiedlich gewichtete, und bewies damit die typisch mittelalterliche Fähigkeit, politische und soziale Sachverhalte durch eine einfache semantische Verschiebung subtil zu differenzieren. Die erste Krönung in Bonn bezeichnete sie nämlich wie üblich als *coronatio*, die zweite in Aachen hingegen als *coronatio sollempnitas* [Krönungsfeier]. Zudem wurden die im königlichen und später kaiserlichen Skriptorium verfassten Urkunden und Privilegien fast durchweg bezogen auf den tatsächlichen Herrschaftsbeginn Karls im Jahr 1346 datiert, was für den Zeitraum bis zur zweiten Krönung 1349 nachvollziehbar ist, danach jedoch nur noch bedingt, denn die Urkunden wurden weder rück- noch vordatiert, und das Jahr 1349 diente nicht als neues „Jahr Null" seiner Herrschaft. In jedem Fall wählte Karl für beide Krönungen bewusst die Krönungsordnung seines Großvaters Heinrich VII.[27] ohne die geringste Änderung des Zeremoniells, so als wollte er demonstrieren, dass es sich in der Tat um eine Bekräftigung oder Verstärkung handelte und nicht etwa um eine Neugründung oder ein „Nullstellen".

Die von Karl IV. umgearbeitete Königskrone des Königreichs Böhmen, auch Wenzelkrone genannt, in ihrer endgültigen Form von 1376.

Ein Jahr nach der ersten römisch-deutschen Krönung von 1346 bestieg Karl in einem zweiten Akt den böhmischen Thron, diesmal jedoch mit dem entscheidenden Unterschied, dass er den Titel *rex Boemie* durch den Tod seines Vaters erwarb, denn in Böhmen war die Königswürde erblich und wurde durch die Krönung lediglich bestätigt, während der König des Heiligen Römischen Reiches gewählt wurde.[28] Und das ist nicht der einzige Unterschied zwischen beiden Zeremonien. Bei derjenigen in Böhmen folgte Karl nicht der vorhandenen Krönungsordo, sondern entschied sich, eine neue zu erstellen. Dem traditionellen Zeremoniell der Přemysliden verlieh er dabei zusätzlichen Glanz durch Anleihen beim Protokoll des französischen Hofes, dessen Prunk und „Zauber" er 1328 selbst erlebt hatte.

Die nächste Krone Karls IV. war von allen am gefährlichsten und schwierigsten zu erwerben. Jeder römisch-deutsche König war potenziell auch Kaiser, jedoch unter der Voraussetzung, dass er in Rom aus den Händen des Papstes oder seines Legaten Titel und Reichskrone[29] empfing. Dazu musste er nicht nur die Approbation des Papstes erwirken, sondern sich anschließend nach Rom begeben,[30] und dieser „Romzug" war Last und Chance zugleich. Eine Chance deshalb, weil der designierte Kaiser dabei Gelegenheit hatte, Ordnung in die komplexen Verhältnisse in Reichsitalien zu bringen, sich unterwegs zum König der Lombarden krönen zu lassen sowie Vikariate und Privilegien zu vergeben, und zwar gegen Beträge, die die Jahreseinkünfte deutscher Reichsgebiete oft um ein Vielfaches überstiegen. Zugleich aber auch eine Last, weil die Halbinsel spätestens seit dem 13. Jahrhundert von fortwährenden Konflikten zwischen Kommunen, Fürstentümern und Parteigängern der Ghibellinen und Guelfen zerrissen wurde, die dem Kaiser teils gewogen waren, teils aber auch nicht; auch in Rom selbst lauerten seit eh und je Gefahren, und die Reise dorthin führte über Alpenpässe und durch die malariaverseuchten, krankmachenden Moraste der Po-Ebene und die Pontinischen Sümpfe. Zu befürchten waren zudem eine Absage des Papstes, der plötzliche Tod oder die vorzeitige Absetzung des Königs, Unfälle, die Kosten der Reise und die mit einer längeren Abwesenheit aus den deutschen Besitzungen verbundenen Risiken – all das erklärt, warum mehrere deutsche Könige die Strapazen oder Konsequenzen des Italienzugs scheuten, doch blieb ein römisch-deutscher König, der nicht zum Kaiser gesalbt wurde, in den Augen seiner Zeitgenossen unvollkommen.[31] Zum Kaiser gekrönt wurde vor Karl IV. kein einziger der während des „Interregnums" von 1250 bis 1273 gewählten Könige, und auch Rudolf von Habsburg, Adolf von Nassau und Albrecht von Habsburg, die ihnen Ende des 13. Jahrhunderts auf dem Thron folgten, verzichteten darauf. Nach Karl IV. empfing weder sein Sohn Wenzel noch dessen Konkurrent Pfalzgraf Ruprecht die Reichskrone Karls der Großen, geschweige denn die Gegenkönige Friedrich der Schöne, Günther von Schwarzburg oder Jobst von Mähren. Den Luxemburgern jedenfalls waren die in Italien lauernden Katastrophen nur zu gegenwärtig, nachdem der Romzug von Karls Großvater Heinrich VII., der zunächst unter einem guten Stern zu stehen schien, mit dem Tod des Kaisers, eines seiner Brüder und seiner Gemahlin geendet hatte.

Dennoch hatte Karl IV. eigentlich nicht vorgehabt, nach seiner „deutschen" Krönung sechs Jahre bis zur Kaiserkrönung in Rom verstreichen zu lassen. 1350 fesselte ihn jedoch eine Erkrankung längere Zeit ans Bett. Zudem musste er nach dem Tod Clemens' VI. 1352 zunächst warten, bis ein neuer Papst gewählt war. Sobald dessen Approbation vorlag, brach Karl IV.

auf, begleitet von einem kleinen Gefolge von „nur" 300 bewaffneten Rittern. Unterwegs verhandelte er mit den Mailänder Visconti über seine Krönung zum König der Lombarden; an den Kardinal von Ostia als päpstlichen Legaten schrieb er dazu: „Wir beabsichtigen auf jeden Fall, uns in der Kathedrale Sant'Ambrogio in Mailand mit der eisernen Krone krönen zu lassen, die eine der drei Reichskronen ist und mit der unsere Vorgänger sich gewöhnlich ein zweites Mal krönen ließen." Karl IV. griff damit die „Theorie" von den drei Kronen und den drei Metallen auf: die silberne für den römisch-deutschen Thron, die eiserne für denjenigen der Lombarden und die goldene schließlich für den Kaiser.[32] Mithilfe dieser Symbolik konnte er sich anschließend die neutestamentliche Metapher von den Heiligen Drei Königen zunutze machen, auf die bis dahin Köln als Pilgerziel quasi ein Monopol erhoben hatte. Dass als Termin für die lombardische Krönung der Dreikönigstag am 6. Januar 1355 vereinbart wurde, an dem 44 Jahre zuvor auch Heinrich VII. gekrönt worden war, war gewiss ebenso wenig ein Zufall wie später bei Karls Parisaufenthalt 1378, als der 6. Januar für das Festbankett der drei (realen) Könige festgesetzt wurde [siehe Abb. auf S. 96].

Über die sechste und letzte Krönung Karls IV., die ihn als König von Arles (Burgund) bestätigte, finden wir in den Quellen weitaus weniger als über die vorangehenden Krönungen. Die auffallende Wortkargheit spricht dafür, dass schon das 14. Jahrhundert diese Zeremonie als etwas altmodisch oder gar bizarr betrachtete. Warum aber unterzog sich der Kaiser überhaupt der Mühe, sich am 4. Juni 1365 in der Kathedrale Saint-Trophime in Arles von Erzbischof Guillaume de la Garde krönen zu lassen und anschließend mehrere Urkunden mit dem Titel *rex Arelatensis* zu unterzeichnen? Abgesehen davon, dass Karl großen Wert auf die Verehrung der Reliquien des heiligen Burgundenkönigs Sigismund legte, sollte die Krönung zumindest symbolisch die Macht des Heiligen Römischen Reiches über dieses Gebiet demonstrieren, auch wenn diese im Schwinden begriffen war. Zudem nutzte Karl die Gelegenheit, um wenige Tage vor der Arleser Krönung der Kurie im nahe gelegenen Avignon einen Besuch abzustatten und mit Urban V. über einen zweiten Romzug zu sprechen, der die Rückkehr der Päpste an ihren legitimen historischen Stammsitz vorbereiten sollte.[33] Über dieses Treffen berichten die zeitgenössischen Chroniken weit ausführlicher als über die Krönung: Karl IV. erschien im Papstpalast „als Kaiser bekleidet, mit [s]einer Krone auf dem Haupt und dem

Zepter in der rechten Hand". Damit ist im Grunde alles gesagt: Bei jedem Besuch, jedem Reichstag, jedem Einzug, jedem Spitzentreffen ist Karl, wie sonst in dieser extremen Form wohl nur den Königen von Frankreich, sehr daran gelegen, sich im Glanz sämtlicher Insignien zu präsentieren. Der Topos des in Kronen und Insignien vernarrten Königs war offensichtlich so verbreitet, dass ein Augsburger Chronist bei der Beschreibung von Karls feierlich ausgestelltem Leichnam und anschließendem Leichenzug 1378 in Prag betonte: „[...] zu seinem Haupte lagen drei Kronen: zur rechten Seite die Krone aus Mailand, oben die Krone des Römischen Reiches, [und] zur linken Seite die Krone des Böhmischen Reiches [...]."[34]

Der König und seine Königinnen

Die hochfliegenden Erwartungen, die Karl IV. offenbar schon früh an die Zukunft seines Hauses sowie die Kontinuität und Erweiterung seiner Staaten hegte, setzten eine entsprechende Heiratspolitik voraus. In seiner Welt war ein König ohne Gemahlin und Nachkommen gleichbedeutend mit Unordnung; er machte sich verdächtig, erregte Anstoß oder verhieß Unheil. Zudem stellten Heiraten neben Kriegen immer einen elementaren Faktor für diplomatische Beziehungen dar, und wer seinen Stammbaum im Blick hatte, musste ständig beobachten, welche ehelichen Verbindungen zwischen Königs- und Fürstenhäusern günstig und potenziell möglich waren, und dabei zugleich auf den Verwandtschaftsgrad achten, denn ab einer gewissen Blutsverwandtschaft konnte eine Heirat nur mit (oft kostspieligem) päpstlichem Dispens erfolgen. Unter Berücksichtigung territorialer, diplomatischer und dynastischer Ziele war der königliche „Heiratsmarkt" deshalb recht bald umrissen, zumal sich das Abendland mehr und mehr vom orthodoxen byzantinischen „Genpool" abwendete. Karls erste Ehe war noch von seinem Vater arrangiert worden, der damit eigene strategische Ziele verfolgte und seinen Sohn sicher unter dem Dach des Verbündeten Frankreich wissen wollte. Johann der Blinde bewies ein so legendäres Geschick im Knüpfen von Heiratsbanden, die sich für Luxemburg als vorteilhaft erwiesen, dass die Geschichtsschreibung in der Rückschau den Habsburgern unterstellte, sie hätten sich zu ihrer Heiratspolitik, die unter dem Motto *„tu felix Austria nube"* („du, glückliches Österreich, heirate") in die Überlieferung einging, von den Luxemburgern inspirieren lassen. Johann verheiratete seine Schwestern und Kinder nach Frankreich, Ungarn, Bayern und Österreich und steckte damit die Konturen einer eher nordeuropäischen Heiratsgeografie ab, von der auch Karl IV. für sich und seine Familie später nicht abwich.

Diese Entscheidungen waren im Wesentlichen geschlechtsspezifisch: Töchter sollten durch Einheirat Bündnisse mit anderen Fürstenhöfen absichern, kamen jedoch im Abendland nur selten durch direkte Erbfolge in den Besitz einer Krone. Von Söhnen hingegen erwartete man stillschweigend, dass sie durch Erbschaft, Thronfolge oder Gründung einer eigenen parallelen Linie das Hoheitsgebiet des eigenen Hauses nach Möglichkeit vergrößerten. Diese Rolle fiel in gewissem Umfang auch Johanns drei Söhnen zu. Der zweitälteste, Johann Heinrich, nährte durch seine Heirat mit Margarethe „Maultasch", der Erbin von Tirol und Kärnten, die Hoffnung auf eine Ausweitung des böhmisch-luxemburgischen Einflusses im Süden des Reiches. Wenzel, der Spross aus Johanns zweiter Ehe mit Beatrix von Bourbon, sollte durch seine Heirat mit Johanna von Brabant das luxemburgische Hoheitsgebiet erweitern. Für seinen Erstgeborenen wählte Johann Blanca von Valois aus, um die Verbindung zu einem französischen Fürstenhaus zu festigen, bevor er noch wusste, dass ebendieses Haus Valois den Kapetingern auf den Thron folgen würde. Auch Karl selbst hatte die Konsequenzen seiner Ehen fest im Blick. Als Blanca 1348 mit 31 Jahren starb, musste er eine Wiederverheiratung ins Auge fassen, zumal ihm aus der ersten Ehe nur eine Tochter geblieben war, die 1342 geborene Katharina. Seine zweite Heirat mit der 20-jährigen Anna von der Pfalz 1349 – in dem Jahr, in dem er sich endgültig als römisch-deutscher König durchsetzen konnte – wurde in ganz Europa als geschickter diplomatischer Schachzug gewertet, der seinem Renommee zugutekam. Durch das Ehebündnis sicherte sich Karl das Einvernehmen oder zumindest die Neutralität der Wittelsbacher, unter anderem in Gestalt seines neuen Schwiegervaters, Pfalzgraf Rudolf. Zudem erbte Karl über seine Frau Landstriche und Städte in der Oberpfalz, mit deren Hilfe er die wirtschaftlich, politisch und militärisch entscheidende Achse Prag–Nürnberg ausbauen konnte. Als Anna im Jahr darauf mit einem Jungen niederkam, schien Karls Glück endgültig perfekt, doch der kleine Wenzel starb mit knapp zwei Jahren, und seine Mutter folgte ihm 1353 ins Grab, sodass Karl, inzwischen 37 Jahre alt, sozusagen wieder von vorn anfangen musste. Er schaute sich zunächst in Frankreich um, lenkte dann jedoch den Blick über

Bayern immer weiter nach Osten und freite schließlich noch im selben Jahr die 14-jährige Anna von Schweidnitz, die eigentlich dem kleinen Wenzel versprochen gewesen war. Gewissermaßen als Stellvertreter seines verstorbenen Sohnes schloss Karl nun eine Ehe, von der er sich eine geografische Stärkung Böhmens in Richtung Schlesien erhoffte. Zu alledem war seine Braut die Nichte König Ludwigs von Ungarn, und zum Zeichen dieser Annäherung fand die Hochzeit in Ofen statt. Gefestigt wurde sie Jahre später durch die Heirat von Maria, seit 1382 Königin von Ungarn, mit Sigismund, Karls Sohn aus seiner vierten Ehe.[35] Als erste römisch-deutsche und böhmische Königin wurde Anna von Schweidnitz nach Karl 1355 zur Kaiserin gekrönt.[36] Vor allem aber schenkte sie ihm den ersehnten Thronerben. Der kleine Wenzel kam im Februar 1361 in Nürnberg zur Welt, doch seine Mutter Anna starb im Jahr darauf, sodass Karl 1363 eine vierte Ehe einging.[37] Seine Wahl fiel auf die damals 18-jährige Elisabeth von Pommern. Ebenso wie die verstorbene Kaiserin stand auch Elisabeth für die entschiedene Hinwendung Karls IV. zum Ostteil des Heiligen Römischen Reiches. Schon die Entscheidung für Krakau als Ort der Hochzeit war vielsagend, denn sie unterstrich die zunehmende Machtposition des Kaisers und Königs von Böhmen in diesem Teil des Kontinents. Von Karls vier Gemahlinnen nahm Elisabeth, die 1368 in Rom die Kaiserinnenkrone empfing, am eifrigsten Anteil an Karls Regierung. Deshalb findet sich ihr Porträt allein dreimal im Prager Veitsdom [siehe Abb. auf S. 137]. Sie wurde als Schönheit gerühmt und versetzte ihre Zeitgenossen mit ihrer Körperkraft in Erstaunen; oft begleitete sie den Kaiser auf Reisen, auch 1368/69 durch Italien. Sie unterhielt einen eigenen Hof mit eigener Kanzlei und schenkte dem König sechs Kinder, von denen zwei in Königshäuser einheirateten. Elisabeth überlebte ihren Mann Karl um 15 Jahre.[38]

Alles in allem spiegeln sich in der Heiratspolitik Karls IV. klar und deutlich die Hauptstränge seiner Regierung. Zum einen festigte er wie schon sein Vater die Stellung des Hauses Luxemburg lieber durch Heiraten als durch Kriege, was die bemerkenswerte Anordnung der lächelnden Porträtbüsten Karls IV. und seiner vier Gemahlinnen inmitten der Luxemburger im Prager Veitsdom sehr schön illustriert. Den zweiten Hauptstrang bildet der Orientierungswechsel von West nach Ost, der die Regierung der deutsch-böhmischen Könige und Kaiser im 14. Jahrhundert prägt. Schaut man sich die großen Allianzen zu Beginn dieses Jahrhunderts an, springt die Hinwendung zu Frankreich ins Auge. Ab der Generation Karls IV., vor allem nach dem Tod seiner ersten Gemahlin, tritt dann ein radikaler Wandel in der Bündnisgeografie ein. Wie wir gesehen haben, stammten die zweite, dritte und vierte Ehefrau Karls IV. sämtlich aus Fürstenhäusern im Heiligen Römischen Reich; seine Brüder und Schwestern heirateten in Bayern, Österreich und Schlesien ein. Diese Gebiete bildeten also die bevorzugten Zielgebiete für die Suche nach Heiratskandidat*innen für die Kinder Karls IV., die viermal in Bayern, dreimal in Österreich, zweimal in Ungarn und je einmal in Schweden und in England Ehen schlossen.

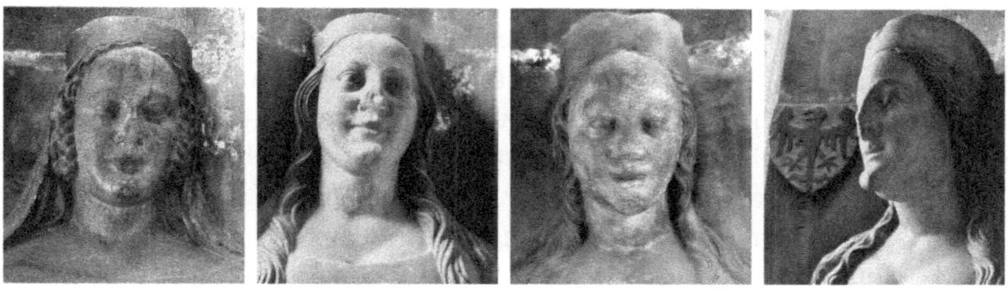

Porträtbüsten der vier Gemahlinnen Karls IV. im Triforium des Prager Veitsdoms (v.l.n.r.): Blanca von Valois, Anna von der Pfalz, Anna von Schweidnitz, Elisabeth von Pommern.

Vom Thron über den Traualtar bis zum Grab ging es Karl IV. dabei jedes Mal über alle Unwägbarkeiten des Lebens hinaus stets darum, sein eigenes Ansehen und das Prestige seiner Staaten zu mehren. Dass nicht nur ein ungekrönter König ein Unding war, sondern auch ein Königreich ohne seine Krone, unterstrich Karl nicht zuletzt dadurch, dass er Veräußerung, Verkauf, Verleih oder Ortsveränderung seiner Kronen als Majestätsbeleidigung ahnden ließ. Diese Haltung spiegelt nichts besser als die Inschrift auf dem Lederfutteral der böhmischen Krone, die im Prager Veitsdom die Büste des hl. Wenzel zierte: „Herr Karl, römisch-deutscher König und König von Böhmen, ließ mich anfertigen." All dies nutzte der König nach Meinung der einen in Maßen, nach Meinung anderer im Übermaß zum Wohle einer Regierung, die nach seinem Willen die Zeiten überdauern sollte.

Kapitel 6

Regieren

„Den Nachfolgern, die auf meinen zwei Thronen sitzen […].“[1] So beginnt die *Vita* Karls IV. Sie ist gleichermaßen Lebensbeschreibung und politische Abhandlung, oder zumindest eine Sammlung von Maximen, Grundsätzen und Reflexionen über die Kunst des Regierens anhand seines eigenen steinigen Weges bis zur deutsch-römischen Königswürde. Die Karl gegenüber kritischen oder wohlgesonnenen Chroniken, die Gesandtschaftsberichte, die Schilderungen von Päpsten, anderen Königen und Fürsten, die Notare und Juristen in den Reichskanzleien, wo die wichtigen Urkunden und Schriften in Karls Regierungszeit entstanden, sie alle würdigten Karl schon zu seinen Lebzeiten als durchsetzungsfähigen Monarchen von Format, der Verwaltungsfragen für die damalige Zeit mit bemerkenswertem Geschick anging. Selbst Heinrich Taube von Selbach, der Karl gegenüber zunächst eher skeptisch war, gestand ihm zu, er sei „vorausschauend in seinen Plänen, umsichtig in seinen Handlungen, und nicht erpicht auf Kriege und Schlachten. Durch Klugheit, Überzeugungsgabe und Verträge gelang es ihm, überall im Reich Frieden zu stiften […]“.[2] Der Florentiner Matteo Villani, der Karl 1355 persönlich kennenlernte und ihm eher gewogen war als Heinrich Taube, hebt dieselben Tugenden hervor: „Er verstand sich hervorragend auf das Zuhören, war von rascher Auffassungsgabe und formulierte ohne zu zögern kurze, tiefschürfende Antworten, ohne seine Gedankengänge zu unterbrechen. Mit nie nachlassender Aufmerksamkeit beherrschte er dreierlei gleichzeitig: seinen wachen Blick, seine Gestik gegenüber seinen Zuhörern und die Stichhaltigkeit seiner Erwiderungen. All das sind bei einem Herrscher bemerkenswerte Qualitäten. Seinem Rat gehörten nur wenige Fürsten bzw. Landesherren an, doch Entscheidungen traf er stets allein im Licht seines einzigartigen, scharfsinnigen Verstandes, denn dank seines wohldurchdachten Eifers war er jedem anderen überlegen.“[3] Derartige Aussagen sind natürlich immer mit Vorsicht zu genießen, denn allzu oft sind sie durch Neid oder Bewunderung eingefärbt und schon dadurch verzerrt, dass zeitgenössische Beobachter gern die Regierung eines Landes mit dem Charakter seines Herrschers gleichsetzten. Doch selbst unter diesem Vorbehalt gewinnt man den Eindruck, dass Karl IV. eine gezielte Politik, vielleicht sogar ein System und Programm verfolgte. Bei der Umsetzung stand er nicht allein da: Im Laufe seiner Regierungszeit unterstanden ihm an die 200 Berater; Heerscharen von Notaren und Schreibern in seiner Kanzlei, wo Tausende Urkunden entstanden; Vögte, Vizedome und Schultheiße in immer mehr Städten, ausgebauten Burgen und Hoheitsgebieten seines Kaiser- und Königreichs, das 1378 größer war als 1346. Zu Gebot standen ihm dabei die üblichen Regierungsinstrumente jedes mittelalterlichen Herrschers: Versammlungen, Steuern und Rechtsprechung, der Hof, die Bautätigkeit, Bilder, Kunst und Memorialpolitik, Heiligkeit, Zeit und Raum, ergänzt durch die „Machtwerkzeuge" Heirat und Familie.[4]

Jede Reflexion über die Regierungsführung Karls IV. muss auf geografischer und historiografischer Ebene zwangsläufig zwei Aspekte in Betracht ziehen: zum einen den langfristigen Vergleich mit anderen abendländischen Monarchien und Fürstentümern, und zum anderen die Gesamtsituation im Heiligen Römischen Reich in den letzten Jahrhunderten des Mittelalters mit ihren vermeintlich gescheiterten frühmodernen Ansätzen.[5] Aus dieser Perspektive ist die Regierung Karls IV. Teil eines komplexen Wechselspiels von Faktoren. Sie hängen zum einen mit der politischen Praxis und Kultur der Fürstentümer des ausgehenden Mittelalters zusammen, zum anderen aber auch mit den Besonderheiten Böhmens sowie des speziellen Konstrukts, mit dem dieses Königreich in das Heilige Römische Reich eingegliedert war. In Bezug auf Machtausübung sollte zudem nie außer Acht bleiben, wie Karl IV. als König und später als Kaiser selbst seine Aufgabe sah, und welche herausragende Rolle Prag in diesem Zusammenhang spielte.

Doch zunächst einige Fakten. Wie bei jeder Thronbesteigung im Mittelalter erbte auch Karl Personal, Vermögen und Grundbesitz von seinem Vater, von seiner Dynastie.[6] Seine eigene 32-jährige Regierungszeit war so lang, dass er ihr durch Machtausübung, Autorität und Verwaltung seinen Stempel aufdrücken konnte. Und aufgrund der vielen Kronen, die er auf seinem Haupt vereinigte, müssen wir unterscheiden zwischen seinem Regierungsstil als König und demjenigen als Kaiser. Seine politischen Konzepte hielt

Karl sogar in diversen Schriften und Gesetzeswerken fest, die er selbst formulierte oder redigierte, etwa 1350 in seiner *Vita*, 1355 in der *Maiestas Carolina* für die böhmischen Landstände und 1356 in der Goldenen Bulle. Hinzu kam eine Reihe Maximen, die er für sich und seine Nachkommen in Predigten, in den *Moralitates* oder in seinem Fürstenspiegel festhielt.

So weit Karls eigene Ausdrucksform, Philosophie und politische Intention, doch die Fakten verdeutlichen den Spielraum und vor allem die Grenzen seiner Regierungsoptionen. Während das Amt des Königs in Böhmen nämlich mit dem realen Königreich mehr oder weniger deckungsgleich ist,[7] sieht die Sache im Heiligen Römischen Reich ganz anders aus. Dort springen drei Gegensatzpaare ins Auge: Es bestehen nur minimale Überschneidungen zwischen der Sphäre des königlichen/kaiserlichen Staates und derjenigen des Reiches; die Domänen des Kaisers und diejenigen des Reiches stimmen nicht überein; und die Wirkungskreise des Königs und der Kurfürsten weichen voneinander ab.[8] Das Amt des Kaisers beinhaltet keine Regierungsgeschäfte, sondern ist eine Mission, ein Anspruch. Deshalb steht das reale Reich stets im Schatten seines Idealbilds.[9] Anders gesagt: Das Reich, dem Karl IV. sein Königreich Böhmen angliedert, entwickelt sich von Natur aus nicht zum Staat weiter. Vor und nach 1346 sind weder das Reich noch Böhmen in größere Kriege verwickelt. So erfreulich das ist, fehlt hierdurch für die Herausbildung eines Staates der entscheidende Impuls, wie ihn der sogenannte Hundertjährige Krieg Frankreich und England auf schmerzliche Weise lieferte.[10] Die Regierungsakte eines römisch-deutschen Königs zielen deshalb im Grunde nur auf die Ausgleichung und Stabilisierung eines Apparats ab, dessen Macht immer weiter reicht als der effektive Aktionsradius des Herrschers. Die Kurfürsten waren sich dessen sehr wohl bewusst und wählten, wenn möglich, als Kandidaten tunlichst einen schwachen Fürsten (wie Karls Großvater, ein schlichter Graf von Luxemburg), und hofften im eigenen Interesse, dass die Last der Kaiserwürde ihn überforderte und zumindest in seiner Handlungsfähigkeit einschränkte.

Nichtsdestoweniger existierte das Heilige Römische Reich, und Karl IV. konnte mithilfe seines Verwaltungsapparats zwar keine hegemonialen, universellen Ansprüche durchsetzen, aber immerhin eine respektable Effizienz wiederherstellen. Sein bedeutendster Akt – die Goldene Bulle von 1356, mit der er die Königswahl in die Hände von sieben Kurfürsten legte – erwies sich als gezielte Reaktivierung und Neudeutung dessen, was das Kaiserreich eigentlich war: ein kaiserliches, heiliges Amt mit der Befugnis zur Rechtsprechung und Gesetzgebung. Das Reich wurde von den Landesherren mitgetragen und stützte sich auf eine materielle Basis, die aus drei Königreichen bestand, in denen Hoheitsrechte (Regalien) ausgeübt wurden. Es basierte zudem auf dem Reichsgut, das seit 1241 in der Reichsmatrikel verzeichnet war. Aufgelistet waren darin die Städte, Stände und Länder, die dem König/Kaiser als Lehnsherrn unmittelbar unterstanden und ihm in den vom Lehnsrecht vorgesehenen Fällen (Krieg, Kreuzzug, Heirat des Fürsten, Romzug) Hilfe und Unterstützung schuldeten. Das Reichsgut war zwar einerseits viel, andererseits aber zu wenig – eine große Herausforderung für jeden, der ein Hoheitsgebiet regieren sollte, in dem vor dem Ausbruch der Pest rund 15 Millionen Einwohner lebten, das aus Hunderten von Territorien und Gebieten mit ganz unterschiedlichem Rechtsstatus bestand und für dessen Durchquerung man dreißig Tage brauchte. Zum Ausgleich all dieser Hindernisse und Anforderungen konnte Karl IV. seine Regierung auf sein Hausgut und seine Hausmacht in Luxemburg und Böhmen stützen. Hinzu kamen die Ressourcen, die dem gewählten deutsch-römischen König automatisch zustanden: der Nießbrauch des Reichsguts, angefangen mit den Subsidien der freien Städte und der Reichsstädte, die Güter der Krondomäne, die Besteuerung der Juden, die als Kammerknechte (*servi camerae*) galten, die Einkünfte aus Privilegien und aus der Gerichtsbarkeit des Hofes sowie die gelegentlich vom Reichstag bewilligten Hilfen. Um seine Pflichten als König und Kaiser in vollem Umfang zu erfüllen, musste Karl IV. deshalb in erster Linie als dynastischer, fürstlicher Lehnsherr auftreten, bevor er überhaupt daran denken konnte, den Staat aufzubauen, den später Generationen von Historikern genauestens unter die Lupe nahmen, nur um schließlich all seine Mängel zu beklagen. Karls Entscheidung für Prag als Regierungshauptstadt Böhmens und des Reiches war deshalb angesichts der allzu randständigen, allzu nah an Frankreich grenzenden Lage Luxemburgs eine vergleichsweise logische Wahl, über die sich die Chronisten übrigens weit mehr entrüsteten als die Fürsten.

Die Reichsvikariate

Fakt bleibt jedoch, dass Hunderte von Kilometern die „Perle Böhmens“ vom Herzen des Heiligen Römischen Reiches trennten. Angesichts der damaligen Reisebedingungen musste sich Karl IV. zwangsläufig auf einen oder mehrere vertrauenswürdige Statthalter verlassen, und dazu setzte er ebenso wie seine Vorgänger auf das Instrument des Reichsvikariats.[11] Den deutschen Reichsteil vertraute er seinem Großonkel Balduin an, der nicht nur mit ihm verwandt, sondern einer seiner treuesten Unterstützer war. Balduin von Luxemburg war in der ersten Hälfte des 14. Jahrhunderts ohne Zweifel der mächtigste deutsche Kirchenfürst; seit 1307 Erzbischof von Trier, verwaltete er darüber hinaus *de facto* seit 1320 das umstrittene, jedoch einflussreiche Erzbistum Mainz, und seit 1331 die Bistümer Worms und Speyer. Damit verfügte er über die vier wohlhabendsten, mächtigsten rheinischen Kirchenfürstentümer.[12] Seine Nachfolger als Reichsvikar waren Pfalzgraf Rudolf II., dessen Tochter Anna die zweite Ehefrau Karls IV. war, gefolgt von Karls Bruder Herzog Wenzel von Luxemburg, dem Erzbischof von Köln Friedrich III. von Saarwerden, und schließlich Karls eigenem Sohn Wenzel. Eigentlich sah die Goldene Bulle 1356 die Vergabe des Vikariats an die sieben Kurfürsten vor, wobei der Herzog von Sachsen die norddeutschen und der Pfalzgraf bei Rhein die süddeutschen Gebiete verwalten sollte, doch kam es aufgrund von Heirats- und Territorialallianzen und dynastischen Überlegungen oft anders. Wenzel IV. verstieß später seinerseits gegen diese Bestimmungen der Bulle und ernannte seinen Vetter Jobst von Mähren zum Reichsvikar, der Markgraf von Brandenburg, Herzog von Luxemburg und 1411 für wenige Wochen gewählter römisch-deutscher König war, und danach seinen Halbbruder Sigismund. Doch was man dem übermächtigen Vater durchgehen ließ, nahm man seinem schwachen Sohn übel; er wurde 1400 abgesetzt. Obwohl das Krongut im Reich ab Mitte des 13. Jahrhunderts rapide schwand, übte der Reichsvikar in seiner Domäne weiter stellvertretend für den König und später den Kaiser die Rechte der Krone aus; er bestätigte die Investitur königlicher Lehen oder der Pfründen königlicher Stiftskirchen, sprach Recht in Appelationen gegen Urteile königlicher Gerichte und saß als Regent auf dem Thron, falls dieser vorübergehend vakant wurde.

Von untergeordneter Bedeutung waren die Vikariate in den noch übrigen Reichsgebieten in Italien und Burgund. Auf der Halbinsel setzte Karl IV. pragmatisch auf Regionalisierung und betraute die Visconti als aktuell mächtigste *Signori* mit der Verwaltung, solange sie regelmäßig ihre Abgaben leisteten und für ein Minimum an Ordnung sorgten. Andernorts profitierten zeitweilig die Della Scala und die Gonzaga – natürlich gegen klingende Münze – vom Reichsvikariat, nicht zu vergessen Venedig in den zum Reichsgut gehörenden Landstrichen der Terraferma.[13] Allerdings schrieb Karl IV., der alles in allem viereinhalb Jahre in Italien verbracht hatte, schon in seiner *Vita*, dort könne man nur mit Mühe seine Ehre behaupten. Ihm war nur zu gut bewusst, dass sein Großvater Heinrich VII. auf der Halbinsel krank geworden und schließlich gestorben war und dass sich auch sein Konkurrent und Mitkönig Ludwig der Bayer in endlosen italienischen Querelen verzettelt hatte. Karl hielt sich deshalb weise im Hintergrund, auch wenn er dafür in Italien scharfe Kritik erntete. Der Florentiner Matteo Villani etwa schrieb lapidar, Karl habe bei seinem Romzug „nicht wie ein Kaiser" agiert, sondern „wie ein Kaufmann, der es eilig hat, zur nächsten Messe zu gelangen". Auch Petrarca, der sich ja anfangs darüber gefreut hatte, wieder einen mächtigen römisch-deutschen König in Italien zu sehen, sagte schließlich vorwurfsvoll: „Was dein Großvater und viele andere mit so viel Blut in harten Kämpfen erworben haben, lässt du, undankbar gegen dein Geschick, im Stich und ziehst dich in deine barbarischen Länder zurück, nachdem du die Tür Italiens aufgestoßen, die Schwelle Roms überschritten und das Zepter in der Hand gehalten hast, ohne einen Tropfen Blut zu vergießen." Auch der Florentiner Franco Sacchetti widmete dem Kaiser eine seiner dreihundert *Toskanischen Novellen* im Stil Boccaccios und schloss den Gesang mit den Worten: „Du, der du dich Kaiser nennst, dir möchte ich sagen, dass du ganz anders bist, als wir uns erhofften und wünschten. […] Dein Name erinnert ständig an Karl den Großen, doch schämst du dich nicht, denselben Namen zu tragen wie er? […] Du, der vierte dieses hehren Namens, wie groß ist denn der Wagen deiner Tugenden und Taten? Warum zeigt sich in dir nur Geiz und Habgier?" Man sieht schon: Das Reichsvikariat in Italien bescherte dem Kaiser zwar üppige Subsidien, aber auch viel Ärger, und konnte zu allem Überfluss jederzeit den Unmut des Papstes erregen, der seinerseits Anspruch auf den Nießnutz dieser Privilegien beanspruchte.

Das Reichsvikariat im Arelat (Burgund) hatte Karl IV. lediglich mit Blick auf seine Krönung 1365 in Arles wiederhergestellt und den Grafen von Savoyen und seinen Erben verliehen, dies jedoch bereits im Jahr darauf widerrufen. Er hatte ohnehin nicht vorgehabt, die Regierungsgewalt Fremden zu überlassen. Er bevorzugte eine persönliche, leibhaftige Machtausübung direkt vor Ort.

Kanzler, Berater und Finanziers

Zu diesem Zweck stärkte Karl IV. zunächst das wichtigste Instrument des Königreichs Böhmen und des Heiligen Römischen Reiches: seine Kanzlei.[14] Er sorgte für ihre Aufwertung und Umstrukturierung, übrigens nach typisch französischem Vorbild. Die Kanzlei war kein Ersatz für den Hof, dessen Reichserzämter wie Kämmerer, Truchsess, Marschall oder Mundschenk weiterhin ein Mix aus Regierung, Verwaltung und Justiz repräsentierten, wie an den meisten Königshöfen Europas auch. Die Kanzlei arbeitete parallel zu alledem. Durch sie zog Karl IV. gezielt einflussreiche (Kirchen-)Fürsten aus Böhmen, den Ländern der böhmischen Krone und den Reichsgebieten, die dem Königtum noch nahestanden, an seinen Hof. Ein Indiz für die Emsigkeit der Kanzlei ist die Tatsache, dass bis heute rund 9300 Urkunden aller Art erhalten sind, die in den Schreibstuben Karls IV. entstanden; Schätzungen zufolge waren es in seiner gesamten Herrschaft circa 15 000 Schriftstücke, also rund 500 pro Regierungsjahr. In dieser Masse von Dokumenten, die ebenso stetig anschwoll wie überall im Abendland an den Papst-, Königs- und Fürstenhöfen, lassen sich neben den „großen" Texten wie der *Maiestas Carolina* von 1355 oder der Goldenen Bulle von 1356 allein 125 Bündnis- oder Lehnsverträge sowie 7500 Privilegien und Urkunden betreffend Angelegenheiten in Böhmen, dem Reich und Luxemburg ausmachen. Knapp die Hälfte davon, nämlich 3200, entstand vor 1358, in seinen ersten Regierungsjahren, als er noch dabei war, seine Hausmacht zu festigen und das Rechtswesen umzugestalten. Die Schriftstücke sind fast durchweg auf Deutsch und Latein verfasst, so als bildeten diese beiden Sprachen die Idiome von Recht und Macht; Italienisch, Tschechisch oder Französisch kommen dagegen nicht vor, obwohl das letzte Kapitel der Goldenen Bulle ja für sprachlichen Pluralismus plädiert.[15] In den Formelbüchern vermischten sich stilistische Anleihen bei den Staufern, insbesondere bei Petrus de Vinea (unter Friedrich II.),[16] mit Vorlagen aus der französischen Hofkanzlei oder den Verwaltungen anderer Fürstentümer oder Städte im Reich. Die Auftraggeber der Schriftstücke waren zu 38 Prozent in Franken, im Rheinland und in Schwaben ansässig, also in Reichsteilen, die dem Königtum noch nahestanden und kaiserliche Lehen innehatten, gegenüber lediglich 15 Prozent, die aus dem übrigen Reich erbeten wurden. Ein Fünftel betraf Angelegenheiten in den Stammgebieten der Luxemburger einschließlich Böhmens.

Rings um den harten Kern von gut einem Dutzend Schreibern, Sekretären und Juristen gab es die Räte und Notare. Ihrem Kreis gehörten in den ersten Jahren die Schrift- und Rechtsgelehrten an, die schon unter seinem Vater Johann dem Blinden gedient hatten und zum Teil, wie Nicolas Sortes, aus Frankreich stammten. Karl IV. selbst holte offensichtlich eher Getreue aus seinen Hauslanden an seinen Hof, denn von den Sekretären und Notaren, die unter ihm in der Prager Hofkanzlei tätig waren, stammte etwas mehr als die Hälfte nicht aus Böhmen, sondern aus den Besitzungen der Luxemburger und dem übrigen Reich, vorwiegend aus den als königstreu bzw. königsnah bekannten Regionen wie Franken, Schwaben und dem Rhein-Main-Gebiet. In der Folge waren weit weniger Angehörige des böhmischen Hochadels im Kanzleibetrieb tätig als noch zu Beginn des 14. Jahrhunderts; zudem sank auch der Anteil der Kleriker gegenüber den Laien, die in den 1360er-Jahren 53 Prozent der Kanzleiangehörigen ausmachten. Die 80 von 1346 bis 1378 verzeichneten adligen Räte und Kanzleimitarbeiter stammten zu drei Fünfteln aus Familien in den Luxemburger Stammlanden, mit denen der König durch Lehnsverhältnis oder Heirat verbunden war oder deren politische Nähe er suchte. Die übrigen nichtklerikalen adligen Räte und Sekretäre stammten im Wesentlichen aus Reichsteilen, die dem Königtum zugewandt waren, sprich das Herzstück einer seit dem letzten Staufer Mitte des 13. Jahrhunderts etablierten Form der Königstreue bildeten. Unter den Räten und Sekretären hielt sich das Zahlenverhältnis zwischen Geistlichen und Laien langfristig in etwa die Waage, dagegen gehörten Karls engstem Beraterkreis primär die großen Kirchenfürsten und Böhmen an, allen voran der Erzbischof von Prag – zunächst der unermüdliche Ernst von Pardubitz und nach dessen Tod 1364 Johann Očko von Vlašim. Karl nahe standen auch Dietrich von Portitz, Erzbischof von Magdeburg, und Markwart von Randeck, Bischof von Augsburg, sowie ein hochrangiger Angehöriger des Deutschen Ordens: Rudolf von Homburg, der von 1354 bis 1368 Landkomtur der Ballei Böhmen-Mähren war. In den anderen Königreichen Europas war die Situation in dieser Epoche ähnlich, was nicht verwunderlich ist, bedenkt man die Beschlagenheit dieser Geistlichen und ihrer Kanzleien im Kirchenrecht, ihren mehr oder weniger direkten Draht zum Papsttum und das Geschick der Bischöfe und Erzbischöfe, die ja zugleich Territorialfürsten waren, in Militär- und Steuerfragen. Zu diesem erlauchten Kreis gehörten unter anderem Johannes von Neumarkt, Nikolaus von Riesenburg, Albrecht von Sternberg,

Thimo von Colditz, Sbinco Hase von Hasenburg, Borso von Riesenburg, Peter von Wartenberg, Bernhard von Zilburg, Wilhelm von Landstein und Lamprecht von Brunn. Einige von ihnen sorgten für einen Anstieg des Anteils Nürnberger Bürger am Prager Hof in der zweiten Hälfte der Regierungszeit Karls IV., etwa über die bestens vernetzte Patrizierfamilie Stromer von Reichenbach, durch die Tätigkeit fränkischer Bischöfe bei Hof und die engen Handelsbeziehungen zwischen Prag und Nürnberg.

Besonders deutlich zeigte sich der Nürnberger Einfluss bei der Organisation der Steuer- und Finanzverwaltung, auf die Karl IV. seine Regierung stützte.[17] Seine Rechnungskammer und Staatskasse waren zwar bei Weitem nicht so gut strukturiert und organisiert wie an anderen abendländischen Königshöfen, gewannen jedoch zunehmend an Bedeutung, vor allem dank der reichlich sprudelnden Steuereinnahmen aus den böhmischen Bergwerken, der Prägung des Prager (Böhmischen) Groschens in der Münzstätte Kuttenberg und des Metallhandels. Bei der Verwaltung dieser Steuern und der Aufsicht über die Prager Finanzen taten sich zwei Kämmerer hervor: ein Nürnberger mit dem bezeichnenden Namen Wenzel Schatz (Thesaurus), der zum „Sekretär, Vertrauten und Notar für die Ausgaben des Kaiserhofes" aufstieg, und wenig später der einflussreiche Böhme Paul von Jenstein oder Jenzenstein, der von 1351 bis 1374 die Finanzen Karls IV. verwaltete. Er war mit drei Erzbischöfen von Prag verwandt: Sein Bruder war kein anderer als Johann Očko von Vlašim, Bischof von Olmütz, ab 1364 Erzbischof, ab 1378 Kardinal und einer der engsten Vertrauten Karls IV. Der zunehmende Stellenwert der Finanzverwaltung hatte vor allem damit zu tun, dass Karl IV. viel Geld brauchte, denn wo andere Fürsten Kriege führten, setzte er auf Diplomatie und Geld. Zu den kostspieligsten Transaktionen gehörten der Erwerb der „neuböhmischen" Gebiete wie Brandenburg oder auch die astronomischen Zahlungen an die Kurfürsten, mit denen Karl sich noch zu seinen Lebzeiten die Königswahl seines Sohnes Wenzel erkaufte. Die Einkünfte des Kaisers standen dennoch in keinem Verhältnis zu denjenigen, die den Königen von Frankreich und England und erst recht einigen italienischen Fürstentümern dieser Zeit zur Verfügung standen. Seine Einnahmen aus den Kron- und Reichsgütern beliefen sich Mitte des 14. Jahrhunderts auf jährlich rund 170 000 Gulden, die jedoch vorn und hinten nicht reichten. Um seine ambitionierten Machtbestrebungen zu finanzieren, verpfändete er von allen Königen und Kaisern der beiden letzten Jahrhunderte des Mittelalters die meisten Reichsgüter. 70 Prozent der zwischen 1300 und 1500 erfolgten Beleihungen von Krongütern fielen in seine Regierungszeit. Wie später ab dem 15. Jahrhundert die Habsburger verfügte Karl zu seinem Glück jedoch über Einkünfte aus seinem Hausgut, angefangen mit dem Königreich Böhmen. Sie machten um 1360 insgesamt schätzungsweise 350 000 bis 400 000 Gulden aus, also das Doppelte oder sogar Dreifache dessen, was er im übrigen Heiligen Römischen Reich an Einnahmen verbuchen konnte.[18] Den Ansprüchen der mächtigen tschechischen Adelshäuser zum Trotz waren die Krongüter in Böhmen kompakter und besser verwaltet. Vor allem der vom 13. bis 15. Jahrhundert florierende Bergbau füllte die königlichen Kassen.[19] Dass böhmisches Silber- und Eisenerz gegen Ende des Mittelalters hochbegehrt war, bezeugt etwa eine Notiz des Reisenden Gilles Le Bouvier, genannt „Héraut Berry", aus der Mitte des 15. Jahrhunderts: ‚Die Menschen in diesem Königreich sind sehr reich an Silber, das dort im Überfluss vorhanden ist, und sie fördern es aus unterirdischen Minen zutage; im ganzen Königreich gibt es unzählige Bergleute."[20] Schon im Jahrzehnt von 1230 bis 1240 profitierten die Přemysliden von den Erträgen der Silberminen in Iglau (Jihlava) und Kuttenberg (Kutná Hora). Beide schürften in den letzten Jahrzehnten des 13. Jahrhunderts jährlich 20 Tonnen Silbererz und damit fast ein Drittel der in Kontinentaleuropa gehandelten Mengen. Schon unter den Luxemburgern sank die Ausbeute, weil die Erzlager allmählich erschöpft waren, aber auch durch ein verheerendes Erdbeben 1328 und die dauerhafte Überflutung der untersten Stollen. Dennoch war Kuttenberg mit 10 000 Einwohnern die zweitgrößte Königsstadt Böhmens und förderte das Edelmetall auch unter Karl IV. weiter in ansehnlichen Mengen. Verarbeitet wurde das Silber vorwiegend in der eigenen Münzstätte zu Prager Groschen, die als wichtigstes Zahlungsmittel im gesamten zentralen Teil Europas unter direkter Kontrolle des Königshofs geschlagen und ausgegeben wurden. Zuständig hierfür waren in der Prager Kanzlei tätige oder mit dem dortigen Hof verbundene Vertreter der großen Nürnberger Hochfinanz- und Kaufmannsfamilien,[21] allen voran der Schlick, Groß und Stromer, die immer komplexere Kredit-, Bank- und Wechselgeschäfte beherrschten und zudem den Kurswert der Münzen steuerten, indem sie zwischen 1355 und 1365 allmählich Gewicht und Feinsilbergehalt des Prager Groschens senkten.

Um die chronisch leeren königlichen Schatullen zu füllen, trieben der König und seine Berater ab Mitte des 14. Jahrhunderts zudem die Erschließung und Ausbeutung neuer Erzlager voran. Die räumliche Verteilung dieser Erzvorkommen in drei an Böhmen angrenzenden Regionen erklärt, warum Karl IV. genau dort eine Erweiterung seines Territoriums anstrebte. Der eine Sektor umfasste die Silberadern in Silberberg und Frankenstein, die Goldvorkommen in Reichenstein und die Eisenerzlager in Eisenbrod, alle drei in Niederschlesien, das schon 1336 in das Königreich eingegliedert worden war und 1351 dem Krongut zugeschlagen wurde. Das zweite Gebiet lag rings um die Silberminen in Mies, die Eisenerzvorkommen in Auerbach und das Dreieck Sulzbach–Rosenberg–Amberg in einem Landstrich der Oberpfalz („Neuböhmen"), dessen Erwerb Karl IV. von 1353 bis 1363 beharrlich verfolgte, auch um seine „Goldene Straße" zwischen Prag und Nürnberg abzusichern. An dritter Stelle standen schließlich vielversprechende, kurz zuvor entdeckte Vorkommen im Erzgebirge im Grenzgebiet zwischen Böhmen und der kaiserlichen Landgrafschaft Thüringen: die Eisenerzminen in Berggießhübel, Eibenstock, Schmiedeberg, die Kupferminen in Kupferberg und die Goldminen in Karlsberg oder Bergreichenstein, deren Ausbau von 1340 bis 1365 stetig voranschritt. Von allen in der Hofkanzlei unter Karl IV. erstellten Verzeichnissen der königlichen Rechte und Krongüter waren sicher nicht von ungefähr gerade diejenigen von Neuböhmen (1366–1368) und Brandenburg (1375) am vollständigsten und somit am ehesten in der Lage, Auskunft über Steuern und Einnahmen zu geben.

Während die Prager Hofkanzlei unterschiedslos für alle Länder unter der Oberherrschaft Karls IV. Schriftstücke erstellte und diese in erster Linie mittels der Burggrafen in Böhmen und Mähren an Städte, Grundherrschaften und Burgvogteien ausgab, gingen die Fürstentümer in den Ländern der Krone Böhmens eigene Wege. Das galt zum einen für Mähren, das seit 1311 fest zu Böhmen gehörte, und zum anderen für die schlesischen Herzogtümer, auf die König Kasimir III. von Polen 1335 mit dem Vertrag von Trentschin „auf ewige Zeiten" verzichtet hatte und die daraufhin in die Krone Böhmens inkorporiert worden waren. Diese Überlassung wurde 1348 im Vertrag von Namslau und nochmals 1355 sowie 1358 bestätigt. Auch die angrenzenden Marken Bautzen und Görlitz machte Karl IV. zu Lehen des Königreichs und der Krone Böhmens (*regnum et corona Boemiae*). Zugleich wandelte er die Markgrafschaft Mähren in ein unmittelbares Kronlehen um; die dortigen Bistümer Olmütz und Leitomischl unterstanden ab 1344 als Suffraganbistümer der Metropolitanprovinz Böhmen dem Erzbischof von Prag. In Mähren, das von 1349 bis 1375 Karls Bruder Johann Heinrich und anschließend von 1375 bis 1411 dessen Sohn Jobst als Markgrafen regierten, leitete eine eigene Kanzlei von der Residenz in Brünn aus die in Prag ausgestellten Schriftstücke weiter. Verstärkt wurde diese Nähe noch dadurch, dass die jeweiligen Bischöfe von Olmütz zum Teil zu Erzbischöfen von Prag erhoben wurden, wie Johannes von Neumarkt oder Johann Očko von Vlašim, oder dem engsten Beraterkreis des Königs angehörten. Während der gesamten Regierungszeit Karls IV. war der konstante und schließlich systematische Einfluss seiner Kanzlei charakteristisch für die höhere Verwaltungsebene am Hof. Ein Indiz hierfür ist, dass der Anteil des eng in die Kanzlei eingebundenen Personals ab den 1360er-Jahren selbst in dem Bereich, den man schon ansatzweise als „Diplomatie" bezeichnen kann, kontinuierlich stieg. Die Prosopografie der 68 Unterhändler und Legaten, die im Auftrag Karls IV. zum Papst nach Avignon reisten,[22] lässt erkennen, dass die Gesandten mehr und mehr aus Böhmen, Mähren und Schlesien stammten und immer weniger aus dem Westteil des Reiches, wo im ersten Jahrzehnt von Karls Regierung noch die meisten von ihnen beheimatet gewesen waren.

Interessant ist auch das Verhältnis Karls IV. zu seinen Beratern. Die Besonderheit seines Regierungsstils war ja, dass er ständig die Vernetzung seines Königreichs Böhmen mit dem Heiligen Römischen Reich sicherstellen musste. Was unter Umständen ein Hindernis oder einen Widerspruch darstellen konnte, nutzte er nicht selten zu seinem Vorteil, indem er beide gegeneinander ausspielte. Auf welche Weise, zeigen zwei Beispiele: Dietrich von Portitz entstammte einer Familie von Tuchhändlern in Stendal in der Altmark Brandenburg (dem heutigen Sachsen-Anhalt), schlug aber schon früh eine glänzende Karriere als Kleriker ein und war nacheinander Bischof von Brandenburg, Olmütz, Schleswig und Minden. Er bereitete 1355 aktiv die Kaiserkrönung Karls IV. vor und stand diesem ab 1356 als enger Berater zur Seite. Ihm vertraute der Kaiser die Finanzverwaltung Böhmens an, setzte ihn viele Male als Gesandten ein und erhob ihn schließlich zum Propst von Vyšehrad, in dessen riesigem Palastkomplex über dem rechten Moldau-Ufer südlich der Prager Neustadt, einst Prager Hochburg der Herzöge und später Könige von Böhmen, eines der angesehensten Kollegiatstifte im ganzen Königreich seinen Sitz hatte. Schließlich wurde Karl die Machtfülle Dietrichs von Portitz 1362 lästig. Er entfernte ihn vom Prager Hof, indem er für seine Erhebung zum Erzbischof von Magdeburg sorgte, wo Dietrich sich bis an sein Lebensende gegen eine Koalition sächsischer Adliger aus dem Dunstkreis des Herzogs von Braunschweig und des Bischofs von Hildesheim behaupten musste. Dietrichs Laufbahn zeigt, dass Karl IV. sich allzu mächtig werdender Berater mithilfe der vielen prestigeträchtigen Ressourcen seines Kaiserreichs zu entledigen wusste. Ähnliche Erfahrungen machte auch Johannes von Neumarkt, der von 1352 bis 1373 als Kanzler in kaiserlichen Diensten stand, dann jedoch in Ungnade fiel und sich in sein Bistum Olmütz zurückziehen musste. Der Kaiser versorgte ihn zwar mit Reichsgütern und Privilegien, doch mit der Macht, die Johannes zwei Jahrzehnte lang ausgeübt hatte, war es vorbei.

Wie solche Lebensläufe deutlich machen, hatten auch in Prag wie überall sonst im Europa des 14. Jahrhunderts die Netzwerke bestimmter Personen und ihre regionalen „Connections" einen weit größeren Stellenwert als die institutionelle Bürokratie oder die Geopolitik. Anders gesagt: Die Funktion richtete sich nach der Person, nicht anders herum. Das erklärt, warum der Hof als Regierungszentrale einerseits Werkzeug des Königs war, zugleich aber auch ein soziales Gebilde mit eigenen Regeln. Man erkennt hierin bereits Ansätze für das, was wir heute Staat, Verwaltung oder Beamte nennen, jedoch noch ohne das hohe Maß an Rationalisierung und Professionalisierung, das die Neuzeit mit diesen Begriffen verbindet. Unter diesem Vorbehalt wird verständlich, warum wir zwar viel über die Tätigkeit der Kanzlei Karls IV. und ihre Einbeziehung in wichtige politische Entscheidungen wissen, warum sich jedoch ein großer Bereich dieses Mechanismus unserer Kenntnis entzieht, weil er nur bruchstückhaft mit bereits pragmatisch standardisierter Schriftlichkeit dokumentiert ist. Für die Deutung dieser Abläufe müssen wir uns deshalb an andere Faktoren halten: Zeremonielle, Bilder und ihre Verortung sowie die Lokalisierung der Macht insbesondere in Prag, das Hauptstadt, Hof und Residenz in einem war.

Prag: der Regierungssitz

Der deutsche Chronist Heinrich Truchsess von Diessenhofen, der ansonsten viele Aspekte von Karls Herrschaft kritisch sah, erklärte Prag zur Nachfolgerin von Rom: „Und von dort ging [Karl] nach Prag, das heute die Hauptstadt des Königreichs Böhmen und jetzt Sitz des Kaisers ist wie früher Rom und später Konstantinopel; in Prag verbrachte er fortan sein Leben." Auffallend ist der ironische Unterton: Das Ewige Rom wird als Kaisersitz abgelöst durch eine entlegene, randständige Stadt, die es in den Augen vieler deutscher Chronisten an Prestige mit den antiken Metropolen im Reich nicht aufnehmen konnte. Stil und System der Politik Karls IV. erschließen sich im Grunde erst, wenn man dabei die Rolle Prags – ähnlich wie die von Paris für Frankreich und von London für England – in seiner dreifachen Funktion als Hauptstadt, Hof und Residenz betrachtet.

Als Hauptstadt macht Prag in der Tat etwas her,[23] schaut man sich die Neustadt, die Burg, die übrigen Bauwerke und die Residenzen anderer Könige und Fürsten an wie Waldemars IV. von Dänemark und Friedrichs III. von Meißen, oder auch der Großen, von den Erzbischöfen und Bischöfen von Mainz bis zu den mächtigen Adelshäusern der Sternberg, Wartenberg und Riesenburg. Glanz verliehen ihr die Universität und der Veitsdom, von dem ein Kult der Person des Königs und seiner Dynastie ausstrahlte, nicht zu vergessen die nahe gelegene Burg Karlstein. Der Prager Hof zeichnete sich durch alles aus, was man im ausgehenden Mittelalter erwartete: Hier residierte der König mit seinen Vertrauten, hier repräsentierte er, stellte seine Ehrungen und Würden zur Schau und regierte. Der Hof war Sitz der Regierung und der königlichen Kanzlei, zentrale Anlaufstelle für alle Angelegenheiten inner- und außerhalb Böhmens. Von hier aus entspann sich ein Netz von Fäden und Beziehungen jeglicher Art. Und es war ein Ort, von dem aus die höfische Kultur im weitesten Sinne mit Auftragsarbeiten, Mäzenatentum, Festen und Wissen ausstrahlte.[24]

Karl IV. hegte den Ehrgeiz, seine Hauptstadt zu einem politischen Zentrum zu machen, das mit dem augusteischen Rom, der Aachener Königspfalz zur Zeit Karls des Großen oder dem Paris der Kapetinger und Valois auf Augenhöhe stand.[25] Schon zu Beginn seiner Herrschaft lassen zwei Urkunden vom 1. April 1347 und vom 8. März 1348 seine Hoffnung durchblicken, Prag werde das Herzstück „unseres Erbkönigreichs Böhmen, auf dass ohne Ansehen der Kosten dort die Blumen der Schönheit, des Wohlstands und des Friedens erblühen". Allerdings musste Karl nicht bei Null anfangen: Prag hatte sich bereits unter den letzten Přemysliden entfaltet; so hatte schon Wenzel I. die großen Troubadoure an seinen Hof geholt, Ottokar II. eine emsige Bautätigkeit entwickelt und Wenzel II. bereits die Gründung einer Universität geplant. So wie die Büsten der Luxemburger im Triforium des Veitsdoms über den Gräbern dieser drei Přemysliden prangen, so überragt auch die Kathedrale selbst die Fundamente der Basilika, die Herzog Spytihněv II. von Böhmen zwischen 1055 und 1061 erbauen ließ; ebenso steht die ab 1333 errichtete neue Burg auf dem Hrad über den Resten des alten böhmischen Königssitzes. Das Prag Karls IV. war natürlich eine grandiose Neuinszenierung, die jedoch auf vorhandene Dekorelemente zurückgreifen konnte. In jedem Fall wollte Karl IV. seine Königsresidenz durch eine Stadt geschützt wissen, die in jeder Hinsicht Würde und Autorität ausstrahlte, von den Stadtmauern über Burgen, Paläste, Kirchen und Kapellen für seine innig geliebten Reliquien, über majestätische Brücken, Türme, Adelsresidenzen, eine Universität und Klöster bis zur Neustadt. Kein Attribut einer Metropole sollte fehlen. Angesichts der bescheidenen Mittel, über die man in jener Zeit verfügte, beeindruckt noch heute die Schnelligkeit, mit der all diese Baustellen zeitgleich in Angriff genommen und finanziert wurden. Zum Aufstieg Prags zur politischen und kulturellen Hauptstadt Europas im 14. Jahrhundert gehörte in den Augen Karls IV. auch eine gute, effiziente Regierung. Dass sich diese Pläne für eine propagandaträchtige Inszenierung anboten, blieb dem Kaiser nicht verborgen. In seiner *Vita* erinnert er sich an seine Rückkehr nach Prag im Jahr 1333, noch bevor er die erste Krone empfangen hatte. Eindeutig überzogen schildert er den Verfall, den er nach elfjähriger Abwesenheit in Böhmen vorfand, und seine Entschlossenheit, einen Schlussstrich unter die Vergangenheit zu ziehen, die er absichtlich in den schwärzesten Farben malt: „Die Prager Burg aber war so verwahrlost, verfallen und heruntergekommen, weil sie seit der Zeit Ottokars völlig zugrunde gerichtet worden war. An ihrer Stelle ließen wir unter hohen Kosten von Grund auf einen großen und schönen Palast errichten, wie er noch heute dem Betrachter erscheint."[26] Der Chronist Franz von Prag fügte mit Bedacht hinzu, das neue Stadtbild sei „unter hohen Kosten erbaut, nach dem Vorbild des Hauses des französischen Königs". In der Tat erinnern die Prunktreppe, das imposante Portal, die nach 1355 mit 120 Porträts der Vorfahren Karls IV. geschmückte Eingangshalle und die 1369 erbaute Allerheiligenkapelle an das Pariser Palais de la Cité.

Prag war die politische, aber auch die kulturelle Hauptstadt Böhmens. Beides sollte in einem Atemzug genannt werden, denn die Blüte der tschechischen Schriftsprache und Literatur wurzelt unter anderem in dem umfangreichen Schriftgut, das die Hofkanzlei auf Latein und Deutsch verfasste. Auch der Erfolg der Universität ist nicht zu trennen von der Flut der dort entstandenen Rechtstexte und von den Chroniken zur Geschichte Böhmens. Zum Beraterkreis Karls IV. gehörten wie eh und je Juristen, Gelehrte und Kleriker, aber auch Astronomen, Astrologen, Ärzte, Bibliothekare, Übersetzer ebenso wie Maler, so etwa Nikolaus Wurmser aus Straßburg, der erstmals 1357 in königlichen Quellen wegen seiner Arbeiten in der Burg Karlstein genannt wird. Weitere Beispiele sind Johannes von Troppau und Meister Theoderich, den Karl als „kaiserlichen Maler" und „unseren Maler und Vertrauten" tituliert und der von 1359 bis 1368 die Heilig-Kreuz-Kapelle der Burg Karlstein ausmalte, vor allem aber Peter Parler, der in Prag zahlreiche Werke hinterließ. Gemeinsam mit Miniatoren wie Meister Wenzel, Bruder Andreas oder Jakob von Prag, deren Buchmalereien die großen königlichen Handschriften schmücken, dem Goldschmied Gerhard von Dortmund oder den Edelsteinschleifern, die im Königsschloss ganze Wände mit Inkrustationen überzogen, trugen sie alle auf eigene kunstvolle Weise zu einem Herrschaftsstil durch und für den König bei.[27]

Schon vor der umfangreichen ständigen Bautätigkeit unter Karl IV. war die Stadt Prag für ihre Lage berühmt gewesen und hatte hoch in der Gunst der Přemysliden gestanden. Der spanisch-maurische Geograf und Historiker Abū Ubayd Abd Allāh ibn Abd al-Azīz ibn Muhammad al-Bakrī pries 1068 in seinem *Buch der Königreiche und Wege* den vorteilhaften Standort der Stadt: „Von Krakau her treffen dort Russen und Slawen mit ihren Waren ein. Doch die Muslime, Juden und Türken verkaufen dort Silber und Produkte und ziehen dafür mit Sklaven, Zinn und verschiedenen Arten von Pelzen wieder fort." Die Stadt, die Karl IV. bei seiner Rückkehr 1333 vorfand, war topografisch von der vorhergehenden Dynastie geprägt. Sie bestand eigentlich aus drei voneinander getrennten Städten und zwei Burgen. Über dem linken Moldau-Ufer thronte der Hradschin; die Burg hatte trotz eines verheerenden Brandes 1303 nichts von ihrem Ansehen eingebüßt, weil dort zunächst die Reliquien der Heiligen Wenzel, Veit und Adalbert aufbewahrt wurden, bevor sie ihren Platz im nahe gelegenen Veitsdom erhielten. Zu Füßen des Hradschins lag eine Burgsiedlung, an die zum Fluss hin die zweite Stadt, die Kleinseite (Malá Strana) anschloss. Sie war im Wesentlichen bevölkert von deutschen Siedlern, denen Ottokar II. das Magdeburger Stadtrecht verliehen hatte. Auf dem rechten Ufer der Moldau erstreckte sich die Altstadt (Staré Město) einschließlich des Judenviertels, und südlich einer riesigen Brachfläche die alte Přemysliden-Burg Vyšehrad, die seit dem 10. Jahrhundert den damaligen Herzögen von Böhmen als

Residenz gedient hatte und der Legende nach auf die Gründer der Dynastie, Přemysl den Pflüger und seine Frau, die Prophetin Libussa, zurückging. Auf der Freifläche zwischen der Altstadt und Vyšehrad entstand unter Karl IV. eine gewaltige Baustelle, aus der nach und nach die Neustadt (Nové Město) hervorging, die mit 360 Hektar Fläche mehr als dreimal so groß war wie die Altstadt [siehe den Stadtplan auf S. 305]. Der erste Spatenstich für die 1346 beschlossenen Bauarbeiten erfolgte am Markustag (25. April) 1348, im selben Jahr also, in dem Karl auch die Prager Universität gründete und im Beisein von Fürsten und Adligen aus Böhmen und dem Reich den Grundstein für die Burg Karlstein legte. Durch die kolossale Stadterweiterung wurde Prag zur flächenmäßig größten Stadt nördlich der Alpen. Mit rund 40 000 Einwohnern (1378) war es nun von der Bevölkerungszahl her nach Paris und Gent die drittgrößte Stadt nördlich der Alpen und die größte im Heiligen Römischen Reich, sogar noch vor Köln und Nürnberg. Die neu erschlossenen Flächen waren so enorm, dass sie bis ins 19. Jahrhundert hinein genügend Platz für Erweiterungen boten. Die innerhalb weniger Jahre aus dem Boden gestampfte Stadt erstreckte sich rings um drei Marktplätze, von denen die beiden weitläufigsten – der Pferdemarkt, heute Wenzelsplatz, und der Viehmarkt, heute Karlsplatz – sage und schreibe 800 beziehungsweise 550 Meter lang waren. Größere öffentliche Plätze gab es in ganz Europa nicht. Nach dem Vorbild des antiken Roms durchzogen lange, geradlinige Pflasterstraßen die Neustadt. Das Gitternetz aus 1780 Parzellen, ab 1367 mit einem eigenen Rathaus, war umschlossen von einer mächtigen, dreieinhalb Kilometer langen, fünf bis zehn Meter hohen Stadtmauer, die alle hundert Meter von befestigten Doppeltürmen unterbrochen wurde. Mit 40 Kirchen, von denen allein neun unmittelbar vom König gegründet worden waren, konnte die Neustadt sogar mit Rom und Konstantinopel mithalten. Das Panorama der prunkvollen neuen Metropole verblüffte jeden Besucher. Benesch Krabitz von Weitmühl schrieb, Karl IV. habe sich vorgenommen, „an diesem Ort, an dem ja Fürsten, Vornehme und Adlige aus aller Herren Länder zusammenströmten, Pracht und Ruhm seiner Herrschaft über Böhmen herauszukehren; [deshalb] ließ er zwei Türme der königlichen Prager Burg [...] mit Blei und darüber Gold eindecken, sodass sie bei schönem Wetter schon weithin sichtbar glänzten und das Licht spiegelten“. Selbst französischsprachige Autoren, die sonst an Prag als Konkurrentin von Paris kein gutes Haar ließen, würdigten den Kraftakt. Der „Héraut Berry“ Gilles Le Bouvier sprach um 1450 in seiner *Description des pays* von der „Hauptstadt namens Prag".[28] Der Flame Guillebert de Lannoy, vielgereister Diplomat und Kämmerer des Herzogs von Burgund, schrieb in der ersten Hälfte des 15. Jahrhunderts enthusiastisch: „Die Stadt Prag, die Hauptstadt des Königreichs Böhmen, liegt an einem Fluss. In Prag gibt es zwei Städte, die alte und die neue, und es ist sehr groß und sehr reich. Und in der Neustadt gibt es einen mächtigen Turm, in dem ich in Gesellschaft des Königs und mit ihm gemeinsam die ehrwürdigen Reliquien gesehen habe, die man dem Volk [dort] einmal jährlich zeigt."[29]

In dieser Symbolik der Stadt Prag als Konzentrat des gesamten Königreichs spielte der Veitsdom eine herausragende Rolle. Den Bau der Kathedrale hatte schon Johann von Böhmen 1341 angedacht, doch konkrete Gestalt nahm das Vorhaben erst an, als Prag 1344 zum Erzbistum erhoben wurde. Die Grundsteinlegung für den Neubau über den Fundamenten der alten romanischen Basilika und der Rotunde des hl. Wenzel erfolgte am 21. November, am selben Tag, an dem Ernst von Pardubitz erstmals das erzbischöfliche Pallium anlegte. St. Veit war von Anfang an als königliche Krönungskirche, Schatzkammer für Kronen und Reliquien, Aushängeschild für die Heilsgeschichte Böhmens und Grablege der Přemysliden und der Luxemburger vorgesehen. Für „seinen" Dom war Karl IV. nichts zu schön und zu teuer. Schon 1344 berief er Matthias von Arras nach Prag. Dieser orientierte sich an den Bauplänen von Saint-Just-et-Saint-Pasteur in Narbonne, die mit polygonalen Chorkapellen, Rayonnant-Maßwerk und dreifacher Galerie seinerzeit als modernste Kathedrale des ganzen Abendlands galt. Als Matthias 1352 starb, übernahm Peter Parler die Bauleitung bis 1399. Nach dem Vorbild der Kathedrale von Reims betonte er im Innenraum den königlichen ebenso wie den sakralen Charakter des Gebäudes und unterstrich zudem seine Funktion als königliche Grablege mit Elementen, die er der Kathedrale von Saint-Denis entlehnte.[30] Vorbilder wie diese belegen die enorme Verbreitung architektonischer und kultureller Muster in Europa, besonderes aber den regen Austausch zwischen Frankreich und Böhmen.[31] Auch bei der Innenausstattung blieb nichts dem Zufall überlassen. Im Erdgeschoss stehen die herzoglichen und königlichen Grabmale der Přemysliden, in der Triforiengalerie darüber die Porträtbüsten der Luxemburger Herrscher, und darüber wiederum die böhmischen Nationalheiligen; den Ehrenplatz unter ihnen nahm Wenzel ein, dessen Namen Karl IV. selbst und seine beiden ältesten Söhne bei der Taufe erhielten. Wenzels Büste im Mittelpunkt des Gebäudes ist mit einer Krone geschmückt, die als königliche Insignie und materielle Verkörperung der *corona Boemie* galt. Sie war Gott und dem hl. Wenzel geweiht und hatte ihren Platz im Domschatz von St. Veit.

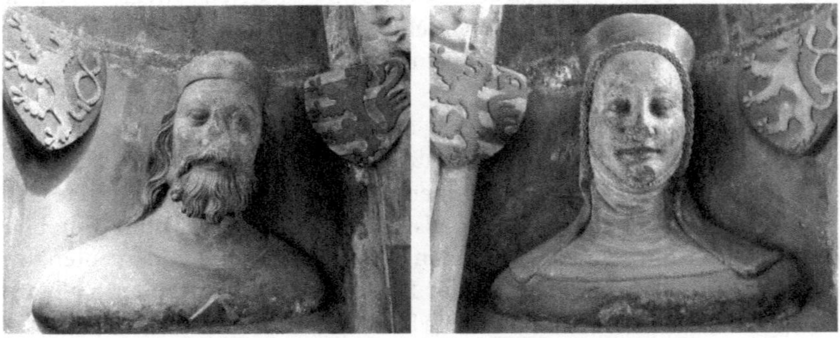

Porträtbüsten von Johann I. dem Blinden und Elisabeth von Böhmen im Triforium des Prager Veitsdoms.

Karl IV. bedachte den Dom unermüdlich mit weiteren Schenkungen und Reliquien: Von 1354 bis 1378 wanderten nicht weniger als 300 kostbare Textilien, 150 Kleinodien, darunter 13 Statuettenreliquiare aus Silber und 27 Reliquienbüsten aus Gold, sowie 200 Prachthandschriften in die Schatzkammern des Veitsdoms. In der Christmette 1347 verlas Karl IV. zum Zeichen seiner Sonderrolle als eine Art von Priesterkönig höchstpersönlich die Weihnachtsgeschichte aus dem Lukasevangelium (Luk 2, 1–14). Die königlich-kaiserliche Dimension des Bauwerks unterstrich auch ein Mosaik über dem Südportal, „ausgeführt in griechischer Manier", sodass die Steine „strahlen und die Sonne spiegeln mögen, sichtbar auf weite Entfernungen hin", wie Benesch Krabitz von Weitmühl für das Jahr 1370 vermerkt. Dieses prunkvolle Mosaik, nach dem das Portal „Goldene Pforte" genannt wird, verweist von außen bereits auf die mit Halbedelsteinen inkrustierten Wände der Wenzels- und Sigismundkapelle beiderseits des Chors.

Nichts illustriert die symbolische und politische Tragweite des Doms und der Neustadt besser als der Weg, den die Prozession anlässlich der Königskrönung einschlug. Die Route war in der böhmischen Krönungs-

Das Mosaik des italienischen Malers Niccolò Semitecolo über dem Südportal des Prager Veitsdoms, das Karl IV. mit Elisabeth von Pommern zeigt.

ordnung (*Ordo ad coronandum regem Boemorum*) vorgegeben, die Karl selbst kurz nach 1344 verfasste. Der Chronist Přibík Pulkawa von Radenin beschrieb sie Ende des 14. Jahrhunderts: Am Vorabend der Krönungsfeier führte der Weg vom Hradschin aus zur Burg Vyšehrad, wo der künftige König den Schuh Přemysls des Pflügers küsste. Auf dem Weg zurück zum Veitsdom trug der König nun die mit Amethysten geschmückte Silberschatulle mit den Reliquien des hl. Veit bei sich. Der Zug bewegte sich weiter zum Emmauskloster, zum Karlsplatz in der Neustadt und dann durch die Altstadt, bis sie die Karlsbrücke überquerte. Auch der Leichenzug des Kaisers folgte später derselben Route, die wie eine Zusammenfassung seiner Herrschaft und der Geschichte Böhmens anmutet, als hätten sich beide zur steinernen Hülle Prags verdichtet: Vom Emmauskloster als Symbol der slawischen Ursprünge des böhmischen Christentums über die Neustadt als römisch-augusteische Schenkung des kaiserlichen Gönners bis zur Altstadt mit Karls-Universität, -turm und -brücke verlief die Route wie eine Triumphstraße über beide Flussufer bis zum Dom als prunkvollem Schaukasten zum ewigen Ruhm der böhmischen Herrscher.

Nürnberg: die Nebenhauptstadt

Ein Wesenszug von Karls zweifacher Krone war allerdings der Bedarf an weiteren Machtzentren. Allein von einem so dezentralen, böhmisch geprägten Ort wie Prag aus hätte Karl IV. nicht das gesamte Heilige Römische Reich regieren können. Es gab zwar diverse Pfalzen, allen voran Aachen, doch mit jeder neuen Dynastie auf dem Kaiserthron waren andere Regionen in den Vordergrund getreten: unter den Ottonen Sachsen, unter den Saliern Franken, unter den Staufern Schwaben, unter den Habsburgern Österreich und unter den Wittelsbachern Bayern.[32] Das französische Modell, das schon früh mit nur einer Hauptstadt und nur einer Dynastie auskam, war jedenfalls eher die Ausnahme als die Regel. Das Heilige Römische Reich pflegte die zumindest im lateinischen Abendland gängige mittelalterliche Tradition, die Zentralmacht räumlich auf eine Reihe abwechselnder oder aufeinanderfolgender Hauptstädte im Reichsgebiet zu verteilen; Voraussetzung hierfür war das Reisekönigtum.[33] Aachen war zwar Schauplatz der Krönung und Frankfurt Ort der Königswahl, doch die Hof- und später Reichstage fanden seit dem 12. Jahrhundert abwechselnd an über 20 Orten statt, teils in altehrwürdigen Städten wie Regensburg, Nürnberg, Mainz, Frankfurt, Speyer, Augsburg, Würzburg oder Worms, teils aber auch im kleineren Rahmen in Ortschaften wie Gelnhausen, Eger, Bacharach, Rhens oder Mergentheim.[34] Keine dieser Städte konnte es mit Paris aufnehmen, das selbst nach den Pestwellen noch bis zu 200 000 Einwohner zählte, und auch nicht mit Venedig, Mailand, Florenz und Genua, die zwischen 1300 und 1350 auf 100 000 Einwohner kamen. Man kann sich im Übrigen unschwer vorstellen, welchen tiefen Eindruck diese Städte 1320 bis 1330 beim jungen Karl hinterließen.

Da das Heilige Römische Reich auf deutschem Boden keine feste Hauptstadt besaß, stützte sich Karl IV. wie seine Vorgänger bei der Verwaltung der deutschen Reichsteile auf die Königspfalzen. Dort fand er Berater, nahm Steuern ein, vergab Privilegien, kaufte Waren und wohnte in den jeweiligen Residenzen. Die meisten dieser Pfalzen, die sozusagen das wirtschaftliche, administrative und städtische Gerüst des Königtums bildeten, besaßen im 14. Jahrhundert hinsichtlich Recht, Gerichtsbarkeit und Steuerwesen ein hohes Maß an Eigenständigkeit.[35] Die allermeisten der 100 bis 120 Städte, die diese Privilegien genossen, lagen in Mittel- und Süddeutschland und waren regelmäßig Gastgeber der Hof- und Reichstage.

Eine Sonderrolle unter Karl IV. spielte Nürnberg, das schon vor, aber auch nach ihm lange Zeit als „heimliche Reichshauptstadt" galt. Die Zahlen sprechen für sich: 52 Mal hielt sich Karl IV. in Nürnberg auf, neun Reichstage fanden dort statt – mehr als in jeder anderen deutschen Stadt. Seit 1219 mit dem Großen Freiheitsbrief ausgestattet und damit als Reichsstadt unmittelbar dem König/Kaiser unterstellt, rief Nürnberg zwischen 1285 und 1320 städtische Einrichtungen ins Leben, die von einem kleinen Rat kontrolliert wurden. Das Sagen hatten darin einige wenige dem Hof nahestehende Patriziergeschlechter und Kaufmannsfamilien wie die Muffel, Groß, Haller und Stromer.[36] Dank ihrer beneidenswerten Lage im Schnittpunkt der großen Handelsstraßen zwischen Ober- und Niederdeutschland, dem Balkan, Böhmen und Norditalien (insbesondere Venedig)[37] war die fränkische Metropole schon seit dem Ende des 12. Jahrhunderts Dreh- und Angelpunkt für Finanzgeschäfte, Kunstschmiedeerzeugnisse und den Handel mit Metallen und anderen Produkten von hohem Wert. Diese politische Stabilität, die rege Finanz- und Handelsaktivität und die Gunst der jeweiligen Könige, die von Nürnberg aus mit Beratern, Bankiers, Luxuswaren und Krediten bestens versorgt wurden, verschafften der Stadt einen hervorragenden Ruf, den Karl IV. noch mehrte.[38] Der Kaiser selbst dokumentierte in einer Urkunde vom 5. April 1355 sein besonderes Augenmerk für den Schutz der „Goldenen Straße", die von Prag quer durch das gerade erst in die Krone Böhmens eingegliederte „Neuböhmen" bis nach Nürnberg führte, damit „die hochgeborenen kuninge zu Beheimb durch dieselben lande desto sicherer ziehen und komben mugen zu der wal und chur eines römischen kunigs und dieselben kunige zu Beheimb [Nürnberg] den kayserlichen hof, den die durchleutigen kunige zu Nürnberg gewonlich haben, desto baß und friedsamer gesuchen mugen." Zur Begründung hieß es, die neuen Gebiete seien bis dahin von Raub und Plünderung, Aufruhr und gefährlichen Verbrechen heimgesucht worden, doch nun herrsche dort Frieden und die Kaufleute, Pilger und Wanderer könnten sicher reisen und alle Königreiche und Fürstentümer gedeihen. Bezeichnenderweise hatte Karl die unterwegs lauernden Gefahren am eigenen Leib erfahren, als er sich kurz nach seiner ersten Krönung zum römisch-deutschen König 1346 als einfacher Pilger verkleidet inkognito von Bonn aus durch das Stammland Ludwigs des Bayern nach Prag durchschlagen musste, um nicht dessen Schergen in die Hände zu fallen. Die direkte Landverbindung zwischen Prag und Nürnberg war mit massiven Festungen und florierenden Zollstellen wie Lauf, Hersbruck, Sulzbach, Bärnau und Pilsen bestückt, die Zollfreiheit und freien Warenverkehr zu den Märkten in Frankfurt und Nürnberg genossen. Die Straße bildete während der gesamten Regierung Karls IV. eine der wichtigsten Verkehrsadern zwischen Böhmen und dem Reich. Nicht von ungefähr richtete Nürnberg, nach Karls eigenen Worten „die vornehmste und bestgelegene Stadt des Reiches“, 1356 den Reichstag aus, bei dem die wichtigs-

Die zwischen 1506 und 1509 von Sebastian Lindenast und Georg Heuß in Erinnerung an die Goldene Bulle gefertigte Turmuhr in der Westfassade der Nürnberger Frauenkirche.

ten Artikel der Goldenen Bulle angenommen wurden. Eine Klausel darin verpflichtet jeden neu gewählten König sogar, nach seiner Thronbesteigung in dieser Stadt seinen ersten Reichstag abzuhalten.

Ebenso wie Prag durchlief auch Nürnberg unter Karl IV. einen tiefgreifenden urbanistischen Wandel, der aus der Stadt eine zweite kaiserliche Residenz machen sollte. Über den Ruinen des Judenviertels, das dem Pogrom von 1349 zum Opfer gefallen war, baute man einen weitläufigen neuen Marktplatz. Wo zuvor die Synagoge gestanden hatte, entstand von 1352 bis 1362 die Frauenkirche, die Karl selbst als *„capella regia"* konzipierte. Mit den Arbeiten war die angesehene Bauhütte Peter Parlers betraut, der sich als Vorbild an den Aachener Dom hielt. Die Sebalduskirche wurde 1361 für die Taufe von Karls Sohn Wenzel verschönert. Ein Glanzlicht im neuen Stadtbild war unweit vom Rathaus der „Schöne Brunnen", der laut den Nürnberger Chroniken schon 1362 im Gespräch war und ab 1370 in Angriff genommen wurde. Karl IV. bekam den zwischen 1385 und 1396 fertiggestellten Brunnen zwar nicht mehr selbst zu sehen, dürfte aber die Arbeiten persönlich aus der Ferne überwacht haben. Das 19 Meter hohe Monument in einer Ecke des neuen Marktplatzes ist ein städtisches und zugleich kaiserliches Monument. Seine rund 40 bunt bemalten Figuren verteilen sich auf mehrere Etagen. Die unterste davon zeigt die sieben alttestamentlichen Propheten, die nächste die Neun Guten Helden, unter ihnen besonders sorgfältig gestaltet reale und sagenhafte Könige und Kaiser: David, Caesar, Alexander der Große, Artus und Karl der Große. In der Etage darüber sieht man die sieben Kurfürsten (gut erkennbar dabei der König von Böhmen), die Sinnbilder der sieben freien Künste neben der Philosophie und die vier Evangelisten in Begleitung der vier Kirchenväter. Das besondere Band zwischen Karl IV. und Nürnberg illustriert am besten die hochkomplexe, sündhaft teure mechanische Turmuhr, die der Volksmund das „Männleinlaufen" nennt. Sie wurde zur Erinnerung an die Goldene Bulle zwischen 1506 und 1509 in die Westfassade der Frauenkirche eingebaut. Unter dem Ziffernblatt der astronomischen Uhr sieht man den Kaiser auf dem Thron, angetan mit Reichskrone, Zepter und Reichsapfel. Jeden Mittag mit dem Glockenschlag zwölf erscheinen rechter Hand durch eine Tür die sieben Kurfürsten in genau der Reihenfolge, wie sie die Bulle 1356 festlegte, absolvieren drei Runden um den Kaiser und verschwinden linker Hand wieder durch eine andere Tür. Ebenso wie Paris, wo Karl V. schon 1370 eine astronomische Uhr für das Palais de la Cité geordert hatte, bekam auch Prag eine solche Turmuhr. Augenscheinlich präsentierten sich Herrscher allüberall gern auch als Herren über die Zeit.[39]

Prag, Nürnberg und die großen Besitzungen der sieben Kurfürsten, an die in der fränkischen Hauptstadt gleich zweimal erinnert wird, bildeten das Zentrum der karolinischen Regierung und Macht in Zentraleuropa. In dieses geografische Herzstück führten die meisten der vielen Reisen, mit denen Karl IV. diplomatische Anliegen verfolgte[40] und seine Königreiche regierte. Die Besonderheit seines Herrschaftsstils lag allerdings im Zusammenspiel zwischen dem herkömmlichen Reisekönigtum und der zunehmenden Sesshaftwerdung von Macht, Hof und Verwaltung in Prag.

Aufenthalte und Reisen

Jeder mittelalterliche König muss sich seinen Untertanen und Vasallen zeigen und persönlich in seine Besitzungen begeben, um vor Ort Probleme zu lösen, seine Residenzen zu bewohnen, Privilegien zu vergeben oder einfach sein Terrain abzustecken.[41] Auch Karl IV. hielt sich an diese eiserne Regel und regierte im Rahmen eines Reisekönigtums sozusagen per Itinerar, zumal ihn die zweifache Krone dazu zwang. Zwei Zahlen verdeutlichen, wie oft er unterwegs war: Von seiner Erhebung zum Grafen von Luxemburg 1330 bis zu seinem Tod 1378 absolvierte Karl 1227 Reisen (davon ein Drittel innerhalb von Böhmen und Mähren und die Hälfte rings um die Achse zwischen Frankfurt und Breslau) und machte an 438 verschiedenen Orten Station. Diese unablässigen Reisen sprechen für eine erstaunliche körperliche Widerstandskraft des Monarchen, der ständig zwischen Rom und Lübeck, Paris und Krakau oder Budapest, Südfrankreich und Litauen pendelte. Abgesehen von 1350/51 verging kein Jahr seiner Herrschaft ohne mindestens eine ausgedehnte Reise.[42] Man muss schon weit in die Vergangenheit schauen, bevor man mit Friedrich Barbarossa einen reiselustigen Kaiser mit vergleichbarem Fleiß und Radius findet. Um diese Häufung und die Ziele besser nachzuvollziehen, bietet sich eine Einteilung in vier Phasen der Regierungszeit Karls IV. an [siehe die Karten auf S. 306 f.]. Die erste davon reicht von den politischen Anfängen Karls 1330 in Luxemburg bis zu seiner ersten Wahl zum römisch-deutschen König 1346, die zweite von 1346 bis zur Kaiserkrönung in Rom 1355, die dritte von seiner Rückkehr aus Italien bis zu den Vorbereitungen für den Erwerb Brandenburgs mit dem Vertrag von Fürstenwalde 1373, der mit einer Schwerpunktverschiebung nach Nordosten einherging. Die vierte Phase schließlich endet mit Karls letzter großer Reise nach Paris wenige Monate vor seinem Tod in Prag.

Ein Vergleich der Reiserouten zeigt erwartungsgemäß zunächst einmal, dass die königlichen Itinerare sich mit den wesentlichen Ereignissen decken und die Hauptrichtungen von Karls Reisetätigkeit abbilden.[43] In Phase eins lassen die Stationen erkennen, dass der junge Prinz noch auf die von seinem Vater vorgegebenen politischen Epizentren fixiert ist. Er sucht die Nähe zu Frankreich, übt Macht in der Grafschaft Luxemburg aus, unterhält gute Beziehungen zum Avignonesischen Papsttum, schlägt Aufstände in Italien nieder, stärkt die Stellung der Luxemburger im Heiligen Römischen Reich mit Blick auf eine Kandidatur als Gegenkönig zu Ludwig dem Bayern und macht sich mit Böhmen vertraut. So gesehen folgen Karls Reisen in den ersten Jahren den Spuren Johanns des Blinden, der selbst unermüdlich unterwegs war, ergeben sich aber zugleich aus einer dynastischen Geopolitik, die sich auf eine lockere Verbindung zwischen Luxemburg und Böhmen stützt.[44]

Phase zwei beginnt mit den Krönungen von 1346 und 1347, die automatisch eine Achsenverschiebung in Richtung auf das Reich und nach Osten bedingen. Von Prag aus schälen sich fortan drei Orte heraus, in deren Umkreis sich die Macht der Luxemburger in Böhmen konzentriert: Brünn in Mähren, Breslau in Schlesien und Nürnberg im Süden des deutschen Reiches, wobei die Verbindungslinie von Nürnberg über den Main und Frankfurt bis zum Rhein verläuft. Frankreich, Italien und das Papsttum in Avignon verschwinden fast völlig vom Radar. Das Netz der eingeschlagenen Routen verdichtet sich zusehends rings um Böhmen sowie um die Mittelpunkte derjenigen Machtbereiche, die Karl IV. teils unschädlich machen, teils ausbauen oder vor seinen Karren spannen will, darunter Polen, Österreich, Brandenburg und die Kurfürstentümer am Rhein, nicht zu vergessen das schwäbische und fränkische Kerngebiet dessen, was von der Krondomäne im Reich noch übrig ist. Karls Reisen verfolgen fortan drei Ziele: Er will sein Verhältnis zu den Kurfürsten auf ein stabiles Fundament stellen, seine Rechte in den Reichsstädten behaupten und das Landfriedensbündnis untermauern. Den geografischen Ausgangspunkt für seine Reisen stellt nun Prag dar. Die von dort aus eingeschlagenen Routen bilden nicht nur „politische" Verbindungswege, sondern dienen auch der Verbreitung von Neuigkeiten und Waren und stärken damit in erster Linie den Austausch zwischen Böhmen, Mähren, Schlesien und Oberdeutschland. Das Ende dieser zweiten Reisephase lässt den festen Willen Karls IV. erkennen, von Schlesien aus mit Nachdruck in Richtung Lausitz vorzustoßen, um Brandenburg in die Zange zu nehmen.

Abgesehen von der Route nach Italien im Zuge der Kaiserkrönung 1355 in Rom verstärkt sich in Phase drei deutlich der Trend, der sich schon in der zweiten Phase abzeichnete. Auffallend ist die Konzentration der Reisen in den Norden Böhmens, die mit dem Erwerb der Niederlausitz und Karls vierter Ehe zusammenhängt, die noch „nördlicher" ausgerichtet ist als die beiden vorhergehenden. Besonderes Augenmerk gilt der Oberpfalz, die als Neuböhmen in das Königreich eingegliedert wird. Vergleichsweise neu hingegen ist der Blick in Richtung Ungarn und Österreich als Anrainerstaaten der Markgrafschaft Mähren.

In der letzten Phase geht die Zahl der Reisen zurück, zum einen bedingt durch das fortgeschrittene Alter des Kaisers, zum anderen aber auch durch die höhere Effizienz und Sesshaftigkeit des Prager Verwaltungsapparats. Die Zeit und Energie, die Karl von 1370 bis 1373 in den Erwerb des Kurfürstentums Brandenburg steckt, erklärt großenteils, warum er viele Ziele im Westen und im Zentrum des Reiches links liegen lässt und nach Süden hin kein einziges Mal mehr die Donau überquert. Das Muster der Reiserouten verrät zudem seine Affinität zu einer neuen Residenz: dem Markgrafensitz in Tangermünde, den er zum Königshof seiner nördlichen Besitzungen erhebt. Gerade vor diesem Hintergrund wirkt seine Parisreise 1377/78 umso außergewöhnlicher, denn er schlägt dabei wieder eine Richtung ein, die er seit der ersten Phase seiner Reisen fast völlig vernachlässigt hatte. Doch bei dieser Reise geht es bekanntlich nicht wie so oft zuvor um Diplomatie, Heirats- oder Geopolitik, sondern um den Wunsch des Kaisers, seine Verwandten am französischen Hof wiederzusehen und mit ihnen über die Krise des Papsttums, den anglofranzösischen Krieg und die Anerkennung seines Sohnes Wenzel zu sprechen.

Außerdem möchte Karl IV. noch einmal Paris sehen. Neben Prag, Rom, Frankfurt, Nürnberg und Tangermünde war es Teil der städtischen Welt, die den Kaiser faszinierte und die letztlich den politischen und kulturellen Rahmen für seine Herrschaft und seinen Regierungsstil vorgab.

Kapitel 7

Karl IV. und die Städte

Stadtgeschichtlich war die Regierungszeit Karls IV. im Heiligen Römischen Reich eine Periode starken institutionellen und wirtschaftlichen Wachstums, die im sogenannten Städtekrieg mit der politischen und militärischen Niederlage der Städte bei Döffingen und Worms 1388 endete.[1] Die Stärke und Aufbruchstimmung der freien und Reichsstädte hatte Karl bereits am eigenen Leib erfahren, als ihm nach seiner Wahl zum Gegenkönig 1346 heftiger Gegenwind aus dieser Richtung entgegengeschlagen war. Die Reichsstädte waren dem „städtefreundlichen" amtierenden König und Kaiser zunächst treu geblieben, obwohl Ludwig IV. exkommuniziert war und der Bannstrahl des Papstes auch mehrere Städte getroffen hatte. In Aachen und Frankfurt hatte Karl jedenfalls vor verschlossenen Toren gestanden, sodass er sich in Rhens wählen und in Bonn krönen lassen und beide Akte im Nachhinein an den „richtigen" Orten wiederholen musste.[2] Selbst wohlmeinende Chronisten wie Benesch Krabitz von Weitmühl räumten ein, dass Ludwig der Bayer „jedem Gerechtigkeit angedeihen ließ und sich deshalb bei den Bürgern im Reich großer Beliebtheit erfreute".[3]

Den Aufschwung der Städte in den 1320er- bis 1380er-Jahren konnte sogar die Pest nur punktuell bremsen, aber nicht aufhalten. Die zahllosen Urkunden, die Ludwig IV. und sein Nachfolger den Städten widmeten, bezeugen die massive Zunahme der Messen und Märkte, den Sieg Lübecks und der Hanse über den dänischen König im Jahr 1370[4] oder auch die nachdrückliche Forderung der besorgten Kurfürsten, in die Goldene Bulle ein explizites Verbot von Städtebünden aufzunehmen.[5] Bezeichnend ist auch, dass die Städte immer großzügiger „Pfahlbürger" aufnahmen, die zwar nicht in ihren Mauern lebten, aber dennoch ihre Privilegien genossen,[6] ebenso wie die Ausweitung der Autonomie der Reichsstädte in Bezug auf Zölle, Steuern, Gerichtswesen oder Münzrechte.[7]

Ein vorhandenes Netzwerk

Bei der Thronbesteigung Karls IV. im Heiligen Römischen Reich war jedenfalls bereits ein dynamisches, fest etabliertes Geflecht von Städten vorhanden, auch wenn noch immer nur eine Minderheit der Einwohner in einem städtischen Umfeld lebte. Selbst die Städte im dichter besiedelten Süden und Westen der deutschen Reichsgebiete beherbergten allenfalls 15 Prozent der Bevölkerung. Die Mehrheit der rund 3000 bekannten Städte zählte gerade einmal rund 1000 Einwohner, nur 20 von ihnen kamen auf 2000 bis 10 000. Nur ein Dutzend Städte hatte mehr als 10 000 Bürger und fungierte in gewisser Weise als Zentrum territorialer und politischer Landstriche, die mit dem Königshaus eng verknüpft waren und dessen territoriale Herrschaftsgewalt sicherstellten. Das galt für Nürnberg in Franken und der Oberpfalz, für Köln im Rheinland, für Frankfurt im Rhein-Main-Gebiet mit der Wetterau, für Straßburg im Elsass, für Ulm in Schwaben, für Augsburg und Regensburg in Bayern und für Basel und Konstanz in der Schweiz. Bezeichnenderweise fand Karl IV. diese Strukturen bereits vor und behielt sie ohne grundlegende Änderungen bei.

Städte mochten im Verhältnis zum übrigen Reich in der Minderheit sein, spielten jedoch innerhalb der Gesellschaft kulturell und wirtschaftlich eine herausragende Rolle und stellten für den König sogar einen ernst zu nehmenden Faktor dar, allein schon aufgrund seiner Finanzlage und des noch immer praktizierten Reisekönigtums.[8] In den Städten bündelten sich Abläufe wie Umverteilung, Kommunikation, Produktion und Organisation; sie fungierten als Knotenpunkte solcher Netzwerke, unterhielten Bündnisse, stellten Ressourcen für Adel und Königshaus bereit und dienten als Märkte und Messen, auf die weder der Monarch noch sein Hof, seine Verwaltung oder die Fürstenhäuser verzichten konnten. Kaum überraschend waren nicht wenige dieser Städte reichsunmittelbar, also direkt dem Kaiser unterstellt[9] und überdies auch zur Teilnahme an den Reichstagen berechtigt.[10] Und sie leisteten ihren Beitrag zur Finanzierung der überaus kostspieligen Großvorhaben des Monarchen.

Aus alledem wird klar, warum die Beziehung zu den Städten für den Kaiser von entscheidender Bedeutung war.[11] Zunächst einmal gehörte die Fokussierung auf die neue Hauptstadt in Böhmen neben der Herstellung der oberpfälzischen Verkehrsachse zwischen Nürnberg und Prag zu den wenigen urbanistischen Neuerungen der Regierungszeit Karls IV. Natürlich diente ihm Prag, wie wir im vorigen Kapitel gesehen haben, als Hauptstadt seines Königreichs, als Residenz, Verwaltungszentrum, Standort seiner Kanzlei und östlicher Stammsitz des Hauses Luxemburg. Dennoch schaffte es Prag nie, Hauptstadt des gesamten Heiligen Römischen Reiches zu sein und all die Funktionen in sich zu vereinigen, die Nürnberg, Frankfurt, Aachen und Köln innehatten. Karl IV. passte seine Politik gegenüber den Städten stets der jeweiligen Situation und seinen politischen Interessen an. War er anfangs darum bemüht, die Unterstützung derjenigen Städte zu erlangen oder zurückzugewinnen, die Ludwig IV., Bayern und den Wittelsbachern noch treu ergeben waren, konzentrierte er sich als alleiniger römisch-deutscher König und später als Kaiser primär auf seine Bindungen aufgrund der Goldenen Bulle. Gegen Ende seines Lebens schließlich opferte er der verzweifelten Suche nach Geldquellen sogar eingegangene Versprechen und Pflichten. Gegenüber den historischen Städten in seinem Königreich verfolgte er zudem eine ganz andere Politik als gegenüber den Ortschaften in Mähren, Schlesien, in der Lausitz oder in Brandenburg, die der Krone Böhmens erst später zugeschlagen wurden, und wiederum völlig andere Strategien gegenüber den italienischen Städten und den überwiegend kleineren Ortschaften in seinen Luxemburger Stammlanden.

Eine flexible Politik

In den böhmischen und mährischen Gebieten Karls IV. kam es ab dem Ende des 13. Jahrhunderts kaum noch zu Stadtgründungen.[12] Der Kaiser setzte die Strategie der Přemysliden fort, im Wesentlichen durch die Verleihung von Privilegien, den Aufbau eines Besteuerungssystems sowie die Gewährung von Münz-, Festungs- und Marktrechten, des Rechts auf freies Geleit, sonstiger Freiheiten oder Befreiungen von Zöllen, Handels- oder Handwerksbeschränkungen.[13] Von Verpfändungen, wie er sie bei den deutschen Reichsstädten in großem Maßstab praktizierte, blieben die böhmischen Städte verschont – bis auf Eger, das Karl IV. gegen Ende seiner Regierungszeit als einzige Stadt in Böhmen zur Reichsstadt erhob. Die befristete Übertragung des Nießbrauchs an einer Stadt auf Dritte war zwar eine bewährte Methode, die königlichen Schatullen im Handumdrehen zu füllen, doch hatte Karl selbst sie eigentlich in seinem Entwurf einer böhmischen Verfassung 1355 ausdrücklich untersagt. Hinzu kam, dass er wie schon sein Vater[14] die Städte in seinem Reich praktisch immer als Einheit mit denselben Rechten und Pflichten ansah. Ähnlich wie in Frankreich strebte der Hof auch in Böhmen danach, die Königsstädte seinem Appellationsgericht zu unterstellen und regelmäßige jährliche Steuerzahlungen zu gewährleisten. Wie das älteste Prager Stadtbuch 1310 bezeugt, blieb zwar den meisten Städte eine gewisse Autonomie bei der Organisation des Handwerks, der Schöffengerichtsbarkeit oder der allgemeinen Stadtplanung, doch waren sie nie ernst zu nehmende Verhandlungspartner oder institutionelle Instanzen zwischen Königtum und Adel.

Charakteristisch für das Verhältnis zwischen dem König und den Städten in seinem Reich war auch, dass die meisten Stadtgründungen fast ein Jahrhundert zurücklagen.[15] Abgesehen von einigen älteren Städten, allen voran Prag, das schon 965 erstmals erwähnt wurde und unzweifelhaft ab dem 12. Jahrhundert eine proto-urbane Siedlung mit Werkstätten, Kaufleuten und einem Judenviertel war, handelte es sich durchweg um jüngere Gründungen ohne römisches oder auch nur karolingisches Substrat. Eine weitere Besonderheit war die große Zahl deutschstämmiger Bürger, zumal die neu Zugezogenen entscheidend an der Planung, Verwaltung und Ausarbeitung des Stadtrechts beteiligt waren. Aus diesem Grund wurde noch im 14. Jahrhundert die regierende, kaufmännische und kulturelle Elite dieser Städte von Bürgern dominiert, die zeitgenössische Quellen gern pauschal als „Deutsche" bezeichnen. Entsprechende Namen finden sich in den Neubürgerverzeichnissen der Altstadt Prag von 1324 bis 1393, während der Anteil der tschechischen Bürger in der nach 1348 gegründeten Neustadt steigt. Deutsche Vorfahren hatten offenbar auch die angesehenen Familien Wolfram, Wölflin und Stuck, die am Hof, in der Kanzlei und in der königlichen Finanzverwaltung, aber auch im großen Stil im Münz- und Metallhandel tätig waren.[16] Zudem sind die vom Kaiser den böhmischen Städten gewährten Privilegien zum größten Teil auf Deutsch, teilweise auf Latein und nur ausnahmsweise auf Alttschechisch abgefasst. Besonders rührige, vielköpfige deutsche Gemeinschaften lebten in Prag selbst, aber auch in Brünn, Olmütz, Eger, Budweis und Iglau. Sehr gut belegt sind sie für Brünn, dessen Stadtrecht im Schöffenbuch sich unmittelbar an demjenigen von Wien orientierte. Viele Ratsschreiber stammten aus dem Westteil des Heiligen Römischen Reiches wie etwa in den 1350er-Jahren ein gewisser Johannes aus Gelnhausen. Ausgebildet wurden diese Schreiber großenteils in der königlichen Kanzlei zu Prag, die unter der Leitung deutschstämmiger Verwaltungsexperten und Juristen stand und wo bis in die 1360er-Jahre hinein ein regelrechtes Netzwerk von Brünnern im Dunstkreis von Nikolaus Eberhard, Jakob Mauritz und Nikolaus von Vitis existierte. Die dritte Besonderheit der Beziehung Karls IV. zu den böhmischen Städten hat damit zu tun, dass die Luxemburger anders als die Wittelsbacher oder Habsburger eine Grafschaft besaßen, in der es nur wenige, noch dazu unbedeutende Städte gab, und entsprechend auf keine bewährten Methoden im Zusammenspiel zwischen einem Lehnsherrn und seinen Städten zurückgreifen konnten.

Die wichtigsten Städte Böhmens, auf die Karl IV. sich stützte und denen er die meisten Privilegien gewährte, waren neben Prag, das ihm unmittelbar unterstand, Eger, Budweis, Deutschbrod, Leitmeritz, Pilsen, Kuttenberg, Kolin, Laun, Königgrätz und Brüx. All diese Städte waren schon unter Johann dem Blinden in den Genuss von knapp 100 Privilegien gekommen; Karl selbst gewährte insgesamt 136 weitere. Die Hälfte dieser Urkunden entstand im ersten Jahrzehnt seiner Regierung bis zur Kaiserkrönung, die übrigen zum großen Teil gegen Ende seiner Herrschaft synchron mit dem Anstieg des Steueraufkommens. Prag, Eger und später Budweis führten fast durchweg die Liste der Städte mit den meisten königlichen Privilegien an, gefolgt von den mittelgroßen Orten Brüx, Leitmeritz, Pilsen, Kolin und Laun, die eine Art von Knotenpunkten im böhmischen Städtenetz darstellten. Eine Ausnahme hiervon bildete allerdings Olmütz, wo sich Karl IV. nach 1346 nie wieder aufhielt und dem er kein einziges Privileg erteilte. Diese Zurückhaltung beruhte wohl auf Respekt vor seinem jüngeren Bruder, den er 1350 in diesem politisch wichtigen Bischofssitz in Mähren als Markgrafen eingesetzt hatte. Da überdies der Kanzler am böhmischen Hof, Johannes von Neumarkt, Bischof von Olmütz war, sah der König offenbar keine Veranlassung, die Stadt persönlich vor Ort zu kontrollieren, während er in den beiden anderen mährischen Großstädten Brünn und Znaim weit häufiger Präsenz zeigte.

Innerhalb von Böhmen und Mähren unternahm Karl IV. ebenso viele Reisen wie über deren Grenzen hinaus. Die fernen Ziele in Italien, Frankreich, Polen oder Ungarn beeindruckten die Chronisten natürlich mehr und wurden entsprechend häufiger erwähnt, doch war der König sehr oft auch in seinem eigenen Königreich unterwegs. In den beiden ersten Jahrzehnten seiner Herrschaft beschränkten sich seine Reisen zur Hälfte auf Orte in Böhmen, darunter Prag, Budweis, Brünn, Pirna, Pisek, Pürglitz, Königgrätz, Eger und Znaim. Das änderte sich allerdings in den letzten zehn Jahren, als die Aufenthalte in den alten böhmischen und mährischen Städten nicht einmal mehr die Hälfte der Gesamtzeit an Reisen ausmachten, während er von seiner neuen Residenz in Tangermünde aus erheblich mehr Zeit in Brandenburg und der Lausitz, vor allem in Bautzen verbrachte, um in seinen neuen Besitzungen Ordnung zu schaffen.[17]

Gegenüber den Städten in Reichsitalien hingegen nahm Karl IV. eine radikal andere Haltung ein.[18] Mit den großen Metropolen der Halbinsel hatte er schon anlässlich des Feldzugs 1331 bis 1333 Bekanntschaft gemacht.[19] Damals konnten Johann und sein Sohn gegenüber den reichen Städten, in denen es ständig brodelte, eigentlich keine Ansprüche geltend machen; es ging vielmehr um die etwas irrationale, insgeheim vom Papst ausgehende Idee, in Oberitalien ein neues Königreich zu schaffen und damit Ludwig IV. in den Rücken zu fallen.[20] Die böhmischen Truppen erschöpften sich schon bald in Belagerungen, Scharmützeln, Lösegeldforderungen und Steuererhebungen, die lediglich einen Schulterschluss der Visconti aus Mailand, der Della Scala aus Verona und der Este aus Modena gegen die Luxemburger zur Folge hatten. Vor allem aber begriff der junge Prinz, dass ihm in Italien womöglich das gleiche tragische Schicksal blühte wie einst seinem Großvater, und das erklärt auch, warum er die italienischen Großstädte später mied und lediglich eine pragmatische Ausnahme machte, um 1355 in Rom die Kaiserkrone zu empfangen.[21] Die Bekräftigung des Friedens mit den Mailänder Visconti und den Florentinern gab schließlich beiden Seiten Gelegenheit, ihre Interessen durch Verhandlungen durchzusetzen: Karl stand der Weg nach Rom frei, er konnte sich mit der eisernen Krone der Lombarden schmücken und ansehnliche Subsidien kassieren; im Gegenzug erwirkten die italienischen Städte die Bestätigung ihrer Privilegien, die Abtretung der königlichen Steuern sowie die Zusage, dass sie ihre internen Streitigkeiten künftig untereinander austragen konnten. Florenz erhielt zudem das Reichsvikariat. Nachdem alles geregelt war, machte Karl sich buchstäblich aus dem Staub, und auch die Rückreise von Rom erfolgte im Eilschritt, sodass einige italienische Chronisten schon argwöhnten, er sei „Hals über Kopf geflohen". Der zweite Italienzug 1368/69 folgte demselben Schema: Karl gab vor, gegen Mailand ins Feld zu ziehen, schacherte, kassierte und zog weiter. Im Gegensatz zu 1355 jedoch blieb er diesmal zwei Monate in Rom und verhandelte dort über die Rückkehr der Päpste in die Ewige Stadt.[22] Einen Zusammenschluss sämtlicher oberitalienischer Mächte im Rahmen eines Landfriedensbündnisses, wie es vor allem der Papst forderte, strebte Karl hingegen weder 1355 noch 1368/69 an, dafür war die Lage dort zu unübersichtlich. Auch die politische Kultur und der Regierungsstil dieser seltsamen politischen Gebilde waren dem böhmischen König und nun Kaiser fremd, und ein strapaziöser, vielen Zufällen unterlegener Befriedungsversuch erschien ihm viel zu gefährlich.

Dennoch kamen Karl IV. diese Erfahrungen bei der Regierung seiner eigenen Städte sehr wohl zupass. In Italien hatte er die Neuerungen, aber auch die Gefahren des Stadtlebens erkannt: die lebensgefährlichen Verwicklungen in Rom, den Überschwang und die Irrwege einer durch und durch widersprüchlichen Stadtkultur, die ungezügelte Gewalt infolge von Fürstenerhebungen ohne Gegengewicht durch einen König. 1355 in Pisa und erneut 1369 in Siena hatte er am eigenen Leib erfahren, dass Aufstände in einem städtischen Umfeld innerhalb von Stunden aufflammen und im Handumdrehen so brandgefährlich werden konnten, dass er selbst in aller Hast die Stadt verlassen musste.

Doch wie erging es den Städten in den deutschen Teilen des Heiligen Römischen Reiches unter Karl IV.? Vorweg sei gesagt, dass der Kaiser ihnen gegenüber alle Mittel und Wege nutzte, die ihm als Souverän zur Verfügung standen: Er verwaltete, kontrollierte, verpfändete und schröpfte sie, zeigte Präsenz und gestaltete sie neu. Allerdings beschränkt sich die Liste der Städte, in denen Anwesenheit und Einfluss des Königs monumentale, symbolträchtige Spuren hinterließen, letztlich in erster Linie auf Prag, Nürnberg und in geringerem Maße auf Aachen. Dieses Phänomen ist wichtig, denn schaut man sich an, welche Privilegien Karl IV. bestätigte, welche Reichsstädte er für viel Geld verpfändete, wohin er reiste oder wie üppig er seine Residenz ausstattete, zeigt sich, dass es von Ludwig IV. zu Karl IV. gar nicht so viele der üblicherweise unterstellten Gegensätze gab, sondern durchaus eine Kontinuität. Im Grunde trat Karl zumindest in seinen ersten Jahren auf dem Thron den Reichsstädten gegenüber sogar systematisch in die Fußstapfen Ludwigs IV., indem er sich Treuedienste gegen die Bestätigung von Privilegien sicherte, die denen seines Vorgängers (fast) aufs Haar glichen. Das war vor allem nach dem Tod des Bayern der Fall: Die Regensburger Privilegien bestätigte Karl IV. 1346, die von Rothenburg und Köln 1347 und 1355, diejenigen von Frankfurt und Nürnberg 1349. Die Städte im Elsass,[23] in Schwaben und Thüringen folgten kurz darauf.[24] Alles in allem gewährte er in dieser ersten Zeit nach seiner Krönung bis 1350 rund 60 Privilegien, jedes Mal nach demselben Muster: Bekräftigung bestehender Freiheiten gegen Geldzahlungen, Treuezusage und Eingliederung der Städte in regionale Landfriedensbündnisse, deren Grundzüge ebenfalls auf Ludwig den Bayern zurückgingen und an die Karl IV. nahtlos anknüpfte.[25] An deren Reaktivierung lag ihm so viel, dass er die Städte regelrecht zum Beitritt drängte, sei es zum Schwäbischen Landfrieden von 1350, der 1353 auf zahlreiche Adelshäuser erweitert wurde, oder zum Mittelrheinischen Landfrieden von 1352, der 1354 auf den Niederrhein und die Wetterau ausgedehnt wurde.[26] Diese Gruppe quasi rückeroberter Städte diente dem König bevorzugt als willkommene Einnahmequelle in Form von Steuern und Beleihungen.

Verschleuderte Städte?

Auch bei der Verpfändung der Privilegien und Einkünfte aus seinen Städten an Dritte handelte Karl IV. im Grunde nicht viel anders als andere Herrscher. Theoretisch sollte der römisch-deutsche König seinen Lebensunterhalt durch die Einkünfte aus seinen Stammlanden bestreiten, anstatt das Krongut zu veräußern. Dieser Grundsatz findet sich schon im 13. Jahrhundert im Schwabenspiegel: Der König müsse „daz riche elliu zit merende si, unde niut ermer mache", und deshalb steht ihm in seiner königlich-kaiserlichen Titulatur auch der Zusatz „Mehrer des Reiches" (*Augustus*) zu. Doch auch andere Könige vor Karl IV. hatten ganze Städte, Burgen oder Ämter als Pfänder hingegeben. Der Vorteil dieser Methode bestand darin, dass mit einem Schlag ansehnliche Summen in die königlichen Kassen flossen, ihr Nachteil war jedoch, dass völlig ungewiss blieb, ob und wann der König sie auslösen würde. Jedes Mal hieß es vorsichtshalber, die Maßnahme diene ausschließlich „zu nucz des heiligin richs [...] ouch umbe des reychs ehaffte not", und diese Maxime findet sich 1349 wortwörtlich in einem Privileg wieder, in dem der König der Kaiserstadt Gelnhausen ihre Unveräußerlichkeit und Unverpfändbarkeit zusichert.[27] Doch auch davon ließ sich niemand täuschen: Der König lebte also „auf Pump", indem er Reichsgüter versetzte, ohne zu wissen, ob er sie je würde auslösen können. Was die Zahl der verpfändeten Städte und die Einnahmen durch die Beleihung von Steuern und öffentlichen Ämtern angeht, so schlug Karl IV. in der Tat sämtliche Rekorde, denn allein auf sein Konto ging ein Viertel aller von 1200 bis 1450 abgewickelten Veräußerungen, doch auf fast ebenso viele kam Ludwig der Bayer, der dennoch lange Zeit als „Freund der Städte“ galt.[28] Dabei handelte es sich im Wesentlichen um kleine und mittelgroße, jedoch wirtschaftlich und steuerlich lukrative Städte in den südlichen und zentralen Gebieten der Krondomäne. Emblematischen Großstädt wie Nürnberg oder Frankfurt blieben von Verpfändungen verschont, weil sie aufgrund ihres Status im Reich in gewisser Weise als sakrosankt galten. Dafür kam Karl IV. jedoch, diesmal im Gegensatz zu seinem Vorgänger, auf die neue Idee, auch größere, „sichtbarere“ Städte zu beleihen, darunter etwa Boppard, Dinkelsbühl, Friedberg, Goslar und Nördlingen, und über die klassische Verpfändung von Steuereinnahmen hinaus königliche Amtsfunktionen (Vizedomämter, Vogteien, Justiz) und die Einkünfte aus dem Judenregal gegen Geldzahlungen abzutreten. Ebenfalls neu war die Häufung dieser Hypothekengeschäfte in einer finanziell sehr schwierigen kurzen Phase gegen Ende der Regierungszeit Karls IV., in der er 16 Städte als Sicherheit für Schuldverschreibungen in Höhe von 334 000 Gulden (1373) und 200 000 Gulden (1375/76) preisgab – in drei Jahren also die Hälfte der Summe, die er in seiner gesamten Regierungszeit mit solchen Veräußerungen eingenommen hatte.[29]

Dieses Pochen auf die Pfandpolitik Karls IV. hat damit zu tun, dass sie das Urteil der Historiker über das Verhältnis dieses Kaisers zu den Reichsstädten so negativ beeinflusste. Keineswegs beschönigt werden sollen die Auswirkungen der massiven Beleihungen der Jahre 1373 bis 1376 oder der Einforderung rekordverdächtiger Steuern von den Reichsstädten 1373, als Ulm 40 000, Augsburg 36 000 und Nürnberg 20 000 Gulden aufbringen mussten. Es konnte durchaus der Eindruck entstehen, Karl IV. habe die Perlen unter den Reichsstädten bündelweise an die Territorialfürsten verscherbelt, nämlich 1373 die Pfalz mit Oppenheim, Ingelheim und Kaiserslautern sowie Schwaben mit Nördlingen, Dinkelsbühl, Bopfingen, Donauwörth, Weil, Esslingen und Gmünd. Diese Städte schlossen sich daraufhin bekanntlich im August 1376 zum Schwäbischen Städtebund zusammen und forderten eine gemeinsame Bestätigung ihrer Privilegien, bevor sie bereit waren, dem frisch gewählten römisch-deutschen König Wenzel die Treue zu schwören.[30] Angesichts dieser für ihn unannehmbaren Provokation hatte Karl IV. keine andere Wahl als die folgenschwere Entscheidung, die Reichsacht gegen die beteiligten Städte zu verhängen und zum Reichskrieg gegen sie aufzurufen.[31] Ulm wurde sogar eine Zeit lang belagert, doch gelang es der Bürgermiliz, das im Auftrag des Königs aufmarschierte Heer des Grafen Ulrich von Württemberg zu besiegen. Daraufhin schaltete sich Nürnberg vermittelnd ein und erreichte letztlich, dass die Städte Wenzel anerkannten, jedoch gegen dessen Zusage, sie nicht mehr zu beleihen.[32] Das Verhältnis zwischen Karl IV. und den Reichsstädten ist also gegen Ende seiner Regierungszeit nachhaltig gestört.[33] Den Keim für dieses Misstrauen und Ungleichgewicht hatte jedoch schon die Goldene Bulle gelegt, denn sie legitimierte die Bevorzugung der Fürsten durch den König zulasten der Städte, die in einem dualistisch geprägten Land mit Wahlmonarchie vielleicht unausweichlich war. Hüten sollten wir uns auch, der Verpfändung von Städten und ihren Einkünften in der Rückschau einen Vorsatz zu unterstellen. Alle Königs- und Fürstenhäuser setzten diese Methode als probates Mittel ein, um ihre Finanzen und Besitzungen zu regeln. Angesichts der verschwindend geringen regelmäßigen Steuereinnahmen des Kaisers war es vielleicht sinnvoller und effizienter, deren Erhebung Dritten zu überlassen.

Die Frage der Verpfändungen ist auch deshalb von zentraler Bedeutung, weil sie transparenter macht, wie sich das Verhältnis zwischen König und Reichsstädten im Zeitverlauf entwickelte. Es lassen sich nämlich vier Phasen unterscheiden. In der ersten bemühte sich Karl IV. wie erwähnt, die Ludwig dem Bayern noch treu ergebenen Reichsstädte auf seine Seite zu ziehen. Doch dabei legte er es nicht mehr wie in den Jahren 1346 bis 1350 darauf an, sie zu zähmen, sondern reagierte damit unter anderem auf die Umwälzungen durch die Pestepidemien, die 1349/50 in den Städten gewütet und Unruhen ausgelöst hatten. In Nürnberg, Überlingen, Ravensburg, Memmingen und Schlettstadt setzte Karl die gestürzten Ratsmitglieder mit Bedacht wieder in ihre Ämter und Vorrechte ein, doch war diese Einmischung in das kommunale Leben der Städte nicht allein der Situation geschuldet. Vielleicht als Warnschuss gemeint, bereitete sie in gewissem Umfang den Boden für den Bruch, mit dem die Goldene Bulle 1356 die zweite Phase einläutete. Unmittelbar vor dem ersten Reichstag in Nürnberg[34] nämlich verkaufte Karl IV. in großem Maßstab Nichtverpfändungsprivilegien (*Privilegium de non alienando*) insbesondere an Köln, Lübeck und Erfurt, und bestätigte in diesem Zuge neun weiteren Städten ihr Appellations- und Evokationsprivileg (*Privilegium non appellando et de non evocando*), das ihnen die exklusive Rechtsprechung in zweitinstanzlichen Verfahren innerhalb und außerhalb der Stadtgrenzen sicherte. Die besondere Schirmherrschaft des Königs über die Stadt erweiterte er in Nordhausen, Mühlhausen,

Erfurt, Straubing und Regensburg. Unter dem Strich wurden 136 die Städte betreffende Urkunden 1355 aufgesetzt und ausgestellt, die Hälfte davon zwischen dem Beginn des Reichstags am 26. November 1355 und seinem Ende am 10. Januar 1356. Es drängt sich der Eindruck auf, Karl IV. habe ein letztes Mal die Städte mit Privilegien ausgestattet, die er anschließend durch die Bulle Punkt für Punkt einschränkte oder sogar aushöhlte. In der Tat begünstigte die Bulle die Kurfürsten gegenüber den Städten ebenso wie in allen übrigen Aspekten. Kein Wort über Währungsreformen oder -autonomie oder über Zollbeschränkungen, die der Oberherrschaft der Kurfürsten zuwidergelaufen wären (Artikel IX und XIII der Bulle). Ausdrücklich heißt es, die fürstliche Gerichtsfreiheit habe Vorrang gegenüber den Appellations- und Evokationsprivilegien der Städte (XI). Das Verbot von Städtebünden oder Zusammenschlüssen allein zwischen Städten wird bekräftigt (XV). Den Städten ist es untersagt, weiter Pfahlbürger aufzunehmen (XVI). In jedem Fall war der Rahmen für die Beziehungen zwischen dem König und seinen Städten fortan durch die Bestimmungen der Goldenen Bulle von 1356 abgesteckt. Dies leitete über zur dritten Phase der Umgestaltung, in der Karl ein neues Gleichgewicht anstrebte. Die letzte Phase schließlich war geprägt durch die Beitreibung gewaltiger Steuereinnahmen und richtete im Reich nachhaltigen Schaden an.

Städte als Regierungsstützpunkte

Bei seinen unzähligen Reisen nutzte Karl IV., wie wir gesehen haben, die Städte als Stützpunkte.[35] Im ersten Jahrzehnt seiner Herrschaft besuchte er vor allem diejenigen an Rhein, Main und Donau, in Franken und in der Schweiz. Nicht von ungefähr stehen ganz oben auf der Liste die großen freien und Reichsstädte Nürnberg, Speyer, Mainz, Trier, Frankfurt, Hagenau, Köln, Regensburg, Metz, Ulm, Aachen und Schlettstadt. Allein diese zwölf Städte verbuchten ein Viertel der Aufenthalte Karls IV. Im darauffolgenden Jahrzehnt verengt er seinen Radius auf die Main-Achse, reist weniger weit nach Süden und klammert den Norden nach wie vor aus und verschiebt dafür das Epizentrum über Franken weiter an den Ostrand des Reiches. Die Liste der klassischen freien und Reichsstädte wird kürzer: Zwar steht Nürnberg weiterhin hinter Prag auf Platz zwei, doch sind von der ursprünglichen Schar nur noch Metz, Aachen, Frankfurt und Mainz übrig, die jedoch zusammen lediglich gut fünf Prozent der Aufenthalte ausmachen. In der dritten Phase von 1369 bis 1378 verlagern sich die Reiserouten weiter nach Norden; Ziele im Süden steuert der Kaiser kaum noch an, dafür überwiegt in auffallendem Maße die Ostrichtung. Von den klassischen Orten in der Reichsmitte übrig bleiben lediglich Nürnberg, das jedoch nur noch rund elf Prozent der Aufenthalte verbuchen kann, sowie Mainz, Frankfurt und Aachen, die sich mit vier Prozent begnügen müssen. Mit anderen Worten: Der direkte Kontakt zwischen dem Kaiser und seinen Städten im traditionellen Herzen des Reiches ist am engsten in der Phase, in der er den römisch-deutschen Thron besteigt und seine Macht festigt, und das vor allem im Planquadrat Rhein–Main–Schwaben–Donau. Dort liegen neben dem Gros der Besitzungen der geistlichen Kurfürsten die wohlhabenden freien und Reichsstädte sowie die Orte, an denen sich das Kaisertum manifestiert: Nürnberg, Frankfurt und Aachen. Als Schauplatz des Reichstags, bei dem die Goldene Bulle verkündet wurde, gehört dazu eigentlich auch Metz, doch beehrte es Karl IV. danach nie wieder mit seiner Anwesenheit.

Was lässt sich nun aus diesen Zahlen schließen? Es wäre übertrieben und sogar kontraproduktiv, wollte man die Beziehungen Karls IV. zu den Städten als vorgefassten Plan oder systematisches Vorgehen interpretieren. Allerdings trifft es wie gesagt zu, dass die Städte in seinem Königreich Böhmen höher in seiner Gunst standen. In den deutschen Reichsgebieten war inzwischen die Vielfalt an Besitzungen und Fürstentümern allzu groß, die Situation der einzelnen Städte aufgrund ihres jeweiligen Rechtsstatus, ihrer Nähe oder Ferne zum Hof, ihres territorialen und regionalen Umfelds allzu unübersichtlich und die allgemeine politische Lage in den verschiedenen Phasen der Regierung Karls IV. allzu vielschichtig. Zwar konnte Karl IV. mit seiner Politik weder grundlegend noch langfristig die Expansion und Dynamik der Städte im 14. Jahrhundert ausbremsen, doch versuchte er ebenso wie sein Vorgänger Ludwig der Bayer und später seine Nachfolger, an diesem Aufschwung möglichst umfassend wirtschaftlich, steuerlich und militärisch zu partizipieren. Dieser Profit war jedoch einer generellen Strategie untergeordnet, die sich in erster Linie von kaiserlichen, königlichen, fürstlichen und dynastischen Aspekten leiten ließ. Das Wohl seines Hauses, die Macht des Königreichs Böhmen, die Stabilität des Heiligen Römischen Reiches hatten Vorrang vor allem anderen. Das Wichtigste hierbei war der Frieden mit den Kurfürsten und der Kompromiss mit den übrigen Fürsten-

und Adelshäusern. Die Goldene Bulle machte es vor; soweit ihre Bestimmungen zulasten der Städte gingen, ließen sich die betroffenen Vorrechte – natürlich gegen klingende Münze – kompensieren, zurückkaufen, verhandeln oder anpassen. Man könnte sich sogar fragen, ob Karl IV. 1356 den Kurfürsten nicht auch gezielt entgegenkam, um sich damit eine bessere Verhandlungsposition gegenüber den Städten zu verschaffen und sie für ihre Autonomie und Privilegien umso gründlicher zu schröpfen. Jedenfalls ist eine Stadt auch für Karl IV. nichts anderes als das, was sie in einer aristokratischen Gesellschaft von Natur aus ist: dem König untertan, in keiner Weise vergleichbar mit einem Fürsten oder selbst einem Angehörigen des niederen Adels. So gesehen ist die Beziehung zwischen Karl IV. und den Städten Teil einer generellen abendländischen Problematik im Verhältnis zwischen Königtum und Städten. Bezogen auf diesen übergeordneten Rahmen ebenso wie auf den Sonderfall des Heiligen Römischen Reiches hütet sich Karl IV., an das System zu rühren, das die Grundlage seiner Macht bildet. Es wäre deshalb sinnlos und letztlich anachronistisch, wollte man ihm vorwerfen, er habe keine „Allianz“ mit den Städten angestrebt oder die Städte mit einer entsprechenden Wirtschaftspolitik gefördert. Dem Geist einer königlich-kaiserlichen Regierung des 14. Jahrhunderts hätte nichts ferner liegen können. In den Augen des Königs und seiner Verwaltung waren die Städte – gleichgültig, ob dem Reich oder einem Territorialfürstentum unterstellt – in erster Linie Steuertöpfe. Darüber hinaus dienten sie ihm als nützliche Ankerpunkte für Landfriedensbündnisse. Auf keinen Fall waren sie Ansprech- oder Verhandlungspartner auf Augenhöhe mit den Kur- und Reichsfürsten oder den großen Territorialfürsten, die bei Hofe und bei den Reichstagen das Sagen hatten. Mit anderen Worten: Karl IV. verhielt sich den Städten gegenüber pragmatisch und richtete sein Verhalten weniger an ihrem rechtlichen oder institutionellen Status aus als an ihrem steuerlichen, administrativen und logistischen Potenzial. Das erklärt auch, warum er die großen Trends, die im 14. Jahrhundert das Verhältnis zwischen Städten und Königtum veränderten, kritiklos hinnahm. Es war geprägt von einer allmählichen Territorialisierung, relativer wirtschaftlicher Autonomie und schließlich der Einteilung der Städte und Regionen danach, ob sie dem König nahestanden, ihm gleichgültig oder gar fremd waren. Das hinderte Karl jedoch keineswegs daran, sein Verhältnis zu den Städten im selben Licht zu sehen wie seine Beziehungen zu jeder anderen Macht außer der eigenen: als Geben und Nehmen von Geschenken, Rechten und Pflichten.

Im Rahmen dieses Wechselspiels sollte das Verhalten Karls IV. gegenüber den Städten letztlich beurteilt werden, gemessen an seiner Politik der Rückeroberung und Gunst in den ersten zehn Regierungsjahren, der anschließenden klaren Bevorzugung der Fürsten durch die Goldene Bulle, danach der Ausgleichung dieser Schräglage bis in die frühen 1370er-Jahre und schließlich der unverhohlenen steuerlichen Ausbeutung bis hin zum regelrechten Raubbau in den letzten Regierungsjahren. Dabei ist allerdings zu berücksichtigen, dass angesichts dieser verschiedenen Strategien und Forderungen nicht alle Städte über dieselben Waffen oder gar Trümpfe verfügten. Einige von ihnen positionierten sich schon damals als Akteure und zugleich als Nutznießer ihrer Vermittlerrolle zum König und gewannen so im ausgehenden 14. Jahrhundert an Bedeutung, Zentralität und Einfluss innerhalb der aufkeimenden Städtelandschaft.

Ein Name, ein Ruf, sechs Krönungen, vier Ehen, eine gesicherte Nachkommenschaft, eine schon zu Lebzeiten auf beiden Thronen vollzogene Nachfolge, eine erneuerte Hauptstadt, die Ausweitung seines Reiches, relativer Frieden, eine effizientere Verwaltung, höhere Steuereinnahmen, ein wenn auch nicht befriedetes, so doch immerhin pragmatisches und effektives Verhältnis zu den Städten, eine Verfassung für sein Reich, die genaue Kenntnis seiner Territorien, vertraute, vergleichsweise loyale Berater, eine solide Abgrenzung gegen konkurrierende Dynastien – so weit seine schmeichelhafte Bilanz als König und Herrscher. Angesichts einer solchen Fülle froher Botschaften stellt sich allerdings die Frage, ob Karl IV. seine Erfolge allein seinem Handeln, Willen und Regierungsstil verdankte oder ob sie nicht auch das Ergebnis eines mit zäher Geduld aufgebauten Bildes waren, das er zu seinen Lebzeiten von sich schuf, das bei seinem Tod glorifiziert und später verewigt wurde. Davon spricht schon sein Ableben Bände.

Zweiter Akt

1378: die letzte Station oder Tod in Prag

Karl IV. starb am 29. November 1378 an einer Lungenentzündung infolge einer dreiwöchigen Bettlägerigkeit nach einem Sturz. Sein Ableben wurde verschiedentlich als Schlusspunkt einer Epoche gedeutet, und zwar nicht nur im Königreich Böhmen und im Heiligen Römischen Reich, denn kurz vor und nach Karl IV. starben auch fast alle anderen bedeutenden Monarchen dieser Zeit: 1375 Waldemar von Dänemark, 1377 Eduard III. von England, 1380 Karl V. von Frankreich und 1382 Ludwig der Große von Ungarn sowie der Großmeister des Deutschen Ordens. Darüber hinaus läutete der Tod Papst Gregors XI. am 27. März 1378 das sogenannte Große Abendländische Schisma ein. Nach der Wahl Urbans VI. am 8. April 1378 in Rom wurde am 20. September in Avignon mit Clemens VII. ein Gegenpapst gewählt. Während so das Gewand der Christenheit zerrissen wurde, Frankreich und England sich allen Waffenstillständen zum Trotz weiter Schlachten lieferten und die Pest ganze Landstriche entvölkerte, erschütterte eine massive gesellschaftliche Krise einen Großteil der abendländischen Städte,[1] vom Tuchineraufstand im Languedoc ab 1363 über den Aufstand der Florentiner Ciompi 1378,[2] die englischen Bauernaufstände und die Unruhen in London 1381 sowie die Erhebung der Maillotins in Paris bis zu den „La Harelle"-Unruhen in Rouen 1382.[3] Innerhalb weniger Jahre verbreitete sich die Empfindung, das Ende einer Ära sei gekommen – wenn nicht gar das Ende der Welt. Das eschatologische Denken war in den Köpfen der Menschen noch fest verankert.

Dabei hätte Karl IV. sich bei seinem Ableben zu Recht brüsten können, viel für sein Reich, sein Haus und sein Amt getan zu haben. Das Heilige Römische Reich hatte er mit der Goldenen Bulle vorerst stabilisiert und Böhmen nach Osten und Norden hin erheblich vergrößert, seinen ältesten Sohn schon 1376 auf dem römisch-deutschen Thron installiert und den Fortbestand der Luxemburger Dynastie mit vier Ehefrauen durch insgesamt elf Kinder, von denen ihn sechs überlebten, langfristig gesichert. Sein Hausgut hatte er aus dem verheerenden Hundertjährigen Krieg heraushalten können, und sowohl Böhmen als auch der deutsche Reichsteil waren von größeren Wirtschaftskrisen verschont geblieben. Prag war zur Perle des Abendlands aufgestiegen und sah sich Paris ebenbürtig. Nicht nur in den stereotypen Elogen der drei Trauerreden von 1378, die Karl als „neuen Salomon" oder als „neuen Konstantin" priesen, verdichtete sich allgemein der Eindruck, dass ein großes Herrscherleben zu Ende gegangen war und den Menschen weitgehend Frieden gebracht hatte. Die Begräbnisfeierlichkeiten für den Kaiser verliefen so prunkvoll, dass sie jahrhundertelang im kollektiven Gedächtnis haften blieben.[4]

Unmittelbar nach Karls Tod „drei Stunden nach Sonnenuntergang", wie es in der ausführlichen Augsburger Chronik der Jahre 1368–1406 heißt,[5] begannen die Vorbereitungen für die Einbalsamierung seines Leichnams, damit er die tagelangen Trauerzeremonien und Rituale überstand. Da keine separate Bestattung von Herz und Eingeweiden vorgesehen war, wurden die Organe nicht entnommen. Karl IV. selbst hatte zwar für die Zukunft vorgesorgt, indem er den Prager Veitsdom zur Grablege der böhmischen Könige erhoben hatte, jedoch für die eigenen Trauerfeierlichkeiten, seine Bestattung und sein Grabmal nichts festgelegt. Der Hof, die Räte und die Angehörigen hatten somit freie Hand für die Gestaltung einer unerhört prunkvollen Zeremonie, die nicht weniger als 17 Tage in Anspruch nahm.[6] Zunächst wurde der Leichnam elf Tage lang im Audienzsaal der Prager Königsburg aufgebahrt, bedeckt mit einem langen Mantel aus Purpur und Gold, auf dem Kopf die Reichskrone, zu seiner Rechten das Zepter, zu seiner Linken Schwert und Reichsapfel als Insignien seiner Kaiserwürde. Links neben dem Kopf lag die böhmische Krone, rechts davon die lombardische. Hunderte von Kerzen erhellten den Raum. Nach dieser Zurschaustellung (*ostensio corporis*) trug man den Leichnam in einer Prozession (*pompa funebris*) von der Burg hinab über die Brücke in die Altstadt und von dort vor fast 7000 Schaulustigen durch die Neustadt. Der Katafalk war mit einem goldenen Baldachin überspannt, den zwölf gerüstete Ritter trugen, und umgeben von den Bannern aller Länder Böhmens und des Heiligen Römischen Reiches. Vorweg gingen fast 600 schwarz gekleidete Kerzenträger. Begleitet wurde der Katafalk abwechselnd von den verschiedenen Ständen der Stadt und der Gesellschaft, vom Ordens- und Säkularklerus über Angehörige der Prager Universität und des Hofes bis zu

Bürgern und Vertretern der Zünfte. Den Abschluss der Prozession bildeten 500 Ritter, Adlige und Herren und rund 50 Prunkkutschen, in denen auch die Kaiserin und die Gemahlin König Wenzels saßen, was die meisten Chroniken allerdings verschweigen. Vier Tage lang wurde der Leichnam in jeder der großen Prager Kirchen aufgebahrt und dann in den Veitsdom überführt, wo Karl IV. neben den drei vor ihm verstorbenen Ehefrauen und drei Kindern seine letzte Ruhestätte fand, unweit der „Nationalgräber" der Heiligen Veit, Wenzel, Adalbert und Sigismund sowie der Grabstätten mehrerer Přemysliden-Könige, deren Standorte Karl selbst bestimmt hatte. Geschmückt war der Sarg mit Darstellungen der kaiserlichen Insignien und des Reichsbanners, dessen Adler den Kopf senkt. Die heute nicht mehr erhaltene Inschrift auf dem Grabstein verkündete: „Im Jahre des Herrn 1378 am 29. November. Siehe, ich, Karl IV., einst der Schrecken der ganzen Welt, unbesiegter Kaiser, schließlich vom Tod dahingerafft, ich ruhe in diesem Grab. Möge, o Herr, meine Seele zum Himmel aufsteigen. Ich bitte alle, die ich durch meinem Tod im Stich gelassen, aber zu meinen Lebzeiten mit meiner Gunst überhäuft habe, für mich zu beten. Möge sein Geist in Frieden ruhen."[7]

Das Begräbnis eines Königs, umso mehr eines Kaisers, bot im Mittelalter den perfekten Rahmen für eine öffentliche Zurschaustellung der Taten und der Frömmigkeit des Verstorbenen. Dabei ließen sich sowohl der Stellenwert und die Stärke des Stammhauses wie auch seine Macht und die Legitimität seiner Herrschaft hervorheben.[8] Karl und seine Berater waren in dieser Hinsicht zweifellos vom Begräbniszeremoniell des Königs von Frankreich beeinflusst.[9] Mit Blick auf den Ablauf der Feierlichkeiten, die zur gleichen Zeit päpstliche Bestattungen begleiteten,[10] und solche, mit denen England seine verstorbenen Könige zu Grabe trug,[11] stellte man in Frankreich den Totenkult in den Dienst einer politischen Idee, die den sterblichen Körper vom unsterblichen, politisch-mystischen Leib unterschied.[12] Dies galt insbesondere, seit die Krönungsordo von 1374 die Thronfolge auf das Erstgeburtsrecht stützte. Anders als die aus Frankreich und England bekannten Rituale verzichtete das Prager Zeremoniell auf Abbilder des Verstorbenen, die diesem sozusagen eine doppelte Präsenz als Körper und als Bild verschafft hätten. Nach der Schilderung in der Augsburger Chronik begleitete offenbar ein schwarzer Ritter während sämtlicher Zeremonien den Leichnam Karls IV. Die Präsenz eines schwarzen Ritters als Verkörperung des toten Königs, die möglicherweise auf italienisches Brauchtum zurückging, griffen später die Königshäuser Polens und Ungarns auf.[13] Das Bestreben, die Kontinuität der Königswürde zu demonstrieren, war demnach im Denken Karls IV. und seines Gefolges sehr präsent.

Auch die für den Weg des Leichenzugs ausgewählte Route gibt Hinweise auf die königliche Ideologie und Memorialkultur, die sich unter Karl IV. herausbildete. Es war dieselbe, die gemäß der 1347 von Karl selbst verfassten Krönungsordnung der böhmischen Könige jeden neuen Herrscher vom Hradschin zur Burg Vyšehrad führte, dem ersten Sitz der Přemysliden südlich der Neustadt. Unter Karl IV. wurde sie zu einer Art *Via sacra* des Gedenkens an die böhmischen Könige in der Hauptstadt. Denselben Weg nahm der Herrscher auch bei feierlichen Einzügen und bei Prozessionen, bei denen die kaiserlichen Reichskleinodien dem Volk gezeigt oder besonders kostbare Reliquien überführt wurden. Hinzu kamen weitere geschickt arrangierte Elemente im Zeremoniell: die Einbeziehung der gesamten Dynastie, der Banner aller dem Reich Karls IV. unterstellten Länder, der weltlichen und kirchlichen Berater, der kaiserlichen und königlichen Insignien, der Kronen … Alles war Teil eines symbolischen, rituellen, visuellen Gesamtbilds, das die Grundlagen von Karls Regierung herausstellte: Majestät, Staatlichkeit, den Hauptstadtcharakter Prags und das Kaisertum.[14] Nach dem derart perfekt in Szene gesetzten Tod seines Königs stand Böhmen nunmehr definitiv auf Augenhöhe mit den großen Monarchien des Abendlands. Auch in Prag starb der König sozusagen nie. Der Beweis: Zwischen 1677 und 1976 wurde das Grab Karls IV. achtmal geöffnet, um seine Gebeine zu inventarisieren, bis es schließlich nach dem Vorbild von Saint-Denis und der Kapuzinergruft in Wien zu einem dynastischen und nationalen Erinnerungsort wurde.[15]

Die Bestattungsfeierlichkeiten und das Grab im Veitsdom waren nicht die einzigen und letzten Ausdrucksmittel, mit denen Karl IV. seinen Tod zu überdauern gedachte. Um Spuren zu hinterlassen, verfügten die Menschen seiner Zeit über verschiedene Wege: Sie schrieben, legten Sammlungen an, ließen sich malen und bauten. Aller dieser Mittel bediente sich auch Karl IV. Sein Drang zu sammeln, zu horten und zu systematisieren charakterisierte nicht nur ihn als Mensch, sondern wurde schließlich zu einem Attribut seines Reiches.

III. ÜBERDAUERN

In den ersten beiden Teilen dieser Biografie haben wir die Regierungszeit Karls IV. anhand seines Lebenslaufs und dann anhand der Besonderheiten seiner Herrschaft untersucht und dabei festgestellt, dass mit ihm eine Ära zu Ende ging und sich das Bild des Königs und das Konzept des Königtums an diesem Wendepunkt veränderte. Abgezeichnet hatte sich dieser Trend schon im Jahrhundert davor, als Souveränität nicht nur sichtbarer zur Schau gestellt wurde, sondern auch von der allmählichen Genese des Staates, der zunehmenden Verschmelzung von Krone, Staatsgebiet und Gesetzgebung sowie einer Institutionalisierung nicht zuletzt auch der Kirche profitierte.

So gesehen ist der Luxemburger Kaiser das Produkt seiner Zeit und der Herausbildung eines Phänomens, das man als monarchische Macht bezeichnen kann. Karl IV. bemühte sich unablässig, diese Macht in jeder Gestalt zu verkörpern, als christlicher Monarch ebenso wie als messianische Lichtgestalt und Regierungsinstanz. In diesem Gemenge gewährleisteten König und Kaiser gemeinsam Legitimität, Würde und Majestät. Damit diese so makellos waren, wie er es für erforderlich hielt, setzte er jedes verfügbare Mittel ein und überließ nichts dem Zufall: Krönung, Reichskleinodien, Gesetzgebung, Sakralität, dynastisches Denken, heilige Vorbilder, Rituale, Erziehung, Priesteramt, Spuren und *memoria* in Raum und Zeit. Zwar teilte Karl diese Basis mehr oder weniger mit vielen abendländischen Königshäusern, doch baute er sie durch weitere Mittel intensiver aus, als es anderswo der Fall war, vielleicht mit Ausnahme von Frankreich, wo er bezeichnenderweise aufgewachsen war und seinen Lebensweg beschloss. Die Autorität des geschriebenen Wortes, die Kraft der Reliquien, die Macht der Bilder, der lange Arm der Propaganda oder das Wirken der Erinnerung – all diese Werkzeuge sind nicht neu, wohl aber ihre Kombination im Dienste des Erscheinungsbilds, das Karl IV. vom Königtum vermitteln wollte. Das gilt besonders für einen König und Kaiser wie ihn, der ein solches Gespür für Dauerhaftigkeit besaß, dass sein Andenken bis heute weiterwirkt und auch uns noch anspricht. Man sollte in diesem Fall allerdings Andenken und Erinnerung nicht in einen Topf werfen. In seinen Schriften, Reliquien und Porträts wollte Karl IV. überdauern und fortbestehen. Mithilfe seiner Abbilder und seines Renommees kultivierte und gestaltete er selbst ein Erinnerungsbild, quasi ein ihm genehmes Image, das zunächst einmal sein politisches Wirken untermauern und über seine Person hinaus fortleben sollte. Ausgehend von dieser königlichen *memoria* verschmolz der lebende mit dem toten Kaiser zu einer Tradition, einem Gedenken, das seine Zeitgenossen, seine Nachfolger und später die Historiker vereinnahmten und nach Gutdünken modellierten. Diese beiden Facetten sind verschieden, aber logisch miteinander verknüpft durch Spuren in seiner Zeit, durch einen Fußabdruck, den er anfangs selbst gestaltete und überwachte, der sich aber allmählich verselbstständigte und emanzipierte. Ein solcher Prozess ist nichts anderes als das, was wir heute Geschichte nennen.

Kapitel 8

Schriften und Reliquien

Ein gelehrter König: Gedenken und Autorität des Geschriebenen

Ebenso wie sein Zeitgenosse Karl V. der Weise von Frankreich[1] und ein Jahrhundert zuvor Alfons X. „el sabio“ von Kastilien und Ludwig der Heilige war sicherlich auch Karl IV. überzeugt, ein ungebildeter König sei nicht mehr als ein gekrönter Esel. Generell stehen im 14. Jahrhundert Schrifttum, Kunst, Architektur, Buchkultur, Sprachen und Politikwissenschaft bei Fürsten, Königen, Päpsten und Stadtstaaten hoch im Kurs, und zwar als Regierungsinstrument ebenso wie als Legitimierungs- und Propagandamedium.[2] Doch Karl IV. gab sich nicht damit zufrieden, andere über seine Erfolge und Leistungen berichten zu lassen, sondern präsentierte sich in seinen Schriften selbst als hochkultiviert und deshalb weise:[3] „Auch die böhmische Sprache hatten wir völlig verlernt. Wir erlernten sie aber gleich wieder, sodass wir sie sprachen und verstanden wie jeder andere Böhme. Durch göttliche Gnade aber konnten wir nicht nur böhmisch, sondern auch französisch, italienisch, deutsch und lateinisch so sprechen, schreiben und lesen, dass die eine wie die andere dieser Sprachen uns beim Schreiben, Lesen, Sprechen und Verstehen verfügbar war.“[4] So weit Karls eigene Darstellung im ersten Teil seiner *Vita*, die er wohl zum größten Teil höchstpersönlich diktierte oder niederschrieb. Wir haben somit einen der wenigen Texte des Spätmittelalters vor uns, in denen ein König von eigener Hand über sich selbst berichtet.[5] Das allein würde bereits belegen, dass Karl IV. ein hochgebildeter Mann war, aber es sprechen noch weitere Hinweise dafür, dass er eine regelrechte Politik der Schriftlichkeit und Kultur verfolgte. Dazu gehören unter anderem 1348 die Gründung der ersten Universität im Heiligen Römischen Reich,[6] bei der er sich an der renommierten Pariser Hochschule orientierte, und 1366 diejenige des *Collegium Carolinum*, wiederum nach dem Vorbild der Sorbonne. Im letzten Artikel der Goldenen Bulle empfiehlt er, „da die Erhabenheit des Römischen Reiches die Gesezte der an Gebräuchen, Lebensweise und Sprache verschiedenen Völker und deren Leitung zu regeln hat", zieme es sich, dass die sieben Kurfürsten, in deren Händen fortan die Wahl des römisch-deutschen Königs und designierten Kaisers des Heiligen Römischen Reiches liege, „in den Unterschieden der einzelnen Sprachen und Zungen unterwiesen werden […], weil diese Sprachen in höchstem Grade zu Nutzen und Notdurft des heiligen Römischen Reiches gewöhnlich viel gebraucht und auch in diesen Landes schwierigen Angelegeheiten des heiligen Römischen Reiches verwendet werden."[7] Diese Passage erkennt die kulturelle und sprachliche Vielfalt im Reich schon im 14. Jahrhundert an, wobei interessanterweise von der französischen Sprache keine Rede ist. Sie verdeutlicht zugleich, dass Karl sich über die Erziehung künftiger Kurfürsten als der „Säulen und Flanken" seines Reiches eingehend Gedanken machte. Pädagogisch fortschrittlich lässt er den Fürsten die Wahl, „ob sie ihre Söhne […] zu Orten schicken, an denen sie sich in diesen Sprachen bilden können, oder ob sie in ihren eigenen Häusern Lehrer als Erzieher und in diesen Sprachen erfahrene Knaben als Spielgefährten ihnen beigeben, damit sie gleichermaßen durch den Umgang mit ihnen und durch deren Unterricht in diesen Sprachen unterrichtet werden können."

Unter Karl IV. war Prag zu einer Hochburg der Kultur geworden. Tschechische, deutsche, italienische und französische Künstler, Schriftsteller und Dichter waren willkommen und machten Prag zu einem bedeutenden Zentrum für den europaweiten Transfer von Kultur, Literatur und Kunst,[8] wobei schon Johann der Blinde den Austausch zwischen Ost und West von Luxemburg aus eingeleitet hatte. Während dieser Zeit sprach und schrieb man am Prager Hof übrigens weiterhin in den drei Sprachen Latein, Deutsch und Tschechisch. Gemeinsam mit den jeweiligen Erzbischöfen von Prag und seinen hochgebildeten Beratern wie seinem Kanzler Johannes von Neumarkt und Ernst von Pardubitz, die selbst diverse illuminierte Prachthandschriften und Altarbilder anfertigen ließen, förderte Karl zahlreiche Übersetzungen großer lateinischer, deutscher und italienischer Texte in die böhmische Volkssprache. Dazu gehört in erster Linie die zwischen 1360 und 1370 entstandene tschechische Bibelübersetzung, die den Bestand an tschechischen Wörtern durch Neologismen innerhalb weniger Jahrzehnte um ein Drittel anschwellen ließ. Dieser rasante semantische Zuwachs ist belegt durch das Erscheinen gleich dreier lateinisch-tschechischer lexikalisch-enzyklopädischer Werke in dieser Zeit: den von Magister Klaret (das ist Bohemarius Bartholomeus de Solencia) und seinen Prager Kollegen in 731 Versen verfassten *Claretus*, das *Bohemarius* mit 981 Hexametern und ein zweisprachiges Glossar mit 2688 Einträgen in Versform, *Der Schatz der Armen*. Der Kaiser überwachte zudem die Qualität der Urkunden seiner Kanzlei und legte Wert auf die Beschaffung und Pflege von Werken, die den Grundstein für eine politische Philosophie am Hof legten. Vor allem aber trieb er aktiv die Entstehung und Verschriftlichung einer Historiografie Böhmens voran.[9] Die Verfasser dieser Geschichtswerke genossen oft die Gunst des Königs und verwoben dementsprechend die Würde des Königreichs, den Ruhm Karls IV. und den Glanz seiner Kultur zu einem Gesamtbild, das dem König am Ende als „Vater des Vaterlands" huldigte. Die Wendung *Pater patriae* benutzte nachweislich zum ersten Mal Adalbertus Ranconis de Ericinio, Rektor der Universität Paris und später Domherr des Prager Kapitels, 1378 in seiner Trauerrede für Karl IV.[10] Dessen Bild als weiser, gebildeter Monarch, der Gesetzgeber, Mäzen, eifriger Leser und Autor zugleich war, wurde rasch zum Topos in dieser Art von Gedenk- und Geschichtsliteratur. Deren Fundament bildeten zwei „Kulturdenkmäler", aus denen wieder und wieder zitiert wurde: die von Cosmas von Prag um 1119 bis 1125 verfasste Chronik Böhmens[11] und die sogenannte Dalimil-Chronik aus der Zeit um 1314.[12] Ab Mitte des 14. Jahrhunderts befassten sich auch Benesch Krabitz von Weitmühl, Franz von Prag, Jan Neplach als Abt des Klosters Opatowitz und Přibík Pulkawa von Radenin mit der Geschichte Böhmens, ab 1355 gefolgt von der Weltchronik des Giovanni de Marignolli. Hieraus entstand eine Art kollektives protonational-böhmisches Gedächtnis, in dem Karl IV. den Mittelpunkt einer heiligen, gebildeten, geistlichen und königlichen Kultur von großer Strahlkraft bildet.[13] Dass der Kaiser genau dieses Image anstrebte, bekannte er übrigens selbst in einem Brief, der als Vorwort des *Chronicon Bohemorum* seines Hauskaplans und Vertrauten Giovanni de Marignolli dienen sollte: „Man erfährt hier, dass das Volk, um in Frieden zu leben, kluger Führer bedarf. Nach dem Beispiel Davids, des gerechtesten aller Könige, wache ich als Hüter des kaiserlichen Gebäudes und König von Böhmen, geleitet von der Weisheit Gottes und durchdrungen von Seinem Gesetz, hierüber Tag und Nacht mit größter Aufmerksamkeit und denke mit inniger Fürsorge darüber nach, wie man am besten die Führer unseres Staates ebenso wie unserer Heere zu Lektüre und Studium bewegen kann, damit das Wissen, die guten Sitten und das Vorbild unserer Vorfahren unserem Staat in Friedens- und in Kriegszeiten eine starke Hand verleiht."[14] Weisheit und Wissen des Königs hoben auch die parallel zu den böhmischen Chroniken entstandenen Fürstenspiegel hervor. Die erste dieser Abhandlungen präsentierte sich 1377 als fiktiver Briefwechsel zwischen dem Kaiser und seinem Sohn Wenzel. Auf die angebliche Bitte Wenzels um Ratschläge für eine gute Regierung heißt es in Karls Antwort, die Kardinaltugenden jedes gerechten, legitimen Königs seien Weisheit und Vernunft. Noch ausführlicher behandelt wurde dieses Konzept knapp zehn Jahre nach Karls Tod in einem weiteren Traktat aus der Feder des Priors der Prager Kartause, Michael von Prag.

Auch der König selbst trug einiges zu seinem Ruf als Weiser bei, indem er eigene Schriften verfasste oder verfassen ließ, die ihn überdauern sollten.[15] Im Mittelalter war es nichts Ungewöhnliches, wenn jemand zwar lesen, aber nicht schreiben konnte. Karl IV. beherrschte jedoch beides, noch dazu in mehreren Sprachen, und allein diese Tatsache versetzte seine Zeitgenossen so in Erstaunen, dass der Chronist Benesch Krabitz von Weitmühl sogar behauptete, der König habe an der Pariser Universität studiert. Das ist nicht ganz aus der Luft gegriffen, denn Karl hatte ja als Kind und Jugendlicher in Paris bei seinem Hauslehrer, dem Abt und künftigen Papst Peter Roger von Fécamp nicht nur Französisch, sondern auch Latein gelernt, und zwar offenbar auf Wunsch von König Karl IV. von Frankreich, der Karl zufolge paradoxerweise *ignarus esset litterarum* war, also selbst keine solche Ausbildung genossen hatte.[16]

Einige wenige Texte von der Hand Karls IV. sind erhalten. Das eine ist eine rund ein Dutzend Zeilen lange handschriftliche Notiz vom 31. Oktober 1355, in der er sich für die Echtheit einer Abschrift des Markusevangeliums verbürgt: Er habe die Handschrift im Jahr zuvor als Reliquie vom Patriarchen von Aquileia (seinem unehelichen Halbbruder Nikolaus von Luxemburg) in Empfang genommen. Der Apostel Markus, der als Gründer des Bischofssitzes galt, habe das (in Wahrheit aus dem 6. Jahrhundert stammende) Manuskript einst höchstpersönlich Hermagoras überreicht, der erster Bischof von Aquileia war und später unter Nero den Märtyrertod erlitt. Interessant an dieser Notiz ist zum einen die Verknüpfung von Schrifttum und Reliquien, also der beiden Instrumente, mit denen Karl IV. zu überdauern trachtete, und zum anderen das Prestige, das ihm die Beherrschung des geschriebenen Wortes und die Kultiviertheit verliehen. Zu den erhaltenen eigenhändigen Schriftstücken gehören mehrere Briefe an den Papst von 1349, 1355 und 1376. Sie bezeugen, dass der König und später Kaiser derartige Schreiben *regia propria manu*, „von eigener königlicher Hand“ verfasste. Auf mehreren mit seinem Sekretsiegel versehenen und mit *approbamus* beglaubigten Urkunden findet sich zudem seine Unterschrift.[17] Es gibt also viele Belege für die Hochachtung, die Karl IV. der politischen und symbolischen Macht des Geschriebenen entgegenbrachte, allein schon die schiere Menge an Texten, die ihm zuzuordnen sind. Dabei ist zu unterscheiden zwischen Schriften, die er selbst verfasste, und solchen, die er zwar nur indirekt diktierte oder redigierte, die aber eindeutig seine Handschrift tragen.

Die Autobiografie: über sich selbst schreiben

Unter den Schriften, die Karl IV. mit einiger Sicherheit selbst verfasst hat, ist seine berühmte „Autobiografie“ zweifellos die ausgefeilteste, prägnanteste und prägendste. Das Dokument weckte schon früh das Interesse der Historiker, weil es völlig aus dem Rahmen fällt:[18] Nicht viele mittelalterliche Könige berichteten schriftlich in der ersten Person über ihr Leben, noch dazu mit einer so persönlichen Tonlage, und verschwiegen darin weder Augenblicke des Zweifelns oder der Angst, Träume,[19] Sehnsüchte, Erfolge und Fehlschläge noch die Vergänglichkeit und Schwäche des eigenen Körpers. Die *Vita* wurde zu Recht als Ausdruck eines schon recht hoch entwickelten Ich-Gefühls gedeutet, dessen Konturen in dieser Epoche gerade Gestalt annahmen,[20] und zugleich als Akt der Hoheitsgewalt eines Fürsten, der seine Lebensgeschichte ganz bewusst mit dem Jahr 1346 und seiner ersten Krönung enden lässt. Mit aller gebotenen Vorsicht hängt dem Text seither das Etikett an, eine „Herrscherautobiografie“ zu sein: Hier spricht ein Monarch über sich und erzeugt damit ein Spannungsfeld zwischen der Macht, sich selbst zu beherrschen, und derjenigen, sich zum Herrscher über andere aufzuschwingen.[21] Der Text hinterfragt die Art der Herrschergewalt und damit auch das Wesen der Autorität/Auktorialität,[22] die bei einem König im Akt des Schreibens über sich selbst zum Zuge kommt. Von der *Vita* Karls IV. besitzen wir keine Originalhandschrift, wohl aber sechs Abschriften und eine Übersetzung aus der Zeit zwischen dem letzten Drittel des 14. Jahrhunderts und der ersten Hälfte des 15. Jahrhunderts. Das

Werk war also nicht in Vergessenheit geraten, obwohl Karl IV. augenscheinlich zunächst nicht vorhatte, es zu veröffentlichen, politisch zu nutzen oder zu einer Abhandlung über das Regieren auszuarbeiten.[23] Selbst wenn man unterstellen wollte, der Kanzler habe dem König die Feder geführt, deutet alles darauf hin, dass der Textaufbau unmittelbar vom Herrscher stammt und dass er den Wortlaut diktierte. Jugenderinnerungen, Details seiner Genealogie, die Wiedergabe realer und fiktiver „Dialoge", Schilderungen nächtlicher Visionen, Kommentare zur Heiligen Schrift und lange Homilien akzentuieren die Kapitel. Vieles spricht für eine wohlüberlegte persönliche Formulierung anhand eigener Erinnerungen. Karl widmet seine Lebensbeschreibung schon mit den allerersten Worten den „Nachfolgern, die auf meinen zwei Thronen sitzen" (Kapitel 1), und gibt früh zu erkennen, was der Autor vorhat: „Nun will ich euch von meinem nichtigen und eitlen Leben schreiben und vom Beginn meines Daseins, damit es euch als Beispiel diene", schreibt er (Kapitel 3), und schildert sein Leben von der Geburt bis zur Wahl zum römisch-deutschen König 30 Jahre später (Kapitel 20). Thema der *Vita* ist also von der ersten bis zur letzten Seite der künftige König. Seine Lebensgeschichte ist eingebettet in eine facettenreiche Mischung aus Chronik, persönlicher Schilderung, theologischen Gedanken, Regierungsmaximen, Fürstenspiegel, der Geschichte des Hauses Luxemburg und seiner Besitzungen, Heiligenlegenden und Bemerkungen über das zeitgenössische Abendland. Die ersten Kapitel widmen sich allgemeinen Betrachtungen über Leben und Macht, Pflichten und Frömmigkeit eines Königs; ähnlich wie in einem Fürstenspiegel präsentiert sich der Verfasser damit als weiser Herrscher, der für seine Nachfolger schreibt. In den Kapiteln 3 bis 10 berichtet Karl IV. von seiner Geburt, Herkunft, Familie und von seinen Eltern, gefolgt von seinem Aufenthalt am französischen Hof von 1323 bis 1330 sowie von seinen Abenteuern und Erlebnissen in Italien (1330–1333 und 1337) und später in Böhmen (1333–1336), so als wäre er sein eigener Chronist. Kapitel 11 bis 13 enthalten Kommentare zu Bibelstellen aus dem Offizium der hl. Ludmilla. Sie unterbrechen damit zwar den Textfluss, dienen aber zugleich als gliederndes Element und evozieren das Bild eines Priesterkönigs. Kapitel 14 knüpft erneut an den politischen und diplomatischen Diskurs über die Geschehnisse der Jahre 1338 bis 1340 an, in denen der junge Prinz sein „Handwerk" als Fürst erlernte. Kapitel 15 setzt – nach einem Zeitsprung über zwei Jahre – mit dem Jahr 1341 wieder ein und hebt sich vom vorhergehenden Text ab, indem es nun in der dritten Person die Angelegenheiten von Böhmen, Litauen, Polen und Tirol behandelt und schließlich in Kapitel 20 bei der Königswahl endet. Dieser Teil steht vollständig im Zeichen der Thronbesteigung und der richtigen Amtsausübung als König; gekennzeichnet ist er durch den Wechsel vom „Ich" (Wir) zum „Er". In den Schilderungen der ersten 30 Jahre springen die – wenn auch spärlichen – Angaben zu seinen Anfängen ins Auge, als noch keine Thronbesteigungen abzusehen waren. Warum jedoch kein Wort über Karls spätere Erfolge und seine vielen Kronen fällt, wundert Historiker seit jeher. Warum verschweigt die Autobiografie die Kaiserkrönung in Rom 1355, durch die Karl sich auf eine Stufe mit seinem erlauchten Großvater stellte und zur erstrangigen politischen und territorialen Macht im Zentrum Europas aufstieg?

Hypothesen zur Datierung und Natur des Textes können diesen scheinbaren Widerspruch zwar nicht auflösen, aber immerhin etwas Licht ins Dunkel bringen. Entweder handelt es sich bei der *Vita* um ein Jugendwerk, das Karl IV. rasch wieder fallen ließ, weil es letztlich belanglos wurde, als sich ihm andere Mittel und Wege boten, seine Kaiserwürde in Szene zu setzen, oder wir haben im Gegenteil ein Alterswerk vor uns, das der Kaiser durch seinen Tod 1378 nicht fortsetzen konnte oder das sogar von seiner Entourage gefälscht wurde, um das Klischeebild eines jungen, kraftstrotzenden Fürsten zu vermitteln, der sein „Testament" allein auf seine frühen Jahre stützen wollte. Dabei ist vor allem zu bedenken, dass sich im Text selbst keinerlei Hinweise darauf finden, unter welchen Umständen und in welcher Absicht er verfasst wurde, und dass er augenscheinlich kein einheitliches Ganzes bildet. Von 1316 bis 1340 wird der Erzählfaden in 14 Kapiteln von einem kämpferischen, fordernden „Ich" weitergesponnen, reißt dann jedoch abrupt ab und setzt sich 18 Monate später über weitere sechs Kapitel fort, diesmal wieder in der dritten Person. Hier ist nicht genügend Raum für Einzelheiten der langen, gelehrten Debatte über Deutungen, die teils eine frühe Abfassung zwischen 1346 und 1350 favorisierten, teils eine späte. Anhaltspunkte gibt uns im Grunde nur der Text selbst. Zunächst einmal spricht sein Aufbau für eine pädagogische Absicht und eine bewusste Selektion der Fakten. Zum anderen weist augenscheinlich keine der erhaltenen Handschriften bis 1346 Lücken auf oder enthält wesentliche Varianten, und nichts im Text deutet auf eine etwa verloren gegangene Fortsetzung nach 1346 hin. Wir sollten deshalb den Text als kohärente Einheit auffassen, als das gezielte, kontrollierte Werk eines Verfassers, der gar nicht vorhatte, über sein ganzes Leben zu schreiben, sondern allein darauf bedacht war, ausgewählte Ereignisse richtig wiederzugeben. Die Gliederung basiert auf einer Handlung, die bewusst das fürstliche „Wir" des ersten Teils und das königliche „Er" des zweiten Teils vermengt und damit bezeugt, wie eng eingebunden Karl in seine Erzählung war. Auffallend ist, dass die Schilderung ausgerechnet 1346 endet. Für Karl IV. war dies das Jahr eines Neuanfangs, in dem er kurz nach dem Tod seines Vaters ganz allein nach der Macht in Böhmen und im Heiligen Römischen Reich griff. Nimmt man also das Enddatum der *Vita* als gewollt an, fügt sich der Text in ein Gedankengebäude ein, das dieses Jahr als Wendepunkt und das Schreiben als Auftakt zu einem umfassenden königlichen Regierungsprogramm sah. Diese Hypothese würde dem Autor der vor 1397 verfassten *Chronique des quatre premiers Valois* Recht geben, der über Karl IV. sagte, er sei ein sehr bedeutender, weiser Mann gewesen und habe das Reich eher mit dem Verstand als mit Waffen erobert.[24] Einen Beleg für diese Lesart bietet die Versallegorie *Nová rada* des Smil Flaška von Pardubitz, die vielleicht kurz nach dem Tod Karls IV. oder in den 1390er-Jahren entstand. Smil erhob darin die *Vita* zum Musterbeispiel für königliche Didaktik, mit der Karl seinem Sohn Wenzel zu Beginn von dessen Herrschaft das Bild eines weisen, gerechten und gebildeten Königs vor Augen führen wollte. Plausibel erscheint vor diesem Hintergrund die These der Herausgeber der neueren französischen Ausgabe der *Vita*, die das vermutliche Entstehungsjahr 1350 (das Jahr nach der zweiten römisch-deutschen Krönung) mit der von Karl veranlassten Überführung der Reichskleinodien von Nürnberg nach Prag in Beziehung setzen. Darüber hinaus litt der junge König den Chroniken zufolge 1350 an Lähmungen der Gliedmaßen, die ihm monatelang das Reisen unmöglich machten, sodass er reichlich Zeit hatte, seine *Vita* zu verfassen.

Geht man einmal davon aus, dass die *Vita* aus dem Jahr 1350 stammt, stellt sie ein geradezu ideologisches Programm für Königtum und Regierung dar und suggeriert zugleich die Affinität dieses gebildeten Königs zu Kultur und Schrifttum; er erklärt sich darin selbst zum Zentrum einer Trias aus *sacerdotium*, *regnum* und *studium*, die erst in dieser Kombination den Weg zur Königswürde ebnet. Jedem dieser drei Begriffe kommt in der von der ersten bis zur letzten Seite auf Latein verfassten *Vita* eine wichtige Rolle zu. Man findet zwar im Mittelalter auch andere Könige, die ihre Lebensgeschichte in der ersten Person selbst schrieben oder schreiben ließen;

Beispiele sind etwa die *Sverris saga* des norwegischen Königs Sverre Sigurðarson (1151–1202) oder unter den katalanischen Chroniken das *Llibre dels fets* (Buch der Taten) König Jakobs I. von Aragón (1208–1276) und die *Chronik* Peters IV. des Feierlichen (1336–1387). Keiner dieser Autoren wählte dafür jedoch wie Karl IV. das Lateinische, und keiner von ihnen war formal so innovativ wie Karl bei der Gliederung seiner *Vita*: Sie beginnt mit einer Vorrede über die königlichen Tugenden, geht über in eine Schilderung seiner frühen Lebensjahre, wird unterbrochen durch eine Homilie über eine Passage im Matthäusevangelium und knüpft dann wieder an die Folge der Ereignisse an. Die Frage, was einen guten Fürsten ausmache und wie er sich verhalten solle, beantwortet Karl IV. durch und durch als Mann des Mittelalters, indem er Facetten variiert und verschiedene Mittel und Diskurse einsetzt (Kritik, Panegyrik, Homilien, Exegese, Träume, Anekdoten und Didaktik), weil er sich nicht in der Lage sieht, das Porträt eines perfekten, vollendeten Individuums zu zeichnen.

Die dritte Innovation des Textes beruht auf der Wahl und Zusammensetzung des Vokabulars, vor allem bei politisch befrachteten Begriffen wie *maiestas*, *imperium*, *regnum*, *rex* und *imperator*. Eine bahnbrechende lexikalische und statistische Analyse[25] konnte belegen, dass die beiden einleitenden Kapitel mit ihren theologischen und politischen Betrachtungen zusammengehören. Karl IV. wendete sich darin an seine Nachfolger, an regierende und künftige Könige vielfach mit den Pronomen „ihr“ und „euer“. In den Kapiteln 3 bis 10 hingegen überwiegt ein narrativer und deskriptiver Stil, in dem vor allem „wir“ und „unser“ auf Karl selbst und seinen Vater verweisen. Kapitel 11 bis 13 enthalten primär Kommentare zu Bibelstellen aus dem Stundengebet der hl. Ludmilla und unterscheiden sich vom Rest der *Vita* nicht zuletzt auch durch die liturgische Sprache. Kapitel 14 kehrt zu einer persönlicheren Ausdrucksweise zurück und schildert Karls Politik und seine Entscheidungen, die gelegentlich von denen seines Vaters abweichen. Die letzten sechs Kapitel greifen erneut das eher politische Vokabular der kaiserlichen Verwaltung, Konflikte und diplomatischen Beziehungen auf, jetzt allerdings mit Pronomen in der dritten Person Singular. Alles in allem überwiegt im ersten Teil eine persönliche Note mit den Pronomen *nos*, *noster*, *meus* und *ego*, deren Zahl zwischen Anfang und Ende dieses Teils steigt. Auffallend ist auch der Begriff *rex* in Verbindung mit zwei weiteren häufig verwendeten Begriffen: *Boemia* und *Karolus*. Unter dem Strich ist anzunehmen, dass die persönliche Ansprache des „Ich“ und seiner Varianten sich weniger an die Person Karls IV. wendet, sondern in erster Linie den Vater und in zweiter Instanz den König bezeichnet und damit eine transpersonelle Dimension erhält, die das „Er" in den letzten sechs Kapiteln logisch verstärkt.

Die Schriften des Herrschers

Zu den übrigen Schriftzeugnissen, die Karl IV. hinterließ, gehören die berühmten Dokumente, in denen er das Amt des Königs so definierte, wie er es mit Stärke und Beständigkeit auszuüben gedachte. Dabei handelt es sich zum einen um mehrere Texte, die man der Einfachheit halber unter den Oberbegriffen Recht und Politik zusammenfassen kann, die aber durchaus auch eine theologische Komponente enthalten. Diese „Verfassungen" wurden zwar von Kanzleimitarbeitern und Beratern Karls aufgesetzt, jedoch vermutlich anhand von Vorlagen, die der König selbst ausgearbeitet hatte. Kaum noch zu klären ist wohl, welche Teile von ihm persönlich stammen und welche von seinem Kanzler und engsten Berater Johannes von Neumarkt, seit 1365 Graf der königlichen Kapelle in Böhmen, mit dem ihn eine intellektuelle und politische Geistesverwandtschaft verband. Dass gerade diese Mischung die königlichen Handschriften spannend macht, merkt man schon bei den Vorreden (*arenga*) zu den beiden umfangreichsten „Verfassungen" aus Karls Regierungszeit, der *Maiestas Carolina* von 1355 für das Königreich Böhmen und der Goldenen Bulle von 1356 für das Heilige Römische Reich. In der Einleitung zur *Maiestas*[26] legt Karl IV. entweder unmittelbar oder mittelbar durch Diktat oder Gedankenaustausch mit seinem Kanzler erstmals in der Geschichte Böhmens die Pflichten des Königs fest und führt dabei den Grundsatz der Unveräußerlichkeit von Krone und Krongut ein; die unter seinem Vater erfolgten Verpfändungen von Teilen des Kronguts nennt er „Majestätsbeleidigung". Karl geht es darum, eine neue Ordnung einzuführen. In der Vorrede bezeichnet er sein Gesetzeswerk deshalb auch als *Ordo judicii terrae*, Landgerichtsordnung.[27]

Eine zweite „konstitutionelle" Vorrede von noch größerer Bedeutung zeigt, wie unmittelbar Karl IV. eigenhändig oder mit eigenen Ideen Einfluss auf Urkunden seiner Kanzlei nahm. Gemeint ist das Proömium, das er der Goldenen Bulle voranstellte. Ohne hier auf die bereits diskutierten Bestimmungen dieses Dokuments einzugehen,[28] schauen wir uns noch einmal das einleitende Gebet an, das mit der Anrufung *„Omnipotens eterne deus“* (Ewig allmächtiger Gott) beginnt, und die Präambel, die eröffnet wird mit den Worten *„Omne regnum in se ipsum divisum* [...]“ (Jedes Reich, das in sich selbst zerspalten ist [...]). In diesen Zeilen finden wir die Standardformeln und Zitate aus den Evangelien, mehreren Kirchenklassikern, bzw. -vätern und antiken römischen Autoren wieder. Die Zusammenstellung verrät eine Bildung, die für einen König dieser Zeit erstaunlich ist. Das Spektrum seines Wissens reicht von Theologie und Patristik (er zitiert aus der Heiligen Schrift und aus den Werken des Augustinus von Hippo) über Schriftkultur und Rhetorik (wie sein Briefwechsel mit Petrarca bezeugt) und Literatur (er liest mühelos Cicero oder Seneca) bis zur Politik (er gibt in seinen Abhandlungen Gedankengut über Macht und Staat von Aristoteles und anderen klassischen Autoren wieder). Die Vorrede zur Goldenen Bulle steht oft im Schatten ihrer 31 Artikel mit den Modalitäten der Königswahl, enthält jedoch in Wahrheit das Herzstück der politischen Theorien Karls IV. Den Kern bilden die Heiligkeit seines Amtes, die gottgegebene Struktur des Heiligen Römischen Reiches und das Gefühl, im Auftrag Gottes das Ende der Welt abwenden zu müssen.

Es wäre deshalb müßig, diese beide politischen Schriften unabhängig von der theologischen Beschäftigung Karls IV. mit der komplexen Figur des Priesterkönigs zu betrachten, die sich in der politischen Tradition des Abendlands theoretisch verbietet. Zu nennen sind dabei zwei weitere Schriftdenkmäler von vergleichbarem Stellenwert. Das eine ist eine Neufassung der Legende vom Martyrium und von der Translatio des hl. Wenzel, deren erste Worte – fiktiv oder real – Respekt vor der Autorität des gelehrten Herrschers einfordern: „Hier beginnt die neue Geschichte des heiligen Wenzel, Märtyrer und Herzog von Böhmen, verfasst von Karl, römischer Kaiser und König von Böhmen.“[29] Eine der frühesten schriftlichen Versionen dieses wohl zwischen 1355 und 1361 entstandenen Textes[30] ist teilweise in einer Handschrift des *Liber Viaticus* enthalten, einem kostbaren Reisebrevier aus dem Besitz von Karls Kanzler Johannes von Neumarkt. Der Text stützt sich auf mehrere lateinische und slawische Heiligenviten aus der Zeit seit 970 und auf die Legende von Wenzels Martyrium, die Kaiser Otto II. um das Jahr 980 in Auftrag gab. Die ältesten schriftlichen Wenzelsviten gehen auf das 11. Jahrhundert zurück.[31] Die karolinische Version dieser kurzen[32] Heiligengeschichte war so konzipiert, dass sie am 28. September, dem Festtag des Heiligen, als Stundengebet gesungen werden konnte, während die Geschichte der Translatio für das Offizium am 4. März gedacht war. Dass Karl sich gerade Wenzel für seine Heiligengeschichte aussuchte, ist nicht verwunderlich. Zum einen lagen dessen Leben und Wirken noch nicht lange zurück, da die Missionierung in diesem Teil Europas vergleichsweise spät erfolgte. Zum anderen bot Wenzel sich so klar als Identifikationsfigur an, dass man den Přemysliden sogar als *„familia sancti Vencesliai"* huldigte. In seiner neuen Legende über diesen Heiligen, dessen Vornamen er als Taufnamen erhalten hatte, betonte Karl IV. die Tugenden des heiligen Fürsten: Er war gebildet (es heißt, er habe Altslawisch, Griechisch und Latein beherrscht), fromm, Bekehrer der Heiden und Kirchengründer, friedfertig und doch ein tapferer Kämpfer, gerecht und als Märtyrer von der Hand seines treulosen Bruders gestorben. Zwischen dieser Heiligengeschichte und Karls eigener *Vita* besteht eine so enge Verwandtschaft, dass Karl ganze Textpassagen daraus übernahm. So findet man in beiden Texten dieselbe böhmische Genealogie, Anleihen in denselben Abschnitten der Chronik Böhmens des Cosmas von Prag und dieselben Kommentare zum Offizium der hl. Ludmilla.

Die Entstehungsgeschichte des Offiziums der Heiligen Lanze unterstreicht den Umfang von Karls schriftstellerischer Tätigkeit. Wie wir gesehen haben, hatte er nach der erfolgreichen zweiten Wahl und Krönung zum römisch-deutschen König 1349 am 21. März 1350 in Prag die zuvor in Nürnberg aufbewahrten kaiserlichen Insignien in Empfang genommen (Reliquienkreuz, Nagel und Lanze als Christusreliquien sowie Reichskrone, Schwert, Apfel, Ring und Stola als Krönungsreliquien). Schon am 17. August desselben Jahres gestattete Clemens VI. Karl auf dessen ausdrücklichen Wunsch, einen Feiertag zu Ehren der Heiligen Lanze einzurichten. Am 13. Februar 1354 fand erstmals das Hochfest der Heiligen Lanze samt Kreuznagel statt, das fortan in allen Kirchen im Heiligen Römischen Reich und im Königreich Böhmen gefeiert werden sollte. Da Karl IV. und seine geistlichen Berater bei der Heiligen Lanze anders als bei der Wenzelslegende über keine fundierten alten Quellen verfügten, war in diesem Fall Fantasie gefragt. Den Chroniken zufolge komponierte der König höchstpersönlich die Lob- und Wechselgesänge für das Offizium. Die Gelegenheit war perfekt: Der Gottesdienst würde die Heiligkeit der kaiserlichen Insignien feiern und konnte durch die Heraushebung des Kreuzesnagels und der Lanze ganz einfach eine Brücke schlagen zwischen Karls Universalreich und dem Willen Gottes. Die fünfte Strophe des ersten Hymnus für die

Matutin begann mit „der Kaiser, prachtvolles Spiegelbild des Vaters, wäscht mit den Nägeln und der Lanze die Welt von Sünden rein", wies also dem Kaisertum die Aufgabe zu, auf Erden das Martyrium Christi zu sühnen. Kein Wunder also, dass wir lange Passagen dieses Stundengebets in der neuen Krönungsordo der böhmischen Könige und Königinnen wiederfinden, die auf Betreiben Karls IV. entstanden sein soll, auch wenn die älteste überlieferte Handschrift davon erst aus dem Jahr 1396 stammt.

Über diese beiden „laizistischen" Prologe und die zwei „geistlichen" Textsammlungen hinaus sind eine Reihe von Sentenzen und Regeln für die richtige Regierung erhalten, in denen sich offenbar das politische Denken des Königs und Kaisers in komprimierter Form ausdrückt. Karl IV. selbst soll auf Latein einen Dialog oder eher eine theologische Betrachtung verfasst haben, die irgendwo zwischen Homilie und Predigt angesiedelt ist. Die ersten Worte „Es drängt mich, zitternde Welt, vor allen und gegen dich Zeugnis abzulegen von meinen grausamen, tränenreichen Klagen" eröffnen ein fiktives Zwiegespräch zwischen Mensch und Welt über die Unbeständigkeit und das Elend des Erdenlebens im Vergleich zu der vom Schöpfer vorgesehenen Glückseligkeit. Der Verfasser widmet sich diesem Werk, „nachdem ich dreißig Jahre gedient habe", was die Abfassung, natürlich ohne Gewähr, auf die Zeit um 1376 datieren würde. Abgesehen von der gewählten konventionellen Form als symbolischer, lebhafter Dialog zwischen zwei diametral entgegengesetzten Prinzipien und Personen, und abgesehen von der prophetisch-sakralen Dimension, die der Mensch (also Karl IV.) in diesem Streitgespräch dem Amt des Königs verleihen möchte, fällt an dem Dialog die realistische, gelegentlich desillusionierte Tonlage auf, mit der ein alternder Kaiser hier Bilanz zieht. Frappierend ist zudem die Ähnlichkeit in Stil, Aufbau und Verweisen, die dieser Dialog mit anderen Karl IV. zugeschriebenen Texten aufweist, sprich seiner *Vita*, dem Proömium der Goldenen Bulle, dem Hochfest der Heiligen Lanze und der Wenzelslegende. Man spürt hier, gelegentlich bis zur Pedanterie, das dringende Anliegen einer politischen Belehrung, wie man sie in einem Fürstenspiegel findet, und eine Häufung von Zitaten und Verweisen, auf die Karl großen Wert legte, ganz so, als könnte ihm die kleinste Auslassung als Nachlässigkeit angelastet werden. Er zitiert das Alte und das Neue Testament ebenso wie antike Autoren, aber auch die Kirchenväter, Päpste sowie zeitgenössische Texte in der Volkssprache, darunter Passagen aus den Werken des Dichters und Übersetzers Heinrich von Mügeln, der als sein Berater und Vertrauter am Prager Hof tätig war.[33] Ein Textvergleich belegt an mehreren Stellen wortwörtliche Übernahmen aus der Vorrede zur *Maiestas Carolina*, aus Briefen Karls IV. an den Volkstribun Cola di Rienzo und aus Exkursen in seiner Autobiografie. Diese Übereinstimmungen in Stil, Formulierungen und Zitaten lassen vermuten, dass auch hier nicht nur der Kaiser, sondern auch sein engster Berater Johannes von Neumarkt die Hand im Spiel hatte. Allen Disputen unter Fachleuten zum Trotz schreibt man Karl IV. darüber hinaus die Urheberschaft an einer bunt zusammengewürfelten Sammlung von Fragmenten zu, die 1897 unter dem Titel *Moralitates* veröffentlicht wurde. Sie umfasst die Trauerreden sowie Auszüge aus der *Vita* und der böhmischen Krönungsordnung, Teile der Homilien in den Prologen von 1355 und 1356, Sentenzen, glossierte Passagen der Genesis, mehrere kommentierte Mariengebete sowie zwei Briefe „über die Regierung der Königreiche der Römer und der Böhmen“, die Karl 1376 und 1379 an seinen Sohn Wenzel geschrieben haben soll. Ob authentisch oder nicht, bleibt dahingestellt, doch verraten uns diese Fragmente auf jeden Fall, dass schon in den 1370er-Jahren der Stil Karls IV. zu einem „Markenzeichen“ geworden war, sodass Fälscher ihn ohne Weiteres nachahmen konnten, und dass viele seiner Zeitgenossen überzeugt waren, der König und Kaiser habe während seiner gesamten Regierungszeit sein Amt „durchdacht“. Wie man sieht, lassen sich urkundliche Formulierungen, die Vorstellung vom Königtum als heiliges, priesterliches Amt und die Heiligenverehrung in den Schriften Karls IV. nicht trennen. Sie spiegeln auch seine Begeisterung für Reliquien wider, der er während seiner gesamten Regierungszeit immer wieder neue Nahrung gab.

Die Leidenschaft für Reliquien

Reliquien gehörten im Mittelalter ebenso wie Votivbilder, mit denen sie übrigens eng verwandt sind, zu den Objekten, die nicht nur für die christliche Religion und Frömmigkeit stehen, sondern auch für eine Kultur als Ganzes. Sie strukturieren und prägen Raum und Zeit, sie definieren, legitimieren und verkörpern die Identität von Gemeinschaften und Individuen, sie lassen Kulte, Rituale, Schriften, Wallfahrten entstehen, sie versprechen als Apotropäen Schutz und Heilung und bilden eine Brücke zwischen Lebenden und Toten.[34] In dem Maße, in dem die Kirche als

Institution mehr und mehr Gestalt annahm, die Frömmigkeit in den Städten durch aktive Klostergemeinschaften und die Sorge der Menschen um ihr Seelenheil wuchs und das Königtum zunehmend als sakral verstanden wurde, erlebte der Handel mit Reliquien jeglicher Größe und Art im ausgehenden Mittelalter einen regelrechten Boom.

Aus persönlicher Neigung und Frömmigkeit ebenso wie zur Untermauerung der sakralen Dimension seiner Macht und der Legitimität seines Königreichs sah Karl IV. die Beschaffung und das Sammeln von Reliquien als Eckpfeiler seines eigenen Glaubens, der Heiligkeit seines Amtes als König und Kaiser sowie einer Religiosität, die man ohne Übertreibung als staatlich oder zumindest politisch motiviert einstufen kann.[35] Getragen von diesem dreifachen Antrieb, der von seiner Person, seinem Amt und seinem Staat ausging, war Karl IV. von allen Monarchen seiner Zeit der eifrigste Reliquiensammler; in dieser Hinsicht stellte er sogar den König von Frankreich in den Schatten. Damit bot er schon zu seinen Lebzeiten und erst recht nach seinem Tod eine Angriffsfläche für Kritiker. Man warf ihm vor, er sei in seiner Frömmigkeit verfangen und der Kirche hörig, weil er „Reliquien mit übertriebenem Eifer verehrt", wie der Augsburger Chronist Sigismund Meisterlin in der zweiten Hälfte des 15. Jahrhunderts urteilte. Ob Übermaß oder Überschwang, widmete sich Karl IV. Reliquien zeit seines Lebens jedenfalls mit bemerkenswerter Hingabe. Auch hierzu hinterließ uns sein Chronist Benesch Krabitz von Weitmühl sozusagen Insiderwissen: „Im Jahre des Herrn 1358 begab sich der Kaiser nach Böhmen und befriedete zahlreiche Städte an verschiedenen Orten […]. Im selben Jahr ließ der Kaiser aus besonderer Verehrung für den hl. Wenzel als seinen Schutzpatron dessen Haupt vollständig mit reinem Gold überziehen und zu seinen Ehren ein Grabmal ganz aus Gold errichten, das er derart mit den kostbarsten Gemmen und Edelsteinen verzieren ließ, dass man nichts Vergleichbares auf der ganzen Welt fand." 20 Jahre später schwärmte der Erzbischof von Prag in seiner Trauerrede, dass Karl IV. „seine Stundengebete sprach wie ein Priester (*sacerdos*)", und zählte die sieben Aspekte auf, die Karls Heiligkeit untermauerten: seine Salbung zum König und Kaiser, die zu seinen Lebzeiten geschehenen Wunder und seine Visionen, seine charakterliche Integrität und Frömmigkeit, seine fromme Haltung bei der Eucharistie, seine Diakonatsweihe, seine Liebe zu den sieben Sakramenten sowie „seine unablässige Suche nach heiligen Dingen: Wo immer er heilige Dinge und Reliquien fand, kaufte er sie und ließ sie mit glänzendem Gold einfassen und mit Edelsteinen besetzen, und er liebte sie von ganzem Herzen wie ein zweiter Konstantin."

Bei diesem Unterfangen, das seine gesamte Regierungszeit begleitete, fällt die Beharrlichkeit, um nicht zu sagen Halsstarrigkeit auf, mit der Karl IV. seine Ziele im Zeichen einer Frömmigkeit verfolgte, die neben seiner persönlichen Überzeugung immer auch eine öffentliche, kollektive, politische Komponente besaß. Diese geballte Sakralität war dem jungen König so wichtig, dass seine Kanzlei nach Erhalt der Reichskrone 1355 in seiner Titulatur umgehend die klassische Formel „von Gottes Gnaden römisch-deutscher König" gegen den neuen Zusatz „durch göttliche Milde Kaiser der Römer" austauschte. Welche Ausmaße Karls „Suche nach heiligen Dingen" annahm, belegt eine Zahl: Das 1378 erstellte und 1673 aktualisierte Inventar zählt sage und schreibe 605 Reliquien und Sakralgegenstände auf, die Karl IV. durch Kauf oder Schenkung, als Entschädigung, für die Bestätigung von Privilegien, durch Geschenkeaustausch oder anlässlich einer Gründung oder der Stiftung eines Reliquiars erwarb.[36] Ab 1354 ließ er die Reliquien in seinen diversen Schatzkammern regelmäßig inventarisieren. Allein für den Prager Veitsdom existieren fünf solche Verzeichnisse, von denen das erste 38 heilige Objekte aufführt, dazu rund 30 Fragmente, die er im selben Jahr von einer Reise nach Mainz, Augsburg, Konstanz und Trier mitbrachte und im Jahr darauf um weitere Stücke von seinem Italienzug ergänzte. Gleich nach seiner Rückkehr zählte eine neue Bestandsliste allein für den Veitsdom 26 Reliquienbüsten, 20 Armreliquiare, zwölf Statuenreliquiare, fünf silberne Reliquienschreine mit Gebeinen von Heiligen, vier Tragaltäre, acht Votivtafeln und 14 unterschiedlich geformte Reliquiare auf. Die folgenden Inventare von 1365, 1368 und 1374 belegen, dass sich der Umfang der Sammlung praktisch verdoppelte. Einen ähnlichen Sammeleifer legte der König bei der Ausstattung der 1357 gegründeten Kapelle auf seiner Burg Karlstein an den Tag. Schon 1369 wurden allein dort 39 Reliquien verzeichnet.[37]

Eine solche Sammelwut war im Grunde Ausdruck einer übersteigerten Frömmigkeit, die sich im 14. Jahrhundert auf allen Ebenen der christlichen Gesellschaft beobachten lässt, angeheizt durch den Ablasshandel und durch eine kumulative und jenseitsorientierte „Rechnungslegung".[38] In der Zeit Karls IV. galt sie vielen als krankhafte Obsession, und kritische Stimmen warnten sogar vor Reliquienraub.[39] Die Anhänger des tschechischen Reformators Jan Hus etwa sahen in dieser hartnäckigen Sammelwut eine Entgleisung der Religiosität und der institutionellen Funktion der Kirche.[40] Dieser Vorwurf, der auch Karl IV. galt, ist allerdings vor dem Hintergrund der Zeit zu deuten. Der Kaiser machte aus seiner leidenschaftlichen Reliquienverehrung nie ein Hehl, sondern brüstete sich damit sogar in mehreren Schriften, angefangen mit seiner *Vita*, und ließ keine Gelegenheit verstreichen, seine Schätze zur Schau zu stellen oder sich mit ihnen zu zeigen. Gerade dieser explizite Anspruch macht deutlich, worum es ging, denn in ihm verschmolz Karls inniges, frommes Bedürfnis, die Spuren und Heilskräfte des Erlösers und der Heiligen zu sammeln und vor Vergessen und Verwahrlosung zu bewahren, mit dem Wunsch, seinen eigenen Macht- und Herrschaftsraum abzustecken, indem er aktiv Schriften, Gegenstände, Denkmäler, Bilder, Erinnerungen und die charismatisch-priesterliche Macht des Königs und des Reiches gestaltete. Sein Bestreben galt der Sakralisierung, Legitimierung und Visualisierung seiner von Gott gewollten Mission auf Erden. Im folgenden Jahrhundert schrieb Enea Silvio Piccolomini (Pius II.) in seiner *Historia Bohemica* über Karl: „Er war ein Mann großer Werke, der das Ansehen seines Königreichs mehrte, indem er die Religion förderte, die Einhaltung der Gesetze gewährleistete und die guten Sitten pflegte."

Im Hinblick auf Reliquien haben diese „großen Werke" natürlich etwas mit der glühenden Religiosität dieser Flamboyant-Zeit zu tun, die sich im Zeitalter der großen Pestepidemien verbreitet Bahn brach. Zugleich spiegeln sie die Karl eigene Verinnerlichung von Glauben und Heiligkeit ebenso wider wie seine Neigung zu Mystik und Theologie, die dem heiligen, gottgegebenen Wesen seiner Macht und seines Königreichs einen sehr hohen Stellenwert einräumte. Natürlich empfand und propagierte Karl IV. nicht als Einziger seiner Zeit die überirdische, geradezu wundertätige Dimension seines Herrschertums. Alle Könige und Fürsten des Abendlands erforschen und vertiefen ab dem 13. Jahrhundert unablässig das Wesen und die sakralen oder gar prophetischen Züge ihrer Mission und ihres Titels. Hatte nicht Pierre Roger de Beaufort, Abt von Fécamp und Karls Mentor, zu seinem Schüler gesagt: „Du wirst noch römischer König werden", und hatte Karl ihm nicht erwidert: „Zuvor wirst du Papst sein"?[41] Am Pariser Hof der letzten Kapetinger und ersten Valois hatte Karl Gelegenheit gehabt, den Prunk, den Kult der göttlichen Vorsehung und die verschwenderische Fülle eines „heiligen" Königtums zu bewundern. Dank seiner Kaiserkrönung 1355 überragte er jedoch symbolisch alle anderen Könige und Fürsten der lateinischen Christenheit, denn ebenso wie dem Papst hatte

Gott damit auch ihm universelle Macht gegeben und ihn dem byzantinischen *Basileus* gleichgestellt oder sogar über diesen erhöht. Seine Leidenschaft für Reliquien setzte Karl schon früh dazu ein, die Tragweite und Gottgegebenheit dieser Macht herauszustellen. Ebenso wie Architektur, Kunst, Schrifttum und Rituale sollten sie seine Autorität und sein Reich erhöhen und eine mustergültige, untadelige Frömmigkeit zur Schau stellen, die der „Wundertätigkeit" der Könige von Frankreich ebenbürtig war.

Seine Autobiografie etwa leitete er mit einer Art Predigt über die von Gott vorgesehenen Aufgaben des Königs ein.[42] Er schrieb höchstpersönlich Homilien und Predigten, gründete Kapellen, Kirchen und Kollegiatstifte. Den Chroniken zufolge konnte er lange Passagen aus dem Alten Testament und den Evangelien auswendig zitieren oder mit dem Papst und bedeutenden Theologen disputieren. Prag war vom Beginn seiner Umgestaltung an bewusst als neue heilige Stadt geplant, insbesondere die Neustadt. Dort gründete der König innerhalb weniger Jahre sieben Klöster, wie die sieben Hügel Roms, die sieben Wochentage und die sieben weltlichen und theologischen Tugenden.[43] Zu Schutzpatronen dieser Neugründungen, die jeweils die passenden Reliquien erhielten, bestellte Karl böhmische Heilige wie Adalbert und Prokop neben den slawischen Märtyrern Kyrill und Methodios, die daraufhin einen prominenten Platz in den alttschechischen Übersetzungen der *Legenda aurea* des Jacobus de Voragine erhielten.[44] Vor allem die lokalen und dynastischen Heiligen Böhmens spielten in Gestalt ihrer Reliquien eine große Rolle für die von Karl IV. angestrebte Konsolidierung seines karolinischen Königreichs. Das galt besonders für Wenzel, dessen Verehrung und Krone er in den Mittelpunkt der neuen böhmischen Krönungsordnung stellte[45] und dessen Bild das erste Siegel der 1348 gegründeten Prager Universität zierte. Ihm weihte Karl die umgebaute Prager Königsburg, und nach ihm taufte er seine beiden ältesten Söhne. Die Hochzeit mit seiner zweiten Frau, Anna von der Pfalz, legte Karl 1349 auf den Wenzelstag, und er verfasste oder redigierte zwischen 1355 und 1361 die Legende dieses Heiligen.[46] Wie wir später im Kapitel über seine Porträts sehen werden, ließ Karl sich mehrfach in dessen Gesellschaft malen. Er gründete in seinem Namen Kapellen in der Peterskirche in Rom, in der Nürnberger Frauenkirche und im Aachener Dom, damit Pilger den Schutzpatron Böhmens auch an diesen Orten verehren konnten. In den neu erworbenen Besitzungen in der Oberpfalz und in Brandenburg hinterließ Karl symbolische Landmarken in Form von Wenzelskirchen und -kapellen.

Karls Sammelleidenschaft – allein vom hl. Wenzel beschaffte er ein Dutzend Reliquien – reiht sich also in ein ganzes Spektrum von Praktiken und Symbolen ein, zu der die Heiligenverehrung ebenso gehört wie liturgische Kompositionen und Texte, Sakralbauten, Stiftungen und Schriften. Sie sollten schon zu seinen Lebzeiten seine Aura intensivieren, vor allem aber seine Herrschaft verewigen. Anders als viele gekrönte Häupter seiner Zeit beschränkte er sich dabei jedoch nicht auf einen einzigen Heiligen, sondern weitete die Verehrung schon früh auf den hl. Veit und den hl. Sigismund aus, deren Namen er (nach den beiden erstgeborenen Söhnen Wenzeln) zweien seiner jüngeren Söhne gab. Durch diesen Zuwachs erwarb er nicht nur umso mehr Reliquien für Böhmen, sondern verteilte diese Heiligen und ihren Kult im Rahmen einer Art Geopolitik auf mehrere der ihm unterstellten Gebiete. Neben Veit, nach dem in Prag eine Brücke und der Dom benannt sind, war vorrangig Wenzel für Böhmen „zuständig", Sigismund (sowie Mauritius) für das alte Königreich Burgund (Arelat) und Karl der Große für das Heilige Römische Reich. Dem 1165 heiliggesprochenen Kaiser brachte Karl IV. eine besondere Verehrung entgegen.[47] Nach seiner zweiten Königskrönung am 25. Juli 1349 blieb er eigens bis zum 27. Juli in Aachen, um am Gedenktag der Translation der Gebeine Karls des Großen der Zurschaustellung zahlreicher Reliquien beizuwohnen.[48] Als Schatzhaus für seine Reliquiensammlung hatte Karl ursprünglich das Kloster Karlshof neu gegründet und mit drei Zähnen Karls des Großen aus der Aachener Schatzkammer ausgestattet, sich jedoch nach der Kaiserkrönung 1355 für die Burg Karlstein entschieden.[49] Einmal jährlich, 14 Tage nach Karfreitag, wurden die Reichskleinodien von dort aus in einer feierlichen Prozession in den Prager Straßen zur Schau gestellt. Prag wurde hierdurch zu einer der bedeutendsten Pilgerstätten der Christenheit, doch auch Aachen, dessen Name mit dem Karls des Großen für immer verknüpft ist, blieb Karl IV. eng verbunden. In den Jahren 1357, 1359, 1362, 1376 und 1377 residierte er dort und ließ bei seinem ersten Aufenthalt das Kopfreliquiar mit der sogenannten Krone Karls des Großen überarbeiten und mit dem Reichsadler, dem böhmischen Löwen und den Lilien der französischen Kapetinger/Valois und der mit den Luxemburgern verwandten ungarischen Anjou schmücken. Vorbild für die neue Reliquienbüste Karls des Großen war diejenige des hl. Wenzel, die im Prager Dom die Krone Böhmens trug. Als weitere Gemeinsamkeit zwischen beiden Städten erhielt Aachen ebenso wie Prag und später Karlstein ein Reliquiar mit einem Dorn der Dornenkrone Christi. Hierdurch stellte Karl IV. eine ideelle Verbindung her zwischen Prag, Karlstein, Aachen und Paris, denn die Sainte-Chapelle diente als direktes Modell für Peter Parlers Allerheiligenkapelle auf der Prager Burg[50] und beeinflusste den Anbau der Chorhalle an die oktogonale Aachener Pfalzkapelle. Finanziert wurden diese Umbauten dank einer Schenkung Karls, der seinen 1361 geborenen Sohn Wenzel in reinem Gold aufwiegen ließ und dem Kollegiatstift des Aachener Doms rund vier Kilo dieses Edelmetalls schickte. Sie diente zudem der Gründung einer Wenzelskapelle mit einem Altarbild, das den Heiligen zusammen mit Karl dem Großen zeigte. Karl IV. hatte außerdem bereits 1354 in Ingelheim als vermeintlichem Geburtsort Karls des Großen eine Kapelle für diese beiden Heiligen errichten lassen. Das gleiche Ensemble von heiligem Königtum, Verehrung der Christusreliquien und dem Kult Karls des Großen findet sich auch in der Ausschmückung der Katharinen- und Heilig-Kreuz-Kapelle auf Burg Karlstein, wo Benesch Krabitz von Weitmühl zufolge im

Innenansicht der Heilig-Kreuz-Kapelle auf Burg Karlstein.

Jahr 1365 „die Reichsinsignien und der Schatz seines ganzen Königreichs" aufbewahrt wurden. In der Heilig-Kreuz-Kapelle sieht man unter den 130 Gemälden, die sämtliche Wände bedecken, ein Idealporträt Karls des Großen von der Hand Meister Theoderichs; es zeigt als Einziges den Kaiser in Frontalansicht mit Krone, Zepter, Reichsapfel und dem Schild mit dem kaiserlichen Doppeladler.[51]

Doch bei der Reliquienpolitik Karls IV. ging es nicht nur darum, welche Heiligen verehrt werden oder welche Prachtbauten ihre Reliquien aufnehmen sollten. Deutlich wird auch eine geografische Doppelung. Bei seinen Erwerbungen konzentrierte er sich auf die zentralen und südlichen Teile der deutschen Reichsgebiete, insbesondere das Rheinland und den Südwesten, und auf Norditalien bis Rom. Anders sah die Sache bei den königlichen und kaiserlichen Pfalzen und Neugründungen im Zusammenhang mit Reliquien aus. Das historische deutsche Reich wurde dabei zwar keineswegs ausgeklammert (denkt man etwa an Nürnberg),[52] bei der Stiftung der Reliquien innerhalb des karolinischen Reichsgebiets aber auch nicht bevorzugt. Bei Kapellengründungen, neu eingerichteten Gottesdiensten und Dotationen an Institutionen, Kirchen, Klöster und Stifte hingegen standen Prag und sein „Ableger" Karlstein unübersehbar im Vordergrund, wodurch die Stadt quasi nebenbei zu einer der ersten Adressen im Abendland für Goldschmiedearbeiten und kostbare Reliquieneinfassungen wurde. Oft platzierte Karl Reliquien zudem an strategisch ausgewählten Standorten in den Territorien, die er zum Nutzen seines Königreichs Böhmen als Kron- und Eigengut neu erworben hatte. Nicht von ungefähr wurden die Territorialgewinne vor allem in der Oberpfalz, in Brandenburg und in der Lausitz durch Stiftungen und Reliquientransfers nach Sulzbach, Lauf, Breslau, Luckau, Brandenburg, Tangermünde, Magdeburg und Wittenberg symbolisch gewürdigt. Zu dieser Liste gehört auch Brünn als zentrale Anlaufstelle in der Markgrafschaft Mähren.[53] Vergleicht man die Verteilung der Herkunft der Reliquien und die der späteren Standorte, an denen sie aufbewahrt und verehrt wurden, zeigt sich eine Verschiebung weg von den alten, historischen Teilen des Heiligen Römischen Reiches im Westen und Süden hin zu den östlichen Gebieten, die dem Schutz und der Kontrolle des Bollwerks Böhmen unterstanden. Dieser Trend überrascht nicht, spiegelt er doch die West-Ost-Verlagerung des territorialen, politischen und wirtschaftlichen Schwerpunkts im Reich wider. Die Reliquien stammen aus dem alten „karolingischen" Gebiet rings um Rhein, Maas,

Main und Donau mit seiner hohen Dichte an alten Klöstern und seinen ehrwürdigen, prunkvoll ausgestatteten Bischofs- und Erzbischofssitzen. Hier konzentrierte sich Karls Sammelwut auf die Orte, die er über Luxemburg und mithilfe der Kurfürsten am engmaschigsten kontrollierte, sowie weiter südlich auf die Gebiete der Wittelsbacher in Bayern und, in geringerem Maße, die Habsburger Fürstentümer. In Norditalien, das ja theoretisch noch Teil des Heiligen Römischen Reiches war, erregten die Lombardei und die Toskana sein Interesse, vor allem aber Rom, das für ihn seit seiner Kaiserkrönung 1355 eine reich sprudelnde Quelle für Reliquien bildete.

Kaum verwunderlich, dass sich diese geografische Verteilung der Reliquien mehr oder weniger mit den Reiserouten und Aufenthalten Karls IV. und seines Hofes deckt.[54] Von den rund 600 inventarisierten Stücken erwarb er 350 auf den Reisen, die ihn als König und später Kaiser zwischen 1353 und 1369 nach Süddeutschland und Italien führten, insbesondere auf dem Höhepunkt seiner Sammeltätigkeit von 1353 bis 1357. Diese „Spitzenphase“ fällt zusammen mit einer Zeit intensiver Territorialerwerbungen, emsiger Diplomatie und unermüdlicher Reisen. Am intensivsten sammelte er übrigens oft anlässlich seiner feierlichen Einzüge etwa 1355 und 1368 in Rom und 1356 in Metz. Es heißt, die Kirchengemeinden hätten ihre Schätze und Reliquien eilends versteckt, sobald sein Besuch angekündigt wurde. Ob wahr oder nicht, herrscht jedenfalls Einigkeit unter den wohlmeinenden ebenso wie unter den kritischen Chronisten, dass Karl IV. sich offenbar schon vorab über das Reliquienpotenzial jedes angesteuerten Ortes informierte.

Das lässt auf eine ausgefeilte Logistik schließen, mit der er Reliquien und Sakralgegenstände aufspürte und vereinnahmte. Dies erfolgte brieflich und durch vorab ausgesandte Kundschafter oder Boten, eigens angesetzte Besuche und taktische Verhandlungen, bei denen im Gegenzug für Reliquien die Bestätigung von Privilegien in Aussicht gestellt wurde. Belegt ist auch, dass man Karl IV. keine größere Freude bereiten oder seine Gunst und Aufmerksamkeit schneller erringen konnte als mit einer begehrten Reliquie. Nicht wenige Fürsten und Könige bis hin zum Papst und zum oströmischen Kaiser machten sich dies zunutze, was zeigt, wie sehr die Diplomatie im Mittelalter auf Religion und Heiligkeit setzte, um die Einhaltung von Vereinbarungen und Verträgen zu gewährleisten und auf Erden den Frieden Gottes zu verwirklichen.[55] Der französische Thronfolger und spätere Karl V. lag deshalb völlig richtig, als er seinem Onkel 1356 in Metz zwei Dornen von der Dornenkrone Christi schenkte, um damit eine Allianz mit dem Haus Luxemburg zu besiegeln. Die Szene wurde kurz darauf in einem Wandbild in der Marienkapelle in Karlstein verewigt. Am 8. Januar 1378, am Ende von Karls letztem Parisaufenthalt, so die *Grandes Chroniques de France*, „besuchte Karl [V.] am Morgen persönlich den Kaiser und schenkte ihm eine herrliche, mit Edelsteinen besetzte Schatulle aus Jaspis mit Goldbeschlägen. Darin waren ein Dorn von der heiligen [Dornen-]Krone und ein Knochen des hl. Martin." 1360 sandte der byzantinische Kaiser Johannes V. Palaiologus aus Konstantinopel Karl IV. nach Prag ein ganzes Reliquienpaket, das je ein Fragment vom Heiligen Kreuz und vom Heiligen Schwamm, die Schädel der hl. Helena, des hl. Philipp und des hl. Zacharias, Gebeine des hl. Matthäus, des hl. Georg, des hl. Lukas und von „sechs weiteren Heiligen" umfasste. Diese „Lieferung" diente zur Vorbereitung eines Treffens zwischen den beiden Kaisern, das letztlich nicht zustande kam.

Was Reliquien betraf, konnte der Kaiser sozusagen alles gebrauchen: Moses, Maria, Maria Magdalena, altehrwürdige Patrone und solche jüngeren Datums, lokale, „nationale" oder sogar universelle, slawische oder lateinische Heilige, Evangelisten, Apostel, Erzengel oder Märtyrer, Frauen und Männer, die Heiligen Drei Könige, heiliggesprochene Kaiser wie Karl den Großen oder Heinrich II., Kaiserinnen, Päpste, Äbte, Bischöfe und Könige, Christusreliquien, aber auch kollektive Heilige wie die Thebaische Legion des hl. Mauritius, die Elftausend Jungfrauen von Köln, die Zehntausend Märtyrer oder die Neunzig römischen Märtyrer … Alles und jedes war ihm recht, solange die Identität und Echtheit der Stücke ordnungsgemäß attestiert und beglaubigt war. Bemerkenswerterweise machte Karl IV. diese Sammelstrategie nicht nur zu einem Leitbild für Bauwerke und Denkmäler, sondern erfand in ihrem Zuge auch eine Liturgie, die seinen eigenen kaiserlichen Ruhm mehren und die Heiligkeit seines Reiches veranschaulichen sollte. Die von ihm persönlich gesteuerte Reliquienverehrung spiegelt so gesehen die bewusste Wahrnehmung seiner priesterlichen Funktion als König wider. Ihren glanzvollen Höhepunkt fand diese in der Ausübung des allein dem römischen König und Kaiser zustehenden Privilegs, selbst wie ein Priesterkönig Teile der Weihnachtsmesse mit zu zelebrieren.

Durch die Reliquien und ihre wohlkalkulierte Verehrung legte Karl IV. den Grundstein für eine neue Tradition. Dem Instrumentarium, das ihm als König von Böhmen einerseits und als römischem Kaiser andererseits ohnehin zur Verfügung stand, fügte er damit eine Sakralisierung hinzu, die lange Zeit im Schatten der *grant monarchie de France* und ihrer wundertätigen Könige gestanden hatte, nun aber unter dem Luxemburger Kaiser einen beispiellosen Aufschwung erlebte. Dabei gelang es ihm, auch die Reichsinsignien zu heiligen Reliquien umzudeuten, wie die ab 1357 gängige Bezeichnung als *reliquiae imperiales*, „kaiserliche Reliquien" ebenso bezeugt wie ihre Aufbewahrung auf der Burg Karlstein zusammen mit dem *preciosissimum jocale regum et regni Bohemia*, den „kostbarsten Kleinodien der Könige und des Königtums Böhmen". Doch auch dieser zweifellos grandiose symbolische und politische Coup schützte die Luxemburger nicht davor, dass sie innerhalb von zehn Jahren nach dem Tod Karls IV. Zug um Zug ihre Throne räumen mussten. Nicht jeder Dynastie ist eine so wundersam nahtlose Thronfolge beschieden wie dem französischen Königshaus. Immerhin verlieh Karl mit seinem Schachzug seinem eigenen Reich und allen Königreichen Zentraleuropas eine überragende sakrale Komponente, von der noch die Habsburger profitierten. Auffällig ist in diesem Zusammenhang, dass die Königreiche Polen, Ungarn und Böhmen ebenso wie das Heilige Römische Reich ihre Sakralität auf einen heiligen König wie Karl den Großen oder Stefan als Begründer stützten, der ihr Land zum Christentum bekehrt habe, während diese Tradition in den seit Menschengedenken christlichen Reichen wie Frankreich unbekannt war: Der hl. Dionysius war nie König von Frankreich.

Wie dem auch sei: Die einzige nennenswerte Schwachstelle in dieser Politik der Heiligkeit, die Karl der IV. mit seinen Schriften und Reliquien verfolgte, ist sein eigenes Schicksal. Man kann sich des Eindrucks kaum erwehren, dass er davon träumte, selbst eines Tages heiliggesprochen zu werden, und dass seine Nachkommen, beseelt von derselben Frömmigkeit und Hartnäckigkeit wie er, seine Körperteile sorgsam als Reliquien sammeln und ebenso in Ehren halten würden wie die anderen heiligen Objekte, die er mit so viel Mühe und für so viel Geld zusammengetragen hatte. Schade nur, dass im 14. Jahrhundert, das bald nach seinem Tod durch konkurrierende Päpste in zwei Hälften zerrissen wurde, kein Bedarf mehr an heiligen Königen bestand. Der neue Kult galt nun den Bildern.

Kapitel 9

Karl IV. in seinen Porträts

Während uns für andere westeuropäische Monarchen seiner Zeit mit Ausnahme von Karl V. von Frankreich allenfalls ein oder zwei erkennbare Porträts vorliegen, wurde Karl IV. im Laufe seiner langen Herrschaft dutzende Male abgebildet. Wir haben regelrecht die Qual der Wahl: Da ist zum einen Peter Parlers berühmte Büste aus der Zeit zwischen 1375 und 1385, deren eindrückliche Augen uns vom Triforium im Prager Veitsdom aus in alle Ewigkeit frontal und entschlossen anblicken [siehe Abb. auf S. 211], oder das wehmütig entrückte Dreiviertelporträt, das der Prager Erzbischof Johann Očko von Vlašim 1371 als Votivbild anfertigen ließ. Es gibt weitere Bilder, auf die wir später noch zurückkommen werden. Sie alle sind verblüffend ähnlich und faszinierend zugleich. Verstärkt wird ihre Wirkung durch die detaillierten Gesichtszüge, die sorgfältige Wiedergabe des wachen Blicks und des gepflegten Bartes, die Pracht der Insignien, Kleinodien, Kronen und Wappen, die unauflöslich enge Bindung jedes Porträts zu seiner Stadt Prag und zu seinem Königreich Böhmen. Und auf all diesen Bildern lässt sich Karl auch ohne Inschrift, Datum oder Vornamen zweifelsfrei identifizieren.

Wie man sieht und wie die Schilderung seiner Regierung deutlich gemacht hat, hegte Karl IV. augenscheinlich niemals Zweifel an dem Bild, das er von sich vermittelte, und ebenso wenig an seinem Nachruhm. Einen Großteil seiner Lebens- und Regierungszeit verbrachte er damit, dieses Image aktiv zu gestalten. Damit vertrat er ein Königtum, das sich im 14. und 15. Jahrhundert nicht mehr hinter einer geheimnisumwitterten Macht versteckte, sondern Öffentlichkeit und Bekanntheit für sich in Anspruch nahm. Sie inszenierte den Herrscher mit einer Fülle von Ritualen und Zeremonien, Orten, Symbolen und Bildern als Verkörperung der Souveränität und des Staates, für die er Projektionsfläche und Existenzgrundlage zugleich war. Karl IV. war nicht der Einzige, der diese Form des Königtums

Karl IV., Porträtbüste im Triforium des Prager Veitsdoms.

pflegte, schöpfte jedoch das gesamte verfügbare Instrumentarium aus, sei es mit Siegeln, Verträgen, Verfassungsschriften, Reliquien, Denkmälern und Burgen, der Verehrung der böhmischen Landespatrone oder dem Kult des Heiligen Römischen Reiches, mit Statuen, Handschriften und höfischer Kultur. Alles stellte er in den Dienst dieser zentralen Politik der Bilder und der Ehre, was sich vor allem in seinen Porträts niederschlug. Bemerkenswert ist dabei, dass er seine Bilder so gezielt kontrollierte, dass man viele davon ohne Weiteres als Selbstporträts bezeichnen und darin Bezüge zu seiner Lebensgeschichte entdecken kann. Diese einzigartige Konstellation ist einerseits von Karls eigenem ausgeprägtem Bewusstsein seiner Person und seines Amtes geprägt, andererseits aber auch von der im Laufe des 14. Jahrhunderts generell wachsenden Neigung und Fähigkeit zur Selbstreflexion und zur Individuation.

Gemalte Porträts oder etwa Totenmasken auf Gisants, Liegefiguren auf einem Sarkophag, mit der individuellen Physiognomie der dargestellten Person standen ab dem späten 13. Jahrhundert und mehr noch im 14. Jahrhundert bei Prälaten, Fürsten und Königen, aber auch bei Künstlern und Gelehrten hoch im Kurs.[1] Die Gesichtszüge hatten dabei noch keinen wirklich eigenständigen Wert, denn vor allem in Porträts war ihre Darstellung noch nicht selbstreferenziell, sondern diente als fiktives Spiegelbild der Seele, meist im Augenblick des Todes, ohne das gemalte Subjekt aus seinem christlich-spirituellen Umfeld herauszulösen.[2] Das Gesicht sollte allerdings ein bestimmtes Bild heraufbeschwören und anhand der individuellen Züge einen Wiedererkennungseffekt bewirken.[3] Drei Strömungen prägten dabei auch das kulturelle Umfeld Karls IV.: zum einen ein vermehrtes Interesse für den Körper, ausgehend vom Leichnam und seiner Konservierung für die Nachwelt, zum anderen die politisch motivierte Lehre, das Gesicht eines Herrschers sei das Spiegelbild seiner Vorzüge und Fehler, und schließlich die unverkennbare Zunahme von Individuationsmarkern wie Unterschrift, Siegel, Schriftstücken in Ich-Form, dem Anspruch auf Urheberschaft eigener Werke namentlich durch Maler und Schriftsteller sowie Traumschilderungen oder auch der Kleidung.[4]

Wie die im Folgenden vorgestellten Porträts Karls IV. zeigen, achtete der König und Kaiser offenbar sehr genau darauf, welches Bild von seiner Person er vermittelte, und legte Wert auf leichte Wiedererkennbarkeit. Derselben kumulativen Logik und Ästhetik folgend wie bei seinen vielen Kronen und seiner Reliquiensammlung, förderte oder bestellte er während seiner gesamten Regierungszeit Dutzende Porträts in Handschriften, an Denkmälern, in seinen Residenzen und auf Siegeln. Dabei sparte er kein Klassifikationsschema von der väterlichen, ehelichen, dynastischen, königlichen, kaiserlichen, hagiografischen bis zur kurfürstlichen Rolle aus. Die Macht seiner Porträts an der Schnittstelle zwischen Verwandtschaft, Heiligkeit und Herrschertum liefert also gleich zwei Antworten auf die Frage, wer Karl IV. eigentlich war. Sie sagen uns nicht nur, wie er aussah, sondern auch, welche Vorstellung er von sich selbst als König und als Mensch hatte. Zudem ist diese Fülle von Abbildern vor allem seines Gesichts nicht zu trennen von einem Anliegen, das auch in seinen Schriften und Reliquien zum Ausdruck kommt: dem Wunsch, zu überdauern und sein Erbe und sein Andenken auf Jahrhunderte hinaus fest zu verankern.

Den König zeigen

Ebenso wie heute ist auch im Mittelalter ein Porträt in erster Linie ein Ebenbild, das über seinen Abbildcharakter hinaus auch eine räumliche und soziale Funktion hat und insofern Abbildung, Vorstellung und Repräsentation in einem ist. Es liefert eine mehr oder weniger getreue Wiedergabe eines Gesichts, vermittelt aber zugleich eine ideelle und symbolische Vorstellung, mit deren Hilfe es eine Erinnerung in Gegenwart und Zukunft aktualisiert und reaktiviert.[5] Ein Porträt steht, besonders im Mittelalter, nicht für sich allein. Zeigt es ein Gesicht, einen Körper und seine Attribute wie beispielsweise die Reichsinsignien Karls IV., dann gibt es zugleich etwas preis über ein Amt – in diesem Fall das des Herrschers –, einen Ort und die jeweiligen Auftraggeber, Zielgruppen und Nutznießer der Darstellung. So gesehen ist das Porträt Teil eines übergeordneten Zeichensystems, das gleichermaßen etwas mit Symbolwirkung, politischem Denken und Machtgefügen zu tun hat, aber auch mit den zahlreichen Gegenständen, die in den Augen der Zeit den Herrscher abbilden konnten.[6]

Dennoch zeigt ein Porträt zumindest theoretisch auch ein Individuum, das niemandem sonst gleicht. Dieses Zeigen und Wiedererkennen steht seinerseits in einem historischen Kontext.[7] Das Interessante an den Porträts Karls IV. ist nicht nur ihre Zahl, ihr Anbringungsort oder ihre Machart, sondern auch die Art und Weise, wie sie speziell im 14. Jahrhundert Fragen nach Person, Ähnlichkeit und Individualisierung aufwarfen. Das

Bild, das diese Porträts vom König und Kaiser vermitteln, ist auch im Licht der per definitionem christlichen Tradition der Königsdarstellung zu verstehen, die immer durch Genealogie und Heiligenverehrung untermauert wird. Gerade Letztere erlebt unter Karl IV. in Böhmen eine bemerkenswerte Renaissance, speziell im Hinblick auf die böhmischen „Nationalheiligen". In Königsporträts bürgert sich besonders im 14. Jahrhundert die physische Ähnlichkeit als neue Kategorie der politischen Repräsentation ein,[8] bei der körperliche Merkmale als Belege oder Vorboten der charakterlichen Vorzüge und Fehler des Fürsten gedeutet werden.

Die vermehrte Ähnlichkeit von Königsporträts im 14. und 15. Jahrhundert erklärt sich also weniger durch eine generell vermehrte Wertschätzung von Individualität als durch einen Wandel der Politik und der Symbolik in der Darstellung von Königtum. Im politischen Denken spielte dabei ab dem 13. Jahrhundert auch die Physiognomik eine Rolle. Neben der Astrologie diente nun die systematische Interpretation der Gesichtszüge[9] dazu, den Charakter eines Monarchen als gut oder böse zu deuten. Hinzu kam die Pathognomik, die sich mit Gesten und Mimik beschäftigte; sie war Ausdruck eines tief im christlichen Denken verankerten Körperverständnisses und schlug zugleich eine Brücke zwischen Sichtbarem und Unsichtbarem.[10] Um Physiognomik und Pathognomik geht es in vielen politischen Schriften des 13. bis 15. Jahrhunderts, vor allem in den Fürstenspiegeln. Beide gründen sich unter anderem auf die antike Säftelehre bzw. Humoralpathologie sowie auf aristotelische und pseudoaristotelische Schriften, von denen viele im 13. Jahrhundert von Scholastikern ins Lateinische und ab dem 14. Jahrhundert in diverse Volkssprachen übersetzt wurden, namentlich auch ins Alttschechische. Die Deutung des menschlichen Charakters anhand von Körpermerkmalen, allen voran von Mimik, Gestik und Gesichtszügen, wurde in Porträts im 14. Jahrhundert regelrecht politisiert und entwickelte sich zu einem zentralen Thema mittelalterlicher Abhandlungen über die gute und die schlechte Regierung. Trotz allem wurde das Königsporträt mitnichten zu einem weltlichen Abbild. Den König zu zeigen war und blieb ein komplexes, ja magisches Unterfangen, wie Marc Bloch in seinem Buch *Die wundertätigen Könige* für die französischen Monarchen überzeugend darlegen konnte.[11] Einen König als solchen auszuweisen, war im Mittelalter und bis weit in die Neuzeit hinein nie ein rein „kognitiver" Vorgang. Den Gegenbeweis liefert die im Mittelalter ebenso wie in der Neuzeit ständig präsente Gefahr, dass sich Hochstapler als Könige ausgaben.[12] Identitätsbeweis oder Verwechslung sind für einen Monarchen natürlich Vorgänge von höchster politischer Bedeutung. So heißt es etwa, Jeanne d'Arc habe den damaligen Dauphin und späteren Karl VII. in einer ganzen Schar von Höflingen erkannt und damit die Authentizität und Legitimität ihrer gottgewollten Mission bewiesen – was die Inquisition übrigens später gegen sie verwendete.

Den König zu sehen und zu zeigen, blieb also eine bedeutungsschwangere Handlung, die Glück verheißen, aber auch Gefahren bergen konnte, aber nie neutral blieb, wie etwa die „Tour de France" belegt, die Karl IX. später durch sein Reich unternahm.[13] Angesichts der doppelten Herausforderung, den König und seine Macht im Rahmen einer Dialektik von Widersprüchen oder Zusammenhängen zwischen der Singularität der Person und der Universalität der Funktion zu offenbaren, musste sich im Porträtbild ein komplexes System von Zeichen und Verweisen herausbilden, das Farben, Gesichtszüge und eventuelle Besonderheiten bis hin zu körperlichen Makeln umfasste. Inschrift, Devise, Titulatur, Datum, Insignien, Krone, Kleidung, Umfeld, Körperhaltung, Blickrichtung und Kopfdrehung wurden inszeniert und kombiniert. Jedes dieser Indizien steuert etwas zur Identifizierung der Person bei, konstruiert aber zugleich einen bestimmten zeitlichen und räumlichen Rahmen für die Wahrnehmung und Vereinnahmung des Bildes.

Auf die gleiche Weise funktionieren die gemalten, gestochenen, gemeißelten und ziselierten Bilder Karls IV. Sie verweisen auf ein Individuum, das in jedem der Porträts wiedererkennbar ist, aber Zeichen in sich trägt und bei sich hat, die über seine Person hinausgehen, sei es ein Bart wie der Karls des Großen, der Habit eines Heiligen, das Attribut eines Propheten oder die Insignie eines biblischen Königs.

Karl IV. in Bild und Wort

Ideen und Inspirationen fand Karl IV. unter anderem am französischen Hof. Man weiß etwa, dass er von dort Handschriften mit Abbildungen von Zierrat und Bauwerken nach dem damals aktuellen Pariser Geschmack mitbrachte. In Frankreich kamen die ersten Königsporträts in den 1330er-Jahren in Gestalt von Medaillons auf, die nach dem Vorbild antiker Münzen den königlichen Stammbaum illustrierten. Das erste gemalte Porträt war ein zwar nicht naturgetreues, aber immerhin wiederkennbares Tafelbild Johanns des Guten, zweifellos das erste dieses Genres nördlich der Alpen. Es zeigt den König und identifiziert ihn zugleich durch seinen Vornamen „Jehan“ und den Zusatz *roy de France*.[14] Die Datierung des Gemäldes bleibt allerdings bis heute offen, denn Johann trägt keine Krone. Das berühmte Bildnis entstand also vielleicht noch zu seinen Lebzeiten, sei es als junger Prinz oder aber als gestandener König, der auf dieses Attribut nicht mehr angewiesen war; alternativ könnte die Inschrift nach der heute üblichen Lesart aber auch postum hinzugefügt worden sein. Um die Mitte des 14. Jahrhunderts jedenfalls begann der König, seine Identität und Macht in Bildnissen seiner selbst durch herausragende Gesten, Kleidung und Haltung zur Schau zu stellen. Natürlich ging es zu dieser Zeit noch nicht um eine wirkliche Personalisierung, denn die gemalte Figur blieb bekannten Vorbildern verhaftet, und die Ähnlichkeit beschränkte sich im Wesentlichen auf gängige Typen. Immerhin war der König in einem solchen Gemälde identifizierbar und konnte nun sein Abbild im öffentlichen und privaten Raum verbreiten, und zwar nicht nur zu seinen Lebzeiten, sondern auch darüber hinaus.

Diese Nachwirkung konnte Karl IV. im Übrigen schon als junger Mann in Italien beobachten. Nicht zuletzt aus seiner eigenen Lebensbeschreibung wissen wir, dass er dort Kontakte zu zeitgenössischen Humanisten und Malern knüpfte und kunstvolle Mosaiken kennenlernte. Spuren davon finden sich in einer illuminierten Prachthandschrift, die er während seines Italienaufenthalts zu Beginn der 1330er-Jahre anfertigen ließ. Sie enthält eine lateinische Übersetzung von Teilen der sogenannten Dalimil-Chronik.[15] Die 103 Kapitel der originalen Reimchronik stützen sich großenteils auf die von Cosmas von Prag zwischen 1119 und 1125 verfasste *Cronica Boemorum*. Die Benennung nach einem angeblichen Autor namens Dalimil ist zwar irreführend, denn sie beruht auf einer Mitte des 16. Jahrhunderts erfolgten Fälschung, doch stellt die Chronik selbst die erste auf Alttschechisch verfasste Chronik aus der Zeit von 1309 bis 1314 dar.[16] Sie enthält unschätzbare Informationen über den Thronwechsel von den Přemysliden auf die Luxemburger unter Johann dem Blinden, mit dem sie bezeichnenderweise 1326 endet. Obwohl sie sich auf die Geschichte Böhmens beschränkt und auf die Eigenständigkeit und Überlegenheit der „tschechischen“ Geschichte und Kultur pocht, erinnern die in den Buchmalereien abgebildeten Bauten auf Anhieb an italienische Städte und sollen durch ihre Monumentalität das darin vermittelte Bild des Fürsten unterstützen. An dieser Wechselwirkung von Motiven und Einflüssen aus Frankreich, Böhmen und Italien hielt Karl auch nach seiner Rückkehr nach Böhmen bis zum Ende seiner Regierung fest. Dennoch – und hier kommt der nicht unproblematische, aber aufschlussreiche Begriff „Stil" zum Tragen – war die Kunst und damit auch die Porträtmalerei unter Karl IV. kein bloßer Abklatsch äußerer Einflüsse, sondern schöpfte aus ureigenen tschechischen Traditionen vorwiegend der Přemysliden und verknüpfte diese Elemente mit einer luxemburgischen Tradition.[17] In diesem Punkt wies die Porträtkunst unter Karl IV. zum Teil die gleichen Komponenten auf wie Darstellungen anderer Könige in anderen politischen und territorialen Kontexten dieser Zeit, von der Vermischung von Privatem und Öffentlichem über die demonstrative Zurschaustellung königlicher Autorität, Verweise auf Geschichte und Genealogie und die politische Theologie bis zum Einsatz von Hofkünstlern und -handwerkern.

Von Karl IV. existieren so viele Porträts, die ihm ähnlich genug sind, um ihn eindeutig zu identifizieren und von seinesgleichen abzuheben, wie von kaum einem anderen König im 14. Jahrhundert.[18] Über Siegel und Münzen hinaus gibt es schätzungsweise rund 60 Werke mit seinem Konterfei. Etwa die Hälfte davon entstand noch zu seinen Lebzeiten, auf seine Anregung, in seinem Auftrag oder auf Wunsch eines ihm nahestehenden Beraters. Doch das ist noch nicht alles: Die meisten dieser Porträts spiegeln seinen politischen Willen wider und bilden eindeutig seine Regierung und die überirdische Dimension seines Amtes ab. Gerade weil sie nach Auffassung Karls IV. mit einer wichtigen politischen Botschaft befrachtet waren, lassen sich dabei zwei Perioden unterscheiden. Die erste entspricht seiner Jugend, wie er sie in seiner *Vita* schildert;[19] aus dieser Zeit gibt es wenige Porträtgemälde, dafür jedoch Siegel, die einen idealisierten jungen Prinzen zeigen, der (noch) kaum individuelle Züge aufweist, zumal ihn in den 1330er-Jahren nichts für seine künftige Rolle als König und Kaiser prädestiniert. Dieser Kontext ändert sich in dem Maße, in dem er Kronen sammelt und regiert. Man könnte meinen, Funktion und Muster der Porträts veränderten sich in dem Moment, als er durch die Königswürde zu einer einzigartigen Persönlichkeit wurde, die nach einer individuelleren Wiedergabe verlangt. Seine Porträts ähneln nun stärker dem physischen Erscheinungsbild, das die Chronisten schildern. In dieser Hinsicht besitzen wir eine recht genaue Beschreibung aus der Feder des Florentiners Matteo

Villani: „Er war von mittlerer Größe, für einen Deutschen eher klein, hatte einen Buckel und schob Hals und Kopf nach vorn, wenn auch nicht übermäßig. Er hatte schwarzes Haar, ein recht breites Gesicht, große Augen, volle Wangen, einen schwarzen Bart und eine kahle Stirn."[20] Petrarca, der 1355 in Mantua mit Karl IV. zusammentraf, bestätigte den späteren Topos, Karl sei von mittlerer Statur gewesen, habe aber die Qualitäten eines großen Mannes besessen. All diese Züge betonen später die Miniaturen und Beschreibungen in den *Grandes Chroniques de France* beim Parisaufenthalt Karls IV. 1377/78. Der deutsche Chronist Thomas Ebendorfer kannte Karl zwar nicht persönlich, griff aber bei dessen Erwähnung in seiner *Chronica regum Romanorum* dieses in den Köpfen offenbar schon fest verankerte Merkmal auf: „Wenn auch von kleiner Gestalt, bemühte sich Karl, stets wendig und schlau, nach Kräften darum, seine Macht und den Ruhm seiner Stadt Prag zu mehren."[21]

Ebendorfers Urteil ist eigentlich nichts hinzuzufügen: Die Wiedergabe seiner körperlichen Erscheinung, zu der ja auch das Porträt gehört, diente Karl dazu, sein Prestige und seinen Ruf zu steigern, selbst wenn man von seiner vergleichsweise mittelmäßigen Statur ausgeht, die übrigens durch osteologische Untersuchungen im Rahmen zweier Exhumierungen 1928 und 1976 bestätigt wurde; beide bezifferten Karls Körperlänge auf knapp 1,73 Meter. Tatsächlich zeigen alle nach 1350 entstandenen Porträts Karl IV. als einen Mann, der nicht durch Körpergröße oder physische Ausstrahlung, erst recht nicht durch ein scharfes Schwert oder eine glänzende Rüstung besticht, sondern durch die so gut wie immer präsenten Attribute der Majestät, Frömmigkeit und Weisheit: die Krone, die königlichen und/oder kaiserlichen Insignien, den „karolingischen" Bart und Zeichen innigen Glaubens (kniende Bethaltung, Gegenwart von Heiligen oder Reliquien). Auffallend ist das Fehlen traditioneller oder üblicher Elemente wie etwa Inschriften. Die Wappenschilde Luxemburgs, des Heiligen Römischen Reiches oder Böhmens finden sich oft, aber nicht immer, in seltenen Fällen der Vorname Karl. Zudem wurden bestimmte Elemente geschickt kombiniert: Ein Abbild Karls IV. kommt selten allein oder auf nur einem Träger daher. In „seiner" Burg Karlstein[22] ist er kniend, stehend oder als Büste gleich an mehreren Wänden der Marienkirche sowie in der Katharinen- und Heilig-Kreuz-Kapelle anzutreffen. In „seiner" Stadt Prag sieht man ihn von vorn, im Profil, stehend, kniend und thronend an verschiedenen Stellen im Veitsdom (in der Wenzelskapelle, im Triforium, am Reliquienkreuz und in den

Mosaiken der Goldenen Pforte) und in der Stadt (Relief am Tympanon von St. Maria Schnee, Karlsbrücke, Kryptoporträt im Emmauskloster). Auffällig ist auch, dass Karl IV. so gut wie nie allein abgebildet ist, sondern fast immer in Begleitung Heiliger, Angehöriger (seines Vaters, seiner Ehefrauen und Söhne), anderer Könige oder seiner Berater. All diese Elemente bildeten dauerhafte Konstanten einer Kunst, die noch zu Lebzeiten des Königs ihre eigene Tradition erschuf.

Porträts und Kryptoporträts unterschiedlicher Tradition

Interessant sind auch die Umstände, unter denen diese Werke entstanden. Man erkennt unschwer die Mechanismen einer solchen königlichen Propaganda (im Wortsinn des lateinischen *propagare*, verbreiten), deren Wirkmächtigkeit Karl IV. in seinen Pariser Jahren und in Italien kennengelernt hatte. In den mitteleuropäischen Königreichen und Fürstentümern allerdings war diese Methode zumindest auf einer so hohen Ebene noch unbekannt.[23] Dennoch wurde Böhmen damit keine von außerhalb stammende Tradition ohne Bezüge zu lokalen Gegebenheiten aufgezwungen. Die Dynastie der Přemysliden bot Karl diesbezüglich perfekte Ankerpunkte. Um einen solchen repräsentativen und ideologischen Synkretismus handelt es sich etwa bei der Burg Karlstein, die nicht von ungefähr Karls Vornamen trug. Dort verteilte er insgesamt zehn Porträts oder Kryptoporträts von ihm selbst auf Wände, Decken und Kapellen. Fortan erhielt diese Reihung einen festen Platz in der übergeordneten dynastischen und königlichen Propaganda; Mittel zum Zweck waren seine Bauten und seine Reliquiensammlung, zu deren Schatzkammer er seine Burg machte. Die böhmischen Heiligen Wenzel, Veit und Adalbert, aber auch Karl den Großen als Lichtgestalt des Heiligen Römischen Reiches sah er als Mustervorlagen für eine Mischung aus Heiligkeit, Königtum und Kaiserwürde. Es wäre jedoch nicht richtig, hierin einen Ausdruck von Überheblichkeit zu sehen, denn wer sich im Mittelalter als Heiliger oder beispielsweise als einer der Heiligen Drei Könige abbilden ließ, maßte sich keineswegs an, in deren Haut zu schlüpfen oder ihre Heiligkeit zu besitzen, sondern wollte sich in erster Linie eine alt- und neutestamentliche Geschichte zu eigen machen und sich als Erneuerer präsentieren. In diesem Licht sehen wir Karl IV. als zweiten David, zweiten Salomon, zweiten Konstantin, wie man sie auch andernorts findet, oder als mythischen Priesterkönig Melchisedek, der seltener vorkommt, ihn aber wohl besonders beeindruckte. Unter dem Strich ging es ihm darum, über mehrere Jahrhunderte hinweg einen zeitlichen Bogen zwischen zwei Figuren zu schlagen, um das Königtum zu idealisieren. Anstatt seine eigene Identität damit abzuschwächen, stärkte er sie im Gegenteil noch.

Die Vielzahl an Porträts, die Karl IV. hinterließ, lässt sich daher nur vor dem Hintergrund der ebenso zahlreichen Heiligen verstehen, die der König verehrte und die ihm im Bild Gesellschaft leisten. Darin ist keine Unentschlossenheit oder willkürliche Häufung zu sehen, sondern das Bemühen, seine „Bezugspersonen" an die jeweiligen räumlichen und historischen Kontexte anzupassen, die er miteinander in Einklang bringen wollte. Ihm war klar, dass die Heiligen nicht nur eine religiöse Wirkkraft besaßen, sondern dass auch ihre Verehrung eine politische und territoriale Ausstrahlung hatte.[24] Unter den Traditionen Böhmens, Frankreichs, Italiens und des Heiligen Römischen Reiches sowie unter seinen Aufgaben und Ambitionen als Kaiser traf Karl IV. keine Auswahl, sondern fügte sie so zusammen, dass er den doppelten Ansprüchen seines Hauses und Hausguts sowie seiner diversen Kronen gerecht werden konnte. Die Verschmelzung dieser beiden Elemente sollte das Ganze als universell ausweisen, legitimieren und in ein breites Spektrum an Bezugswerten einbinden, aus dem er als König und als Kaiser schöpfen konnte.[25] Den gleichen Effekt erzielte er mit Kryptoporträts.[26] So bezeichnet man die Darstellung einer realen Person, in diesem Fall Karls IV., mit ihren eigenen Gesichtszügen, jedoch mit Merkmalen eines bestimmten Heiligen oder einer sonstigen mythischen oder legendären Figur. Kryptoporträts sollen bei der realen Person zum Beispiel eine Tugend, bestimmte Lebensumstände, ihren Stand, ihr Prestige, die Ableitung ihres Namens, ihren Rang oder ihr Geblüt hervorheben. Die Tradition königlicher Kryptoporträts erfreute sich im Oströmischen Reich im gesamten Mittelalter großer Beliebtheit. Doch während sich die byzantinischen Kaiser als Ikonen und mit den Zügen von Heiligen abbilden ließen, geriet dieser Brauch im Abendland in Vergessenheit und erlebte erst an der Wende vom 12. zum 13. Jahrhundert eine Renaissance, etwa mit der um 1160 entstandenen bronzenen Cappenberger Reliquienbüste, die vermutlich Friedrich I. Barbarossa zeigt, oder mit den 16 deutschen Königen und Kaisern auf dem Aachener Karlsschrein, den der Enkel Friedrich Barbarossas, Friedrich II., 1215 anfertigen und dabei vermutlich dem thronenden Karl dem Großen seine eigenen Gesichtszüge geben ließ.

In jedem Fall war das assoziative Verfahren des Kryptoporträts Mitte des 14. Jahrhunderts schon weitverbreitet, und auch Karl IV. wusste es zu nutzen. Ein perfektes Beispiel bilden die Fresken im Kreuzgang der 1372 geweihten Kirche des Emmausklosters. In ihnen wechseln sich alt- und neutestamentliche Szenen ab. Das Pendant zur Begegnung Jesu mit der Samariterin am Jakobsbrunnen (Joh 4,4–29) ist ein Motiv aus der alttestamentlichen Szene, in der Rebekka Abrahams Diener und Kamelen zu trinken gibt (Gen 24,11–20), ergänzt durch eine weitere Passage aus dem Alten Testament, in der Elija von einer Witwe aus Sarepta Wasser erhält (1. Kön 17,8–16). Der Prophet Elija trägt hier jedoch die Züge Karls IV., wie man sie in den Fresken der Marienkirche auf der Burg Karlstein sieht. Betont wird die Ähnlichkeit noch durch die gebeugte Körperhaltung Karls, der in Karlstein dabei ist, eine Reliquie in das Reliquienkreuz einzufügen, und die Haltung Elijas, während die Witwe ihm aus ihrem Krug Wasser gibt, sowie durch die Pose der Witwe selbst, die derjenigen ähnelt, die der Dauphin und spätere Karl V. von Frankreich in der ersten Szene wiederum der Karlsteiner Fresken bei der Übergabe einer Reliquie an seinen Onkel Karl IV. einnimmt. Ob die Analogie zwischen Karl IV. und dem Propheten Elija von den Klosterbrüdern selbst spontan erfunden wurde oder doch vom König oder seiner Entourage angeordnet oder vorgeschlagen, war, lässt sich heute nicht mehr mit Sicherheit sagen. Die Bezüge zwischen beiden Szenen und Figuren erklären sich wahrscheinlich durch die Einbeziehung Karls IV. in die Entstehung des Emmausklosters. Um die von Kyrill und Methodios begründete altslawische Liturgie wiederherzustellen und zu verbreiten, gründete er am 21. November 1347 das Benediktinerkloster *Na Slovanech*, „bei den Slawen". Die Klosterkirche wurde von dem Prager Erzbischof Johann Očko von Vlašim am 29. März 1372 im Beisein des Kaisers, zweier Kurfürsten, mehrerer Bischöfe und Wenzels IV. der Maria von Nazareth, dem hl. Hieronymus von Stridon, den Slawenaposteln Kyrill und Methodios sowie den böhmischen Heiligen Adalbert von Prag und Prokop von Sázava geweiht. Der in den Fresken des Klosters hergestellte Bezug zu Elija war jedenfalls gegen Ende von Karls langer Regierungszeit schon so sehr Allgemeingut geworden, dass der Erzbischof diesen Vergleich nach Karls Tod explizit in seine Grabrede im Veitsdom einflocht, im Grunde sogar gleich zweifach, denn im selben Atemzug verglich er Karls Sohn Wenzel mit Elischa, den Elija als seinen Schüler, Nachfolger und spirituellen Sohn auserkoren hatte. Wie Karl IV. und seinen Beratern augenscheinlich bewusst war, besaß der Prophet Elija darüber hinaus eine apokalyptische und eschatologische Dimension, denn es hieß, ebenso wie der Patriarch Henoch sei er nicht tot, sondern werde am Jüngsten Tag zurückkehren und mit dem Antichristen ringen. Zudem verkörperten Elija und Elischa das schlechte Gewissen der Könige von Israel, die sie wegen ihrer Ausschweifungen ermahnt hatten, ähnlich wie in dem Traum, den Karl laut seiner *Vita* 1333 in Terenzo hatte. In zwei Prachthandschriften – dem Missale des Johannes von Neumarkt (um 1364) und dem Vyšehrad-Antiphonar (um 1360) – wurde Karl IV. gleich zwei Mal in Gestalt des gekrönten Priesterkönigs Melchisedek dargestellt, einmal mit dem Kelch und einmal mit dem Brot, die er dem heiligen Abraham reicht. Die gleiche Figur taucht als einer der Heiligen Drei Könige in der Anbetung des Kindes nochmals auf. Auch in der Heilig-Kreuz-Kapelle auf der Burg Karlstein gibt es eine ähnliche Darstellung der Epiphanie aus der Zeit zwischen 1365 und 1367, in der Karl IV. den Platz eines der Könige einnimmt. Dieses Motiv wiederum findet sich nochmals in einem Altarbild, dem sogenannten Morgan-Diptychon. Zeitgleich mit Karl IV. und nach ihm ließen sich auch andere Könige und Fürsten als einer der Heiligen Drei Könige abbilden: Karl V. von Frankreich, Ludwig von Orléans und Karl der Kühne von Burgund ebenso wie Richard II. von England. Karl IV. jedoch setzte diese Form der Darstellung oft und sehr gezielt ein. Vom Propheten Elija über Konstantin bis zu den Heiligen Drei Königen zieht sich ein roter Faden: All diese Priesterkönige, Propheten und Beschützer der Kirche stellte Karl in den Dienst eines Selbstbilds, das eine wohldurchdachte politische Botschaft vermitteln sollte.[27]

Karls Bild in Prag: Karlsbrücke und Veitsdom

Diese Methode, die Vereinnahmung lokaler Traditionen mit der Nachahmung äußerer Vorbilder und dem Bemühen nach universellem Ausdruck zu verknüpfen, kam Karl offenbar entgegen. In Prag findet man sie auf Schritt und Tritt. Noch zu seinen Lebzeiten entstandene Denkmäler und Plätze, die Brücke, die Universität, der Dom und die Neustadt boten sich als Schauflächen für eine ganze Serie seiner Porträts an.[28] Am 9. Juni 1357 legte Karl eigenhändig den Grundstein für die Brücke, die bis heute seinen Namen trägt und als Wahrzeichen der tschechischen Hauptstadt Reiseführer und Werbeprospekte ziert.

Dem Chronisten Franz von Prag zufolge wurde die Vorgängerbrücke 1342 von einem verheerenden Moldauhochwasser weggeschwemmt. Der Wiederaufbau derart wichtiger Infrastrukturen war im Mittelalter Sache des Königs, und das nicht nur in Prag, sondern beispielsweise auch in Frankreich. Am Altstädter Brückenturm sieht man in Höhe des zweiten Stocks in einer Dreiergruppe den hl. Veit, Karl IV. mit dem kaiserlichen Adlerwappen und seinen Sohn Wenzel mit dem böhmischen Löwenwappen. Karl zeigt sich hier mit den Attributen seiner Kaiserwürde: Reichsapfel, Zepter und Reichskrone. Er ist bärtig und durch seine Gestik als weiser König reiferen Alters ausgewiesen. Entworfen und gestaltet wurden die drei Statuen zwar schon zwischen 1376 (dem Jahr der Krönung Wenzels zum römisch-deutschen König) und 1378 (dem Todesjahr Karls IV.), am Turm angebracht jedoch erst nach Karls Tod. Auf diese Weise wollte man offensichtlich die Kontinuität der Herrschaft zwischen dem alternden, aber noch auf der Höhe seiner Macht stehenden Karl IV. und seinem Nachfolger auf dem Königs- und Kaiserthron demonstrieren; das Haus Luxemburg schien zu dieser Zeit in Europa fest etabliert und bestens aufgestellt, um sämtliche Länder zu regieren, die Karl zu seinem Reich vereint hatte. Nicht von ungefähr befinden sich die Wappenschilde der Fürstentümer und Grundherrschaften des Kaisers am selben Turm in Höhe des ersten Stockwerks. Durch diese Anordnung wirkt das Bauwerk geradezu wie ein Triumphbogen, und dieser Effekt war sicher kalkuliert und erinnerte an den Turm der Regensburger Brücke, die Philipp von Schwaben um 1207 errichten ließ, oder an das von Friedrich II. ab 1234 erbaute Brückentor von Capua. Der Verweis auf das Großreich der Staufer ist durchaus berechtigt, denn die einstige Kaiserdynastie und die Přemysliden waren durch Heirat verbunden, nachdem Kunigunde, eine Tochter des Staufers Philipp von Schwaben, den böhmischen König Wenzel I. geheiratet hatte. Die Statuen selbst waren mehr oder weniger direkt inspiriert von den Figuren rings um das Grabmal Kaiser Heinrichs VII., der 1313 in Buonconvento bei Siena verstorben war und im Dom von Pisa seine letzte Ruhe gefunden hatte. Auf dem Weg zur Kaiserkrönung in Rom hatte Karl 1355 das Grab seines Großvaters in Pisa besucht. Der italienische Einfluss wirkte weiter, wie man sieht, und prägte auch Prag, das auf dem besten Weg war, die Hauptstadt Zentraleuropas zu werden. Hinzu kommt, dass der hl. Veit, der am Brückenturm ebenfalls zu Ehren kommt, auch der Schutzpatron des Prager Doms ist, und dass die Brücke ja die direkte Verbindung zwischen dem Hradschin und dem Dom sowie der Neustadt bildet, die Karl in der Tradition eines fürstlichen Euergetes und Mäzens hatte bauen lassen. Die symbolische Bedeutung der Figurengruppe ist unverkennbar: Karl tritt hier am Fluss in Erscheinung als Fährmann, Baumeister und Erneuerer, und mit dieser Botschaft wendet er sich an jeden Besucher, Untertan und Prager Bürger.

Ein weiteres majestätisches Porträt Karls IV. findet sich in Prag im Mosaik über der von Peter Parler 1368 gestalteten Goldenen Pforte (*Porta Aurea*) [siehe Abb. auf S. 157], dem Südportal zum Veitsdom mit den Reichskleinodien und den Gräbern mehrerer Přemysliden-Könige.[29] Die goldglänzenden Einlegearbeiten bilden ein Pendant zu den Fresken in der 1367 geweihten Wenzelskapelle und zu den Büsten am Triforium im Chor (1374–1375) im Innern der Kirche, denn in allen drei Arbeiten wurde Karl IV. in Szene gesetzt. Die Entscheidung für ein Mosaik über dem Südportal ist ein deutlicher Verweis auf Majestas-Domini-Darstellungen byzantinischer Kaiser. Auch wenn Karl IV. nie in Konstantinopel war, konnte er prunkvolle Mosaiken doch in Italien bewundern, zweifellos in Venedig und vor allem in Lucca an der Fassade von San Frediano aus dem 13. Jahrhundert. Anders als bei der Statue am Turm der Karlsbrücke, die Karl IV. als weisen Kaiser auf seinem Thron zeigt, sieht man ihn über der Goldenen Pforte gemeinsam mit Christus und Engeln in einer apokalyptischen Szene des Jüngsten Gerichts, die wiederum auf Elija verweist. Den sechs in Anbetung knienden Landespatronen entsprechen in der Szene sechs Apostel und sechs Engel. Karl IV. ist gemeinsam mit seiner vierten Gemahlin Elisabeth von Pommern in der bereits damals für Stifter üblichen knienden Gebetshaltung abgebildet, wie man sie auch auf Altarbildern sieht. Auch hierzu liefert uns Benesch Krabitz von Weitmühl in seiner Chronik eine genaue Erklärung: 1370, so schrieb er, habe der Kaiser als Fassadenschmuck für das Hauptportal des Veitsdoms das 1371 fertiggestellte „Mosaik im griechischen Stil" in Auftrag gegeben.[30]

Die berühmte Steinbüste Karls IV. im Triforium des Veitsdoms wird flankiert von zehn weiteren Mitgliedern des Hauses Luxemburg (seinen Eltern, seinem Sohn und Nachfolger Wenzel mit Gemahlin, seinen vier Ehefrauen [siehe Abb. auf S. 137] und zweien seiner Brüder), gefolgt von Erzbischöfen, dem Architekten Matthias von Arras und dem Bildhauer Peter Parler sowie fünf Dombaumeistern. Dass auch die Handwerker hier verewigt wurden, ist nicht ungewöhnlich, denn ein Architekt als Erbauer des Gotteshauses genoss bei Fürsten und Königen hohes Ansehen,[31] galt er doch als Herr über Zahlen und Proportionen, der einen Kosmos im Kleinen erschuf, als Bewahrer der römischen Baukunst und als Verkörperung des göttlichen Baumeisters, des *sapiens architectus* der Kirchenväter. Ausgehend von den Dombauhütten der hochgotischen Kathedralen gewann der Beruf des Architekten im 13. Jahrhundert an Erfahrung, Wissen und Professionalität.[32]

Die insgesamt 21 Plastiken dieses in Europa einmaligen Zyklus sind nach einem ausgeklügelten Konzept wie ein Sonnensystem angeordnet, in dessen Mittelpunkt die Büste Karls IV. in der Sonnenachse steht, und zwar an der Südseite, die in Kirchen als die vornehmere „Männerseite" gilt, beiderseits flankiert vom Adlerwappen des Heiligen Römischen Reiches und vom böhmischen Löwenwappen. Vom Betrachter aus rechts von Karl stehen die Büsten seiner Eltern [siehe Abb. auf S. 156], seines Sohnes Wenzel und von dessen Gemahlin sowie der drei Erzbischöfe Ernst von Pardubitz, Johann Očko von Vlašim und Johann von Jenstein, exakt in der Reihenfolge ihrer Amtszeiten, so wie auch die Sitzordnung im Chor nach dem Alter gestaffelt ist. Abgeschlossen wird diese Gruppe durch zwei Dombaumeister. Vom Betrachter aus links von Karl sieht man seine vier Gemahlinnen in der Reihenfolge der Ehen, diesmal von der jüngsten zur ältesten, sodass diejenige, die Karl überlebte, ihm am nächsten steht, während die anderen drei nach ihrem Todesjahr angeordnet sind [siehe Abb. auf S. 137]. Daneben aufgereiht sind Karls Bruder Johann Heinrich, Markgraf von Mähren (der als Einziger bei der Anfertigung der Büsten noch lebte), sein Halbbruder Wenzel, Herzog von Luxemburg,[33] sowie drei weitere Dombaumeister, unter ihnen Matthias von Arras und Peter Parler. Das Nebeneinander auf- und absteigender zeitlicher und genealogischer Folgen unterstreicht die zentrale Rolle der Büste Karls IV., die zudem nicht von ungefähr an die Aachener Reliquienbüste Karls des Großen erinnert, die Karl IV. hatte restaurieren lassen. Karl IV. bildet den Ankerpunkt für ein allegorisches, panegyrisches und moralisches System, in dem Priestertum und Kaisertum verschmelzen und die ästhetische Physiognomie zum zentralen Element der politischen Inszenierung königlicher Autorität wird.

Dieser in Stein gehauene Stammbaum der Luxemburger im Königreich Böhmen und im Heiligen Römischen Reich basiert zugleich auf einer bewussten Selektion, denn nicht wenige Familienmitglieder sucht man vergebens. Keine der Schwestern Karls IV. ist präsent, und ebenso wenig (außer Wenzel) seine weiteren zehn Kinder aus vier Ehen, die bei der Entstehung der Büsten teils schon verstorben, teils aber noch am Leben waren. Im Zentrum des Zyklus stehen also das Königs- und Kaiserpaar, Karls Eltern sowie seine beiden Brüder, in deren Händen die wichtigsten und kostbarsten Krongüter der Luxemburger lagen. Nach ihnen richtet sich der Blick in die Zukunft, auf die nach französischem Vorbild durch Erblichkeit, Männlichkeit und Erstgeburtsrecht bestimmte Thronfolge in Gestalt Wenzels, der zur Entstehungszeit des Zyklus bereits böhmischer und römisch-deutscher König war. Die Vorbilder für diese Darstellungsweise lieferte eindeutig der französische Hof, so wie Karl die Umgestaltung seiner Hauptstadt nach den Worten des Chronisten Franz von Prag *„ad instar domus regis Francie"* vorantrieb.[34] Auch bei den Büsten am Triforium jedenfalls schaute Karl ganz offensichtlich nach Paris,[35] konkret auf den Statuenzyklus an der „Grande vis", die Raymond du Temple um 1365 unter Aufsicht des Königs im Louvre-Palast baute. Wir kennen diese Wendeltreppe, die zu den königlichen Gemächern hinaufführte, nur aus Beschreibungen des 17. Jahrhunderts, aber sie dürfte ähnlich ausgesehen haben wie diejenige im Schloss von Saumur.[36] Im Louvre war sie flankiert von sechs lebensgroßen Ganzfiguren Karls V. und seiner Gemahlin Johanna von Bourbon in Begleitung der Herzöge von Orléans, Anjou, Berry und Burgund (drei Brüder und ein Onkel des Königs). Ergänzt wurde das Ensemble durch Statuen der Jungfrau Maria und Johannes des Täufers. Plausibel ist ein französischer Einfluss auch, wenn man bedenkt, dass Karl den Veitsdom als eine Art böhmisches Saint-Denis konzipierte, denn er ließ sechs seiner Vorfahren und weitere Angehörige der Přemysliden-Dynastie in die Seitenkapellen des Doms umbetten. Den Ehrenplatz mit einem von Peter Parler persönlich gestalteten Grabmal erhielt dabei Ottokar I., der die Erblichkeit der böhmischen Königswürde für sein Haus erwirkt hatte. Im Veitsdom finden sich darüber hinaus Büsten von acht Schutzheiligen der Länder der Krone Böhmens: Veit, Sigismund, Methodios, Kyrill, Wenzel, Ludmilla, Adalbert und Prokop. Alles in allem bevölkern also 21 Büsten, sechs Grabmale und acht Heilige den Innenraum des Doms in einer geschickten Anordnung, einer Mischung von Königtum, Dynastiekult, Heiligkeit, Genealogie, Gedenk- und Grabkultur.

Dagegen findet sich im Veitsdom kein monumentales Grabmal Karls IV., obwohl er ebenfalls dort begraben ist. Während sein Vertrauter und Berater, Erzbischof Johann Očko von Vlašim, schon 1367 Peter Parlers Werkstatt Pläne für sein eigenes prunkvolles Grabmal vorgelegt hatte, hinterließ

Karl augenscheinlich kein einziges Denkmal dieser Art. Sein Vater Johann von Böhmen war in Luxemburg begraben, seine Mutter Elisabeth im Kloster Königsaal bei Prag. Anders als bei den französischen Königen, die für immer in Saint-Denis sichtbar sind, verfügen wir deshalb bei Karl IV. über kein Abbild im Tode, sondern nur über seine Porträts als lebender, regierender König. Wichtiger war ihm wie gesagt offenbar der Nachhall seiner prunkvollen Totenfeier.

Die Hauptfunktion der für Prag angefertigten Porträts und Abbilder Karls IV. war eindeutig eine Demonstration der Würde und Majestät des Königs. Die Attribute und Wappen, die Körper und Gesicht des Königs begleiteten, erhielten dabei einen besonderen Stellenwert. Diese Zweckbindung erfolgte offenbar schon früh, denn im Tympanon des Nordportals der Kirche Maria Schnee, deren Grundstein Karl IV. am 3. September 1347 höchstpersönlich legte, sieht man eine Orantengruppe vor dem Gnadenstuhl; Gott sitzt auf dem Himmelsthron und hält ein Kruzifix in den Händen, während über ihm eine Taube als Symbol des Heiligen Geistes schwebt. Rechts und links sieht man Jesus und die Jungfrau Maria. Unter den knienden Figuren erkennt man trotz der massiven Beschädigungen des Reliefs mit hoher Wahrscheinlichkeit sowohl Johann von Böhmen mit den Attributen und dem Löwenwappen seines Königreichs Böhmen als auch seinen Sohn Karl, damals noch Markgraf von Mähren, auf dessen Wappenschild der mährische Adler prangt. Denkbar wäre allerdings auch, dass dieser Adler auf das Wappentier des Heiligen Römischen Reiches verweist. Zu der Zeit, als das Bogenfeld vermutlich in Auftrag gegeben wurde, nämlich als Johann und Karl Parzellen in diesem Teil der Prager Neustadt für das Kloster stifteten, war Karl kurz zuvor zum römisch-deutschen König gewählt worden. Eine andere These geht von einer etwas späteren Ausführung um 1347 oder sogar 1349 aus und sieht in den Figuren nicht Johann und Karl, sondern Karl und seine erste Frau Blanca von Valois. Wieder andere sehen stattdessen Karl in Begleitung seines Bruders Johann Heinrich, der allerdings erst ab 1349 Markgraf von Mähren war. Bei jeder Variante steht jedenfalls Karl im Zentrum dieser frühen Darstellung als König, die ihn aller Wahrscheinlichkeit nach mit dem Löwen und dem Adler zeigt, den häufigsten Wappentieren in seinen Porträts. Im Übrigen ist bei Weitem nicht sicher, ob das Tympanon anfangs überhaupt für das Kirchenportal vorgesehen war. Einige Untersuchungen sprechen nämlich für ein solches Relief über dem Eingang zum Klosterfriedhof oder über dem Haupteingang zur Prager Privatresidenz Johanns von Böhmen. Aber das spielt eigentlich keine Rolle: Die Figurengruppe hat auf jeden Fall mit der Gründung von Kloster und Klosterkirche um 1346/47 zu tun und belegt, dass schon damals, gegen Ende von Johanns Regierungszeit, emsig gegründet und abgebildet wurde, ohne auf Peter Parler, seine Werkstatt und den „weichen Stil" zu warten, der erst in den 1350er-Jahren in Blüte stand, sich aber bereits in den 1340er-Jahren zu entfalten begann.

Karlstein oder die Obsession für königlich-kaiserliche Erhabenheit

Dieses frühe, anhaltende Kreisen um das Thema Majestät war vermutlich bereits seit seinen Jugendjahren in Paris fest im Denken Karls IV. verankert, hatte durch die für einen westlichen Herrscher einzigartige Zahl von Krönungen neue Nahrung erhalten und brach sich im ikonografischen, baulichen und repräsentativen Programm seiner Burg Karlstein endgültig Bahn. Er machte die Burganlage zu einem Schaukasten seiner Macht, zur Schatzkammer für die Reichskleinodien und seine kostbarsten Reliquien. Sie bildete quasi das Pendant zur gleichzeitigen Erneuerung seiner Stadt Prag, ähnlich wie Vincennes im Verhältnis zu Paris. Im ganzen Abendland findet man wohl schwerlich eine vergleichbare Menge an Symbolen und Selbstdarstellungen eines Königs an einem einzigen Ort wie in dieser Burg, die nicht von ungefähr seinen Namen trägt. Der Mythos Karlstein entstand schon zu Lebzeiten Karls IV. und war zweifellos so von ihm selbst gewollt. Er wirkt bis heute nach.[37]

Einem zeitgenössischen Besucher präsentierte sich die Burg am Berghang schon von Weitem als stufenförmige dreiteilige Anlage. Über dem Palas und dem darüber gelegenen zentralen Burgturm mit der Marienkirche ragte der massiv befestigte ehemalige Wohnturm auf. Wie über eine Himmelsleiter[38] gelangte man so immer höher bis zur Heilig-Kreuz-Kapelle hoch oben im Turm, deren Inventar und Ausschmückung mit Halbedelstein-Inkrustationen, Porträts und Fresken an Fülle und Kostbarkeit wohl ihresgleichen nur in der Pariser Sainte-Chapelle fand, die ihr eindeutig als Vorbild diente. Karl hatte sie in seiner Jugend in Frankreich häufig besucht und sich sogar noch an seinem Lebensabend während seiner letzten Parisreise 1378 buchstäblich dorthin tragen lassen,[39] um ein letztes

Mal die dort aufbewahrten Reliquien zu verehren: die Fragmente des Wahren Kreuzes und Teile der Dornenkrone, die Ludwig der Heilige von 1239 bis 1241 erworben hatte. Ein Besuch auf Karlstein ist auch heute noch beeindruckend. Man kann sich unschwer vorstellen, wie sehr Burganlage und Kapellen die Zeitgenossen in Staunen versetzt haben müssen, all die durchreisenden Adligen, Angehörigen der Königsfamilie, die Gesandten aus aller Herren Länder der Christenheit. Ein Vergleich mit Versailles wäre sicher übertrieben und anachronistisch, zumal Karlstein nicht in erster Linie höfischen Zwecken diente und auch nicht ständiger Regierungssitz war. Die Burg bildete jedoch den Ausgangspunkt für einen Prozess, der auch Versailles nicht fremd war: Ihr Schloss anderen zu präsentieren, gehörte für die abendländischen Monarchien des ausgehenden Mittelalters fortan zum gängigen Repertoire, das Macht und Prestige des Königs untermauerte.[40]

Unter diesem Aspekt sollte man auch Karlstein verstehen. Der erste Spatenstich erfolgte am 10. Juni 1348, doch der Bau zog sich in mehreren Etappen bis 1367 hin. Als steinerne Schatztruhe für die Reichsinsignien, die Kronjuwelen und das königliche Archiv, die in ihrem imposant verschanzten, angeblich uneinnehmbaren oberen Turm aufbewahrt wurden, spiegelte die Burg den König und seine Macht wider und projizierte sozusagen seinen Körper und sein Gesicht auf mehrere Kapellenwände. Das ausgefeilteste, denkwürdigste Element dieser selbst für damalige Verhältnisse eher konservativen Burganlage war ihre Innenausstattung. Wie der gesamte Komplex war auch sie das Ergebnis dreier verschiedener Bauphasen mit drei verschiedenen Werkstätten: Der Palas wurde schon 1355 fertiggestellt, der kleine mittlere Turm 1357 und der Hauptturm von 1361 bis 1365. Wurde der untere Palas noch von Handwerkern dekoriert, die ihre Inspirationen aus Italien und vor allem aus Florenz bezogen, stand die Ausstattung des mittleren Kleinen Turmes in der zweiten Phase im Zeichen des gebürtigen Straßburgers und Prager Neubürgers Nikolaus Wurmser, der noch von der flämischen und der französischen Schule beeinflusst war. Die dritte und letzte Bauphase mit der Ausschmückung des Hauptturms lag schließlich in der Hand heimischer Handwerker, allen voran Meister Theoderich, der auch in die königlichen Bauvorhaben in Prag eng eingebunden war. Von 1359 bis 1380 war er nachweislich Hofmaler; Karl IV. nannte ihn 1367 *pictus noster et familiaris*, „unseren Maler und Vertrauten“, an anderer Stelle heißt er *malerius imperialis*, „kaiserlicher Maler“.[41]

Das Herzstück dieser Form der Repräsentation mithilfe von Porträts Karls IV. befindet sich im Mittelpunkt der Anlage, in der als Burg- und Stiftskirche dienenden Marienkirche, auch *capella regia* genannt. In ihrem Inneren befanden sich sechs Porträts des Kaisers, von denen fünf erhalten sind. Hier sollten wir in der Tat vom „Kaiser" sprechen, denn die Umwandlung der Burg in ein Reliquiar im Dienste seiner Vorstellung von Staatsfrömmigkeit lässt sich nicht einfach auf das Ende der Bauarbeiten datieren. Sie begann vielmehr bereits mit seiner Kaiserkrönung 1355 in Rom, denn in diesem Zusammenhang wurde Karlstein zum Symbol des königlichen Aufstiegs und der kaiserlichen Erhabenheit umgedeutet. Genau das bezeugen auch seine sechs Porträts an den Wänden der Marienkirche. Schon die Zahl sechs ist kein Zufall, denn Karl IV. wurde bekanntlich sechs Mal gekrönt. Immer wieder verdeutlichte er mit Bildern, dass er sein Königtum nicht nur der Gnade Gottes verdankte, sondern auch der Güte Christi und der Jungfrau Maria. Ihnen huldigte er in der Burg in besonderem Maße, und zwar nach einem Schema, das Ludwig der Heilige zu seiner Zeit für die französische Krone eingeführt hatte.[42] Schon von 1357 bis 1360 beauftragte Karl den Maler Nikolaus Wurmser mit einem Freskenzyklus für die Marienkirche, die anfangs als Passionskapelle bezeichnet wurde. Darunter sind drei direkt aneinandergereihte Szenen, die Karl IV. stehend und mit der Reichskrone auf dem Kopf zeigen. Vom Betrachter aus gesehen bewegt er sich jedes Mal von links nach rechts und nähert sich dabei Schritt für Schritt dem schmalen Korridor zu seiner privaten Katharinenkapelle. Die Szenen sind so angelegt, dass man sie zusammen oder eine nach der anderen betrachten kann; sie waren von Anfang an für die Weihe der Marienkirche am 27. März 1357 vorgesehen. In der Kirche sollten ursprünglich die Reichskleinodien und Passionsreliquien verwahrt werden, die auch in dem großen seitlichen Fresko vom Jüngsten Gericht thematisiert sind.

Die drei Szenen sind wie bei einem dreiteiligen Flügelaltar angeordnet. In der ersten nimmt Karl von einem anderen König eine Reliquie in Empfang. Offensichtlich wird hier gezeigt, wie Karl IV. 1356 von Karl V. von Frankreich, damals noch Dauphin, ein Fragment vom Wahren Kreuz und zwei Dornen der Dornenkrone empfängt. Die als Auftakt des Freskenzyklus gewählte Episode würde damit nicht nur eine Atmosphäre inniger Heiligkeit schaffen, sondern den genauen Tag bezeichnen, an dem der frisch gekrönte Kaiser in Metz die Goldene Bulle proklamierte.[43] Der König neben ihm lässt sich aufgrund der Lilienkrone plausibel als Karl V. von Frankreich identifizieren, denn auch wenn dieser zu dem Zeitpunkt noch gar nicht König war, verkörperte er doch schon als designierter Thronfolger die Kontinuität der Krone Frankreichs, die nicht ohne Erben bleiben durfte. Ein weiteres Argument ist die Ähnlichkeit dieses Porträts mit dem Bildnis Karls V. auf dem Parament von Narbonne von 1373 bis 1378 (heute im Musée du Louvre) sowie mit dem Bildnis auf seinem Grabmal in Saint-Denis. Zudem hatte Johann der Gute von Frankreich in einem Brief vom 6. Mai 1356 geäußert, er wolle seinem Schwager zwei Dornen aus der Schatzkammer der Sainte-Chapelle schenken. Die Unterkapelle dieser Kirche war ebenso wie die Marienkirche auf der Burg Karlstein der Muttergottes geweiht, und die Sainte-Chapelle selbst, wiederum wie Karlstein, erfüllte eine vierfache Funktion als Schatzhaus für Reliquien, die dort auch verehrt werden konnten, als Palastkapelle, Sitz eines Chorherrenstifts und als Gotteshaus.[44]

Die Szene im folgenden Feld des Freskos ist mehr oder weniger identisch mit der ersten. In derselben Haltung, in denselben Proportionen nimmt Karl IV. wiederum eine Reliquie von einem König entgegen. Manche Historiker sehen in seinem Gegenüber den zypriotischen König Peter I. von Lusignan und Jerusalem, der dem römisch-deutschen König ein silbernes Pektorale mit einem Partikel vom Heiligen Kreuz schenkte, andere halten ihn für Kaiser Johannes V. Palaiologus, wieder andere für Karls Schwiegersohn Ludwig von Ungarn.

Die dritte Episode zeigt den Kaiser wie in einer Filmsequenz in Nahaufnahme damit beschäftigt, die in den beiden ersten Szenen erhaltenen Reliquien in das königlich-böhmische Kreuzreliquiar einzufügen, das mit 28 Perlen und neun Edelsteinen verzierte „kostbarste Kleinod der Könige und des Königreichs Böhmen". Keineswegs nebensächlich ist die Bewegungsrichtung der dreiphasigen Handlung, denn sie verläuft von West nach Ost, also von Metz – Kaiserstadt Karls des Großen und 1356 Schauplatz der Verkündung der Goldenen Bulle – nach Jerusalem, vorausgesetzt, es handelt sich tatsächlich um Peter I. von Lusignan. Böhmen wird auf diese Weise zur Zwischenstation auf einer Reise vom Abend- zum Morgenland, die den Betrachter zur Hauskapelle des Königs führt. Diese ist der Leidensgeschichte Christi geweiht und insofern ebenfalls auf Jerusalem ausgerichtet. Die Bilderfolge stellt so eine Verknüpfung her zwischen mehreren Königen, dem Kaiser und seinem Heiligen Römischen Reich, den Kreuzzügen, Jerusalem und Jesus Christus.

Von einer Seitenwand der Marienkirche geht ein schmaler Korridor ab, dessen Wandmalereien ihn durch neun Engel als Eingang zum Paradies ausweisen. Er führt in die Privatkapelle Karls IV. In deren Innern begegnet uns über der Tür erneut der Kaiser in Begleitung seiner Gemahlin Anna von Schweidnitz. Wie Konstantin und Helena erheben beide das Reliquienkreuz, das wie beschrieben im dritten Fresko zu sehen war. Auf diese Weise knüpft diese Szene visuell sehr geschickt an die vorigen Bilder und Orte an. Das Doppelporträt entstand vermutlich anlässlich der Geburt des lang ersehnten Thronfolgers Wenzel im Jahr 1361. Der Bildaufbau ähnelt einem Wandbild in der 1944 zerstörten Moritzkapelle nahe der Sebalduskirche in Nürnberg. Das Konstantin-Helena-Modell interessierte Karl IV. aus mehreren Gründen: als Kaiserpaar, als Widerhall des vor allem in Italien spürbaren byzantinischen Einflusses, aber auch deshalb, weil Helena diejenige war, die das Wahre Kreuz aus Jerusalem nach Konstantinopel bringen ließ.

Karl IV. und seine Gemahlin Anna von Schweidnitz mit dem Reliquienkreuz, Wandgemälde in der Katharinenkapelle auf Burg Karlstein.

Diese Episode entwickelte sich in Byzanz und im Abendland zu einem weit verbreiteten Darstellungstyp, bei dem Mutter und Sohn, Kaiserin und Kaiser gemeinsam das Kreuz erheben. Das Motiv der Kreuzerhöhung (*Exaltatio crucis*)[45] mit dem Figurenpaar Konstantin/Helena findet sich zudem auf dem böhmischen Kreuzreliquiar, das anfangs in dieser kleinen Kapelle verwahrt wurde, bevor es in der großen Heilig-Kreuz-Kapelle im oberen Turm seinen endgültigen Platz fand.

Johann Očko von Vlašim bezeichnete Karl IV. in seiner Trauerrede als „neuen Konstantin", und auch der Rektor der Prager Universität, Adalbertus Ranconis de Ericinio, griff den Vergleich in seiner Rede auf. Der Kaiser hatte diese Verknüpfung schon im Vorfeld selbst ins Spiel gebracht, als er dem Erzbischof von Trier 1367 für den Trierer Dom die Schädelreliquie der hl. Helena stiftete, die er seinerseits sieben Jahre zuvor von Johannes V. Palaiologus aus Byzanz erhalten hatte. Vermutlich wollte Karl sich mit dieser Schenkung den neuen Erzbischof und Kurfürsten von Trier gewogen machen, dessen Vorgänger von 1307 bis 1354 sein Großonkel Balduin von Luxemburg gewesen war. Den Bezug zu Konstantin erneuerte Karl IV. im Laufe seines Lebens mehrfach. Bei der Planung des Brückenturms an der Prager Karlsbrücke orientierte er sich an der Bauweise und Verzierung des Konstantinsbogens in Rom. Er bewunderte den oströmischen Kaiser auch wegen seiner Gesetzgebung, vor allem aber wegen seiner Frömmigkeit und Reliquienverehrung. Gerade sie bildete ein gemeinsames Band, wie die beiden deutschen Chronisten Benesch Krabitz von Weitmühl und Johann von Jenstein betonten.[46]

Die Darstellung des Kaiserpaars im Sinne einer *Exaltatio crucis* wiederholt sich nochmals in einem Bildnis ebendieses Paares, wiederum mit dem Reliquienkreuz, in einer Nische über dem Altar an der Stirnwand der Katharinenkapelle in der Karlsteiner Marienkirche. Umgeben von einem Bogen aus 39 inkrustierten Halbedelsteinen knien Karl und Anna rechts und links der Jungfrau Maria. Auf ihrem Schoß sitzt der Jesusknabe und streckt die Hand zum Kaiser hin aus, während Maria die ihre der Kaiserin reicht. Die Geste verkündet die *donatio* (Schenkung), mit der das Kaiserpaar seine irdischen Besitzungen von Gott erhält. Die winzige Kapelle nahm bereits vieles im Kleinen vorweg, was später die Heilig-Kreuz-Kapelle im Großen auszeichnete. In beiden waren sämtliche Wände mit Inkrustationen überzogen, deren spiegelglatt polierte Halbedelsteine den „Glanz des Reiches" vervielfachten.

Karl IV. hinterließ nämlich nicht nur in der Kirche und Kapelle im Kleinen Turm der Burg Karlstein insgesamt sechs Darstellungen von sich, sondern darüber hinaus zwei weitere im dritten, höchstgelegenen jüngsten Teil der Burganlage, den er besonders massiv befestigen ließ, weil sich dort das Allerheiligste befinden sollte. Als Zugang zur Kapelle im obersten Stockwerk des Großen Turmes ließ der Kaiser eine Monumentaltreppe bauen und ihre Wände mit Wandmalereien schmücken, offensichtlich von einem gewissen Oswald, der als Hofmaler bis in die 1370er-Jahre belegt ist. Am Schluss des Bilderzyklus sieht man Karl IV. im Beisein seiner kaiserlichen Gemahlin und des Erzbischofs von Prag damit beschäftigt, Reliquien in eine Nische über einem der drei Altäre der Kapelle zu legen. Dieses Motiv sollte offenbar an die Weihe des Kirchenraums 1365 erinnern, denn im Anschluss an diese Zeremonie hatte man die königlichen und kaiserlichen Insignien, so der Chronist Benesch Krabitz von Weitmühl, von der Marienkirche im Kleinen Turm in die neue Kapelle überführt. Von seiner Ausstattung und seinem ikonografischen Programm her sollte dieser Raum vor allem durch die Edelstein-Inkrustationen an den Wänden und die über und über vergoldeten Gewölbe das himmlische Jerusalem verkörpern. Eine ähnliche Ikonografie weisen auch die Mosaiken von Santa Maria Maggiore in Rom oder von San Vitale in Ravenna auf, die ebenfalls auf die Heilige Stadt Jerusalem verweisen. Über die Malereien und Einlegearbeiten hinaus sieht man an manchen Wänden der Kapelle Fresken von der Hand Meister Theoderichs, den Karl IV. persönlich mit der Bauaufsicht betraute.

Die Deckenmalereien zeigen neben der Anbetung des Lammes und einer Verkündigung in einer Seitennische eine um 1360 entstandene Anbetung des Jesuskinds, in der einer der Könige die Züge Karls IV. trägt.[47] Dieses Fresko rundet die überwältigende Zahl von 130 (heute noch 129) Wandmalereien ab, die der Maler von 1360 bis 1364 in dem als Reliquiar dienenden Oratorium hinterließ. Es ist die konzentrierteste und zugleich besterhaltene gotische „Bilderwand“ weltweit. Ein solches Unterfangen lässt natürlich an venezianische und byzantinische Einflüsse denken. Ähnlich wie bei Ikonen spiegelt sich das Licht in den vollständig goldglänzenden Gewölben der Kapelle und in den funkelnden Edelsteinen der inkrustierten Wände – alles für den *splendor imperii*, den Glanz des Reiches. Doch das Deckengemälde mit einem Kryptoporträt des Kaisers verrät eine ganz andere Motivation. Karl IV. schlüpft darin nämlich nicht wie im Morgan-

Diptychon in die Rolle des zweiten Königs Melchior, sondern in die des Balthasar. Diese Wahl könnte eine Anspielung auf die Legende von den angeblichen afrikanischen Wurzeln der Slawen sein, denn Balthasar wurde von der Bibelexegese traditionell Ham zugeordnet, dem jüngsten Sohn Noahs, der wiederum mit Afrika verknüpft wird. Natürlich ließ sich Karl IV. weder in Karlstein noch im Morgan-Diptychon als dunkelhäutiger König wiedergeben. Doch auch wenn die Verknüpfungen zwischen Ham und Afrika sowie zwischen den Slawen und den Nachkommen Hams, den Hamiten, umstritten waren, blieb der Mythos dennoch virulent. Der Franziskaner Giovanni de Marignolli kam 1342 als Missionar bis nach Peking und verfasste später eine Universalgeschichte der Länder und Völker, die er auf seinen Reisen durch Asien kennengelernt hatte. Ab 1355 war er Hauskaplan Karls IV. und vermerkte in seiner Chronik Böhmens akribisch: „Japhet, unser Vater, war der dritte Sohn Noahs; von ihm stammen die Slawen und Böhmen ab, und nicht etwa von Ham, wie manche behaupten. Er [Japhet] war derjenige, der Europa erhielt […].“ Trotz allem hatte der Glaube an Ham als Stammvater der Slawen offenbar durchaus noch Anhänger. In dem heute nicht mehr vorhandenen Stammbaum der Luxemburger, den Karl IV. im Audienzsaal im Palas der Burg Karlstein als Wandmalerei in Auftrag gab, tritt als einziger von Noahs Söhnen wiederum Ham nach seinem Vater als einer der frühesten Vorfahren Karls in Erscheinung.

Dabei ist zu bedenken, dass im Mittelalter die Eschatologie immer mit einem Zeitverständnis verknüpft war, das sich im Wesentlichen durch Genealogie und Generationenfolgen ausdrückte. In der Rolle eines der drei Weisen und als entfernter Nachfahre Noahs könnte Karl IV. gemäß seinem universellen, zeitlosen Konzept kaiserlicher Macht bereits das Ende der Welt ankündigen. Verweise hierauf finden sich auch im sogenannten Morgan-Diptychon, einem der bekanntesten und „getreuesten“ Porträts Karls IV., in dem wir ihn wiederum als einen der Heiligen Drei Könige sehen.[48] Die beiden Tafelbilder zeigen zwei Episoden aus dem Marienleben: die Anbetung der Könige und die Grablegung Mariae. Karl IV. nimmt in der Anbetungsszene den zentralen Platz ein. Von den drei Königen trägt er die detailreichste Krone und einen roten Prunkmantel, auf dem der Reichsadler in Gold prangt. Auf der zweiten Tafel des Diptychons erkennt man zudem in Gestalt des Apostels Petrus, der den Leichnam Marias einsegnet, Papst Innozenz VI., unter dessen Pontifikat sich Karl IV. 1355 in Rom zum Kaiser krönen ließ. Diese Verknüpfung von Papst und Kaiser lässt vermuten, dass die beiden Tafelbilder etwa zur Zeit der Kaiserkrönung entstanden, und zwar aller Wahrscheinlichkeit nach im Auftrag des Kaisers, der damit die wiederhergestellte Harmonie zwischen den beiden Universalmächten der Christenheit herausstreichen wollte. Der Urheber des Diptychons ist nicht bekannt, sodass üblicherweise der Notname „Meister des Morgan-Diptychons" verwendet wird, doch hat sein Porträt Karls IV. frappierende Ähnlichkeit mit denjenigen aus dem gleichen Zeitraum von der Hand Meister Theoderichs, der für die Innenausstattung der Heilig-Kreuz-Kapelle in Karlstein verantwortlich war. Theoderich malte zudem in Karls Auftrag für den reichen Bilderschmuck der Kapelle auch einen (diesmal dunkelhäutigen) hl. Mauritius, den Karl IV. zum Schutzpatron seines ganzen Reiches erhoben hatte. Ihren Ursprung hat die Verehrung dieses Heiligen in der Vorliebe des Kaisers für die Abtei Saint-Maurice, die der Burgundenkönig Sigismund über den Gebeinen des 515 als Märtyrer gestorbenen Heiligen in Agaune gegründet hatte. Sigismund wurde dort 524 begraben und um die Wende vom 7. zum 8. Jahrhundert heiliggesprochen. Schon 1354 hatte Karl IV. ein Stück von der Schädelreliquie Sigismunds erworben und dem Veitsdom in Prag zur Aufbewahrung anvertraut; 1365 besuchte er die Abtei in Agaune, stiftete einen silbernen Schrein, in den ein weiterer Teil der Reliquien aus dem Grab gelegt wurde, nahm alles mit nach Prag und machte Sigismund zu einem Landespatron seines Königreichs Böhmen.[49] Sigismund flankiert Karl IV. gemeinsam mit dem hl. Adalbert am Altstädter Brückenturm und steht auch im berühmten Votivbild Johanns Očko von Vlašim neben dem Kaiser. Einen seiner Söhne aus seiner vierten Ehe mit Elisabeth von Pommern ließ Karl auf den Namen des Heiligen taufen; dieser Sigismund (1368–1437) war später als römisch-deutscher König und Kaiser sowie als König von Ungarn das letzte gekrönte Haupt der Luxemburger Dynastie.

Den gedanklichen Bogen zwischen Mauritius, Sigismund und königlich-kaiserlicher Erhabenheit unterstreicht auch ein weiterer überaus kostbarer Gegenstand von hoher Symbolkraft: die Lanze, die der Centurio Longinus dem gekreuzigten Christus in die rechte Seite stieß. Die Verehrung der Heiligen Lanze war seit dem 10. Jahrhundert im Heiligen Römischen Reich eng mit dem hl. Mauritius verknüpft. Zweifellos schon unter Heinrich II. wurde die Lanze zum Reichskleinod erhoben, doch in den Augen Karls IV. besaß sie noch weitere Vorzüge: Sie gehörte zu den heiligsten Reichsinsignien und ging auf einen heiligen Kaiser zurück (Heinrich II.

wurde 1146 heiliggesprochen). Vor allem aber war dessen Gemahlin Kunigunde eine Luxemburger Prinzessin gewesen, sodass für Karl als Luxemburger dieses Band zwischen einem heiligen Kaiser und seinem eigenen Haus natürlich hochinteressant war. Hinzu kam, dass auch Ludwig der Heilige von Frankreich 1244 für die Sainte-Chapelle eine Speerspitze erworben hatte, die ebenfalls von der Heiligen Lanze stammen sollte und damit in Konkurrenz zur „deutschen“ Lanze des hl. Mauritius stand. Karl aber scheute keine Kosten und Mühen, um Prag und Karlstein zu heiligen königlichen Stätten auf Augenhöhe mit denjenigen zu machen, die er als Jugendlicher in Paris bestaunt hatte. 1350 ließ er die Lanze zusammen mit den übrigen Reichskleinodien[50] nach Prag überführen, wo sie bis 1421 zunächst im Veitsdom und später in der Burg Karlstein ihren Platz fanden. 1354 erwirkte er von Papst Innozenz VI. die Erlaubnis, im ganzen Reich den ersten Freitag nach der Karwoche zum Feiertag für die Heilige Lanze und den Heiligen Nagel zu erheben. Er untermauerte damit in gewissem Umfang zugleich die Verehrung des hl. Mauritius, dessen Feiertag der 22. September war.[51]

Doch für eine direkte „afrikanische“ Verbindungslinie zwischen Mauritius und Karl IV. reicht all das sicher nicht aus, auch wenn Bilder des dunkelhäutigen Heiligen in den Ländern der Krone Böhmens und im Heiligen Römischen Reich unter den Luxemburgern erstaunlich weit verbreitet waren. So findet man ihn als Büste, Statue oder Gemälde in Magdeburg, Brandenburg, Halle und Halberstadt ebenso wie in mehreren polnischen Städten und sogar in Wien. Vielleicht sollten wir in diesem Phänomen eher die von Karl IV. so oft geförderte Verehrung bestimmter Heiliger sehen, die ihm als Aushängeschilder der Macht seiner Luxemburger Dynastie dienten – ihm als Monarchen, der sich für Reliquien begeisterte und vor allem fest überzeugt war von der universellen Dimension seines von Gott verliehenen Kaisertums in allen drei Teilen der Welt.

Das Bild des Königs im Schnittpunkt von Zeit und Raum

Im großen Saal im Palas von Karlstein konnte man einst einen gemalten Stammbaum Karls IV. bewundern. Diese *Linea Caroli Quarti* des Hofmalers Nikolaus Wurmser aus Straßburg lieferte ähnlich wie die 21 Büsten im Veitsdom eine universelle Genealogie, wenn auch beschränkt auf die angeblichen Ahnen des Königs.[52] Herausgestellt wurden die legendären Ursprünge der Luxemburger, angefangen mit Noah, gefolgt von den biblischen Erzvätern, antiken Göttern und Helden wie Saturn und Jupiter sowie den Trojanern unter Priamos, diese wiederum gefolgt von Chlodwig, Merowech, Childerich, Pippin und Karl dem Großen, den Herzögen von Brabant-Lothringen (die insbesondere die Verknüpfung zu Karl dem Großen herstellten) bis zu Karls Großvater Heinrich VII., seinem Vater Johann und seiner Mutter Elisabeth. Karl IV. und seine vier Gemahlinnen bildeten den Abschluss dieser langen Abstammungslinie. Das Fresko wurde Ende des 16. Jahrhunderts zerstört, doch besitzen wir die Beschreibung eines Brabanter Gesandten von 1412 und eine Erwähnung, dass dieses Fresko bei den Erneuerungsarbeiten am Palas 1597 noch vorhanden war. Überdies haben sich 58 Kopien der Bilder in den Buchmalereien[53] einer Handschrift erhalten, die um 1569–1575 angefertigt und bebildert wurde und heute in der Nationalbibliothek Wien aufbewahrt wird (Codex 8330). Einen weiteren Stammbaum mit ähnlichem Aufbau, in dem alt- und neutestamentliche Figuren und heilige Könige auf die „wirklichen" Vorfahren Karls IV. treffen, gab es von den Přemysliden, ebenfalls in einem Gang zwischen dem Palas und dem Kleinen Turm in Karlstein. Auch dieses Fresko wurde zerstört, jedoch ohne Spuren oder spätere Beschreibungen. Immerhin lassen sich beide Zyklen mit einem ähnlichen Wandbild vergleichen, das alles in allem 120 Vignetten umfasst und neben den Gründern der vier Weltreiche und einer Anzahl west- und oströmischer Kaiser auch die 39 Porträts sämtlicher Přemysliden enthält. Unter ihnen finden wir Karl IV. auf seinem Thron wieder, vor ihm auch seinen Vater Johann. Dieses Fresko bedeckt die Wände im Audienzsaal des Prager Hradschins. Wie bei allen vergleichbaren Werken, also auch dem Zyklus mit dem Leben des hl. Wenzel an den Stufen der Treppe zur Heilig-Kreuz-Kapelle in der Burg Karlstein, war der End- und Gipfelpunkt der Abstammungslinien kein anderer als Karl IV.

An den Stammbäumen in Prag und Karlstein orientierte sich auch der Freskenzyklus im Hauptsaal der Residenz Karls IV. in Tangermünde. Die ursprüngliche Burg der Markgrafen von Brandenburg auf einem Felsvorsprung an der Elbe war von 1373 bis 1378 für Karl ein wichtiges Standbein, von dem aus er die neu erworbenen nördlichen Reichsteile regierte.[54] Die Wandmalereien mit dem Stammbaum gingen bei der Eroberung und anschließenden Schleifung der Burg 1640 im Dreißigjährigen Krieg verloren, doch blieb in einer Inventarliste von 1564 glücklicherweise eine genaue Beschreibung der Bilder erhalten. Danach war Karl IV. an den Wänden dreimal abgebildet; es handelte sich also um eine Art Triptychon ähnlich wie beim dreiteiligen Motiv an den Wänden der Marienkirche in Karlstein. Im ersten Bild sah man ihn im Kreis der sieben Kurfürsten; das gleiche Motiv findet sich auch in Fresken aus den 1350er-Jahren an den Wänden mehrerer deutscher Rathäuser.[55] Diese Position im Mittelpunkt des Kurkollegiums hat insofern eine weitere Bedeutungsebene, als zwei der sieben Kurfürsten Luxemburger sind, nämlich der König von Böhmen und der Markgraf von Brandenburg. Der Erwerb der Mark Brandenburg im Jahr 1373 bildete zweifellos einen entscheidenden Schritt hin zur Vereinigung des erblichen Königtums Böhmen und der Wahlmonarchie des Heiligen Römischen Reiches zu einem festen Gefüge; dieses wichtige Ereignis setzt das Fresko im Hauptsaal des neuen nördlichen Regierungssitzes in Szene. An der gegenüberliegenden Wand sah man zwischen den Fenstern mit Blick auf die Elbe fünf königlich-kaiserliche Figurenpaare rings um Karl IV. und seine Gemahlin Elisabeth von Pommern: seine Großeltern Kaiser Heinrich VII. und dessen Gemahlin Margarete von Brabant, seine Eltern Johann und Elisabeth von Böhmen und seine beiden Söhne Wenzel und Sigismund in Begleitung ihrer Ehefrauen Johanna von Wittelsbach und Maria von Ungarn. An einer dritten Wand befand sich ein weiterer Zyklus aus neun Königen und einem Kaiser jeweils mit ihren Attributen und Wappen, also neun königliche Vorfahren aus der Dynastie der Přemysliden seit Vratislav I., ähnlich wie bei den Grabmalen im Veitsdom. Der Stellenwert von Tangermünde spiegelt sich auch darin wider, dass Karl IV. seine dortige Residenz bis an sein Lebensende als einzige außer Karlstein als *domicilium principale*, bezeichnete, als „Hauptwohnsitz" des Königs.

Auf Karlstein, den Hradschin und Tangermünde verteilt ließ Karl IV. zu seinen Lebzeiten also sage und schreibe 14 Porträts und Kryptoporträts von sich anfertigen, jedes davon in einem komplexen Kontext, der heiliges Königtum ebenso thematisiert wie die gottgewollte Mission des Kaisertums, die Passionsreliquien, seine Familie, die legendären Ursprünge seines Hauses, eschatologische Überlegungen und den Blick nach Jerusalem sowie die Erhabenheit seiner guten, frommen und weisen Regierung. All diese Aspekte fließen in einem wunderschönen, fein ausgearbeiteten Porträt gewissermaßen zusammen: einem Votivbild aus der Zeit um 1371 für die Privatkapelle in der Residenz des Erzbischofs Johann Očko von Vlašim in Raudnitz.[56] Wie der Chronist Benesch Krabitz von Weitmühl bestätigt,

Karl IV., Ausschnitt aus einem Votivbild, das der Erzbischof Johann Očko von Vlašim für die Privatkapelle in seiner Residenz in Raudnitz anfertigen ließ.

wurde das Tafelbild für die Weihe des Chors in der Kapelle des erzbischöflichen Palais im Jahr 1371 „im persönlichen Beisein des Erzbischofs von Prag zu Ehren der Jungfrau Maria und der Patrone der Prager Kirche: Veit, Wenzel, Adalbert und Sigismund“ vollendet. Das Bild ist horizontal zweigeteilt. Im unteren Register kniet der Erzbischof und Auftraggeber mit gefalteten Händen vor dem hl. Adalbert und empfängt von ihm sein Erzbistum. Unterstützt wird der Schutzheilige Prags bei dieser Investitur nach dem üblichen Ritus der *commendatio* vom Schutzherrn des Prager Doms – Veit – sowie von Prokop, der 1204 als erster tschechischer Heiliger von der römischen Kurie anerkannt wurde, und von Ludmilla, der Schutzheiligen der Přemysliden und Großmutter des hl. Wenzel. Im Register darüber thront die Jungfrau Maria vor einem Schleier, der von zwei Engeln gehalten wird. Zu ihrer Rechten (vom Betrachter aus links), also auf der „vornehmeren“ Seite, wo auch das Jesuskind auf ihrem Schoß sitzt, kniet Kaiser Karl IV. im Krönungsornat mit der geschlossenen Reichskrone auf dem Kopf. Auf seiner rechten Schulter liegt die Hand des hl. Sigismund, einst König von Burgund. Zur Linken der Jungfrau Maria (vom Betrachter aus rechts im Bild) kniet der kleine Wenzel, der bereits König von Böhmen, aber noch nicht römisch-deutscher König ist. In die Szene eingeführt und gestützt wird er von seinem Namenspatron und Schutzherrn seines Königreichs, dem hl. Wenzel. Bis auf wenige Details reproduziert diese Szene exakt das Fresko über dem Altar der Privatkapelle Karls IV. in der Burg Karlstein. Stilistisch weist das Tafelbild so enge Bezüge zu Gemälden Meister Theoderichs auf, dass eine Zuschreibung an ihn plausibel erscheint.

Bei den meisten Figuren handelt es sich also um ausschließlich in Böhmen verehrte Heilige und Könige, die entsprechend den Konventionen der Votivmalerei des 14. Jahrhunderts wiedergegeben sind, seien es Maria und das Jesuskind, die Heiligen oder der zum Zeitpunkt der Entstehung des Bildes zehnjährige Wenzel, den seine Attribute als jungen Edelmann ausweisen, wohl weil er kurz vorher vorzeitig zum Ritter geschlagen worden war, damit er alle Voraussetzungen für die Wahl zum römisch-deutschen König erfüllte. Gerade dieser dynastische Eifer und die ritterliche Gesinnung als Wegbereiterin und Pendant der königlichen Ideologie bedingten, dass Wenzel die eher konventionellen Züge eines jungen Prinzen erhielt. Eine Rolle spielt dabei auch, dass die gemeinsame Darstellung Karls IV. und seines Sohnes Wenzel im selben Bild eher die Ausnahme als die Regel war und somit dieser Szene die Feierlichkeit eines besonderen Ereignisses vermittelt. Seite an Seite sieht man die beiden nur am Altstädter Brückenturm, in den Mosaiken am Südportal des Veitsdoms und in der dortigen Wenzelskapelle sowie in einer der Buchmalereien in der kostbar ausgestatteten Abschrift der Goldenen Bulle, die 1400 in Wenzels Auftrag entstand. Die gleichzeitige Anwesenheit von Vater und Sohn, Kaiser und König als designiertem Nachfolger vertieft den Unterschied zwischen dem stereotyp dargestellten jungen Ritter und dem weisen alten Kaiser, dessen Züge weitaus natürlicher wirken. Den Maler interessierten offenbar eher die Übereinstimmungen zwischen dem Erzbischof als Auftraggeber des Bildes und treuem Vertrauten des Kaisers und Karl IV. selbst. Der Prälat wirkt hier müde, ernst, würdevoll, vom Alter gezeichnet und gebeugt unter der doppelten Last seines Amtes als Metropolit und engster Hofberater.

In Stein gemeißelt

Der Kaiser auf dem Bild von 1371 weist große Ähnlichkeit mit den bekannten Porträts auf, die etwa zeitgleich entstanden, allen voran Peter Parlers berühmter Büste im Triforium des Veitsdoms. Mit dem konzentrierten, weisen Gesichtsausdruck und dem Bart wirkt der Kaiser mit der Adlernase (als Anspielung auf den Reichsadler) auf fast schon messianische Weise von der Vorsehung auserwählt und für seine Ämter prädestiniert. So jedenfalls die Botschaft, die seine Hofchronisten liebend gern verbreiteten. Immer wieder zeichneten Benesch Krabitz von Weitmühl und Heinrich von Mügeln das Idealbild eines Monarchen, wie es die Bibel vorgab: „Das Wissen eines Menschen macht seine Miene strahlend“ (Pred 8,1). Erzbischof Johann Očko von Vlašim, Auftraggeber des Raudnitzer Votivbilds, hob in seiner Grabrede bei der Trauerfeier Karls IV. die Qualitäten hervor, die auch die Porträts des Kaisers gern unterstrichen: Er verkörpere die acht Seligpreisungen und die sieben barmherzigen Werke der Bergpredigt nach Matthäus (Mt 5,3–12 sowie 25,34–36), er sei erfüllt von den sieben Gaben des Heiligen Geistes nach Paulus (1. Kor 12–14) und er strahle dank der vier Kardinaltugenden. Die Predigt entwarf im Grunde eine zweifache Perspektive: Sie richtete den Blick in die Vergangenheit mit den wichtigsten Stationen im Leben des Kaisers, die sich in seinen Gesichtszügen niedergeschlagen hätten, und in die Zukunft als Wegbereiterin für eine erhoffte

Heiligsprechung. Eine solche Doppelung war übrigens typisch für das mittelalterliche Denken, das sich auf Analogien und verschlüsselte Übereinstimmungen stützte.[57] Durch die zeitlebens gehegte Hoffnung, eines Tages in den Kreis der geheiligten Könige aufzusteigen, stehen Karls Porträts genau im Schnittpunkt zwischen persönlicher Ähnlichkeit und heiliger Übereinstimmung mit den biblischen Königen oder den Nationalheiligen seiner Reiche. Mit dem 1371 in Auftrag gegebenen Votivbild wollte der Erzbischof von Prag seinen Kaiser ganz unverhohlen als Salomon und sich selbst damit als dessen treuen Berater präsentieren. Der Nürnberger Konrad Waldstromer stiftete zwischen 1370 und 1380 für die Marthakirche seiner Heimatstadt ein Buntglasfenster, das Karl IV. als König David zeigt. Ähnlich wie das Waldstromerfenster zeigt auch der „Schöne Brunnen" in Nürnberg die sieben Kurfürsten im Kreis um Karl IV., die neun Guten Helden, die Propheten, die Kirchenväter und die Evangelisten; das Gleiche gilt auch für die Figurengruppe des berühmten „Männleinlaufens" in der auf persönlichen Wunsch Karls IV. an der Frauenkirche angebrachten Turmuhr.[58] Ebenfalls in Nürnberg zeigte ein Fresko an einer Seitenwand der Moritzkapelle neben der Sebalduskirche Karl IV. und seinen Sohn Wenzel, der als junger Thronfolger neben dem für immer weisen, bärtigen alten König auftritt. Das Bild, das Karl IV. über Prag und Böhmen hinaus von sich verbreitete, weist ab den 1350er- und 1360er-Jahren keinerlei Variationen mehr auf, als sei es erstarrt wie etwa die um 1365 entstandene Fürstenfigur Karls IV. vom Hohen Turm des Wiener Stephansdoms.

Die Stagnation der Abbilder hängt auch damit zusammen, dass diese früh eine Funktion zugewiesen bekommen, die sich bereits in Karlstein und Prag bewährt hatte: Als Propagandainstrumente sollen sie die Erhabenheit und Frömmigkeit vermitteln, auf die der Luxemburger Kaiser in seiner Auslandsdiplomatie setzte. Ein Beispiel hierfür sind Ausstattung und Schmuck seiner Residenz im brandenburgischen Tangermünde. Weitere Belege finden sich in Mühlhausen/Thüringen, das als freie und Reichsstadt reichsunmittelbar dem Kaiser unterstand und strategisch günstig an der Grenze zu den neuen Besitzungen in der Lausitz und in Brandenburg lag. Das Bogenfeld über dem Südportal zum Querhaus der Marienkirche zeigt eine Kreuzigungsszene mit je vier Engeln und Propheten. Vom darüber gelegenen Scheinaltan schauen Halbfiguren mit den Zügen des Kaisers und seiner Gemahlin Elisabeth von Pommern herab. Die Darstellung Karls IV. folgt exakt dem Prager Modell am Altstädter Brückenturm, wo wie gesagt nicht von ungefähr zu Füßen des Kaisers und seines Sohnes die Wappen der Gebiete stehen, die er seinem Doppelreich einverleibt hatte. Die hinter der Verbreitung der Porträts stehende Politik ist eine Konsequenz der generellen Strategie, die Karl bei Landgewinnen verfolgte. Wie so oft bei neuen Herrscherdynastien, bedingten die Erwerbungen eine Monumentalisierung allerdings nur einiger weniger Kirchen oder Residenzen vor allem im Grenzgebiet wie etwa in Magdeburg, in Brandenburg an der Havel (Katharinenkirche), in Oybin an der Grenze zwischen Böhmen und der Oberlausitz, oder auch in Karls „Leuchtturmprojekt", seiner Residenz in Tangermünde. Eine solche Inbesitznahme durch Bauwerke hat damit zu tun, dass die Gebiete erst kurz zuvor erworben worden waren, dass dem Heiligen Römischen Reich eine zentrale, große Hauptstadt fehlte, beziehungsweise Prag seine Hauptstadtrolle quasi streuen musste, und dass sich der Kaiser als klassischer Euergetes nach römischer Tradition großzügig zeigen wollte. All das trug dazu bei, dass er und sein Antlitz sozusagen noch ein wenig mehr versteinerten, bis sie zum „Zeitgesicht" dieser Epoche wurden: Das Innovative hieran war das Verfahren an sich, das ohne Abwandlungen der physischen Gesichtszüge auskam, so als habe der Raum letztlich die Oberhand über die Zeit gewonnen.

Ein physisch ähnlicher, durch Reife, Weisheit und Majestät gekennzeichneter Typus, der sich in den 1350er-Jahren schließlich verfestigte, findet sich auch in anderen Medien wie etwa in den Buchmalereien im *Pontificale* des 1380 verstorbenen Bischofs von Leitomischl, Albrecht von Sternberg, in einer Prager Handschrift aus der Zeit um 1380 oder in den Prachthandschriften, die Karls engste Berater anfertigen ließen. Hierzu gehört etwa das *Graduale* des Ernst von Pardubitz (1363), das *Liber Viaticus* (um 1360) und das *Missale* (1364) des Johannes von Neumarkt. Das Gleiche gilt für die 16 sehr realistischen Abbildungen Karls IV. in den 17 Miniaturen in den *Grandes Chroniques de France,* die Karls Besuch in Paris 1378 schildern,[59] oder für die Buchmalereien in den *Chroniche di parte de' facti di Lucca*, einer Reimchronik mit 574 eigenhändigen Vignetten, in der Giovanni Sercambi vom Aufenthalt Karls IV. 1368/69 im norditalienischen Lucca erzählt.[60] Und auch in der Prachthandschrift der Goldenen Bulle, die Wenzel um 1400 anfertigen ließ, zeigen 22 Miniaturen seinen Vater als weisen, bärtigen alten Kaiser.

Im 15. Jahrhundert ändert sich an dieser Vorlage so gut wie nichts mehr, etwa bei dem an Thronbilder Karls des Großen angelehnten Porträt

Porträt von Karl IV. im Salbuch der Nürnberger Frauenkirche.

Karls IV. im Salbuch der Nürnberger Frauenkirche von 1442. Die gleiche Darstellungsweise findet sich auch in der von Jean Fouquet illuminierten Abschrift der *Grandes Chroniques de France*, die Karl IV. als uralten Mann mit Bartlocken zeigt, wie man sie sonst Karl dem Großen zuschrieb.[61] Nicht anders ist es in der um 1472 entstandenen Bilderhandschrift der alttschechischen Übersetzung, die Johannes von Raudnitz von der lateinischen *Vita* Karls IV. anfertigte.[62] Darin sieht man den Kaiser neun Mal, davon sechsmal mit Bart, und immer mit der Kaiserkrone auf dem Kopf, selbst wenn er 1331 in Pavia, 1332 in San Felice, 1333 in Terenzo und Cremona sowie 1337 in Aquileia in voller Ritterrüstung auf dem Schlachtfeld steht und zum Zeitpunkt des Geschehens erst 15 bis 20 Jahre zählt und noch mit keiner einzigen Krone gekrönt ist. Eine zweite Abschrift der alttschechischen Übersetzung der *Vita* wurde um 1500 bebildert und geht mit der zeitlichen Einordnung und den physischen Attributen ebenso willkürlich um.[63] Die Diskrepanz zwischen dem jugendlichen Alter des Prinzen und seinen kaiserlichen Attributen, die ihm noch lange nicht zustehen, beruht in diesem Fall nicht auf Nachlässigkeit, denn keinem Miniator wäre ein so grober Schnitzer unterlaufen, sondern auf einem bewussten Spiel mit der Zeit. Die Bilder nehmen Künftiges vorweg und liefern damit gleich eine Deutung des abgebildeten Geschehens, so wie jede Übersetzung und jedes gemalte Bild. In diesem konkreten Fall las und malte man die Geschichten aus dem Leben des jungen Karl im 14. und 15. Jahrhundert als eine Art von politischer Prophezeiung, als Vorboten eines Schicksals, das gerade dabei war, sich wie von der Vorsehung gewollt zu entfalten. In Wahrheit geht es hier darum, wie die Menschen dieser Epoche Geschichte in Worte fassten, malten und vorausahnten, nämlich mit einem ganz anderen Verständnis von Vergangenheit, Gegenwart und Zukunft als wir heute. Für Bilder Karls IV. aus dem 15. Jahrhundert gilt dies in besonderem Maße, weil sie die Ereignisse seiner eigenen Epoche quasi durch die Brille einer Zeit betrachten, die ab dem ersten Jahrzehnt des 15. Jahrhunderts im Zeichen der Hussitenkriege, der Absetzung von Karls Sohn Wenzel, der turbulenten Herrschaft seines anderen Sohnes Sigismund, der umstrittenen Machtübernahme der Habsburger, dem Aufstieg des Adels, der Sprache und Kultur Böhmens stand. Dieses nostalgische Bild eines expandierenden, einflussreichen Böhmens unter Karl IV. verdichtete sich zu einem „Goldenen Zeitalter", das die Porträts in gewisser Weise widerspiegeln sollten.

Diese Form des Synkretismus, der die „leibhaftigen", wiedererkennbaren Züge des Luxemburger Kaisers biblischen Königen bis hin zu Melchisedek, den Weisen aus dem Morgenland, Karl dem Großen und dem heiligen König Wenzel[64] gewissermaßen überstülpte, rief einen Bildertypus ins Leben, der im darauffolgenden Jahrzehnt und im anschließenden Jahrhundert unverändert blieb. Nicht zu unterschätzen ist die Effizienz dieser Vorgehensweise im Mittelalter. Karl IV. verstand es, zu seinen Lebzeiten sein Aussehen, sein Abbild und seine Identität praktisch unmittelbar miteinander zu verknüpfen. Obwohl sich in seiner Darstellung biblische, christliche, kaiserliche, hagiografische und lokale Traditionen vermischten, ließ sich niemand außer ihm auf diese Weise abbilden. Individuell sind seine Porträts nicht deshalb, weil sie absolut realistisch sind, sondern weil sie persönlich wirken. Allerdings kann man die frühe Festlegung seines Abbilds auf den Typus des alten, weisen Kaisers auch als Zeichen seines Scheiterns verstehen, denn letzten Endes war Karlstein doch nicht der heilige Krönungsort, den er sich wünschte, und auch der Veitsdom wurde langfristig kein böhmisches Saint-Denis. Karl IV. wäre sicher enttäuscht, wüsste er, dass er nach seinem Tod nicht wie ersehnt in die erlauchten Reihen der heiligen mittelalterlichen Könige aufstieg und dass seine Reliquien mitsamt den anderen Reichskleinodien zunächst in Nürnberg und später ausgerechnet in Wien landeten, von wo aus die Habsburger ihm postum eine lange Nase drehen konnten, nachdem alle Träume vom Luxemburger König- und Kaisertum 1437 mit Sigismund geplatzt waren.

Ein Porträt ist sowohl zum Zeitpunkt seiner Entstehung als auch in seiner späteren Gestalt, die ihm Betrachter durch Blicke und Umdeutungen verleihen, Teil einer komplexen, vielschichtigen Kultur. Diese mobilisiert nicht nur religiöse, sondern auch medizinische, astrologische und physiognomische Bezüge, die sich auf Auftreten, Posen und Gesten einer Person, das Zusammenspiel zwischen Seele und Körper, Orten und Medien erstrecken. Die „Wahrheit" über die abgebildete Person wird durch das Zusammenwirken all dieser Elemente enthüllt, sprich durch ihre Entstehungsweisen und die dadurch erforderliche und angestrebte Erinnerungsarbeit. Bei der imposanten, vielgestaltigen und doch homogenen Fülle an Porträts und Kryptoporträts Karls IV., die in Anbetracht ihrer Entstehungszeit bei allen Verlusten und Beschädigungen bemerkenswert gut erhalten sind, lässt sich vielleicht ein Wendepunkt erkennen. Gemeint ist die Herausbildung einer genuin politischen Ikonologie, bei der die Figur des Fürsten nicht nur zum Bilddenkmal wird, sondern zum Staatsporträt, das den „großen Mann“ ebenso verherrlichen soll wie seine Besitzungen und damit die Verknüpfung zwischen dem Körper des Königs und seinem Staatskörper weiter verdichtet. Doch das ist nicht alles, denn bei und nach Karl IV. macht ein Porträt das Abwesende gegenwärtig und das Tote lebendig. Natürlich war Böhmen nicht der erste oder der einzige Ort, an dem dieser Prozess zur Blüte gelangte, aber es hatte daran einen Anteil. Hierin liegt ein weiterer Beleg für die bemerkenswerte Integration dieses Königreichs und der Luxemburger Dynastie in eine europaweit entstehende politisch motivierte Bildkultur, die durch eine entsprechend weite Verbreitung und durch Transfers aus den Königreichen in das Kaiserreich Nahrung erhielt und sich auf eine Infrastruktur der Darstellung stützte, die bei Karl IV. eine außerordentliche königliche Willenskraft und Investition in Gestalt von Denkmälern und Künstlern widerspiegelte.[65]

Natürlich haben wir es hier noch nicht mit einen „Königsporträt“ zu tun, wie es im 17. Jahrhundert üblich wird;[66] dafür waren die von der Kirche aufgezwungenen visuellen Codes und symbolischen Bezüge noch zu dominant. Zwischen dem (oft unbekannten) Urheber eines Werkes und dem/der Porträtierten bestand noch ein allzu ausgeprägtes Ungleichgewicht; auch war die Vorstellung von einem offiziellen „Porträt“ dem ausgehenden Mittelalter noch fremd und bewirkte noch nicht die erforderliche Distanz. Das Wesen, um das es geht, das irdische *exemplum* himmlischer Vorbestimmung und Tugend, war noch immer eher Person als Individuum. Dennoch sehen wir hier zweifellos die Geburtsstunde einer „Macht des Porträts“, die weit über den abgebildeten Monarchen hinausreicht und uns viel über die Kultur und die politischen Strukturen seiner Zeit berichtet. Diese zeigten sich fortan, wenn auch aus der Perspektive des Fürsten, nicht nur in Kirchen und Kapellen, sondern auch an den Fassaden von Brückentürmen und an den Wänden von Burgsälen. Zur Macht der Suggestion gesellte sich nun die Macht der Überzeugung. Das Modell war so erfolgreich, dass es Schule machte. Die Habsburger jedenfalls taten es den Luxemburgern nach. Sie erhoben das Königsporträt zum Glanzstück ihrer politischen Kunst und Propaganda. Dass sie im Europa des 16. und 17. Jahrhunderts ein Reich schaffen konnten, in dem die Sonne nie unterging, hatte viel damit zu tun, dass sie mithilfe ihrer Porträts allüberall Präsenz zeigen konnten.

In jedem Fall leistete die außerordentliche Fülle an Porträts neben den vielen Schriften, die Karl IV. selbst verfasste oder zusammentrug, oder auch neben seiner Reliquiensammlung ihren Beitrag zu einer Reputation, die schon zu seinen Lebzeiten zu wirken begann. Sie überlebte ihn mithilfe einer Gedenkkultur und Historiografie, die sein Andenken in den nachfolgenden Jahrhunderten entsprechend den Gegebenheiten und Gepflogenheiten der jeweiligen Zeit immer aufs Neue reaktivierten.

Kapitel 10

Der König der anderen

Ob Touristen, die heute unter den versteinerten Blicken Karls IV. durch die Straßen, über die Plätze und Brücken Prags schlendern, seine Person in ihrem ganzen Ausmaß zu würdigen vermögen, bleibt dahingestellt. Heutige Bürgerinnen und Bürger Tschechiens haben in der Schule eine Nationalgeschichte gelernt, die zum guten Teil auf dieser Leitfigur basiert. Für sie ist der große mittelalterliche Kaiser in erster Linie einer der ihren und erst in zweiter Instanz – eventuell – ein historischer Akteur von europäischem Format.[1] Wie wir gesehen haben, prägte jedoch gerade diese Dimension seine Regierung in Gestalt seiner Reisetätigkeit oder seiner dynastischen Ambitionen, sein Haus in gleich mehreren Königreichen zu etablieren. Dennoch war und ist sein Fußabdruck verschwommen oder zumindest oberflächlich. Das hat mehrere Gründe. Seine lange Regierungszeit von 1346 bis 1378 stand in weiten Teilen im Schatten epochaler Krisen: der Pest von 1349/50, der Aufstände der 1370er-Jahre, der wachsenden inneren Spannungen der Kurie im avignonesischen „Exil", der anglo-französischen Kriege mit ihren Streitereien um diplomatischen Einfluss.[2] Sein Bild, das er mit so viel Aufwand durch Porträts, Reliquien, Bauten, Schriften und Chroniken zu vermitteln suchte, bleibt facettenreich. Böhmischen Zeitgenossen erschien er oft zu deutsch, Chronisten und Fürsten im Heiligen Römischen Reich zu böhmisch, manchen zu papstfreundlich, anderen zu stark vom politischen Vorbild Frankreichs beeinflusst.[3] Kurz gesagt: Kann dieser Karl IV. überhaupt ein europäischer „Erinnerungsort" sein?

Um den Bekanntheitsgrad eines Königs oder Kaisers zu ermitteln, müssen möglichst alle verfügbaren zeitgenössischen Quellen herangezogen werden, die etwas über ihn erzählen. Auch wenn der Historiker des Spätmittelalters, im Vergleich zu Zeithistorikern, nicht unter der Unmöglichkeit leiden muss, alle Quellen seiner Periode lesen zu können, so hat er es im 14. und 15. Jahrhundert doch bereits mit einer Zeit zu tun, in der immer mehr geschrieben wird.[4] Die zunehmende Verschriftlichung ist ihrerseits ein Indiz für die wachsende Komplexität der politischen Kultur, die stärkere Vereinnahmung von Erinnerung und Identität durch die verschiedenen sozialen Gruppen und für ein Geschichtsbewusstsein, das das Bedürfnis verrät, Spuren zu hinterlassen, Narrative hervorzubringen und innezuhalten im Zeitlauf, der sich mehr und mehr von der Vergangenheit in Richtung auf die Zukunft bewegt.[5] Selbst wenn es möglich wäre, in der Masse an Chroniken, Berichten, Lobreden, Erzählungen und Abhandlungen aus den beiden letzten Jahrhunderten des Mittelalters, ganz zu schweigen von Gesetzestexten und praxisorientierten Urkunden, Verordnungen, Dekreten und Schriftstücken, die in seinem Namen verkündet, beurkundet oder ausgestellt wurden, jede einzelne schriftliche Erwähnung Karls IV. zu erfassen, müsste man die Häufigkeit der Erwähnungen noch mit derjenigen anderer Könige und Fürsten seiner Zeit vergleichen.

Es geht hier deshalb vor allem darum, Präsenz und Denken Karls IV. zu würdigen, denn das erscheint uns bei Weitem aufschlussreicher als eine statistische Analyse aller Ereignisse, die den Namen oder das Andenken Karls IV. betreffen. Bezeichnend ist dabei allein schon die Dauer seiner Regierungszeit. Karl IV. war ab 1346 König und von 1355 bis zu seinem Tod 1378 Kaiser, hatte also reichlich Gelegenheit, zahlreiche Schriftzeugnisse zu hinterlassen. Dass diese Chance nicht jedem vergönnt war, zeigt bereits ein Blick auf das Haus Luxemburg im 14. Jahrhundert, denn Karls Großvater wurde nur 34 Jahre alt und sein Sohn Wenzel, in den Augen vieler seiner Untertanen ein tyrannischer Alkoholiker, wurde schon 1400 von einem Teil der Reichsfürsten abgesetzt[6] und mehrmals in Böhmen inhaftiert. All das verdeutlicht, dass in die Abwägung der Chancen und Risiken von Prominenz noch weitere Faktoren einfließen: ein tadelloser Leumund, politisches Geschick und die Kontrolle über die eigenen Bilder. Im Gegensatz zu vielen seiner Zeitgenossen blieben Karl IV. schwerwiegende Rebellionen oder Inhaftierungen ebenso erspart wie ernsthafte Mordversuche (mit Ausnahme des Giftanschlags in Italien). Zu seinen Lebzeiten brauchte er sich gegen keinen Mit- oder Gegenkönig zur Wehr zu setzen, wurde nicht vom Papst exkommuniziert und musste sich nicht unter Lebensgefahr ins Schlachtengetümmel stürzen und darin womöglich umkommen wie sein Vater.

Andere Herrscher des 14. Jahrhunderts hatten nicht so viel Glück, denkt man an Karls Vorgänger Ludwig den Bayern, der nicht nur vom Bannstrahl des Papstes getroffen wurde und am Ende seiner Regierungszeit hinnehmen musste, dass ihm die Kurfürsten einen jungen Luxemburger als Gegenkönig vor die Nase setzten,[7] oder an die letzten Kapetinger, auf denen ein Fluch zu lasten schien, oder auch an die Gefangenschaft Johanns II. des Guten nach der französischen Niederlage in der Schlacht bei Poitiers und schließlich an den Wahnsinn Karls VI. von Frankreich.[8] Dass all das Karl IV. erspart blieb, beruhte natürlich nicht zuletzt auf Wechselfällen des Lebens, aber auch auf eisernem Willen und vor allem auf persönlicher Aufmerksamkeit.[9]

Doch obwohl die Sterne günstig standen, er ausgeprägtes politisches Geschick besaß und seine Hofschreiber und -maler ein ganz bestimmtes, ehrenvolles Bild von ihm verbreiteten, gingen die Meinungen über ihn schon zu seinen Lebzeiten auseinander.[10] Das ist einerseits nicht verwunderlich, denn angesichts der großen Unterschiede zwischen den großenteils französischen, italienischen, deutschen und natürlich tschechischen Verfassern wäre ein einmütiges Urteil erstaunlich bis suspekt. Doch abgesehen von den zu erwartenden Divergenzen zwischen all den Meinungen, die im 14. und 15. Jahrhundert aus einer wachsenden Zahl von Sprachräumen, Gebieten und Kulturen stammten, noch dazu aus einer christlichen Gesellschaft, in der nur Gott allein vollkommen ist, lagen die Unstimmigkeiten offenbar anderswo. Könnte es nicht sein, dass die Meinungen über Karl IV. auseinandergingen, nicht *obwohl*, sondern *weil* er Brüche und Konflikte so geschickt vermied?

Die Frage, mit der wir uns hier beschäftigen wollen, lautet, welche Erwartungen man im ausgehenden Mittelalter an einen „guten" König richtete.[11] In der langen Tradition des mittelalterlichen politischen Denkens besitzen die von einem König geforderten Tugenden der Mäßigung, Weisheit und Umsicht in den Traktaten und Schriften von Juristen, Theologen und Philosophen einen hohen Stellenwert.[12] Ob in den Übersetzungen der aristotelischen Werke, den Betrachtungen der Scholastiker, der Bibelexegese oder dem erneuerten römischen Recht: Im 13. bis 15. Jahrhundert steht das Ideal der weisen, guten Königsherrschaft hoch im Kurs.[13] Doch unter diesem Gesichtspunkt ist Karl IV. über jeden Vorwurf erhaben, und diese Wertschätzung bildet eine Konstante in den Urteilen über sein Wirken. Aber es gab auch andere Stimmen. Sie schimpften, Karl IV. sei ein „Pfaffenkönig", eher Priester als Herrscher, ein König der Höfe und Bücher, eher Kleriker als Ritter oder Schlachtenheld, sowie als gewiefter Taktiker eher machiavellistischer Fürst als universeller Herrscher der Christenheit. Was ist mit diesen Urteilen gemeint? Dass das Königsbild im ausgehenden Mittelalter vielleicht weniger einvernehmlich und abgeklärt ist, als man angesichts der Entstehung der modernen Staaten, der zunehmenden Schriftlichkeit und der Rationalisierung politischer Praktiken auf den ersten Blick denken könnte. Die ritterliche Kultur, die erbitterte bis selbstmörderische Verteidigung der Ehre, die Leidenschaft für Schönheit und Vortrefflichkeit und der Ruhm der Waffengewalt waren noch immer in der ganzen Gesellschaft fest verankerte Tugenden und Verhaltensmuster, an denen sich auch ein König und erst recht ein Kaiser messen lassen musste.[14] Natürlich war jeder Souverän mit widersprüchlichen Erwartungen an seine Regierung konfrontiert: Frieden, Kompromisse, Verhandlungen, eine Herrschaft der Kultur und mithilfe der Kultur. Diese Werte sind den Historikern des 20. und 21. Jahrhunderts so lieb und teuer, dass sie heute die Deutungen dominieren, doch auch die Kehrseite in Gestalt von Gewalt, Rache, Trotz und Machtgefällen war vorhanden – allesamt nicht zu unterschätzende „Benchmarks", die Denken und Feder der Chronisten zwischen 1300 und 1500 leiteten.[15]

Diese Ambivalenz kennzeichnet zwar auch das Urteil über andere Fürsten, wenn auch in geringerem Maße die heiligen mittelalterlichen Könige[16] angefangen mit Ludwig dem Heiligen,[17] und beschränkt sich insofern nicht ausschließlich auf Karl IV., sondern erstreckt sich auch auf den Fürsten von Böhmen, den römisch-deutschen König und Kaiser. Dem Heros des tschechischen Aufschwungs und dem *pater patriae* Böhmens im 14. Jahrhundert, dem weisen Kaiser, der 1378 seinen Neffen in Frankreich besucht, stellt man in Deutschland einen Monarchen gegenüber, der sein Reich verschleudert und Wachs in den Händen des Papstes ist.[18] Diese negativen Urteile halten sich hartnäckig. Noch heute gehört Karl IV. in der Tschechischen Republik zu den populärsten Persönlichkeiten der Geschichte, ähnlich wie Ludwig der Heilige in Frankreich, und zwar in erster Linie aufgrund der unauflösbaren Verbindung zwischen dem König und seiner Hauptstadt Prag. Nur wenige europäische Städte weisen bis heute einen so monumentalen Fußabdruck eines einzigen Mannes auf. Doch über die tschechischen Grenzen hinaus verblasst sein Andenken rapide, außer vielleicht in Luxemburg. Nicht überall gilt er noch als großer „Macher" seiner Zeit, selbst nicht in Deutschland: Obwohl er als Kaiser über das Heilige Römische Reich herrschte, steht er dort nicht auf Augenhöhe mit Friedrich II. von Staufen;[19] sein Name wird mit der Pest assoziiert und mit dem Großen Abend-

In Prag allgegenwärtig: Statue Karls IV., errichtet 1848, anlässlich des 500. Jahrestages der Gründung der Karls-Universität.

ländischen Schisma in seinem Todesjahr. Er genießt auch nicht das Ansehen der langen Habsburgerzeit und regierte obendrein die deutschen Reichsteile von Böhmen aus. Diese recht gemischte Bilanz wirkt bis heute nach.

Für einen Historiker hat dieser Widerspruch jedoch durchaus sein Gutes, da er den Wissenserwerb gerade nicht behindert, sondern im Gegenteil die Voraussetzung dafür ist. Darüber hinaus löst er zum Zeitpunkt selbst ebenso wie danach eine Flut von Erwähnungen und Schriften aus, aus der Mediävisten Honig saugen können und müssen. Karl jedenfalls ließ seine Zeitgenossen keineswegs kalt, und das ist eine erste wichtige Erkenntnis. Sein Name fällt bei so gut wie allen großen Autoren und Chroniken des 14. und 15. Jahrhunderts. Auf französischer Seite fehlt er weder bei Jean Froissart noch bei Christine de Pizan. Froissart erwähnt zweimal seinen Tod und kommt letztlich zu dem Schluss, Karl habe seine Zeit bleibend geprägt: „Zu seinen Lebzeiten brachte er mit Gold, Silber und Allianzen die Kurfürsten im deutschen Reich dahin, zu schwören und zu besiegeln, dass nach seinem Tod sein Sohn König bleiben werde [...]. Sogleich nach dem Tod des Kaisers Karl nannte sich sein Sohn König von Böhmen und Deutschland und König der Römer."[20] Bei den Italienern blieb vor allem der Eindruck in Erinnerung, den er bei Petrarca oder bei den Gebrüdern Villani hinterließ.[21] Auch bei den großen deutschen Chronisten finden sich Erwähnungen *en masse*. Ein Urteil, das Karl besonders hartnäckig anhing, stammt vom italienischen Humanisten Enea Silvio Piccolomini, besser bekannt als Papst Pius II.: „Er wäre fürwahr ein großer Kaiser gewesen, hätte er nicht eher den Ruhm seines Königreichs Böhmen zu mehren gesucht als den des Römischen Kaiserreiches."[22] Der im 15. und 16. Jahrhundert gebetsmühlenartig wiederholte Topos war in den Köpfen so fest verankert, dass noch Kaiser Maximilian I. öffentlich erklärt haben soll, Karl IV. habe dem Reich mehr Schaden zugefügt als die schlimmste Pestepidemie.[23]

Pro und kontra: das facettenreiche Bild im 14. Jahrhundert

Auf dem Radar der Chronisten erscheint Karl IV. 1346 anlässlich seiner Wahl zum römisch-deutschen König und anschließend als König von Böhmen. Zuvor gab es so recht nichts, das ihn aus der Masse herausgehoben hätte. Die historischen Aufzeichnungen folgen somit einer ähnlichen Chronologie wie seine Porträts. Vor seiner Krönung ist er in den Augen der Tschechen Markgraf von Mähren und Regent von Böhmen im Namen seines erblindeten Vaters. Aus französischer Sicht ist er zwar ein Höfling, jedoch in erster Linie Sohn seines Vaters, der mit dem Königreich verbündet war und zu den Rittern gehörte, die sich in Crécy gegen die Engländer stellten und ihr Leben ließen.[24] Für die Deutschen wiederum ist er Angehöriger des Hauses Luxemburg, also Konkurrenz zu den Wittelsbachern, und nicht zu vergessen ein Enkel Kaiser Heinrichs VII., womit er einen wenn auch untergeordneten Platz in der Fürstenriege beanspruchen kann.[25] Selbst seine erste Wahl zum römisch-deutschen König nimmt das Abendland noch nicht als herausragendes Ereignis wahr, denn es ist nicht die erste Gegenwahl in Deutschland und sollte auch nicht die letzte bleiben. Erst durch den Tod Ludwigs IV. steigen mit einem Schlag Karls Chancen auf nachhaltigen Einfluss. Die Königswahl von 1346 spricht nur ein Autor konkret an, allerdings kein geringerer als der umstrittene englische Philosoph Wilhelm von Ockham in seiner Abhandlung *Quia saepe juris ignari*. Doch dieses erste nennenswerte Urteil eines der großen Theologen dieser Epoche ist alles andere als schmeichelhaft: Der junge König, so Wilhelm von Ockham, verdanke seine Wahl allein der Gunst Papst Clemens' VI. und dem Schutz der Kirche. Er sei eben nur ein „Pfaffenkönig" und „Söldner" der Kurie.[26] Vor allem der Begriff „Söldner" ist eine üble Beleidigung, denn bezahlte Söldner bzw. Landsknechte standen in keinem guten Ruf, zumal hier suggeriert wird, Karl habe sich illegal die Krone angeeignet, weil er nach Wilhelms Meinung seinen Lehnseid gegenüber seinem natürlichen Herrn Kaiser Ludwig gebrochen hatte. Allerdings gilt es hier zu differenzieren: Ockham verfocht vehement die Rechte des Kaisers gegenüber dem Papst und war aktiver Befürworter des Wittelsbacher Königs und Kaisers.[27] Dennoch traf sein Urteil gerade in dieser mit Propaganda überfluteten Zeit ins Schwarze: Der Ausdruck „Pfaffenkönig" haftete Karl zumindest in deutschen Landen lange Zeit an, und das schon ab 1346.[28]

Mit der zweiten Krönung Karls IV. zum römisch-deutschen König 1349 ändert sich die Lage. Es kehrt wieder Eintracht ein, zumal es nun keinen Konkurrenten mehr gibt, und so schließen sich die Reihen der Juristen und politischen Denker um den Thron des Königs und designierten Kaisers. Das bezeugt etwa ein 1354 von Konrad von Megenberg verfasster Traktat, den er bezeichnenderweise dem *Romanorum Augusto gloriosissimo* widmet.[29] Zur Untermauerung seiner Meinung beruft sich Konrad darin hauptsächlich auf das umstrittene Prinzip der *translatio imperii* als Begründung für den deutschen Anspruch auf das Heilige Römische Reich, und räumt dabei dem Kaiser Vorrang vor dem Papst ein.[30] Karl IV., so Konrad, sei der angemessene Thronanwärter, legitime König und somit für den Kaiserthron prädestiniert. Ganz anderer Meinung hingegen ist Matthias von Neuenburg. Für ihn sind die Luxemburger allesamt Erzfeinde Ludwigs IV. Seine Chronik unterstellt Karl durchweg böse Absichten, und das von Anfang an: Die Kurfürsten von Sachsen und Köln habe er bestochen, den Erzbischof von Mainz für dessen Treue zu Ludwig dem Bayern mit dem Entzug seines Prager Bistums bestraft; der Papst habe Drohungen gegen Gott und die Welt ausgestoßen; Frankfurt sei als Schauplatz der Wahl und Aachen als Krönungsort 1346 übergangen worden, obwohl beide völlig zu Recht dem Hochstapler Karl den Einzug verwehrt hätten; die Ereignisse in der Schlacht von Crécy, sprich Johanns Tod und Karls „schmähliche" Flucht, seien die Strafe Gottes für die Franzosen und die Luxemburger als ihre Verbündeten gewesen; Karl habe inkognito durch Deutschland reisen müssen, sei aber angeblich in einer Herberge erkannt worden (wie später der flüchtige Ludwig XVI., der sich von diesem Fauxpas nie wieder erholte) und habe sich nur mithilfe von Schmiergeldern retten können; er habe sich mit dem englischen König verbündet und ihm unter der Hand Ländereien in Zeeland und Holland übereignet; er habe trotz der Blutsverwandtschaft die Tochter des Pfalzgrafen geheiratet; er sei weder so ritterlich noch so tapfer wie sein Opponent Günther von Schwarzburg, den die Bayern nach dem Tod Ludwigs II. zum König bestimmt hatten, den Karl aber, so der Chronist, hatte vergifteten lassen; Karl begleiche seine Schulden mit dem Geld gleichermaßen von Juden, die er vor dem Scheiterhaufen rette, wie von den Flagellanten, die ebendiese ausrotten wollten, weil sie schließlich die Pest verbreitet hätten.[31] Kurzum: Diese ätzende Kritik fährt sämtliche damals verfügbaren polemischen Geschütze auf. Der neue König ist feige, geldgierig, bestechlich, treulos, dem Papst hörig, simonistisch, zweifelhaft verheiratet, der Kultur der deutschen Reichsstädte und -fürstentümer fremd, eidbrüchig und unzuverlässig. Nichts wirklich Neues also. Auch andere Könige und Fürsten vor und nach Karl IV. wurden mit ähnlichen Beschuldigungen überhäuft, wobei das Spektrum sonst gern noch um ein sexuelles Register erweitert wird: die Sodomie. Ein neues Argument lässt sich immerhin Matthias von Neuenburg einfallen: Er bezichtigt Karl der Flucht nach Böhmen, einem „üblen, sündigen Land".[32] Dieses Urteil hat eine zweifache Dimension. Es ist zum einen protonational, denn es belegt, dass im politischen und historischen Diskurs die Gräben zwischen den sprachlichen, natürlichen und kulturellen Identitäten der Menschen im deutschen und böhmischen Raum in der Wahrnehmung einer Reihe von Zeitgenossen tiefer werden – übrigens in beiden Ländern. Zum Beweis führt Matthias von Neuenburg an, Karl IV. habe schließlich auch Frankfurt und Nürnberg die „deutsche" Obhut der Reichskleinodien zugunsten von Prag genommen. Als religiöse Dimension fügt Matthias noch hinzu, das Königreich Böhmen sei ein unreines, ketzerisches Land, und ruft damit ein Klischee ins Leben, das im 15. Jahrhundert im Zuge der Glaubenskrise und der Hussitenkriegen oftmals reaktiviert wurde.

Jakob Twinger von Königshofen, Kanoniker am Thomasstift in Straßburg, greift in seiner Chronik mehr oder weniger wortwörtlich die Vorhaltungen Matthias' von Neuenburg auf,[33] ergänzt um eine Prise Böhmenfeindlichkeit. Er erwähnt zwar die Gründung der Universität Prag 1348, jedoch nur als erste Hochschule im Heiligen Römischen Reich, die allerdings viel zu weit von der Reichsmitte entfernt angesiedelt sei und allein dem Klerus unterstehe. Zudem bemängelt Twinger, Karl IV. habe die tschechische Sprache viel zu sehr begünstigt, anstatt sich mehr um die „dütsche sprache" zu bemühen, obwohl diese doch von den allermeisten Menschen in ganz Böhmen gesprochen werde. Karls Hauptfehler aber ist in Twingers Augen wiederum mangelnde Ritterlichkeit: Seine Italienzüge seien zum Scheitern verurteilt gewesen, er selbst sei ein miserabler Krieger, der sich vom Geld der Visconti blenden ließ. Dieses Klischee findet sich übrigens auch bei vielen deutschen Chronisten des 14. und 15. Jahrhunderts in Bezug auf die Verhältnisse in Italien und den teils mehr, teils weniger legalen Geldhandel, der gern auch mit dem Papsttum in Verbindung gebracht wird.[34] Doch damit nicht genug, denn nach Karl selbst holt Twinger auch noch gegen dessen Sohn aus: Alle Fehler und Versäumnisse des Vaters finde man beim jungen Wenzel noch verstärkt, denn der habe aufgrund seiner Charakterschwäche und Kulturlosigkeit dieser Verderbnis in der zweiten Generation nichts entgegenzusetzen.

Andere Töne schlägt der Franziskaner Johannes von Winterthur an, der als Prediger im Südwesten des Reiches, im Grenzgebiet zwischen der Schweiz und Schwaben tätig war.[35] Das Bild, das er in seiner Chronik von Karl IV. zeichnet, ist kaum wohlwollender als bei seinen Vorläufern, folgt aber einer anderen, sehr aufschlussreichen Argumentation: Seiner Meinung nach hatten einige der Kurfürsten Karl nur gewählt, weil sie Ludwigs des Bayern überdrüssig geworden seien und sich von ihm abgewendet hätten. Im Gegensatz zu den bisher besprochenen Schriften würdigt Johannes von Winterthur erstmals die Frühzeit von Karls Regierung, weil er in dieser Zeit eine gewisse Zahl von Stadtklöstern mit Wohltaten geradezu überhäuft habe. Allerdings relativiert der Chronist das Lob gleich wieder: Auf dem Schlachtfeld habe Karl IV. stets eine schlechte Figur abgegeben und sich von dort gelegentlich „wie ein Hase" aus dem Staub gemacht. Seinen chronischen Geldmangel habe er behoben, indem er Kirchenpfründe verschacherte. In diesem Argument erweist sich Johannes als Franziskaner sehr kritisch gegenüber Weltgeistlichen, die nach Meinung der Bettelorden so gut wie alle bestechlich, zumindest aber gegen die Verlockungen weltlicher Macht nicht gefeit waren. Wenn Johannes Karl IV. ebenfalls als Pfaffenkönig bezeichnet, dann mit der gleichen Abfälligkeit, die er sonst für die Pfarrer bestimmter Städte bereithält, die in seinen Augen jedem noch so kleinen Obolus hinterherlaufen.

Auch der Dominikaner, Theologe und Chronist Heinrich von Herford zeichnet in seinem *Liber de rebus memorabilioribus* ein eher trübes Bild von Karl IV. Es unterscheidet sich nur in einem Aspekt von anderen: Aus einer düsteren Endzeitstimmung heraus sieht er die „illegitime" Wahl und anschließende Krönung des Königs als Vorboten der Apokalypse, ebenso wie den Hundertjährigen Krieg, das Auftreten falscher Könige, die Pest, die Geißlerzüge, die Judenpogrome und das von Rom abgewendete Papsttum. Die Herrschaft des Antichristen mache sich in der Folge prompt bemerkbar: Karl IV. sei nicht vom Papst, sondern nur von einem schlichten Kardinallegaten zum Kaiser gekrönt worden, er habe sich mitten in der Nacht durch eine Nebenpforte in die Heilige Stadt schleichen und gleich nach der Krönung hastig wieder davonmachen müssen. Mitten in diesem Triumph des Bösen kurz vor dem Weltuntergang, an dem der neue Kaiser eindeutig Anteil hat, schließt Heinrichs Chronik.[36]

Andere Texte geben die Ereignisse etwas komplexer wieder. So etwa die nach dem Konflikt zwischen Karl IV. und Ludwig IV. entstandene Chronik des Heinrich Taube von Selbach, Chorherr am Willibaldschor des Eichstätter Doms. Der dortige Bischof und seine Leute waren stramme Anhänger des bayerischen Kaisers,[37] und genau in diesem Geist beginnt auch Heinrichs Bericht, doch als er später merkt, dass der Wind sich dreht, kehrt er hurtig den Wittelsbachern den Rücken und redet fortan dem Luxemburger das Wort. Die Rückschläge des jungen Gegenkönigs in den Jahren 1346 und 1347 verschweigt er zwar nicht, deutet sie aber als eine Art Feuertaufe, die den Charakter des künftigen Kaisers so gestählt habe, dass er fortan lieber auf Frieden und Verträge setzte als auf endlose Waffengänge, die ohnehin keine Entscheidung brächten – was für zeitgenössische Ohren eindeutig auf den schon seit den 1330er-Jahren andauernden Hundertjährigen Krieg gemünzt war. Auch Karls erfolgreiche Verhandlungen mit den Visconti über die Krone der Lombarden oder seine diplomatischen Bemühungen um eine Beilegung der Streitigkeiten zwischen Frankreich und England hebt der Chronist lobend hervor.

Während Karls Zeitgenossen unter den deutschen Chronisten die Ereignisse noch als brandaktuell präsentierten und hitzig Partei ergriffen, wirkt die Haltung der italienischen Geschichtsschreiber abgeklärter, oft vermischt mit einem ausgeprägten Regionalismus bzw. Lokalpatriotismus. Das genaue Gegenstück zu Heinrich von Herford bildet etwa Giovanni de Marignolli.[38] Der toskanische Franziskanermönch und Theologe ist eigentlich eher dafür berühmt, dass er von 1339 bis 1348 in päpstlicher Mission den Orient und Asien bereiste, 1342 Peking erreichte und dort bis 1345 oder 1347 blieb, bevor er über Sumatra, Ceylon (das heutige Sri Lanka), Indien und die Straße von Hormus nach Europa zurückkehrte.[39] Das Besondere daran ist jedoch, dass sein Reisebericht sich ausgerechnet in der *Chronik der Böhmen* findet, der wir einen Großteil unseres Wissens über Karl IV. verdanken. Marignolli verfasste sie 1355, als er anlässlich der Kaiserkrönung in Rom mit Karl zusammentraf, ihm nach Prag folgte und fortan als Kaplan und Historiograf an seinem Hof blieb. Dank dieser Verflechtung zwischen der Universalgeschichte und der Geschichte Böhmens kann Marignolli den Prager Kaiser aus einem ganz anderen Blickwinkel betrachten, wenn auch aus einer parteiischen, von oben gesteuerten Perspektive, denn natürlich weist ihn der Herrscher persönlich an, der Universalgeschichte Heinrichs von Herford etwas entgegenzusetzen und dabei die Geschichte Böhmens gleich so zu integrieren, dass die Herrschaft Karls IV. ein neues goldenes Zeitalter einläutete. Es überrascht deshalb nicht, dass Marignollis Version auf einer Mischung aus alt- und neutestamentlichen sowie genealogischen Motiven beruht: Schon der Name von Karls Mutter – Elisabeth – bedeute ja „das Haus des Elija/Elischa", der seines Vaters – Johann – „Gnade Gottes". Ihr Sohn Karl verkörpere folglich eine Regierung von Gottes Gnaden schon aufgrund der Vereinigung der Přemysliden mütterlicherseits mit den Luxemburgern väterlicherseits, wobei Letztere ihrerseits mit den Karolingern verwandt und jene wiederum Nachfahren der Trojaner seien. In Karl manifestiere sich also die uralte Prophezeiung Libussas, der Urmutter der Přemysliden und aller Tschechen, eines Tages werde ein böhmischer Fürst kommen und „Ruhm erlangen". Dieses Urteil aus der Feder eines gelehrten Italieners klingt völlig anders als die bissigen Bemerkungen der frühen deutschen Chronisten, aber auch als diejenigen ihrer lobhudelnden tschechischen Kollegen. Dennoch sollte man hierin keinen bequemen Mittelweg zwischen Schauergeschichten und Goldener Legende sehen. Italienische Chronisten waren es einfach schon sehr viel länger als ihre Kollegen im Reich gewöhnt, zielführend und packend zu schreiben.

Vor diesem Hintergrund sollten wir auch die Texte lesen, die drei unserer Kronzeugen für diese Zeit hinterließen: der bedeutende Florentiner Historiker Giovanni Villani und später sein Bruder Matteo und dessen Sohn Filippo.[40] Allerdings stand das politische Klima in Florenz ganz im Zeichen der erbitterten Grabenkämpfe zwischen Guelfen und Ghibellinen. Grundlage für diese Feindschaft waren ursprünglich Ansprüche und Sympathien gewesen, die eine Partei an den Papst, die andere an den Kaiser gerichtet hatte, die jedoch im Laufe der Zeit zu eigenständigen Bezugswerten innerhalb des lokalen Machtgefüges geworden waren. Jede Inthronisierung eines neuen deutschen Fürsten, Königs oder Kaisers ließ diese Auslöser des Zwists jedoch wieder aufleben und brachte das empfindliche Gleichgewicht der Florentiner Regierung und Institutionen erneut ins Wanken.[41] Schon der Verdacht, den Ghibellinen zugeneigt zu sein, konnte sich in Florenz als fatal erweisen und Vertreibung oder Tod bedeuten. Giovanni Villani vergisst nicht zu erwähnen, Karl IV. sei ja in erster Linie der Enkel Heinrichs VII. und seine Königswahl 1346 eindeutig zwischen dem König von Frankreich und dem nach Avignon geflüchteten Papst ausgekungelt. Auch hier taucht wieder das Konzept des „Pfaffenkönigs" auf, diesmal als *omperadore dei preti* auf den Kaiser gemünzt. Auch bei Matteo Villani[42] behält die Florentiner Perspektive die Oberhand. Bei seiner Schilderung von Karls Romzug auf dem Weg zur Kaiserkrönung greift er zum Teil Aussagen der deutschen Chronisten wieder auf: Karl habe behauptet, er sei nach Italien gekommen, um der Tyrannei der Visconti (der Erzfeinde von Florenz) ein Ende zu setzen, sich dann aber damit begnügt, mit jenen zu verhandeln und zu paktieren, habe die Florentiner zur Kasse gebeten und sich dann mit prall gefülltem Geldbeutel – *borsa plena di danari* – aus dem Staub gemacht, ohne auch nur einmal sein Schwert zu zücken. Karls schlechter Ruf als Kaiser, der sich nicht wirklich kaiserlich verhielt, weil es ihm an Waffenehre mangelte, ist also in der italienischen Geschichtsschreibung ebenso fest verankert und bleibt auch aus Sicht der Humanisten eines seiner Hauptmerkmale, selbst bei denen, die ihm dies gar nicht zur Last legen, sondern zugutehalten. Abgesehen von der sehr florentinischen Sehweise der Villani dürfte es grundsätzlich für Italiener schwierig gewesen sein, sich ein Urteil über einen Fürsten zu bilden, der von seiner Abstammung her Luxemburger war, also einem Haus angehörte, das die Italiener zwar von früheren Begegnungen kannten, das ihnen jedoch entfremdet war, seit Johann und vor allem Karl sich ins ferne Böhmen zurückgezogen hatten. Aus diesem Gefühl der Fremdheit heraus ließ Matteo Villani bei seinem Porträt Karls IV. die damaligen Konventionen beiseite und lieferte modernen Historikern damit wertvolle Details, etwa wenn er berichtet, Karl habe „die Angewohnheit, während seiner Audienzen ein kleines Messer und eine Weidenrute in der Hand zu halten und zu seinem Vergnügen hingebungsvoll daran zu schnitzen".

Die Florentiner hegen also Vorbehalte gegen Karl IV., weil er den Aufstieg der Visconti letztlich nicht verhindert hat. Auch Petrarca vertritt im Wesentlichen diese Haltung, rechnet Karl allerdings hoch an, er sei geistvoll und gebildet, „von königlichem Naturell, der Klugheit eines Engels, klaren Geistes, flinken Blicks aus Luchsaugen, rascher Auffassungsgabe [und] vorausschauendem, erhabenem Denken". Petrarca lernt Karl IV. am 15. Dezember 1354 kennen, als dieser auf dem Weg nach Rom ist.[43] In einem Brief an seinen Freund Laelius schreibt der Dichter, er habe Karl, der ja noch nicht Kaiser war, bei dieser Gelegenheit „einige goldene und silberne Münzen mit den Abbildern unserer Herrscher [überreicht], die mit winzigen uralten Buchstaben beschriftet waren […]. Für dieses Geschenk bedankte er sich, als hätte er im ganzen Leben kein schöneres erhalten." Auffallend ist hier natürlich die ironische Spitze, die sich Petrarca ganz am Schluss seiner Betrachtungen nicht verkneifen kann (*latet in cauda venenum*). Es spricht nämlich für die Überlegenheit der italienischen Kultur, wenn der Deutsche, in dessen Adern auch noch böhmisches Blut fließt, über ein paar antike Münzen derart in Staunen gerät. Denkbar ist jedoch, dass sich Petrarca seinerseits von Karls überschwänglichem Dank blenden ließ, der vielleicht nichts als zur Schau getragene Höflichkeit war. Das jedenfalls würde sehr gut zu seinem Auftreten als Fürst sozusagen machiavellistischen Gepräges passen.

Tatsache ist, dass wir bei Petrarca ein weiteres Motiv entdecken, das selbst in den negativsten Urteilen über Karl IV. häufig wiederkehrt: Niemand bestreitet die hohe Bildung, den Kunstgeschmack und die kultivierten, friedfertigen Umgangsformen des Königs. Diese Einschätzung findet sich in Ansätzen auch in deutschen Quellen wie der *Nürnberger Weltchronik* oder später in den Chroniken Sigismund Meisterlins oder Hartmann Schedels sowie bei den italienischen Chronisten Giacomo Filippo Foresti da Bergamo und Enea Silvio Piccolomini.

Im Gegensatz zu den widersprüchlichen Aussagen in den deutschen Chroniken und den gemesseneren Urteilen der italienischen Autoren finden sich bei den tschechischen Chronisten weitaus euphorischere Wertungen.[44] Allerdings stand all dies im Dienst des Gedenkwerks und der beinahe propagandistischen Geschichtsschreibung, die Karl IV. selbst in Gang gebracht hatte. Er hatte gesehen, wie die französischen Chronisten unter den Kapetingern und ihren Nachfolgern, den Valois, vorgegangen waren, und übte nun gemeinsam mit seinen Beratern eine ebenso strenge Kontrolle über die böhmischen Chroniken aus. Sie sollten das von Karl selbst vorgegebene Bild weitervermitteln, wie es in erster Linie seine *Vita* zeichnet, aber auch die Großbaustellen in Prag und Karlstein, die ihn ja in einem ebenso strahlenden Licht zeigen sollten. Der Prager Hof wurde damit zur Hochburg für die Feinanpassung von Image und Gedenkkultur Karls IV. Er konnte sich dabei auf eine alte böhmische Tradition stützen, die seit dem Beginn des 12. Jahrhunderts dank zweier bedeutender Werke fest etabliert war: der von Cosmas von Prag zwischen 1119 bis 1125 verfassten *Cronica Boemorum*[45] und der Chronik des sogenannten Dalimil aus der Zeit um 1314.[46] Man weiß beispielsweise, dass Benesch Krabitz von Weitmühl, der ab 1341 dem Prager Domkapitel angehörte und dessen steinerne Büste im Triforium des Veitsdoms neben denen des Kaisers und seiner Familie prangt, sich auf Betreiben Karls IV. an die Fortsetzung der Chronik des Cosmas von Prag machte. Diese *Cronica ecclesiae Pragensis*[47] umfasst zudem Auszüge aus den Werken von Marignolli, Franz von Prag und Peter von Zittau.[48] Diese vom Beginn des 12. bis zur Mitte des 14. Jahrhunderts mehr oder weniger fortlaufende Reihe von Werken zur Geschichte Böhmens erinnert natürlich an das langwierige Wirken der französischen Chronisten von Saint-Denis. Echte Kritik an den Přemysliden-Herrschern und ihren Luxemburger Nachfolgern sucht man in Beneschs Werk verständlicherweise ebenso vergebens wie abschätzige Bemerkungen über Karl IV., dessen Autobiografie sein Chronist zweifellos vor Augen hatte. Nicht von ungefähr schrieb er über seinen Souverän, der seine Hand schützend über ihn hielt: „Der Allmächtige liebte diesen König Karl so sehr, dass dessen Erzfeinde einer nach dem anderen starben, ohne dass er ihr Blut vergießen und ins Feld ziehen musste. So erfüllte sich die Heilige Schrift, in der es heißt: ‚Ich werde der Feind deiner Feinde sein, und alle in die Enge treiben, die dich bedrängen'."

Mit der *Summula cronice tam Romanae quam Boemice*, die Jan Neplach, Abt des Klosters Opatowitz (1322–1371), zwischen 1355 und 1362 schrieb,[49] und der um 1374 von Přibík Pulkawa von Radenin verfassten *Cronica Boemorum* gehört die zeitgenössische tschechische Chronistik, wie wir gesehen haben, zu einem übergeordneten Programm, das zusammen mit den Reliquien, Bauwerken und der Universitätsgründung schon Mitte des 14. Jahrhunderts beginnt, einen regelrechten Königskult zu orchestrieren. Das bezeugen auch die Porträts Karls IV. in den Buchmalereien der Handschriften, die seine Berater und Kanzler besaßen. Johannes von Neumarkt,

Bischof von Leitomischl und Olmütz, bestellte um 1365 ein illuminiertes Messbuch, in dem eine Initiale auf Blatt 184 ein grandioses Porträt des thronenden Kaisers zeigt. Auch im prachtvollen Pontifikale, das Albrecht von Sternberg für Bischofsmessen anfertigen ließ, sieht man den neuen Kaiser auf der Rückseite von Blatt 34.

Aus dem, was uns die Zeitgenossen Karls IV. über ihn erzählen, ergab sich unter dem Strich ein Gesamtbild, das sich jahrhundertelang hartnäckig hielt: dasjenige eines gebildeten Königs, der eher Diplomat als Soldat war, dem Prag am Herzen lag, der Reliquien sammelte, ein Vertrauter (oder zumindest kein Feind) des Papstes war, der dem Reich durch seine Ehen neue Gebiete einverleibte und der ständig zwischen Böhmen und Deutschland oder dem Heiligen Römischen Reich abwägen musste. Die vier Erinnerungspools, aus denen sich diese kollektive Figur speist, spiegeln die großen Trends in der europäischen Geschichtsschreibung des 14. Jahrhunderts wider: Frankreich, das sich (außer 1378) so gut wie gar nicht äußert, sondern sich zu dieser Zeit ganz auf den Krieg gegen England konzentriert; Italien, dessen Urteil auf einer jahrhundertealten Tradition beruht, die immer neue vom Glück gesegnete oder vom Pech verfolgte Anwärter auf die Kaiserkrone vorbeiziehen und wieder in eine andere Welt nördlich der Alpen entschwinden sah; Deutschland, in dem es leidenschaftlich und eifersüchtig brodelt und dessen Chronisten mit ihren überaus dezidierten, besorgten Meinungen erkennen lassen, wie tief in seinen Grundfesten das Heilige Römische Reich erschüttert ist; und schließlich Böhmen, dessen Geschichtsschreibung sich schon früh darauf einstimmt, vom Ruhm des größten tschechischen Königs zu künden, obwohl er eigentlich ein „Fremder“ ist, weil in seinen Adern nur vonseiten seiner Mutter Přemysliden-Blut fließt.

Allerdings waren die Verfasser all dieser zeitgenössischen Zeugnisse schon vor dem Ende der Regierungszeit Karls IV. 1378 verstorben oder hatten ihre Chroniken abgeschlossen und konnten ihr Urteil über die ersten heiklen Jahre seiner Herrschaft in der Rückschau weder revidieren noch differenzieren. Keines dieser Werke zieht Bilanz. Diese „Gedächtnislücke“ richtete großen Schaden an, zumal diejenigen, die im späten 14. und frühen 15. Jahrhundert die Chroniken fortschrieben, über Karl IV. im Licht der Irrungen und Wirrungen seines Sohnes Wenzel urteilten. Zumindest darin nämlich waren sich alle Kritiker einig: Der Sohn des Kaisers war ein unfähiger Nichtsnutz.

Im 15. Jahrhundert: Das Scheitern der Luxemburger befleckt Karl IV. – und wäscht ihn wieder rein

Ein großer Teil der deutschen Geschichtsschreibung des 15. Jahrhunderts sieht die Herrschaft Karls IV. weiterhin sehr kritisch und wirft ihm vor, er habe es nicht vermocht, das Reich zu erneuern. Dietrich von Nieheim starb kurz nach dem Ende des Konzils von Konstanz, an dem er als wichtiger Vertreter des Heiligen Römischen Reichs teilgenommen hatte. Zuvor beschuldigte er den Kaiser, er habe die romanischen Reichsteile an französische Fürsten verschleudert, und zwar zum einen an die Valois, indem er dem Dauphin einen Teil des Königreichs Arelat überließ, und zum anderen an das Haus Anjou, indem er indirekt deren Stellung in Sizilien stärkte.[50] Auf diese Weise, so Dietrich von Nieheim, sei eines der vier Räder der kaiserlichen Kutsche zerbrochen, was man so verstehen kann, dass fortan weniger Deutschland als vielmehr Frankreich dazu aufgerufen war, die Lage in Italien zu beruhigen oder aufzuheizen. In Dietrichs Augen bewirkte die Herrschaft des Luxemburgers Wenzel eine Schwächung des germanisch-deutschen Elements im Kaisertum, deren Nutznießer paradoxerweise die Italiener waren. Thomas Ebendorfer, Rektor der Universität Wien, Gesandter Friedrichs III. und insofern überzeugter Anhänger der Habsburger, kommt in Bezug auf Karl IV. zu dem gleichen Urteil wie Dietrich von Nieheim und fügt diesem noch eine klerikale Note hinzu:[51] Ausmaß und Dauer des Schismas erkläre sich allein dadurch, dass Karl IV. in seinem Sterbejahr 1378 für Urban VI. Partei ergriffen habe, noch dazu nur, um die Chancen seines Sohnes Wenzel zu verbessern. Ebendorfer benutzt ebenfalls die Metapher der kaiserlichen Kutsche, diesmal mit dem Vorwurf, Karl IV. habe deren Achsen angesägt, die einst das Gleichgewicht zwischen dem Papsttum und dem Reich gewährleisteten, sodass das eine nicht ohne das andere zu Fall kommen konnte. Die Litanei von der Schwächung des Reiches infolge der Abspaltung des Papsttums und Italiens geht im gesamten 15. Jahrhundert mit der Klage einher, Karl IV. habe sich gar nicht für das deutsche Reich interessiert und es damit ins Unglück gestürzt. Werner Rolevinck schließt sich dieser Haltung an und führt die Goldene Bulle von 1356 ausdrücklich als eine der Ursachen für das deutsche Drama an; dieses Argument greifen wiederum einige deutsche Humanisten aus dem Umfeld des Nürnbergers Sigismund Meisterlin auf, der die Bulle für zutiefst gegen die Reichsstädte und damit gegen das Reich gerichtet hält. Das meint auch Johannes Trithemius, der das Konzept des Kaiserreichs unter territorialen und fürstlichen Partikularinteressen zerfasern sieht. Interessanterweise ändert der jeweilige Standpunkt nichts an der grundsätzlichen Kritik all dieser Urteile über Karl IV.: Man wirft ihm vor, er habe das Reich verschleudert und damit wahlweise dem Papst, der Reichsidee oder Italien, den Städten oder den Territorien geschadet.

Man sollte meinen, dass wenigstens die Fürstentümer der Karl vorgeworfenen Schwächung des Kaisertums etwas abgewinnen konnten. Doch auch die großen bayerischen Chronisten Andreas von Regensburg und später Veit Arnpeck und Johannes Aventinus treten nicht gegen seinen Ruf als Totengräber des Reiches an, das er an die Partikularmacht der Kurfürsten regelrecht verschachert habe (zu denen die Herzöge von Bayern bezeichnenderweise nicht gehörten). Auch hoch im Norden springt der große Historiker des norddeutsch-hansischen Raumes, Albert Krantz, keineswegs für Karl IV. in die Bresche: „Der kaiserliche Adler hat unter seiner Regierung viele Federn lassen müssen, die sich nun in den Händen der Kurfürsten befinden. Das ist das Vermächtnis Karls IV., Verschleuderer der Reichsgüter."[52]

Die Hartnäckigkeit dieses Negativbilds sticht auch zu Beginn des 15. Jahrhunderts ins Auge, verschärft noch durch das klägliche Scheitern König Wenzels, der nicht nur in der Geschichtsschreibung des Reiches einen erbärmlichen Ruf hat. So als eines von vielen Beispielen beim Franzosen Philippe de Mézières, dem Autor des *Songe du vieux pèlerin* und scharfen Beobachter des politischen Geschehens zur Zeit der „Erholung" des Königreichs Frankreich unter Karl V. In seinen Augen war Wenzels Regierung Ausdruck einer Dekadenz, deren Keim schon sein Vater Karl gelegt hatte und der in den Institutionen weiter gedieh, an deren Reform Wenzel scheiterte: „Sein Vater hatte ihm für teures Geld Titel und Krone der kaiserlichen Monarchie gekauft, wie es in diesem Land bekanntlich üblich ist [...]. Anstatt aber das Königreich und die Städte zu regieren, ging er lieber mit einer Handvoll seiner Leute und engen Freunden auf die Jagd. Schlimmer noch: Ohne jeden Anlass und ohne vernünftigen Grund verbündete er sich mit seinen natürlichen Feinden und ließ dafür seine engsten Verwandten völlig im Stich, allen voran den Weißen Falken mit goldenem Schnabel und goldenen Fängen, der ihm eher hätte helfen und ihn unterstützen können als sonst jemand auf der Welt."[53] Mit dieser Aussage prangert Philippe nicht nur die Königskur an, die für französische Denker nichts anderes war als königlicher Kuhhandel, sondern beklagt überdies, der böhmische Thronerbe habe die uralte Allianz mit Füßen getreten, die einst Wenzels Vater und schon dessen Vorgänger zwischen Luxemburg und Frankreich (dem „Weißen Falken") gepflegt hatten. Dass gerade Wenzels Ausschweifungen Karls Ruf in den drei Jahrhunderten nach seinem Tod ruinierten, belegen zahllose französische Quellen, doch sie alle zu nennen, würde hier zu weit führen. Schützenhilfe hingegen kam aus Italien, wo man die Lage in den deutschsprachigen Gebieten des Reiches etwas anders einschätzte, und von den verständlicherweise voreingenommenen Böhmen, vor allem unter Wenzels Halbbruder und Nachfolger Sigismund, dem letzten Luxemburger König und Kaiser.[54]

Die italienischen Autoren greifen auch im 15. Jahrhundert oft und gern auf die Urteile der Gebrüder Villani aus dem vorherigen Jahrhundert zurück. Immer wieder tauchen dabei zwei Aspekte auf: Karl IV. habe Norditalien nur als eine Ansammlung von Städten wahrgenommen, von denen er Subsidien erwarten konnte (allen voran von Florenz), und er habe sich nicht energisch genug darum bemüht, die Avignonesischen Päpste zur Rückkehr nach Rom zu bewegen. Diese Sichtweise dominiert bei den italienischen Humanisten wie etwa Leonardo Bruni in den zwölf Büchern seiner *Historia del popolo fiorentino*,[55] oder auch Bartolomeo Sacchi, genannt Platina, in seiner Papstchronik, die er ab 1479 als Bibliothekar im Vatikan verfasst.[56] Von allen italienischen Autoren den größten Einfluss hat allerdings Enea Silvio Piccolomini (Pius II.). Sein Urteil in Kapitel 33 seiner 1475 als Wiegendruck erschienenen *Historia Bohemica*[57] beruft sich zu Karls Vorteil auf böhmische Quellen, vor allem auf Auszüge der Chronik des Benesch Krabitz von Weitmühl. Dessen Einschätzung, Karl habe sich mehr für sein Königreich Böhmen interessiert als für sein Kaiserreich, widerspricht Piccolomini zwar nicht, gesteht dem Kaiser jedoch zu, er sei „großen Werken" zugetan gewesen. Hieraus spricht die vielen Italienern eigene Bewunderung für große Baumeister, denn als solchen sieht er Karl IV.; er habe Prag zu einem archetypischen Ort des Gedenkens und demonstrativer Wohltätigkeit gemacht, wie ihn Pius II. in seinem Zeitalter selbst in Paris und Rom nicht oft gesehen hatte. Gegenüber diesem imposanten Erbe bedauert Piccolomini jedoch ein weiteres, in seinen Augen als Papst und Kurialist weniger erfreuliches Vermächtnis: Unter Karl IV. habe sich Böhmen mehr und mehr vom Bollwerk der römisch-katholischen Kirche abgewendet und damit den Keim für Häresie und die Hussitenkriege gelegt, die im gesamten 15. Jahrhundert in ganz Zentraleuropa eine Spur der Verwüstung hinterließen. Überdies bedeute diese Katastrophe das Aus für jeden Versuch der lateinischen Christenheit, das Heilige Land zurückzuerobern und dem Vorrücken der Osmanen in das Herz des christlichen Europas einen Riegel vorzuschieben, das Böhmen als eine seiner mächtigsten Festungen ja eigentlich verteidigen müsste. Gnädiger urteilt Piccolomini allerdings über Karl IV. selbst wegen seiner Kultiviertheit und unablässigen Förderung der Bildung und Literatur seiner Zeit durch die Gründung der Prager Universität oder die Finanzierung von Handschriften, Kirchen und Schlössern.

Die verhalten kritischen oder zwiespältigen Stimmen der italienischen Humanisten fallen insgesamt relativ gemäßigt aus und bewegen sich somit irgendwo zwischen den scharfen Vorwürfen ihrer deutschen Gegenparts und den weitaus positiveren Tönen, die tschechische Geschichtsschreiber anschlagen. Nach den Schilderungen, Chroniken und Traktaten, in denen Karls Berater und Vertraute ihren König noch zu seinen Lebzeiten mit Ruhm und Ehre überhäufen, wirkt der Enthusiasmus der Chronisten im 15. Jahrhundert ein wenig gedämpfter. Nach ihrer Meinung hatte sich Karl IV. gewiss emsig für seine Hauptstadt, sein Königreich und die Zug um Zug daran angeschlossenen Fürstentümer eingesetzt, doch müsse sich irgendein interner Fehler in sein System eingeschlichen haben, vielleicht eine Art Ermüdung infolge des rapide schwindenden Kronguts. Dazu brauche man sich nur anzusehen, mit welcher Geschwindigkeit die Macht der Luxemburger unter Wenzel und später während der Hussitenkriege zerbröselte. Das Herz des Konstrukts jedoch bleibt unangetastet: Karl IV. ist und bleibt der *„pater patriae“*, der Beschützer seines Landes, seiner Freiheit und vielleicht an erster Stelle seiner Sprache, zu deren „Leuchte“ ihn zahlreiche Autoren erheben. Im Laufe des 15. Jahrhunderts nistet sich nach und nach ein weiterer Gedanke in den Köpfen der böhmischen Geschichtsschreiber ein. Er rührt wiederum von den Hussitenkriegen her: Frömmigkeit und Religionspolitik Karls IV. sorgten für ein Gleichgewicht zwischen den spezifischen Interessen Böhmens und den Erwartungen an den römischen Kaiser. Mit anderen Worten: Ein Kaiser seiner Charakterstärke und seines Weitblicks hätte das Königreich keinesfalls derart in Spaltung und Ketzerei versinken lassen, dass es dadurch letztlich um Wohlstand und Unabhängigkeit kam. Ihren Gipfelpunkt findet diese Argumentationskette im ersten Drittel des 16. Jahrhunderts beim böhmischen Historiker Václav

Hájek z Libočan, Autor der beeindruckenden *Kronyka Czeská,* die 1541 auf Tschechisch und 1596 in deutscher Übersetzung erschien. Die Chronik deckt die Geschichte Böhmens von der angeblichen Ankunft des mythischen Stammvater Čech im Jahr 644 bis zur Krönung König Ferdinands I. von Böhmen im Jahr 1526 ab und galt bis ins 19. Jahrhundert als großer Klassiker der tschechischen Geschichte. Hájek schrieb zwar mit dem Eifer des frommen, noch dazu spät konvertierten Katholiken und lehnte das deutsche Luthertum kategorisch ab, griff jedoch bei seinen Deutungen zum Teil auf Gedankengut des 15. Jahrhunderts zurück: Karl IV. wusste in Böhmen ebenso wie im Reich Frieden zu halten. Johannes Dubravius, ein Schüler von Konrad Celtis und Bischof von Olmütz, bearbeitete und übersetzte Hájeks Chronik und griff die gleichen Argumente auch in seiner 1587 ins Deutsche übertragenen *Historia regni Bohemiae* auf.

Nach dem 16. Jahrhundert: geografische Einengung und Wandel des karolinischen Andenkens

Zu Beginn des 16. Jahrhunderts lebt Karl IV., wie wir gesehen haben, in einer Geschichtsschreibung weiter, die wir noch ohne Weiteres als europäisch bezeichnen würden. Die Schriften vermitteln und verbreiten das Bild eines Kaisers, der bei allen Qualitäten und Mängeln seine Zeit nachhaltig prägte. Ab dem zweiten Jahrzehnt des 16. Jahrhunderts verengt sich dieser Horizont zusehends.

Für böhmische Historiker ist Karl IV. fortan der Heros der tschechischen Sprache, die er zum Idiom von Wissenschaft und Gelehrsamkeit erhob. Prokop Lupáč z Hlaváčova, Autor der *Rerum Boemicarum Ephemeris, sive kalendarium historicum,* die 1578 in Nürnberg und 1584 in Prag erschienen, nutzt diesen Gedanken als roten Faden in seiner Biografie des Kaisers. Besonders hoch rechnet er ihm an, er habe wie ein zweiter Solon die Grundlagen dafür geschaffen, dass auch tschechischen Gelehrten die gleichen Ehren zuteilwerden konnten wie ihren deutschen Kollegen. Dieses sprachlich-kulturelle Motiv entwickelt sich zu einem regelrechten Topos. Prokops Schüler Daniel Adam z Veleslavína schließt sich dem Gedanken jedenfalls im Prolog zu seiner Ausgabe der *Historia Bohemica* Enea Silvio Piccolominis an und unterstellt Karl IV., er habe Böhmen gegenüber dem Reich begünstigt, um eine kulturelle und sprachliche Assimilation des

Tschechischen durch die deutsche Kultur zu verhindern. Dieselbe Logik vertreten auch Geschichtsschreiber wie David Crinitus z Hlavačova, Autor eines gereimten Geschichtswerks, und Casparus Kropacius, der einen Traktat über die *Duces et Reges Bohemiae* verfasste. Die Goldene Bulle von 1356 enthielt ihrer Meinung nach gar eine Garantie für die kulturelle Vielfalt sämtlicher Teile des Heiligen Römischen Reiches. Beide Autoren starben zwischen 1580 und 1599 und erlebten so nicht mehr den für Böhmen katastrophalen Ausgang der Schlacht am Weißen Berg im Jahr 1620, durch den Böhmen seine Unabhängigkeit verlor und in eine Zeit der Dunkelheit (*temno*) eintauchte. Bemerkenswerterweise schärft dieser sprachliche Nationalismus, so verzerrt er auch ist, den Blick für den Zusammenhang zwischen politischer Unabhängigkeit, dem Stellenwert der tschechischen Sprache und dem Verhältnis zwischen den böhmischen und den deutschen Ländern im Reich.

Doch zurück zu unserem Thema. Bis ins 19. Jahrhundert war das Andenken Karls IV. ein Streitpunkt zwischen der tschechischen und der deutschen, interessanterweise aber auch zwischen der französischen und der deutschen Geschichtsschreibung. Auf deutscher Seite folgt sein Bild gewissermaßen dem konstitutionellen Gefälle, in dem die Sphäre des Reiches von der des Kaisers getrennt ist. Deutsche Historiker bezeichnen dies als institutionalisierten Dualismus. In Bezug auf das Reich und seine Institutionen verweisen die bedeutenden Autoren, angefangen mit Philipp Melanchton oder seinen Kollegen Johannes Carion und Johannes Sleidan,[58] auf die Goldene Bulle als Mustervorlage und Garantin für den inneren Frieden, der später im 16. und 17. Jahrhundert durch Kriege so sehr ins Wanken geriet.[59] Zugleich unterstreichen sie die Einengung auf Deutschland und die Verlagerung des Reichsmittelpunkts nach Osten, weit weg von den Vorgängen in Italien und Frankreich. An dritter Stelle betonen sie die diplomatischen Verbindungen in Richtung Brandenburg und Schlesien und sehen die Förderung der Reichsstädte durch Karl IV. in einem neuen Licht. Karls Charakter, Frömmigkeit und Widersprüchlichkeit gelten ihnen andererseits als Wesenszüge, die nichts an dem gemischten Erbe ändern, das er Ende des 14. Jahrhunderts zurückließ: Er war gewiss nicht der Totengräber des Reiches, als den ihn die Chronisten im 15. Jahrhundert so oft hinstellten, aber er war auch nicht sein Erneuerer oder Retter. Wie von einer protestantischen Historiografie zu erwarten, heißt es zudem, Karl sei dem Papst gegenüber allzu nachgiebig gewesen. Insbesondere im 16. Jahrhundert, als die spätmittelalterlichen Kaiser im Licht der aktuellen Glaubenskonflikte primär auf institutionelle und territoriale Aspekte reduziert werden, entsteht durch diese Trennung zwischen Person und Wirken Karls IV. ein übergeordnetes Narrativ, das Einzug in Lehrbücher, Kompendien und Traktate hält und im 17. Jahrhundert durch kanonische Verweise untermauert wird, wie man sie an den Universitäten und den Winkel- und Stadtschulen lehrt. Einen Beleg hierfür liefert das *Theatrum historicum theoretico-practicum* von Christian Matthiae aus dem Jahr des Westfälischen Friedens 1648.[60]

Vor dem Hintergrund des Dreißigjährigen Krieges tritt ein weiterer Aspekt in den Vordergrund: die Veräußerung des Südwestteils des Heiligen Römischen Reiches (Arelat, Dauphiné) an Frankreich. Die französischen Vorstöße in das Elsass unter Ludwig XIII. und nochmals unter Ludwig XIV. sensibilisieren die deutschen Gelehrten zwangsläufig für ein Thema, das sich in der rechtsrheinischen Geschichts- und Rechtswissenschaft zu einem Dauerbrenner entwickeln sollte. Die Anfänge dieser Bewegung verortet man jedoch schon in der Zeit Karls IV. Als der Kaiser den Sohn und Thronfolger Karls V. von Frankreich als Reichsvikar des Königreichs Burgund (Arelat) einsetzte, feierte die französische Seite dies nämlich prompt als Triumph über das Reich, und zwar sowohl in den *Grandes Chroniques de France* als auch im *Compendium de origine et gestis Francorum,* das Robert Gaguin 1495 erstmals erstellte.[61] Von diesem Moment an sahen französische politische Denker und Rechtsgelehrte die Grenzfrage in diesem Teil Europas als erledigt an;[62] so etwa Jean Bodin in den *Six livres de la République* (1576) und in seinem Gefolge im 17. Jahrhundert die Historiker Pierre Dupuy oder Antoine Aubéry. Als Antwort an ihre Adresse, vor allem in Bezug auf Savoyen und die Dauphiné, veröffentlicht der Arzt, Philosoph, Jurist, Statistiker und Begründer der deutschen Rechtsgeschichte Hermann Conring 1654 den Traktat *De finibus imperii Germanici*, gefolgt von seinem Schüler Konrad Samuel Schurzfleisch, der zum selben Thema eine *Dissertatio* verfasst. Über diese Frage der vermeintlichen Verschleuderung des westlichen Reichsguts gelangen die deutschen Juristen im 18. Jahrhundert, vorwiegend im Gefolge italienischer Katholiken wie etwa des Jesuiten Horatius Tursellinus und des Oratorianers Odorico Raynaldi, zu einer Neubewertung der karolinischen Politik. Nun lasten sie den „Verlust" des Arelat nicht mehr einer Schwäche Karls IV. an, sondern uralten expansionistischen Bestrebungen Frankreichs.

Ein solches Deutungsschema, das sich im Dreieck Böhmen, Kaiserreich und Frankreich herausbildete, bleibt auch im 18. Jahrhundert aktuell. Der große Frankfurter Jurist Johann Daniel von Olenschlager stellt in seiner mittlerweile als klassisch geltenden Studie die Goldene Bulle 1766 als moderne, ausgewogene Verfassung dar, die im Gegensatz zur französischen Erbmonarchie und absolutistischen Tradition auf Konsens und auf dem Wahlprinzip beruhte.[63] Schon 1753 hatte er eine tiefer greifende Untersuchung der Entstehungszeit der Urkunde in der ersten Hälfte des 14. Jahrhunderts angeregt; auf diese Zeit datiert Olenschlager nämlich einen aggressiven und autoritären Vorstoß Frankreichs im Zeichen einer zweifachen Politik, die zum einen das Reich schwächen und zum anderen das Papsttum lenken sollte. Allein der Hundertjährige Krieg, so Olenschlager, konnte diese alte Strategie vorübergehend stoppen, auch wenn sie im 17. und 18. Jahrhundert umso heftiger wieder die Oberhand gewann. Vor diesem Hintergrund machte Karl IV. keine gute Figur: Er schaffte es weder, den Zerfall seines Reiches aufzuhalten, nachdem er es den Kurfürsten überlassen hatte, noch, das Papsttum und den französischen König in ihre Schranken zu verweisen, als sie gemeinsam die Hand nach dem Heiligen Römischen Reich ausstreckten.

Die tschechische Seite wiederum bleibt auch in der Neuzeit beharrlich bei ihrem Bild eines Kaisers, der Böhmen, seiner Sprache und seinen Traditionen besonders zugetan und über jeden Vorwurf erhaben fromm war. Abweichungen von dieser Deutung gibt es lediglich insofern, als man das Werk Karls IV. nun als Etappe einstuft, in der die tschechischen und die deutschen Interessen miteinander versöhnt, wahlweise tiefe Gräben zwischen beiden gezogen wurden. Der Jesuit Bohuslaw Balbín, der in den Priesterseminaren von Prag und Olmütz ausgebildet wurde und an den Universitäten Glatz und Brünn lehrte, verfasste schon 1672/73 eine *Dissertatio apologetica pro lingua slavonica, praecipue bohemica*, die aber erst 1775 in Umlauf kam. Für ihn verkörpert Karl IV. eine Zeit, in der die tschechische Sprache und Kultur entscheidende Impulse erhielt. Nach Balbíns Meinung gab es unter Karl IV. noch keinen systematischen Widerstand gegen die deutschen Anteile des Reiches, sondern erst mit Beginn der Hussitenkriege. Vor allem aber sieht er die Goldene Bulle als gemeinsames deutsch-tschechisches Werk, da ihre Bestimmungen die Möglichkeit eröffnen, die Interessen sowohl Böhmens als auch des Heiligen Römischen Reiches zu wahren und miteinander zu verknüpfen. Unterschiede zwischen den Luxemburger Fürsten und ihren Habsburger Nachfolgern erkennt er nur bedingt, sondern hält ihre Herrschaft (mit Ausnahme von Wenzel) für unterschiedliche Ansätze einer Vermittlung zwischen dem böhmischen und dem deutschen Prinzip innerhalb eines speziellen territorialen Gebildes, das erst die Hussitenkriege, der Dreißigjährige Krieg und schließlich die Osmanen zu Fall brachten.

In den Augen dieser historiografischen Strömung bildeten der Dreißigjährige Krieg und seine Beilegung durch die sogenannten Westfälischen Friedensverträge jedenfalls eine Zäsur, die man in Böhmen als Wendepunkt erlebte, von dem an der Druck der Habsburger immer weiter zunahm. Das goldene Zeitalter der verlorenen traditionellen Freiheiten verortet man nun in der von Karl IV. verkörperten Epoche. Dieses Narrativ bleibt auch im 17. Jahrhundert weitgehend gleich und wird von der Propaganda als Argument gegen den Autoritarismus und die Willkürherrschaft der Habsburger eingesetzt. Den Jesuiten František Pubitschka, der ab 1767 als offizieller Historiograf Böhmens die klassische *Chronologische Geschichte Böhmens* verfasst, beeindruckt vor allem die Persönlichkeit Karls IV., den er als „Helden von Böhmen" einstuft. Das Gleiche gilt für Franz Martin Pelzel, der an den Universitäten von Prag und Wien studierte und als Erster den neu gegründeten Prager Lehrstuhl für tschechische Sprach- und Literaturgeschichte innehatte. Neben seinen überwiegend auf Deutsch verfassten wissenschaftlichen und historischen Werken zeichnet er sich vor allem durch die erste Biografie Karls IV. aus, die er 1780/81 in Angriff nimmt und auf dokumentarische Untersuchungen stützt. Er befasst sich später auch mit der Lebensgeschichte Wenzels, erforscht daneben aber auch die in alten Zeiten erfolgte Zuwanderung deutschstämmiger Bevölkerungsgruppen nach Böhmen. Man kann diese Untersuchungen als ersten ernsthaften Versuch werten, ausgehend von der Geschichte Böhmens einen tschechischen Patriotismus und Nationalsinn aufzubauen, vor allem unter der zentralistischen deutschfreundlichen Herrschaft von Maria Theresias Sohn Erzherzog Joseph II. von Österreich, der König von Böhmen und Ungarn sowie römisch-deutscher Kaiser war. Pelzel erhob Karl IV. zu einem zweiten Karl dem Großen und einem „Genie der Nation", das einem modernen Politiker gleich die widerstreitenden Interessen mehrerer Kronen miteinander zu versöhnen verstand und in Gestalt der Goldenen Bulle ein Wahlsystem schuf, das dem Absolutismus des Ancien Régime diametral entgegenstand. Die Figur des weisen, friedfertigen Königs, der sich als Gesetzgeber und ordnende Kraft hervortut, verdichtet sich hier wieder zu einem Porträt, das zeigen will, Karl IV. habe sich bewusst geweigert, der Tyrann zu sein, der er von seiner Macht her hätte sein können, und stattdessen in seinem vielgestaltigen Reich auf wirtschaftlichen Wohlstand und kulturelle Vielfalt gesetzt.

Karl IV. als romantischer Nationalheld des 19. Jahrhunderts

Damit ist der Boden dafür bereitet, dass die tschechische Geschichtsschreibung sich des Kaisers bemächtigt und ihn im Zuge der „Erfindung der Nation", die in den Geschichtswerken der meisten europäischen Länder im 19. Jahrhundert zu beobachten ist, auf ein Podest stellt.[64] Diese nationale Perspektive löst die Figur des Herrschers fortan aus dem europäischen Kontext des 14. Jahrhunderts heraus, der seine Regierung bis dahin fest in das Viereck Böhmen, Ungarn, das Reich und Frankreich eingebunden hatte, und sieht Karl IV. eher im Licht des 15. Jahrhunderts und der Hussitenkriege. Diese Sicht vertritt beispielsweise der große František Palacký, der Karl IV. in der Rückschau im Vergleich mit Georg von Podiebrad beurteilt. Von 1836 bis 1867 veröffentlicht Palacký auf Deutsch und Tschechisch seine monumentale *Geschichte von Böhmen*, die ihn als ersten Vorsitzenden des Prager Slawenkongresses im Zuge des „Völkerfrühlings" 1848 begleitet und inspiriert.[65] Für diesen Historiker, der in Tschechien ähnlichen Einfluss ausübt wie Jules Michelet in Frankreich, zeichnet sich Karl IV. dadurch aus, dass er Böhmen auf der Grundlage von Staatlichkeit und römischem Recht einte und dabei feudale Mechanismen aufbrach, die das Deutsche Reich nach dem Anschluss in den slawischen Gebieten durchzusetzen versuchte. Als guter Protestant und Historiker hält Palacký dem Luxemburger Kaiser zwar nicht zugute, dass er den Hussitenaufständen des 15. Jahrhunderts den Boden bereitete, weil er nach Meinung des Tschechen allzu sehr in den von Frankreich unterstützten politischen Schachzügen der Kurie verfangen war, rechnet ihm jedoch hoch an, dass er Böhmen eine Universität und ein Erzbistum (Prag) schenkte, die als Nährboden für die großen Reformen des Hussismus dienen konnten. Der einzige ernsthafte Vorwurf, den Palacký an Karl IV. richtet, ist dessen Neigung, das Wohl seiner Besitzungen den Interessen seiner Familie unterzuordnen, insbesondere denen seiner Ehefrauen und Söhne. Aus diesem

Grund nimmt Georg von Podiebrad bei Palacký den Spitzenplatz unter den böhmischen Herrschern ein als nationaler, moderner König, im Gegensatz zu Karl IV., der Böhmen zwar Erneuerungen bescherte, jedoch noch allzu stark dem dynastischen, feudalen – sprich antimodernen – Denken seiner Epoche verhaftet war. Podiebrad hingegen – als eine Art erfolgreicher Klon Karls IV. – verkörperte in Palackýs Augen perfekt den spätmittelalterlichen böhmischen Patriotismus, der sich aus den Verstrickungen einer königlichen Dynastie befreit hatte, die nicht sein Nährboden gewesen war. Obwohl Gegner der katholischen Kirche und gemäßigter Hussit, war Podiebrad Verfechter eines böhmischen Königreichs, das fest in Europa eingebunden war und das er sich 1465–1467 als Föderation christlicher Könige und Fürsten mit einer ständigen Versammlung und einem internationalen Gerichtshof ausmalte.[66]

Während Palacký und seine Nacheiferer Karl IV. als „Vorläufer" einstufen, idealisieren ihn deutsche Historiker im 19. Jahrhundert als fest in der Vergangenheit verankerten „Ahnherrn" und „Erblasser" eines untergegangenen, romantisch verklärten Mittelalters. Für Joseph Görres, den Gründer des *Rheinischen Merkur*, Revolutionär und erklärten Feind Napoleons, verkörpert Karl IV. die letzte „majestätische" Figur eines universalistischen Mittelalters, das – noch vom Hauch der großen Menschheitsideale durchweht – über den Wirrwarr monarchischer und nationaler Egoismen erhaben war. Johann Christian von Pfister schildert den zweiten Luxemburger Kaiser in seiner von 1830 bis 1835 erschienenen fünfbändigen *Geschichte der Deutschen* als Souverän, der genau wusste, dass ihm der letzte Versuch zukam, das karolingische Reich vor den Attacken der Feudalherren, den Partikularinteressen der Fürsten und den egoistischen Gelüsten der westlichen Monarchien (Frankreichs und der Kurie) zu retten. Das Janusgesicht Karls IV. als Totengräber und Erneuerer seines Reiches passt zum 19. Jahrhundert, das den Anbruch der Moderne auf dem Umweg über das Mittelalter teils als versunkenes, nostalgisch verklärtes Zeitalter, teils als verschmähte Vergangenheit einordnet.[67] Aus dieser Dichotomie heraus entwickelt sich zumindest auf deutscher Seite eine weitere Polarität zwischen West- und Ostteil des Kontinents, denn Karl IV. hatte seinen Platz genau dort, wo beide aufeinanderstoßen. Leopold von Ranke setzt sich für die Objektivität der Geschichtswiedergabe ein und plädiert dafür, zu schildern, „wie es eigentlich gewesen ist". Vor dem Hintergrund dieser vom Widerspruch zwischen germanischen, romanischen und slawischen Prinzipien getragenen europäischen Geschichte schildert er Karl IV. in seinem Erstlingswerk von 1824, den *Geschichten der romanischen und germanischen Völker von 1494 bis 1514*, als geradezu tragische Figur mitten im Antagonismus zwischen der Romanitas und einer Germanitas, die dazu aufgerufen ist, ihr slawisches Erbe zu fördern und wiederzubeleben. Die denkbare Herausbildung eines im europäischen Mittelalter verankerten neuen deutschen Bollwerks bildet also die Messlatte, an der Ranke und sein Schüler Heinrich von Sybel das Werk Karls IV. in den Jahrzehnten vor der Reichsgründung 1871 messen. In den Augen der beiden protestantischen Historiker und Befürworter einer „kleindeutschen" Lösung mit Preußen als Kern hatte der Kaiser im 14. Jahrhundert vorgemacht, wie das Alte Reich zu retten war: durch die geografische Eingrenzung auf ein Kontinentalreich, bestehend aus Schlesien, der Lausitz und Brandenburg. Am anderen Ende der Skala steht der deutsch-österreichische Historiker Julius von Ficker, Leiter der *Regesta Imperii* und Rektor der Universität Innsbruck, dessen Kontroverse mit Heinrich von Sybel sich zu einer der großen historiografischen Debatten des 19. Jahrhunderts auswächst. Er sieht Karl IV. als Initiator einer dynastischen und patrimonialen Politik großen Maßstabs, als deren Erben sich – zu Recht – die im 19. Jahrhundert als Verfechter einer „großdeutschen" Lösung auftretenden österreichischen Habsburger verstanden, weil sie Deutschland, Böhmen und Ungarn vereinigten.[68]

Im Rahmen dieser Debatte kristallisieren sich zwei wichtige Zeitpunkte heraus: 1848 der 500. Jahrestag der Gründung der Karls-Universität sowie 1878 der 500. Todestag des Kaisers. Das Jubiläum 1848 fiel mitten in den „Völkerfrühling", als Prag und Wien fest in der Hand nationalistischer und liberaler Revolutionäre waren, die beide Hauptstädte durch Belagerungen, Aufstände, Straßenkämpfe und sogar Bombardements erschütterten. Die offizielle Einweihung einer Karlsstatue im Stil der damals florierenden Neugotik musste abgesagt werden und fand erst 30 Jahre später anlässlich Karls 500. Todestags statt. In der Zwischenzeit floss jedoch viel Blut, es wurden viele Tränen vergossen und viele Reden geschwungen. In Deutschland entstand ein Kaiserreich unter preußischer Federführung, während die Habsburger nach der Niederlage bei Königgrätz mehr und mehr Mühe mit der Regierung ihres Vielvölkerstaats hatten. Dazu gehörte auch Tschechien, dem es innerhalb der dreifachen Monarchie nicht gelang, sich die gleichen Rechte und Privilegien zu sichern, die Ungarn genoss, sondern das sich mit einer „Brosamenpolitik" zufriedengeben musste. Dies wiederum ließ die alten Animositäten zwischen Tschechen und Deutschen in Mähren wieder aufbrechen, im Sudetenland ebenso wie in Prag. Waren Universität und Kaiser, die bei den beiden missglückten Gedenkfeiern 1848 und 1878 gefeiert werden sollten, nun „deutsch“ oder „tschechisch“ oder gar „österreichisch“? 1878 veröffentlichte Josef Kalousek, ein Bewunderer von Palacký und seiner These von der Erzfeindschaft zwischen Slawen und Deutschen, eine Biografie Karls IV. Von der ersten bis zur letzten Seite führt Kalousek darin die Idee von einem souveränen, rechtlich von der Doppelmonarchie Österreich-Ungarn getrennten tschechischen Staat aus, mit der Maßgabe, seit dem Mittelalter sei Böhmen niemals Lehnsgebiet des Heiligen Römischen Reiches gewesen und Karl IV. habe für eine Verschmelzung der böhmischen Nation mit ihrem König, der Krone Böhmens und ihren „Ländern“ gestanden. Diese Argumentation fußte auf dem französischen Modell des sich über Jahrhunderte hinziehenden Staatsaufbaus, noch dazu in einer Zeit, in der die aus der Niederlage von 1871 entstandene Dritte Republik in ihrer Diplomatie die ersten vorsichtigen Schritte hin zu einer Rückversicherungsallianz mit der slawischen Welt und Zentraleuropa unternahm, um sich der Macht Preußens und dem Einfluss Österreichs zu entziehen. Die Festlichkeiten 1878 waren begleitet von der Vereinnahmung Karls IV. durch die tschechische Dichtung bis hin zu Jan Nerudas „Romanze über Karl IV.“ von 1883 und zum Schauspiel „Eine Nacht auf dem Karlstein“, das Jaroslav Vrchlický 1884 inszenierte.[69] Die Feiern erhalten damit eine eindeutig politische Note, die gegen die Wiener Zentralmacht gerichtet ist, zugleich aber auch gegen die deutschen Volksgruppen in Böhmen, deren Verbände mehr und mehr aktiv werden. Einer ihrer Wortführer, der Historiker Karl Constantin Höfler, will in seinem 1867 in Wien erschienenen Buch *Die Zeit der Luxemburgischen Kaiser* den Nachweis liefern, dass Böhmen schon ab dem 14. Jahrhundert integraler Teil des Heiligen Römischen Reiches war, ohne das weder das Königreich Karls IV. zur Blüte gelangt noch er selbst König geworden wäre. Im Gefolge dieses Werkes versuchen deutsche Historiografen im letzten Drittel des 19. Jahrhunderts immer wieder Beweise für das Deutschtum Karls IV. zu liefern: Seine Eltern waren Deutsche; seine Krone und seine Wahl waren deutsch; seine Verfassung – die Goldene Bulle von 1356 – war auf das Heilige Römische Reich zugeschnitten; Institutionen und Hofstaat in Böhmen waren nach deutschem Vorbild aufgestellt; die Fürstentümer, die Karl IV. seinem Königreich einverleibte – die Lausitz, Brandenburg und Schlesien – waren historisch gesehen deutsch; seine Gemahlinnen waren Deutsche; seine Reisen führten ihn durch das deutsche Reich; Nürnberg, die zweitwichtigste Stadt nach Prag, war der Inbegriff der deutschen Seele; seine Vorbilder, allen voran Karl der Große, waren Deutsche ... Dieses Insistieren erklärt vielleicht, warum Karl IV. auf deutscher Seite nie wirklich zu einer literarischen Vorlage werden konnte, obwohl so viele Aspekte seiner Herrschaft sich hervorragend für einen historischen Roman angeboten hätten, wie man sie im 19. Jahrhundert in ganz Europa liebte.

Alles in allem blieb Karl IV. die Instrumentalisierung für nationale Zwecke durch die Historiker des 19. Jahrhunderts ebenso wenig erspart wie anderen „Schlüsselmomenten" oder Persönlichkeiten des Mittelalters. Doch solche Wendepunkte wie die Geburt des tschechischen Nationalismus oder den Aufbau des wilhelminischen Kaiserreichs auf teils kleindeutschen, teils großdeutschen Grundlagen sucht man in Frankreich und Italien vergebens. Nach den großen Umwälzungen durch die Französische Revolution und später die napoleonische Ära und der Neuordnung durch den Wiener Kongress 1815 war Frankreich mit anderen Fragen beschäftigt: mit der Gründung der Republik und mit seinen außereuropäischen Kolonien. Italien wiederum hatte mit seiner eigenen Vereinigung zum Nationalstaat alle Hände voll zu tun. Dass Karl IV. dennoch auch im 19. Jahrhundert nie völlig vom Radar der europäischen Geschichtsschreiber verschwand, lag vermutlich auch daran, dass sein Name mit langfristigen Problemen verknüpft war, die weder 1800 noch 1900 gelöst waren: die Grenzen, die Idee des Kaisertums, die Pluralität der Sprachen und Kulturen im Herzen Europas, der Platz der Religion, Krisenzeiten. Mit all diesen „Herrschaftsproblemen" musste sich letztlich auch die Historiografie im 20. Jahrhundert weiter auseinandersetzen.

Karl IV. in den Turbulenzen des 20. Jahrhunderts

Wie angesichts der Existenz zweier rivalisierender Kaiserreiche im Herzen Europas – des Deutschen Reiches und der Monarchie Österreich-Ungarn – nicht anders zu erwarten, gerät Böhmen ebenso wie Ungarn und Polen in das Fadenkreuz eines erbitterten Streits um die Deutungshoheit darüber, wie „deutsch" Karls Leistung als Kulturbringer in Mittel- und Osteuropa gewesen ist.[70] Johann Gustav Droysen, Verfechter einer didaktischen

Geschichtswissenschaft, die sich primär mit der Staatsbildung beschäftigt, sieht in der Herrschaft Karls IV. den Niedergang des Mittelalters,[71] ohne ihm aber die Schuld dafür zu geben. Vielmehr erhebt er ihn zum Gründer eines modernen Staates, der sich auf seine wirtschaftliche Stärke und seine Territorialmacht stützt. Dass insbesondere der Eintritt Brandenburgs in das Universum des Königreichs Böhmen für den Berliner Historiker einen qualitativen Fortschritt in Richtung auf einen leistungsfähigeren Staat darstellte, versteht sich von selbst. Es ebnete den Weg zur Konstituierung eines deutsch-slawischen Gefüges, das dazu berufen war, das Herz des Kontinents zu strukturieren. Für Droysen waren die Luxemburger insofern nicht die Wegbereiter der allzu sehr balkanisierten Habsburger, sondern der Hohenzollern, denen nach ihnen im zweiten deutschen Kaiserreich die Aufgabe zufiel, das territoriale Gleichgewicht des 14. Jahrhunderts wiederherzustellen. In der Folge greifen die großen deutschen Historiker dieses Argument bis zur Jahrhundertwende immer wieder auf, bis Karl IV. schließlich als Repräsentant eines Kaiserreichs dasteht, dem es einst gelungen war, ein territoriales und kulturelles Bollwerk gegen ein nicht assimiliertes, bedrohliches Slawen- und insbesondere Russentum zu errichten. Karl Lamprecht schließlich stellt in seiner monumentalen 14-bändigen *Deutschen Geschichte* (1891–1909) die Verknüpfung zwischen Friedenspolitik, Expansionsplänen und dem Erhalt eines Reiches her, dessen vollendete Gestalt er im Mittelalter unter Karl IV. zu erkennen meint. Dennoch sollten wir uns von dieser Rehabilitation Karls IV. durch die deutsche Geschichtswissenschaft um die Wende vom 19. zum 20. Jahrhundert nicht blenden lassen, denn sie dient vor allem der Rechtfertigung der wilhelminischen Expansionspolitik in Richtung Osten, mit der das Deutsche Reich seine Einflusssphäre ausweiten und Frankreich ebenso wie das Papsttum auf Abstand halten will. Die Berufung auf Karl IV. soll zudem den „Kulturkampf" untermauern, der die Politik von der Bevormundung durch Rom und die Religion befreien soll.[72]

Die österreichische Geschichtsschreibung beruft sich zwar auf ähnliche Parameter (die Art der Anbindung der östlichen Randgebiete an das Reich), betont jedoch zugleich das von Karl IV. in seinen Gebieten geförderte dynastische und patrimoniale Element und damit eine Dimension, die den Habsburgern als würdigen Nachfolgern der Luxemburger selbstredend entgegenkommt. Genau das beklagt jedoch Karl Hampe, einer der einflussreichsten deutschen Mediävisten bis 1945, ein großer Verehrer Bismarcks und der von ihm geschaffenen Monarchie, deren Untergang 1918 ihn tief trifft. Hampe ist Rektor der Universität Heidelberg (sein Nachfolger ist der bekennende Nationalsozialist Günther Franz) und Autor maßgeblicher Werke über die Geschichte des Mittelalters, die an den Universitäten in der Weimarer Republik Maßstäbe setzten. Die Schwächung des Alten Reiches lastet er der territorialen Aufsplitterung durch die Fürsten und der „Kleinstaaterei" an, deren Entwicklung Karl IV. seiner Meinung nach durch die Goldene Bulle eher förderte als bremste. Lobend hervorzuheben seien lediglich die Konsolidierung der deutschen „Ostsiedlung", die das Königreich Böhmen unter Karl IV. unwissentlich begünstigte, und die „Germanisierung" Karls des Großen durch Karl IV.[73]

Doch ob staatlich gelenkt wie die preußische oder dynastisch bestimmt wie die österreichische, sehen beide Historiografien das von Karl IV. errichtete böhmisch-schlesisch-brandenburgische Bollwerk als Wiege einer neuen, engeren und kontinentaler ausgerichteten deutschen Einheit. Dass ihre tschechischen Kollegen die Lage ganz anders einschätzen, überrascht nicht, insbesondere nach der Ausrufung der Tschechoslowakischen Republik, deren Grenzverläufe gemäß den Verträgen von 1919/20 zum Teil ehemals deutsche, vor allem aber bisher österreichisch-ungarische Gebiete einbeziehen. Ungeklärt blieb bei diesen Grenzverschiebungen auch die Sudetenfrage, deren katastrophaler Ausgang durch das „Münchner Abkommen" 1938 bekannt ist. Josef Pekař und sein Schüler Václav Chaloupecký, beide Professoren an der Prager Karls-Universität, entwickeln daraufhin ein deutschfeindliches Gedankengebäude, das dieses historiografische Gefälle korrigieren soll, indem es die Herrschaft Karls IV. zur vollendeten Verkörperung des Přemysliden-Reiches erklärt. Dieses Korrektiv erfüllt drei Zwecke zugleich: Zum einen geht es darum, Böhmen wieder in eine slawische Geschichte einzugliedern, die älter ist als das Heilige Römische Reich, denn die mythischen Stammeltern Přemysl und Libussa werden in den 720er-Jahren verortet, also noch vor Karl dem Großen, und gelten daher als die maßgeblichere Instanz. Zum Zweiten rücken Pekař und Chaloupecký den Einfluss Frankreichs auf dem Umweg über Karl IV. erneut in den Vordergrund, da die Modernisierung seines Reiches sich ja eindeutig am Vorbild der Kapetinger und Valois orientiert habe. Drittens geht es schließlich darum, Böhmen eine historische Rolle als Dreh- und Angelpunkt Zentraleuropas zuzuweisen – eine Idee, die sich als brauchbar erweist, als die Republik nach 1919/20 von Prag aus das slowakische Mähren ebenso integrieren und lenken muss wie die aufsässigen deutschen Minderheiten.

Bei allen Differenzen sind sich die unterschiedlichen Sichtweisen aus dem preußischen, deutschen, österreichischen und tschechischen Blickwinkel in einem Punkt einig: Sie konzentrieren sich auf die Verknüpfungen und das Zusammenwirken zwischen Elementen deutscher und tschechischer Herkunft und Kultur. Im Vordergrund steht dabei die Frage der „Kolonisierung" oder des „Vorstoßes nach Osten" durch die Deutschen. Sie vergiftet vor und nach 1945 die Beziehungen zwischen den aus dem mittelalterlichen Reich entstandenen deutschen, österreichischen und tschechischen Gebieten. Auf deutscher Seite gipfelt dieses Problem in der NS-Zeit in der sogenannten Ostforschung. Diese Kombination aus Anthropologie, Linguistik, Archäologie und Geschichtswissenschaft hatte schon Mitte des 19. Jahrhunderts viele Anhänger und wurde nach 1871 gern zur Legitimierung eines eroberungsfreudigen Deutschtums missbraucht, doch erst die Niederlage von 1918 und der anschließende Verlust vermeintlich angestammt „deutscher" Gebiete geben diesen Untersuchungen in der Weimarer Republik und vor allem im „Dritten Reich" eine neue Dimension. Mit einem Mischmasch aus Slawenfeindlichkeit, „Lebensraum im Osten", Darwinismus, Semantik, historischer Geografie und Statistik versucht man, Beweise für das unausrottbare „Deutschtum" der im Osten an das Deutsche Reich angrenzenden Gebiete zu erbringen, vor allem in Polen, Böhmen, Ungarn und dem Baltikum. 1935 veröffentlicht Carl Rothe eine Biografie Karls IV. im Rahmen der Reihe *Deutsche Führer im Osten*. Er stellt darin den Kaiser als herausragenden Förderer des Deutschtums im Osten dar, zumal der Erfolg seines „Großreichs" – bestehend aus Böhmen und dem Heiligen Römischen Reich deutscher Nation auf Basis einer Verknüpfung von Volk, Blut und Raum – selbstredend ausschließlich den „deutschen" Beratern, Kanzlern und Kämmerern des Kaisers zuzuschreiben sei. Das gilt vor allem für die Annexion Schlesiens, deren großes Verdienst Rothe zufolge darin bestand, dass sie das polnische Slawentum vom tschechischen trennte. Letzteres sei Ersterem nämlich überlegen und lasse sich somit langfristig leichter in das arisch-deutsche Weltbild assimilieren. Bezahlen musste Karl IV. diese Priorisierung des Ostens mit dem Verlust der westlichen Randgebiete zu Frankreich sowie Reichsitaliens und mit der Entfremdung vom Papsttum – alles in allem ein geringer Preis im Verhältnis zum historischen Durchbruch der deutschen Interessen seit dem

14. Jahrhundert. Von 1935 bis 1938 erscheint eine ganze Reihe von Erhebungen und Untersuchungen speziell zu deutschen Siedlern in Böhmen, die deren technologische, sprachliche, kulturelle und urbanistische Beiträge zu ihrer neuen Heimat belegen sollen, zugleich aber auch die Rolle dieser Regionen als „Bollwerk" oder „Vorposten des Deutschtums" gegenüber einem degenerierten, aufdringlichen minderwertigen Slawentum betonen. Damit ist der Boden bereitet für den „Anschluss" 1938. Im selben Jahr erscheint eine Biografie Karls IV. von Josef Pfitzner, der einflussreiches Mitglied der Sudetendeutschen Partei ist und als rechte Hand Konrad Henleins fungiert. Ab 1939 veranlasst er als Vizebürgermeister von Prag zahlreiche Judendeportationen und wird dafür nach Kriegsende 1945 in Prag öffentlich hingerichtet. Pfitzner schreibt als Erster Karl IV. die in der NS-Ideologie gängigen Rassenmerkmale zu, sieht in dem Kaiser aber keinen reinrassigen Arier, sondern das Produkt einer „bunt gemischten" Kombination von wertvollem slawischem (durch seine Mutter), deutschem (durch seine Brabanter Großmutter) und französisch-deutschem Blut (durch die Luxemburger). Das erklärt laut Pfitzner die „deutsche" Stichhaltigkeit der Grundgedanken Karls IV., jedoch auch deren unzureichende Umsetzung nach „slawischer" und „romanischer" Art.

Die tschechische Geschichtsschreibung der 1920er- und 1930er-Jahre, soweit sie sich bis 1938 und danach unter der NS-Besatzung überhaupt äußern konnte, versucht eigenartigerweise nur, der „Ostforschung" entgegenzutreten, entwickelt jedoch keine eigenständigen historiografischen Modelle. Böhmen bildete zwar eine Brücke zwischen Slawentum und Deutschtum, jedoch zu seinem eigenen kulturellen, sprachlichen, religiösen und territorialen Vorteil; Karl IV. konsolidierte zwar seine Besitzungen im Osten, jedoch nur, um das Erbe der Přemysliden von dort aus zu verbreiten; Böhmen wurde zwar von deutschen Siedlern kolonisiert, doch schärfte ihre Ankunft gerade das Bewusstsein der Böhmen für ihre eigene uralte tschechische Identität. In beiden Fällen unterstellt man Karl IV. eine Rolle als Kulturbringer und identitärer Vermittler zwischen Slawen- und Deutschtum.

Nach 1945 kommt es nach dem Zusammenbruch des NS-Regimes zu zwei tiefen Zäsuren, die den deutschen Umgang mit der Figur Karls IV. für Jahrzehnte prägen: Auf der einen Seite veranlasst das katastrophale Scheitern des „Dritten Reiches" die Historiker zum kritischen Nachdenken darüber, warum Deutschland sich derart in eine Sackgasse manövriert hatte.

Mit dieser Maßgabe stehen nun die vermeintlich verspätete Herausbildung der deutschen Nation und der traditionelle Schwerpunkt auf der konstitutionellen, autoritären und rechtlichen Staatsbildung erneut auf dem Prüfstand. Dieses Umdenken führt auch zu einer Neubewertung der kulturellen und sozialen Dimensionen geschichtlicher Analysen und zur Rückbesinnung auf alternative Modelle der Staatsbildung, in diesem Fall ausgehend vom Heiligen Römischen Reich in Mittelalter und Neuzeit, was den Umgang mit territorialen Unterschieden, dem Prinzip der Königskur und der Koexistenz fürstlicher Partikularinteressen betrifft. Wie so oft, verliert die Rolle „großer Männer" hierbei an Aussagekraft, und damit erübrigen sich auch Biografien gekrönter Häupter. Auf der anderen Seite steht 1949 die Teilung Deutschlands in zwei deutsche Staaten, von denen der eine – die Deutsche Demokratische Republik – sich geografisch zum Teil mit dem Gebiet der einst böhmischen Mark Brandenburg deckt. Das wirft erneut die Frage nach der Rolle und Verankerung der östlichen Gebiete des ehemaligen Reiches auf, zumal die Tschechische Republik nun ebenfalls Volksrepublik und Bruderstaat der DDR ist. Zu berücksichtigen ist dabei aber auch die Zensur, denn das Thema der jahrhundertealten deutschen Besiedlung Osteuropas ist zu dieser Zeit aufgrund seiner Instrumentalisierung seit 1919 und der Vertreibung von rund zehn Millionen Deutschen unter anderem aus Polen, dem Baltikum und der Tschechoslowakei mit einem Tabu belegt.

Auf einem anderen Blatt steht die Lage in der Tschechoslowakei: Nach der Barbarei des NS-Regimes verschwinden mit der Verkündung der sogenannten Beneš-Dekrete im März 1946 und der daraus folgenden Vertreibung der deutschen und ungarischen Minderheiten aus Böhmen und Mähren auch alle Spuren der deutschen historischen Besiedlung. In dem jahrhundertelang zwischen beiden Völkern schwelenden Konflikt setzen sich die Slawen damit schließlich innerhalb der Grenzen ihres neuen Staates gegen die Deutschen durch. 1948, im Jahr des „Februarumsturzes", der die Republik endgültig zum Satellitenstaat der UdSSR macht, gibt der 600. Jahrestag der Gründung der Karls-Universität trotz der Unruhen – in einer denkwürdigen Parallele zu den Aufständen 1848 während der Fünfhundertjahrfeier der Prager Universität – Gelegenheit, Karl IV. wieder in den Kreis der herausragenden Monarchen zu erheben, die ihren Beitrag zum Ruhm ihres Landes leisteten. Das verdeutlichen vor allem zwei Publikationen: zum einen ein Romanzyklus, in dem sich der Schriftsteller Jan

Slezák ab 1947 mit der tschechischen Geschichte auseinandersetzt, unter anderem auch in einer langen Passage mit den Luxemburgern und Karl IV., allerdings mit eher deutschfeindlichem Unterton. Das zweite Werk ist der postum veröffentlichte mehrbändige Mittelalter-Teil der monumentalen tschechischen Geschichte von Josef Šustas; zwei der zwischen 1946 und 1948 erschienenen Bände enthalten eine Biografie Karls IV., wenn auch beschränkt auf die Jahre 1333 bis 1355, der darin zum Konsolidierer des böhmischen Staates erhoben wird. Eine eher orthodox-sozialistisch ausgerichtete Sichtweise findet sich erstmals im Werk des Prager Professors Karel Stloukals. Bei ihm wird Karl IV. zum Inbegriff eines janusköpfigen Jahrhunderts, das einerseits noch fest in der feudalen Welt der Fürstenhäuser, des Hochadels und der verderbten römisch-katholischen Kirche verankert ist, zugleich aber bereits den Blick hin zu den Kräften des Fortschritts lenkt, verkörpert durch Bauernaufstände und städtische Revolten, die Bemühungen des Kaisers um Neuerungen und eine Verfassung, den Aufstieg des städtischen Bürgertums, die Herausbildung eines tschechischen Nationalgefühls und die Hoffnung auf eine Religionsreform. In Anbetracht all dieser Krisen, so Stloukal, sei Karl IV. nicht gescheitert, sondern habe das Wichtigste retten können. Ihm sei es darum gegangen, Dualismen miteinander zu versöhnen: Ost und West, Gotik und Renaissance, Mittelalter und Neuzeit. Nach Stloukal kamen offizielle und regimetreue Historiker zu einem weit weniger gemäßigten und dafür stärker marxistisch geprägten Urteil über die Geschichte des Mittelalters, doch generell wurde Karl IV. von der sozialistischen Historiografie weder ernsthaft diskreditiert noch „enttschechisiert“. Der Stellenwert des Hussismus im 15. Jahrhundert als erste große volksrevolutionäre Bewegung, ähnlich wie letztlich die Reformation im marxistischen Geschichtsbild der DDR, „immunisierte“ Karl IV. gegen eine allzu offene ideologische Vereinnahmung. Dennoch sucht man nach 1945 vergeblich nach einem Monumentalwerk über Karl IV., während jahrein, jahraus alle möglichen Könige und Kaiser des Mittelalters in Frankreich, England, Italien und sogar in Deutschland mit Biografien gewürdigt werden, denkt man allein an Karl den Großen, die Salier, die Ottonen und die Staufer, von den Habsburgern ganz zu schweigen.

Das Jahr 1978 bedeutet eine weitere historiografische Zäsur mit dem 600. Todestag Karls IV., der in der Tschechoslowakei ebenso begangen wird wie in Deutschland, zugegebenermaßen vorwiegend im Westteil. In der Bundesrepublik beleuchtet eine wegweisende Ausstellung in Nürnberg und Köln einige Facetten Karls IV. als Mensch und Herrscher: zum einen sein politisches „System", seinen Hof und seinen Regierungsapparat sowie seine europaweite Diplomatie, vor allem aber auch seine Rolle als Mäzen und sein Verhältnis zur Kunst oder vielleicht eher zur Nutzung und Verbreitung von Bildern.[74] Im selben Jahr erscheint, ebenfalls auf Deutsch, eine Biografie Kaiser Karls IV. von Ferdinand Seibt, der 1927 in Strischowitz in der damaligen Tschechoslowakei zur Welt kam, zu den Koryphäen für die böhmische Geschichte zählte und viele Jahre Leiter des Münchner *Collegium Carolinum* war, von wo aus er bis zu seinem Tod 2003 einen regen wissenschaftlichen Austausch zwischen deutschen und tschechischen Historikern förderte. Seine Biografie trägt den programmatischen Titel *Karl IV. Ein Kaiser in Europa, 1346 bis 1378* und arbeitet anhand sukzessiver kontextueller und struktureller Schlaglichter Zeit und Raum, Fantasien und Träume, Hofämter, Erwartungen, Selbstbild und nicht zuletzt Gedenkkultur des Kaisers heraus.[75] Ein anderer historiografischer Impuls löst 2006 sogar einen Perspektivwechsel aus. Zu einem großen internationalen Kolloquium finden sich in Berlin Fachleute zusammen, um anlässlich des 650. Jubiläums der Goldenen Bulle dieses „Monument" in einem europäischen Kontext neu zu bewerten und dabei der Urkunde und dem dahinter stehenden politischen Denken Karls IV. andere konstitutionelle Ansätze gegenüberzustellen, die zur gleichen Zeit unter anderem in Frankreich, Spanien, England und Ungarn lokalisierbar sind; zugleich erinnern sie aber auch an den rituellen Charakter der Bulle.[76] Parallel zueinander untersuchen zwei groß angelegte Ausstellungen – jeweils mit Kolloquium – in Prag und in Leipzig die Regierung und die Zeit der Luxemburger unter dem Gesichtspunkt der Produktion und Verbreitung von Kunstwerken auf europäischer Ebene.[77] Der 700. Geburtstag Karls IV. im Jahr 2016 schließlich liefert den Anlass zu einer grenzübergreifenden deutsch-tschechischen Ausstellung. In Prag und in Nürnberg dokumentiert sie den kulturellen Wandel, den die Forschung über Karl IV. in den vorangehenden zwei Jahrzehnten vollzogen hat.[78]

Wie viele andere mittelalterliche Personen und Ereignisse im Licht einer Geschichtsschreibung, die auf Verstehen und nicht auf Urteilen aus ist, lässt auch Karl IV. nach sechs Jahrhunderten endlich eine interpretative Sackgasse hinter sich, die ihn zum Spielball seines Hauses, seiner Familie, der Krisen seines Jahrhunderts, seines Kaiserreichs oder seines Königreichs zwischen Ost und West, zwischen Böhmen und Deutschland, zwischen Mittelalter und der anbrechenden Neuzeit macht. Man findet ihn nun wieder in dem Handlungsspielraum und Denkrahmen, der Fürsten seiner Zeit mehrheitlich charakterisierte, sei es die Obsession mit dem Seelenheil, das Schalten und Walten des Menschen im Angesicht Gottes, die Sorge um die *res publica* und um das Wohl seiner Dynastie, die Ausschmückung von Büchern und Palästen, die heikle Aufrechterhaltung des Friedens oder der hartnäckige Widerstand gegen das Vergessen.

Dritter Akt

In der Waagschale: Wer war Karl IV.?

In den beiden ersten Akten dieses biografischen Dramas haben wir Karl IV. in zwei Schlüsselmomenten seines Lebens und seiner Herrschaft erlebt: bei seiner letzten Reise nach Paris, mit der sich sein Lebenskreis schloss und mit der er nochmals an seine Jugend anknüpfte, und bei seinen Trauerfeiern mit einem Blick vom Rand des Grabes in die Ewigkeit. Am Ende unserer Betrachtungen stellt sich nun die Frage, was dieser Kaiser eigentlich war – ganz richtig: *was* er war, und nicht nur, *wer* er war. Beide Aspekte sind natürlich miteinander verknüpft, insbesondere bei einem Herrscher, dem nicht nur sehr daran gelegen war, sich ein Image aufzubauen, womit er nicht allein stand, sondern dieses Bild mit einem Grad an Bewusstsein und Vertrautheit widerzuspiegeln, wie man es eher selten findet. Seine autobiografische *Vita* hat sich nicht von ungefähr wie ein roter Faden durch die vorangehenden Kapitel gezogen, denn in ihr vermischt sich Selbstreflexion mit Gedanken über die ihm eigene Vorstellung von seinem „Beruf" als König.

Karl IV. wollte eindeutig ein vollwertiger, großer König sein. Daran hegte er selbst nicht den geringsten Zweifel, und zwar sozusagen gleich doppelt und dreifach, wie die Sammlung seiner Kronen und Krönungen bezeugt. Er war Kaiser, noch dazu der einzige im 14. Jahrhundert, den der Tod nicht vor seiner Zeit ereilte und der nicht vom Bannstrahl des Papstes getroffen und entehrt wurde. Er war erhabener *Augustus*, Mehrer seines Reiches, der gleichermaßen die Besitzungen seines Hauses und des Heiligen Römischen Reiches vergrößerte. Als Stifter und Bauherr berauschte er sich an der Macht zu bauen und tat alles, um einen steinernen Fußabdruck zu hinterlassen. Als Gesetzgeber hinterließ er dem Reich seine einzigartige, dauerhafte Verfassung. Als Verwalter sorgte er für die Umstrukturierung seines Rates, seiner Kanzlei und seiner Finanzen. Als Diplomat und Reisekönig zog er Verhandlungen und Gespräche unablässigen Kriegen vor und war für seine Untertanen präsenter als jeder andere Monarch, wenn er rastlos sein Territorium durchmaß. Als weiser, hochgebildeter Mann gründete er eine Universität, hinterließ herrschaftliche Schriften, förderte die Künste in einem gewaltigen Schub von West nach Ost und achtete die Vielfalt an Sprachen in seinen Ländern, beherrschte er doch selbst mehrere davon. Als frommer Christ, vielleicht von dem Wunsch beseelt, einmal zu den heiligen Königen zu gehören oder zumindest anderen ein Beispiel zu geben, sammelte er Reliquien, gründete Kirchen, respektierte die Rechte des Papstes und versuchte, König und Priester zugleich zu sein, ohne jedoch in obsessive Frömmigkeit zu verfallen. Ständig machte er sich Gedanken darüber, welches Bild er von sich vermittelte und welchen Ruf er hatte; davon war er regelrecht besessen. Sein Abbild verbreitete er aus einer Mischung von dynastischen, protonationalen, imperialen und persönlichen Beweggründen heraus. All das machte seine Person aus, gepaart mit dem Bewusstsein der Grenzen seines Handelns und seiner Fehlschläge. Er scheiterte daran, das Einvernehmen unter den christlichen Fürsten wiederherzustellen, weil er gegen den starken, eigenwilligen Adel in seinen Ländern nicht ankam, weil es ihm weder gelang, das Papsttum ohne Blutvergießen nach Rom zurückzuführen, noch, dem Vormarsch der Ungläubigen vor den Toren der Christenheit Einhalt zu gebieten, geschweige denn, ein Heer für einen Kreuzzug zusammenzubringen.

Die Besonderheit Karls IV. liegt jedoch in dem nie nachlassenden, entschiedenen Wunsch nach einer Vermählung dessen, was er war und wer er war. Denn über die Gewissheiten und Ungewissheiten hinaus, die wir auf den vorhergehenden Seiten angerissen haben, wird immer wieder etwas erkennbar, das man als eine Art von Selbstreflexion des Ich, als „Selbstbetrachtungen" bezeichnen könnte, aus dem dringenden Wunsch heraus, es nicht einfach anderen zu überlassen, die eigene Einzigartigkeit zu bestimmen. Wie wir gesehen haben, ist es jetzt erstmals gestattet, diesem Individuum näher zu kommen. Aus diesem Grund, und unabhängig davon, wie schwierig eine solche historische Biografie dennoch bleibt, konnte und sollte es hier nicht darum gehen, von Karl IV. ein Porträt zu zeichnen, das Ähnlichkeit mit demjenigen Ludwigs des Heiligen von Jacques Le Goff oder demjenigen Friedrichs II. von Ernst Kantorowicz hätte. Doch was man an einer Stelle einbüßt, gewinnt man an anderer dazu, indem man an Karl IV. mit tiefer greifenden anthropologischen Fragestellungen herangehen kann, was zweifellos etwas mit einem im 14. Jahrhundert neu aufkommenden Selbstverständnis zu tun hat. Auch in dieser Hinsicht weist Karls *Vita* den Weg. Dieser Text – und hierin liegt seine verborgene tiefere Wahrheit – zeigt uns einen jungen Prinzen, der geprägt ist von einer abwesenden Mutter und einem unzuverlässigen Vater, der Zweifel an seiner Frömmigkeit und seinem Glauben hegt, den Ängste und Träume quälen, der Gefühle spürt und sie ausspricht, aufbegehrt und früh Selbstbeherrschung übt. Obwohl Karl seine Lebensgeschichte um 1350 während einer körperlichen Erkrankung schreibt, verliert er darin kein Wort über die Pest, die seine Untertanen und Höflinge dahinrafft, oder über die blutigen Pogrome, denen so viele jüdische Gemeinden in seinem Reich zum Opfer fallen. Dieser private, sensible Karl IV. belässt es nicht bei einer simplen Lebensbeschreibung. Wir treffen ihn auch an anderen Orten und zu anderen Zeiten und bei anderen Themen an, wenn er Kleidungsstücke schildert, Termine für seine Krönungen und Hochzeiten festlegt oder davon erzählt, wie leidenschaftlich er Reliquien von Heiligen und Märtyrern sammelt, dass er niemandem gestatte, auf seiner Burg Karlstein auch nur eine Nacht zu verbringen, wie sehr er seine Kinder liebt, selbst dann noch, als sein ältester Sohn ihn zu hintergehen beginnt, und welche Fürsorge er seinen aufeinanderfolgenden Gemahlinnen angedeihen lässt, die er, der weder ein Frauenheld war noch Bastarde in die Welt setzte, quasi in zeitversetzter Polygamie allesamt im Veitsdom um sich versammelt.

Karl IV. vertrat feste Überzeugungen, was sein Amt, seine Titel, die Ehre seiner Dynastie, die Führung seines Hauses und seine Vorstellung von einem Königtum betraf, das auf Recht, Gesetz und Frieden fußte. Aber ihn plagten auch kaum verhüllte Zweifel, Versuchungen und Identitätskrisen, die das Erreichte infrage stellten: Würde all das ihn wirklich überleben?

Karl IV. – eine Bilanz

Bei aller Lückenhaftigkeit und Unvollkommenheit, die mit der Regierung eines multipolaren, mehrsprachigen und multikulturellen Gebildes strukturell verknüpft sind, fällt die Bilanz Karls IV. eindrucksvoll aus. Für seine Erben legte er die Messlatte hoch, engte sie jedoch in gewisser Weise auch ein. Johann Očko von Vlašim als Erzbischof von Prag war in seiner Trauerrede noch überzeugt, sein Schüler, der junge König Wenzel, werde die Herausforderung meistern: „Mag unser Vater auch verstorben sein, [...] so lebt er doch weiter, denn er hinterlässt einen Mann, der ihm ähnlich ist." Karl IV. hatte sich selbst alle Mühe gegeben, seinen Ältesten auf das Amt als König vorzubereiten. Schon 1363 hatte er Wenzel zum König von Böhmen, 1376 dann zum römisch-deutschen König krönen lassen. Zugegeben, Wenzels Herrschaftsantritt 1378 stand unter keinem guten Stern. Er war überschattet vom Abendländischen Schisma, das die Christenheit spaltete; die Kurfürsten, deren Zustimmung zu Wenzels Krönung Karl 1376 mit viel Geld gekauft hatte, waren nun entschlossen, den jungen König dafür hart an die Kandare zu nehmen, und sein Halbbruder Sigismund entwickelte sich zu einer gefährlichen Konkurrenz. Vor allem aber waren dem jungen Mann die Schuhe seines Vaters eine Nummer zu groß.[1] In den 1430er-Jahren legte der Metzer Chronist Jacques d'Esch, Verfasser unter anderem von Annalen und Notizen über die letzte Parisreise Karls IV. 1378, dem Kaiser einige Monate vor dessen Tod wenig Schmeichelhaftes über seinen Sohn in den Mund. Offenbar zweifelte Karl an Wenzels Befähigung zu einem guten Regenten und bedauerte sogar, dass die Kurfürsten sich 1376 auf sein Drängen hin für die Wahl Wenzels entschieden hatten. Im Nachhinein hielt er seinen Sohn nämlich für inkompetent: „Dennoch sind sie schlecht, falsch und meineidig, weil sie es mir versprochen haben."[2] Sprich: Die Kurfürsten hätten so schlau sein sollen, sich der Schwäche des Kaisers für seinen Sohn zu widersetzen. Natürlich ist dieser Passus reine Fiktion, das lässt sich ohne Weiteres belegen, doch das Urteil an sich spricht 60 Jahre nach den Ereignissen dafür, dass der Herrschaft des Thronerben ein miserabler Ruf anhaftete.[3]

Wenzel tat alles, um das Bild seines Vaters ins Negative zu verkehren: 1384 jagte er seinen Kanzler davon, er kündigte bestehende diplomatische

Bündnisse auf, wandte sich von Frankreich ab und umwarb stattdessen den König von England; Nürnberg besuchte er nur ein einziges Mal. Der Prager Burg kehrte er den Rücken und wohnte fortan in der Stadt; er ließ Karlstein verfallen, gab dafür der Festung Totschnik auf halber Strecke zwischen Prag und Pilsen den Vorzug und ließ sich südlich von Prag sogar die Burg Wenzelstein als eigene neue Residenz bauen. Dorthin ließ er die grandiose Bibliothek bringen, die er in seiner Regierungszeit aufgebaut hatte, darunter insbesondere eine nach ihm benannte Prachthandschrift, die Wenzelsbibel. Auch unter Karls Nachfolger blieb Prag nämlich ein berühmtes Zentrum der europäischen Buchmalerei,[4] doch das war so ziemlich das einzig Gute, das seine Zeitgenossen über ihn zu sagen wussten.[5] Die Dynastie nutzte seine Mittelmäßigkeit zunächst aus, um sich aus dem riesigen Gesamtreich Karls IV. die Filetstücke herauszupicken. Wenzels jüngerer Halbbruder Sigismund bekam 1378 die Mark Brandenburg und wurde 1387 zum König von Ungarn gekrönt. Sein älterer Halbbruder Johann strich Görlitz und die Lausitz ein. Wenzels Vetter Jobst erhielt Mähren und 1390 zudem das Herzogtum Luxemburg. Einen der letzten Vertrauten seines Vaters, den Kanzler und Prager Erzbischof Johann von Jenstein, ließ Wenzel 1393 verhaften und foltern. Das löste allerdings einen Aufstand des böhmischen Adels aus, der Wenzel schließlich gefangen nahm und seinen Vetter Jobst zum Verwalter des Königreichs ernannte. Nicht viel besser liefen die Dinge im Heiligen Römischen Reich. Eine massive Propaganda bezichtigte Wenzel der Trunksucht (so soll er bei einem Bankett, das König Karl VI. von Frankreich in Reims 1398 gab, heillos betrunken einen öffentlichen Eklat ausgelöst haben),[6] der Tyrannei und der Unzucht. 1400 erklärten ihn vier Kurfürsten für *„eynen unnüczen, versümelichen, unachtbaren entgleder und unwerdigen hanthaber des heiligen Romischen richs“*, wie es in der Absetzungsurkunde heißt, und wählten an seiner Stelle den Pfalzgrafen Ruprecht aus dem Haus Wittelsbach zum König. Dieser Vorgang stellt die außergewöhnlichste königliche Absetzung in der gesamten Geschichte des Reiches im Mittelalter dar und steht im Widerspruch zu den Bestimmungen der Goldenen Bulle.[7] Ab 1415 machte das Königreich eine schwere Religionskrise durch, ausgelöst durch die Verurteilung und Hinrichtung des „Ketzers“ Jan Hus, Rektor der Karls-Universität, der in seinen Predigten eine tiefgreifende Reform der römischen Kirche gefordert hatte.[8] Immerhin wurde Wenzel die Ehre zuteil, im Prager Veitsdom seine letzte Ruhestätte zu finden. Seine Herrschaft lässt sich in einem Satz zusammenfassen: In rund 40 Regierungsjahren schaffte es Karls Erstgeborener, das dynastische Vermögen, das Krongut und das symbolische Kapital so gut wie restlos zu verschleudern, die sein Vater in 40 Jahren aufgebaut hatte. Dass Wenzel zudem kinderlos starb, wirkt wie ein Fingerzeig auf das ferne, tragische Geschick des entmannten Dauphins in Karls Traum in Terenzo.

Gelang es dem Haus Luxemburg, nach Wenzel wieder an den Glanz anzuknüpfen, den das Reich Karls IV. besessen hatte? Nach dem Tod König Ruprechts im Jahr 1410 fiel die Wahl der Kurfürsten wiederum auf einen Luxemburger: Jobst von Mähren, den Neffen Karls IV. Nach ihm kam die Reihe an seinen Vetter Sigismund,[9] dessen Herrschaft, zumindest nach den ihm verliehenen Titeln und Ämtern zu urteilen, vom gleichen Ehrgeiz angetrieben war wie die seines Vaters Karl, dem er sogar noch eine Krone voraushatte, denn bei der Thronbesteigung war er schon seit 1387 König von Ungarn. Hinzu kamen 1411 die Krone des römisch-deutschen Reiches und 1419 diejenige von Böhmen. Wie sein Vater zog er nach Italien und empfing dort 1431 die eiserne Krone der Lombarden und 1433 in Rom die Kaiserkrone. Man könnte also meinen, Wenzels Herrschaft sei lediglich ein Ausrutscher gewesen, doch weit gefehlt. Gleich mehrere Faktoren trüben das schöne Bild und offenbaren Schwierigkeiten, die Karl IV. zeitlebens erspart geblieben sind. Anstatt abzuklingen, zogen die Hussitenkriege weiter eine Spur der Verwüstung durch ganz Böhmen, gegen das der Papst zum Kreuzzug aufgerufen hatte. Zur gleichen Zeit war Ungarn seit der Niederlage des christlichen Kreuzritterheeres 1396 bei Nikopolis mit dem immer bedrohlicheren Vorrücken der Osmanen konfrontiert. Und ein letztes Handicap: Keine seiner beiden Gemahlinnen hatte Sigismund einen Thronfolger geschenkt. Seine einzige Tochter Elisabeth heiratete 1421 den Habsburger Albert von Österreich, dem nach dem Tod seines Schwiegervaters das in fast eineinhalb Jahrhunderten Stück für Stück aufgebaute luxemburgische Europa zufiel.[10] Er und später sein Haus gaben bis ins frühe 20. Jahrhundert wenn schon nicht Karls Geist, so doch immerhin die von ihm erlangte Vorherrschaft auf dem Kontinent weiter. So erlosch mit dem Tod Sigismunds als letztem direktem Abkömmling in männlicher Linie 1437 die königliche Dynastie Heinrichs VII.

Bleibt also wirklich gar nichts übrig außer dem schemenhaften Traum von 1333 in Terenzo und der allmählichen Verflüchtigung dessen, was Karl IV. aufgebaut hatte, in den Händen anderer? Was bleibt, ist zunächst einmal ein König und Kaiser, ein weiser, gebildeter, reisefreudiger Monarch und Gesetzgeber, der, wenn man so will, „moderne“ Züge trug und dennoch eindeutig ein Produkt seiner Zeit und der politischen Kultur war, die ihn hervorgebracht hatte. Trotz aller bemerkenswerten „Fortschritte“ seines Jahrhunderts, von der Staatsidee über die Hofkanzlei und die Schriftlichkeit bis zum Rechtssystem, überwiegt zum guten Schluss die persönliche Dimension, weil sie wesensgleich ist mit dem Königtum, weil gewisse Eckwerte wie das Papsttum unverändert bleiben und weil er mit denselben Faktoren zu kämpfen hatte wie die anderen Könige und Fürsten seiner Epoche: Brauchtum, Adel, lokale Eigenheiten oder der Vielfalt an Rechtsformen und Territorien. Karl IV. mag uns vielleicht schon an Monarchen aus jüngerer Zeit erinnern, vor allem in der Art und Weise, wie er mehrere Länder und Traditionen miteinander verknüpfte, was keine geringe Leistung war. Aber es steckte in ihm noch viel von seinen mittelalterlichen Vorbildern wie Karl dem Großen oder Friedrich II. Wir sollten ihn deshalb nicht „neuzeitlicher“ machen, als er war. Was bleibt, ist natürlich die Goldene Bulle, die bedeutendste und langlebigste „Verfassung“ des Heiligen Römischen Reiches. Sie untermauert das Prinzip der Königskur, ausdrücklich unter Beteiligung von Böhmen; sie unterscheidet zwischen Idee und Realität des Kaisertums; sie institutionalisiert eine Verteilung der Kräfte und Territorien, die man später als Föderalismus bezeichnen sollte; und sie bezieht notgedrungen die Reichsstädte ein, in denen seit Anfang des 14. Jahrhunderts Wissen, Wirtschaft und eine neue Form der Verwaltung zur Blüte gelangen. Was ebenfalls bleibt, ist eine außergewöhnliche *Vita*, die Lebensbeschreibung eines einzigartigen Königs von seiner eigenen Hand. Was bleibt, ist zudem ein Regierungsstil, bei dem sich alles um eine Kanzlei und eine Hauptstadt drehte, in der gebildetere, besser geschulte Berater am Werk waren – stets im Kollektiv, denn keiner von ihnen tat sich allein als graue Eminenz des Kaisers hervor. Sie standen im Dienst eines Monarchen, der eher „politisch“ als „höfisch“ dachte und handelte, der keine eigene Devise besaß und keinen Verdienstorden ins Leben rief und lieber verhandelte und eheliche Bande knüpfte, als sich auf langwierige Kriege einzulassen. Wie fast überall in Europa kann man im Königreich Böhmen ebenso wie im Heiligen Römischen Reich 1378 etwas eher von einem „Staat“ sprechen als 1316. Was bleibt, ist auch ein Königreich Böhmen, in dem sich von Johann dem Blinden über Karl bis zu dessen Söhnen zumindest im 14. Jahrhundert ohne größeren Widerstand eine Dynastie herausbildete, obwohl ihre ersten Vertreter von weit her aus der Fremde gekommen waren, anfangs die Landessprache nicht beherrschten und einer anderen Kultur angehörten. War es 1311 durchaus nicht selbstverständlich gewesen, dass eine Grafenfamilie, in der eher Französisch als Deutsch gesprochen wurde, den Přemysliden-Thron bestieg, so besetzte sie ihn doch 1378 wie selbstverständlich. Was insofern ebenfalls bleibt, ist ein territoriales Gebilde, das jahrhundertelang Böhmen, Mähren, Schlesien und die Lausitz zusammenhielt, und so gesehen verhielten sich Johann und Karl von Luxemburg eindeutig wie Přemysliden. Was bleibt, ist ein Kaiser, der, vom festen Glauben an die Heiligkeit seines Amtes beseelt, in seiner Epoche einer der eifrigsten Sammler von Kronen und Reliquien war und dem es gelang, den Glanz des römischen Imperiums zu bewahren, und zwar ohne den uralten Zwist zwischen Papsttum und Kaisertum als den beiden Universalmächten jener Zeit wieder aufbrechen zu lassen, der den Heiligen Stuhl letztlich so sehr überging, dass dieser, seines Erzfeinds beraubt, sich schließlich 1378 selbst zerfleischte. Was bleibt, ist insofern auch die Vorstellung, dass selbst das Papsttum in gewisser Weise sterblich war, kurz bevor die Reformation ihm seine Daseinsberechtigung absprach.

Was bleibt, ist ein Heiliges Römisches Reich, das fortan weniger mediterran und noch weniger byzantinisch und orthodox ist, und das sich zurückzieht in einen christlich-lateinischen und nun slawischen Teil des Kontinents. Vielleicht konnte ein Mann wie Piccolomini es gerade deshalb kurze Zeit später wagen, dieses Gebiet „Europa“ zu nennen – er, der ein solcher Kenner Deutschlands und Böhmens war, dass er seiner *Europa* eine *Germania*, eine *Austria* und eine *Bohemia* zur Seite stellen konnte.[11] Wenn man so will, war Karl IV. in diesem Sinne „Europäer“, jedoch bezogen auf ein Europa nach damaligem Verständnis, das viel enger gefasst, wenn auch nicht weniger vielfältig war als heute; das davon überzeugt war, dass dieses Gebiet nur regieren kann, wer mehrere der darin gesprochenen Sprachen beherrscht.[12] Die kontinentale Einbindung der Randbereiche war keine geringe Leistung, denn die dort ansässigen „östlichen“ Dynastien waren fortan Teil eines flächendeckenden Zusammenspiels zwischen den Kapetingern/Valois, den Plantagenet, den Anjou, den Luxemburgern, den Wittelsbachern und den Habsburgern auf der Grundlage von Heiraten. Schon Karl IV. hatte Ehen ausgiebig als Mittel zum Zweck eingesetzt, und das blieben sie auch nach ihm. Man verband oder trennte damit Reiche und machte so die Nachfolgefrage zum zentralen Aspekt, der gelegentlich sogar über Wohl und Wehe eines ganzen Konglomerats entschied. Was bleibt, ist auch die Verleihung der erblichen Würde eines Kurfürsten und Markgrafen von Brandenburg 1415 an Friedrich I., für die Karl IV. schon 1363 durch die Erhebung des Hauses Hohenzollern in den Reichsfürstenstand den Weg geebnet hatte. Man kennt den weiteren Lauf der Geschichte, von Brandenburg zu Preußen und vom Königreich Preußen zum deutschen Kaiserreich von 1871, das aus dem Sieg über die Habsburger hervorging. Was bleibt, ist eine Erinnerung, die gewiss facettenreich, aber noch immer quicklebendig ist: Zumindest in Deutschland und in Tschechien mobilisierte kein König, kein Kaiser des Mittelalters eine so große Zahl zeitgenössischer Chronisten, und löste fünf, sechs Jahrhunderte später eine Flut von Biografien, Studien und Ausstellungen aus. Was bleibt, ist schließlich ein königliches Ich, das mittels seiner Frömmigkeit, seines Lebenswandels und seiner Liebe zu Reliquien und zur Literatur sehr wahrscheinlich alles daransetzte, heiliggesprochen zu werden, was ihm jedoch versagt blieb.[13] Diese Verweigerung erklärt sich nicht allein aus dem Vollzug des Abendländischen Schismas im Todesjahr Karls IV., sondern sehr viel eher daraus, dass in der nachfolgenden politischen Gesellschaft und in der Symbolik seiner Zeit für heilige Könige einfach kein Platz mehr war, weil sich die Identität eines Königoder sogar Kaiserreichs nun über andere Aspekte definierte. Denn schließlich hatte paradoxerweise Karl IV. selbst ein *Imperium* geschaffen, das weniger universell und dafür „deutscher" war.

Was jedoch aus alledem herausragt und alles zusammenhält, ist und bleibt zweifellos Prag mit seiner Universität, der ersten im Heiligen Römischen Reich, mit seinen Denkmälern und Plätzen, von denen aus die Kunst Peter Parlers nach ganz Europa ausstrahlte. Es ist die tschechischste, die französischste, die deutscheste und damit eine der europäischsten Städte des Kontinents. Benesch Krabitz von Weitmühl behauptete um 1370, Karl IV. habe die Dächer zweier Türme des Hradschins mit schierem Gold eindecken lassen, damit ihr Funkeln „bei schönem Wetter" den Glanz seiner Herrschaft weithin sichtbar widerspiegelte und „das ganze Land erleuchtete". Und hier in Prag fand Karl IV. seine letzte Ruhe, und über 650 Jahre hinweg, in denen wir so entschlossen und so mühsam versucht haben und versuchen, Europäer zu sein, erinnert er uns von dort aus an die Botschaft, die er seiner liebsten Schrift, der Goldenen Bulle, voranstellte. Er fand sie im Lukasevangelium: „Jedes Reich, das in sich selbst gespalten ist, wird veröden."[14] Ein brandaktuelles Thema, und zugleich eine wichtige Lehre, die wir aus dem Mittelalter ziehen können.

Dank

Karl IV. begleitet mich seit Jahren, ganz besonders seit meiner siebenjährigen Tätigkeit am Max-Planck-Institut für Geschichte in Göttingen, wo ich unter dem damaligen Direktor Otto Gerhard Oexle 1999 erstmals die autobiografische *Vita Caroli* las. Viele Male ist mir der Kaiser seither im Zuge meiner Forschungsarbeiten über deutsche Städte und das politische System im spätmittelalterlichen Kaiserreich begegnet, stets geleitet von meinem Freund und Lehrer Philippe Braunstein. Er hat mich mit dem Heiligen Römischen Reich Deutscher Nation, seiner Sprache, seiner Kultur und den von ihm untrennbaren Randgebieten im Osten ebenso vertraut gemacht wie mit der Unteilbarkeit der Geschichtswissenschaft. Vollends entfacht wurde mein Interesse für die *Vita* und ihren Verfasser durch die zusammen mit Jean-Claude Schmitt unternommene Übersetzung[1] ihres Wortlauts ins Französische, gefolgt von einem gemeinsamen Buchprojekt über die Autobiografien von Herrschern verschiedener Epochen im Orient und Okzident.[2] Der vorliegende Band erwuchs schließlich aus diesen beiden parallel heranreifenden Projekten, die ich mit ihm entwickelte. Denn Jean-Claude Schmidt verdanke ich einen Großteil meiner Laufbahn; er öffnete mir die Augen für alles, was uns die Historische Anthropologie über Träume, Riten, Bilder, den Körper, die Zeit, den Tod und Heiligkeit lehrt, sprich: alles, was einen Menschen im Laufe der Zeit zu einem bewussten, geschichtlich verankerten Individuum werden lässt. Mein aufrichtiger Dank gilt deshalb hier an erster Stelle meinem Kollegen und Freund Jean-Claude Schmitt, der das Manuskript mit der ihm eigenen Mischung aus Strenge, Inspiration und Nachsicht gelesen hat und ohne den Karl IV. auf diesen Seiten nicht wieder zum Leben erwacht wäre.

Im Rahmen von Seminaren, Tagungen und Kolloquien hatte ich immer wieder Gelegenheit, auf diesen großen Herrscher des 14. Jahrhunderts einzugehen. Ich denke dabei vor allem an die Universität Luxemburg, wo ich auf Einladung von Michel Margue und Michel Pauly mehrfach über dieses Thema referierte, aber auch an die Prager Universität sowie Martin Nejedly und meinen früheren Doktoranden Varek Zurek, Autor einer kürzlich auf Tschechisch erschienenen Biografie Karls IV., die dort meine freundschaftlich verbundenen, wohlwollenden, neugierigen und anregenden Gesprächspartner waren, mich in die Geheimnisse Prags einweihten und mir die faszinierende Burg Karlstein zeigten. Ich denke zudem an ein Kolloquium in Rom, bei dem die Thronbesteigung Heinrichs VII. im Mittelpunkt stand, jedoch auf ausdrücklichen Wunsch von Sabine Penth und Peter Thorau auch sein Enkel Karl zur Sprache kam, obwohl er die Ewige Stadt meines Wissens nie recht mochte. Ich denke an ein Kolloquium in Madrid über mittelalterliche Verfassungen, bei dem François Foronda und Jean-Philippe Genet auch die Goldene Bulle von 1356 auf die Tagesordnung setzten, und an das Deutsche Historische Institut in Paris, dessen Direktor Thomas Maissen mich einlud, Karl IV. bei der jährlichen Konferenz als europäischen Kaiser zu würdigen, schließlich an einen runden Tisch beim Hamburger Historikertag unter dem Vorsitz der versierten Expertin für diesen Luxemburger Herrscher, Eva Schlotheuber. Ich denke an meine Diskussionen mit Werner Paravicini, der so gut in Worte fassen kann, was Regieren, Herrschen und Gestalten im mittelalterlichen Heiligen Römischen Reich bedeutete, und die Gespräche mit seiner Frau Anke bei unseren Seminaren über die *Vita Caroli* und andere Autobiografien an der École des hautes études en sciences sociales (EHESS). Ihnen allen sei Dank für ihre Anmerkungen, Fragen und Vorschläge, deren Nachhall sie, wie ich hoffe, auf den vorstehenden Seiten wiederfinden.

Um Karl IV. ging es auch in meinem Essay in einer Festschrift zu Ehren von Claude Gauvard.[3] Über jenen geringen Beitrag hinaus möchte ich an dieser Stelle noch einmal betonen, wie viel ich dieser Kollegin verdanke: Das vorliegende Buch wäre weit magerer und kürzer ohne ihre Untersuchungen zur Königsherrschaft, zum mittelalterlichen Staat, zum Regieren mittels Gnade und Ehre, vor allem aber ohne ihre Präsenz und ihre stete, wohlwollende Aufmerksamkeit.

Mein Dank gilt auch meinen Kolleginnen, Kollegen und Freunden in Frankfurt, wo diese Biografie entstand: Heribert Müller, dem ich einen Artikel über die Porträts Karls IV. gewidmet habe; Bernhard Jussen, mit dem ich über das Thema der königlichen Macht diskutierte, das ihn seit Langem beschäftigt, sowie selbstredend meinen Arbeitskollegen und -kolleginnen am Institut franco-allemand de sciences historiques et sociales, das zu leiten ich die Ehre habe, die oft nolens, volens die Entstehung dieses Manuskripts mit mir durchlitten.

Ausdrücklich würdigen möchte ich auch meine Kolleginnen und Kollegen vom Konstanzer Arbeitskreis für mittelalterliche Geschichte, mit deren freundlicher Unterstützung ich ein Kolloquium über die Person im Mittelalter einberufen durfte, an dessen Rand auch Karl IV. eine Rolle spielte. Mein Dank gilt zudem meinem Kollegen an der École des hautes études en sciences sociales, Antoine Lilti, demgegenüber ich den Gedanken an eine Biografie Karls IV. erstmals erwähnte, ebenso wie Étienne Anheim und Christophe Duhamelle, die auf ihre bewährt diskrete und effiziente Art aus der Ferne verfolgten, wie Karl IV. unter meiner Hand Gestalt annahm und schließlich auf diesen Buchseiten lebendig wurde. Dasselbe gilt für Patrick Boucheron, mit dem mich so viel verbindet und der mir stets Mut gemacht hat, mich auf das Wagnis dieser Biografie einzulassen.

Selbstverständlich nicht vergessen möchte ich das mit viel Geduld, Sorgfalt, wertvollen Hinweisen und Strenge erfolgte Lektorat Pauline Labeys, die das Manuskript von Anfang an betreut und strukturiert und souverän durch sämtliche Phasen seiner gelegentlich schwierigen Geburt geleitet hat. Ein guter Wissenschaftsverlag steht und fällt mit seinen erstklassigen Lektorinnen und Lektoren und ihrem Dialog mit den Autoren: Pauline Labey ist hierfür ein Paradebeispiel. Menschen wie sie sind das beste Argument, warum wir diesen unverzichtbaren Beruf um jeden Preis verteidigen und erhalten müssen.

Beschließen möchte ich diese Dankesworte mit der Feststellung, dass dieses Buch – wie alles, was ich unternehme – undenkbar wäre ohne meine Frau Karin. Ihre Wiege stand in Frankfurt am Main, von dem auf diesen Seiten und in meinen anderen Arbeiten so oft die Rede ist und das auch mein Leben unauslöschlich geprägt hat und prägt. Sie weiß, wie viel ich ihr verdanke.

Frankfurt am Main, 30. September 2019

ANHANG

STAMMTAFEL DER LUXEMBURGER

Heinrich VII. ⚭ Margarete von Brabant
(1274–1313)
Graf von Luxemburg
Römisch-deutscher König
Kaiser

Margarete von Brabant
(1276–1311)

Elisabeth von Böhmen ⚭ (1) **Johann I. der Blinde** ⚭ (2) Beatrix von Bourbon

Elisabeth von Böhmen
(1292–1330)
Heirat 1310

Johann I. der Blinde
(1296–1346)
Graf von Luxemburg
König von Böhmen

Beatrix von Bourbon
(1320–1383)
Heirat 1334

Maria von Luxemburg
(1304–1324)
Gemahlin von König Karl IV. von Frankreich

Beatrix von Luxemburg
(1305–1319)
Gemahlin von Karl I. Robert von Anjou, König von Ungarn

Guta von Luxemburg
(1315–1349)
Gemahlin von Johann II. dem Guten, später König von Frankreich

Karl IV.
(1316–1378)
Markgraf von Mähren
Römisch-deutscher König
König von Böhmen
König der Lombardei
König des Arelats
Kaiser

Wenzel von Luxemburg
(1337–1383)
Graf, später Herzog von Luxemburg

Erste Gemahlin
⚭ Blanca von Valois
(1317–1348)
Heirat 1324

Zweite Gemahlin
⚭ Anna von der Pfalz
(1329–1353)
Heirat 1349

Dritte Gemahlin
⚭ Anna von Schweidnitz
(1339–1362)
Heirat 1353

Vierte Gemahlin
⚭ Elisabeth von Pommern
(1345–1393)
Heirat 1363

Margarete
(1335–1349)

Katharina
(1342–1386)

Wenzel
(1350–1351)

Elisabeth
(1358–1373)

Wenzel IV.
(1361–1419)
König von Böhmen
Römisch-deutscher König
Herzog von Luxemburg

Anna von Luxemburg
(1366–1394)
Gemahlin von König Richard II. von England

Sigismund I.
(1368–1437)
Markgraf von Brandenburg
König von Ungarn
Römisch-deutscher König
König von Böhmen
König der Lombardei
Kaiser
1 ⚭ Maria von Ungarn
(1371–1395)
2 ⚭ Barbara von Cilli
(1392–1451)

Johann von Luxemburg
(1370–1396)

Karl
(1372–1373)

Margarete von Luxemburg
(1373–1410)

Heinrich
(1377–1378)

Elisabeth von Luxemburg ⚭ Albrecht II. von Habsburg
(1409–1442)

Albrecht II. von Habsburg
(1397–1439)
Herzog von Österreich
Herzog von Luxemburg
König von Böhmen
König von Ungarn
Römisch-deutscher König

Ladislaus V. Postumus von Habsburg
(1440–1457)
König von Ungarn
König von Böhmen

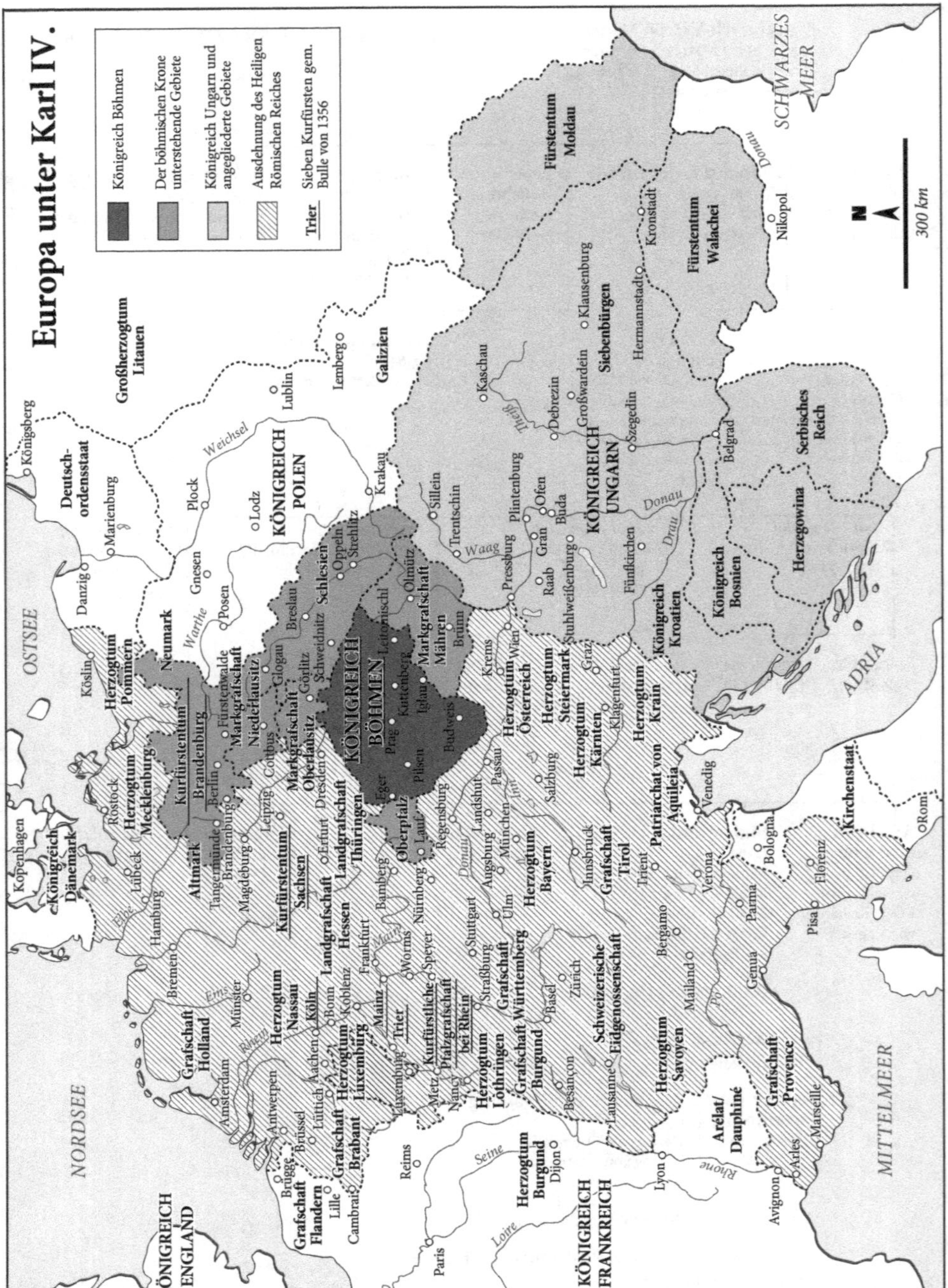
Europa unter Karl IV.
Königreich Böhmen
Der böhmischen Krone unterstehende Gebiete
Königreich Ungarn und angegliederte Gebiete
Ausdehnung des Heiligen Römischen Reiches
Trier Sieben Kurfürsten gem. Bulle von 1356
N
300 km
KÖNIGREICH ENGLAND
NORDSEE
OSTSEE
KÖNIGREICH FRANKREICH
MITTELMEER
ADRIA
SCHWARZES MEER
Großherzogtum Litauen
Deutsch-ordensstaat
KÖNIGREICH POLEN
Galizien
Fürstentum Moldau
Fürstentum Walachei
KÖNIGREICH UNGARN
Siebenbürgen
Serbisches Reich
Herzegowina
Königreich Bosnien
Königreich Kroatien
KÖNIGREICH BÖHMEN
Markgrafschaft Mähren
Schlesien
Neumark
Herzogtum Pommern
Herzogtum Mecklenburg
Kurfürstentum Brandenburg
Altmark
Markgrafschaft Niederlausitz
Markgrafschaft Oberlausitz
Kurfürstentum Sachsen
Landgrafschaft Thüringen
Oberpfalz
Königreich Dänemark
Grafschaft Holland
Herzogtum Nassau
Köln
Landgrafschaft Hessen
Mainz
Trier
Kurfürstliche Pfalzgrafschaft bei Rhein
Grafschaft Flandern
Grafschaft Brabant
Herzogtum Luxemburg
Herzogtum Lothringen
Herzogtum Burgund
Grafschaft Burgund
Grafschaft Württemberg
Herzogtum Bayern
Herzogtum Österreich
Herzogtum Steiermark
Herzogtum Kärnten
Herzogtum Krain
Grafschaft Tirol
Schweizerische Eidgenossenschaft
Herzogtum Savoyen
Arelat/Dauphiné
Grafschaft Provence
Patriarchat von Aquileia
Kirchenstaat
Kopenhagen
Königsberg
Danzig
Marienburg
Köslin
Rostock
Lübeck
Hamburg
Bremen
Tangermünde
Brandenburg
Berlin
Fürstenwalde
Magdeburg
Leipzig
Cottbus
Dresden
Erfurt
Görlitz
Glogau
Schweidnitz
Breslau
Oppeln
Strehlitz
Posen
Gnesen
Plock
Lodz
Lublin
Lemberg
Krakau
Leitomischl
Olmütz
Brünn
Iglau
Kuttenberg
Prag
Pilsen
Eger
Budweis
Lauf
Regensburg
Nürnberg
Bamberg
Frankfurt
Worms
Speyer
Mainz
Koblenz
Bonn
Aachen
Münster
Amsterdam
Antwerpen
Brügge
Brüssel
Lüttich
Lille
Cambrai
Reims
Paris
Dijon
Luxemburg
Metz
Nancy
Straßburg
Stuttgart
Ulm
Augsburg
München
Landshut
Passau
Salzburg
Innsbruck
Krems
Wien
Graz
Klagenfurt
Basel
Zürich
Besançon
Lausanne
Lyon
Avignon
Arles
Marseille
Mailand
Bergamo
Genua
Parma
Verona
Trient
Venedig
Bologna
Florenz
Pisa
Rom
Pressburg
Raab
Gran
Ofen
Buda
Plintenburg
Stuhlweißenburg
Fünfkirchen
Trentschin
Sillein
Kaschau
Debrezin
Großwardein
Szegedin
Klausenburg
Hermannstadt
Kronstadt
Belgrad
Nikopol
Weichsel
Warthe
Elbe
Ems
Rhein
Main
Donau
Inn
Waag
Theiß
Drau
Po
Seine
Loire
Rhone

Prag im Jahr 1400

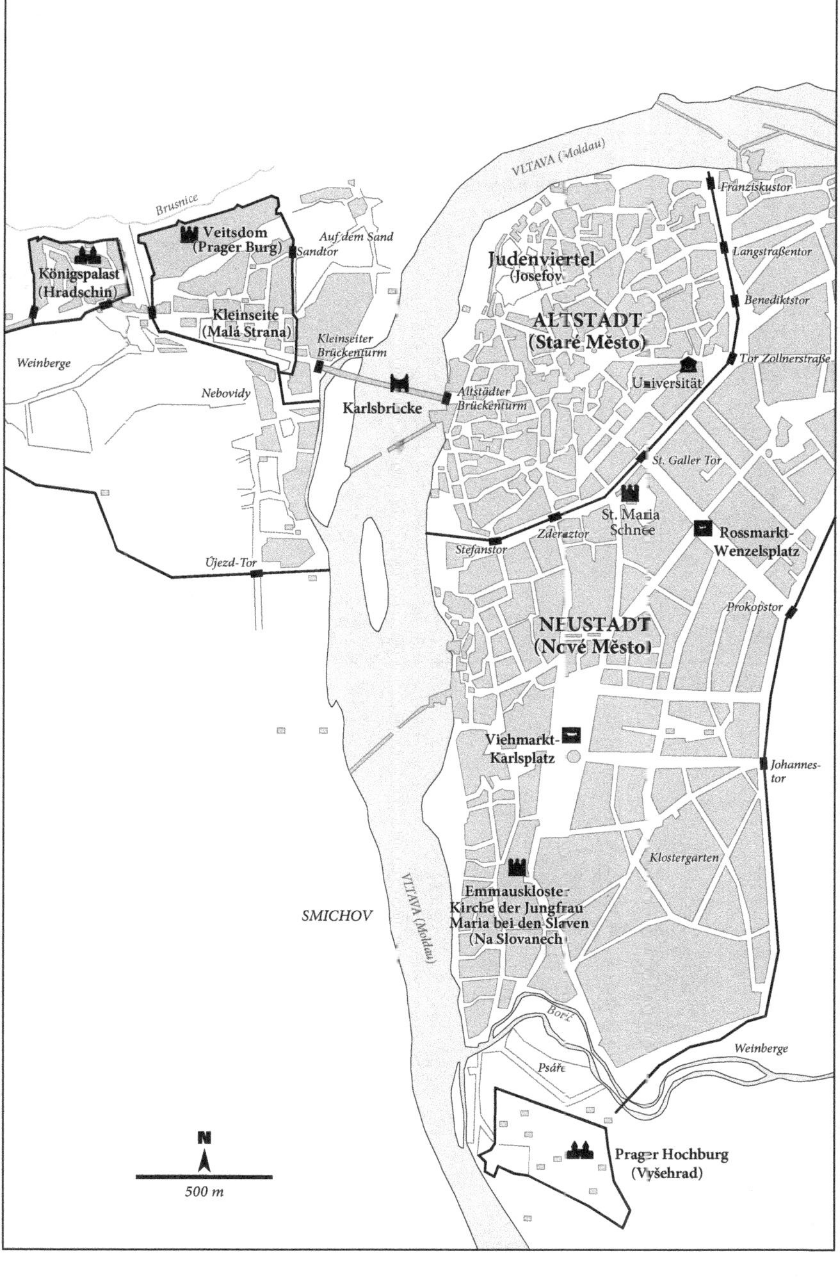

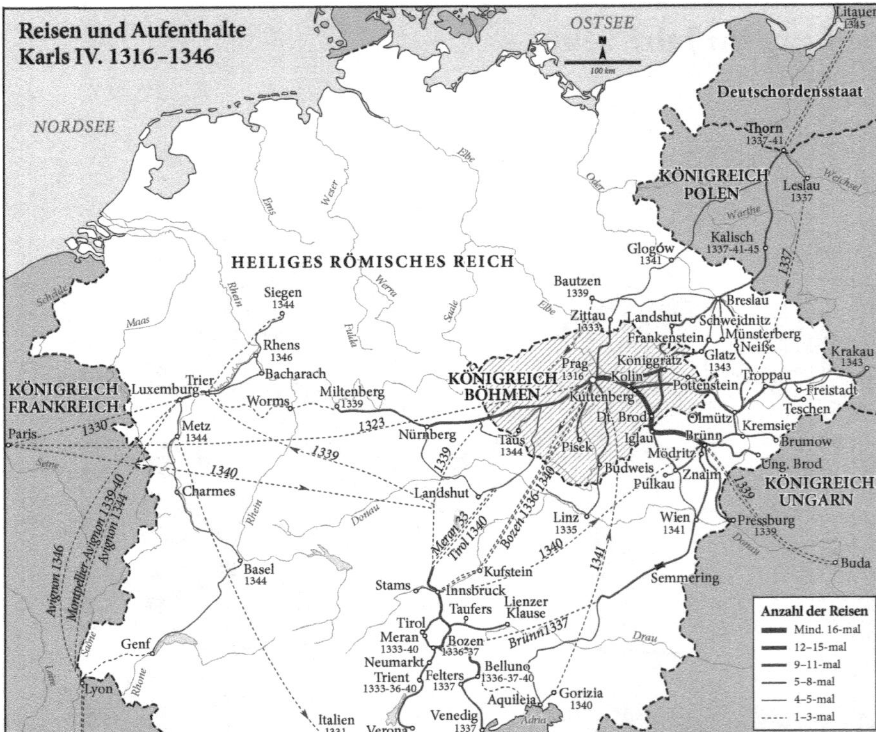
Reisen und Aufenthalte
Karls IV. 1316–1346
OSTSEE
NORDSEE
100 km
Litauen 1345
Deutschordensstaat
Thorn 1337-41
KÖNIGREICH POLEN
Leslau 1337
Kalisch 1337-41-45
Glogów 1341
HEILIGES RÖMISCHES REICH
Bautzen 1339
Breslau
Zittau 1333
Landshut
Schweidnitz
Münsterberg
Frankenstein
Neiße
Glatz 1343
Krakau 1343
Königgrätz
Prag 1316
Kolin
Pottenstein
Troppau
Freistadt
Teschen
KÖNIGREICH BÖHMEN
Kuttenberg
Dt. Brod
Olmütz
Kremsier
Brumow
Iglau
Brünn
Mödritz
Ung. Brod
Taus 1344
Pisek
Budweis
Znaim
Pulkau
KÖNIGREICH UNGARN
Siegen 1344
Rhens 1346
Bacharach
Trier
Luxemburg
KÖNIGREICH FRANKREICH
Worms
Miltenberg 1339
Metz 1344
Nürnberg
Paris
1330
1323
1339
1340
Charmes
Landshut
Linz 1335
Wien 1341
Pressburg 1339
Buda
Basel 1344
Kufstein
Stams
Innsbruck
Semmering
Taufers
Lienzer Klause
Tirol
Meran 1333-40
Bozen 1336-37
Neumarkt
Trient 1333-36-40
Felters 1337
Belluno 1336-37-40
Aquileja
Gorizia 1340
Venedig 1337
Verona
Italien 1331
Genf
Lyon
Avignon 1346
Montpellier-Avignon 1339-40
Avignon 1344
Meran 33
Tirol 1340
Bozen 1336
1340
1341
Brünn 1337
Elbe
Weser
Ems
Oder
Weichsel
Warthe
Rhein
Werra
Fulda
Saale
Maas
Schelde
Seine
Donau
Drau
Saône
Rhone
Loire
Adria
Anzahl der Reisen
Mind. 16-mal
12–15-mal
9–11-mal
5–8-mal
4–5-mal
1–3-mal

Reisen und Aufenthalte
Karls IV. 1346–1354
Heinersdorf 1353
Frankfurt a. d. Oder 1348
Wittenberg 1348
Fürstenberg
KÖNIGREICH POLEN
Cottbus
Spremberg
Kassel
Mülhausen
Bautzen 1348-50
Görlitz
Liegnitz
Breslau 1348-51
Namslau 1348
Maastricht
Aachen
Lüttich
Bonn
Eisenach
Erfurt
Dresden
Pirna
Zittau
Schweidnitz 1353
Zülpich
Altenburg 1349
Bösig
Bastogne 1349
Koblenz
Rhens
Frankfurt
Weißwasser
Melnik
Prag
Königgrätz
Eger 1348-49
Bacharach
Eltv.
Babenhausen
Bamberg 1348
Arel
Crécy 1346
Mainz
Bürgleins
Kuttenberg
Luxemburg
Trier
Oppenheim
Würzburg
Tachau
KÖNIGREICH BÖHMEN
Bistritz
Weiden
Sulzbach
Verdun
Diedenhofen
Speyer
Rothenberg
Taus
Iglau
Klingenberg
Sinsheim
Nürnberg
Cham 1347
Pisek
Brünn
Pont-à-Mousson
Metz
Halle
Ornbau
Hagenau
Pforzheim
Gmünd
Regensburg
Budweis
Znaim
KÖNIGREICH FRANKREICH
Haslach
Toul
Straßburg
Nördlingen
Straubing
Weitra
Zwettl
Seefeld 1348
KÖNIGREICH UNGARN
Ehnheim
Schlettstadt
Geislingen
Giengen
Passau 1353
Freistadt
Marchegg
Kaysersberg
Ulm 1348-53
Colmar
Augsburg 1353
Linz 1348
Wien 1347-53
Breisach
Pfullendorf
Braunau
Mülhausen
Säckingen
Reichenau
Ravensburg
Salzburg 1354
Semmering
Basel
Konstanz
Kempten 1353
Buda 1353
Baden
Zürich 1353
St-Gallen
Uznach
HEILIGES RÖMISCHES REICH
Tirol
Villach
Trient
Felters
nach Rom
Weser
Elbe
Saale
Schelde
Seine
Saône
Rhone
Loire
Inn
Donau
Drau
Adria
80 km
Anzahl der Reisen
6–8-mal
4–5-mal
2–3-mal
1-mal

Reisen und Aufenthalte
Karls IV. 1355–1368
OSTSEE
NORDSEE
Deutschordensstaat
KÖNIGREICH POLEN
HEILIGES RÖMISCHES REICH
KÖNIGREICH BÖHMEN
KÖNIGREICH FRANKREICH
KÖNIGREICH UNGARN
Berlin 1363
Luckau
Guben
Bautzen
Görlitz
Liegnitz
Breslau 1358-59-63-64-65
Brieg
Oppeln
Krakau 1363
Troppau 1362
Olmütz
Kremsier
Ung. Hradish 1363
Tyrnau 1360
Buda 1365
Wien 1356-57-66-67-68
Klosterneuburg
Semmering
Unzmarkt
Aachen 1357-59-62-63
Maastricht
Köln
Zülpich
Andernach
Koblenz
Marburg 1357
Friedberg
Frankfurt a. Main
Aschaffenburg
Mainz
Würzburg
Bamberg
Trier
Mouzon
Luxemburg
Diedenhofen
Metz 1356/57
Speyer 1365
Selz
Hagenau
Straßburg 1365
Weil
Esslingen
Achalm
Brackenheim
Schorndorf 1360
Nördlingen
Augsburg
Regensburg 1355-57-62
Donaustauf
Wischlburg
Nürnberg
Rothenb.
Windsheim
Miltenberg
Dieburg
Auerbach
Pegnitz
Tachau
Pilsen
Plauen 1358
Mylau
Stolburg 1367
Leitmeritz
Kaaden
Melnik
Prag
Karlstein
Kolin
Pardubitz
Iglau
Brünn
Pisek
Budweis 1361-62-64
Znaim
Göding 1362
Basel 1365
Konstanz 1360
Solothurn
Bern 1365
Lausanne
Greyerz
Genf 1365
St. Moritz
Fernpass
Glurns
Sonico
nach Cremona und Soncino
nach Italien 1368
nach Arles
Anzahl der Reisen
Mind. 20-mal
12–15-mal
9–11-mal
6–8-mal
4–5-mal
1–3-mal
100 km

Reisen und Aufenthalte
Karls IV. 1369–1378
NORDSEE
Deutschordensstaat
KÖNIGREICH POLEN
KÖNIGREICH BÖHMEN
KÖNIGREICH UNGARN
KÖNIGREICH FRANKREICH
HEILIGES RÖMISCHES REICH
Lübeck 1375
Schönberg
Wismar
Prenzlau 1374-75
Dramburg 1377
Lüneburg 1377
Lenzen
Pritzwalk
Uelzen
Dannenberg
Templin
Königsberg
Salzwede
Eberswalde
Oderberg
Tangermünde 1372-73-74-75-77
Berlin
Strausberg
Brandenburg
Mittenwalde
Frankfurt a. d. Oder
Fürstenberg
Guben
Luckau
Mülberg
Bautzen
Görlitz
Breslau 1369-70-71-72
Zittau
Schweidnitz
Kolditz
Pirna 1371-72
Leitmeritz
Minden
Herford
Bielefeld
Dortmund 1377
Essen
Soest
Ratingen
Gräfentonna
Erfurt 1375
Brüssel
Maastricht
Jülich
Köln 1372
Bonn 1376
Aachen 1372-76
Cambrai
Rhens
Koblenz
Frankfurt a. Main
Wittlich
Bernkastel
Mouzon
Luxemburg
Mainz 1372-74-76
Oppenheim
Heidelberg
Würzburg
Heidingsfeld
Bamberg
Bayreuth
Eger 1370-72-74-76
Karlsbad
Kaaden
Raudnitz
Prag
Karlstein
Kolin
Königgrätz
Kuttenberg
Tschaslau
Beraun
Auerbach
Weiden
Sulzbach
Nürnberg 1370-74-75-76-77-78
Iglau
Brünn 1369-72-75
Göding 1372
Znaim
Budweis 1378
Giengen
Ulm 1376
Wien 1369-72
Semmering
Udine
nach Italien
nach Paris
Anzahl der Reisen
Mind. 20-mal
16–19-mal
12–15-mal
6–8-mal
4–5-mal
1–3-mal
100 km

Chronologie

1296: Johann von Luxemburg, genannt der Blinde, Vater Karls IV., wird geboren.
1306: Mit der Ermordung des böhmischen Königs Wenzel III. stirbt die Dynastie der Přemysliden in der männlichen Linie aus.
1308: Heinrich VII. von Luxemburg wird zum römisch-deutschen König gewählt.
1309: Der Papst verlegt seinen Amtssitz nach Avignon.
1310: Johann von Luxemburg heiratet Elisabeth, die Thronerbin von Böhmen.
1311: Johann von Luxemburg wird zum König von Böhmen gekrönt.
1312: Heinrich VII. wird zum Kaiser des Heiligen Römischen Reiches (HRR) gekrönt.
1313: Heinrich VII. stirbt in Italien.
1314: Ludwig IV., genannt der Bayer, wird zum römisch-deutschen König gewählt.
1316: Wenzel, der spätere Karl IV., kommt als Sohn Johanns von Luxemburg und Elisabeths von Böhmen in Prag zur Welt.
1323: Wenzel wird nach Paris geschickt, nimmt dort den Vornamen Karl an und heiratet Blanca von Valois.
1327: Eduard III. besteigt den englischen Thron.
1328: Ludwig IV. der Bayer wird in Rom zum Kaiser des HRR gekrönt. Nach dem Tod des letzten Kapetingers in direkter Linie gelangen die Valois auf den französischen Thron.
1331–33: Karl begleitet seinen Vater Johann bei einem Feldzug nach Norditalien.
1333: Kasimir III. wird zum polnischen König gekrönt. Karl übersiedelt nach Prag.
1337: Beginn des Hundertjährigen Krieges zwischen den Königen Frankreichs und Englands.
1341: Karl IV. regiert Böhmen als Vertreter seines Vaters.
1342: Ludwig I. von Anjou wird zum König von Ungarn gekrönt.
1344: Erhebung Prags zum Erzbistum und Beginn der Bauarbeiten am Veitsdom.
1346: Johann der Blinde fällt in der Schlacht bei Crécy.

1346: Erste Krönung Karls IV. zum römisch-deutschen König.
1347: Karl IV. wird zum König von Böhmen gekrönt. Ludwig IV. der Bayer stirbt.
1348: Gründung der Universität Prag und Bau der Prager Neustadt.
1349: Karl IV. lässt sich zum zweiten Mal zum römisch-deutschen König krönen. Er heiratet in zweiter Ehe Anna von der Pfalz. Die Pest wütet im ganzen HRR.
1350: Die kaiserlichen Herrschaftszeichen werden nach Prag überstellt. Mutmaßliches Entstehungsjahr der *Vita Caroli Quarti*. Karls erster Sohn Wenzel wird geboren, stirbt aber bereits 1351.
1353: Karl heiratet in dritter Ehe Anna von Schweidnitz. Eingliederung des oberpfälzischen Neuböhmens in das Königreich Böhmen.
1354: Die Osmanen erobern Gallipoli und stoßen weiter nach Europa vor. Balduin von Trier, der Großonkel Karls IV., stirbt.
1355: Karl IV. wird in Mailand zum König der Lombarden und in Rom zum Kaiser des HRR gekrönt. Die böhmischen Landstände widersetzen sich der *Majestas Carolina*. Der erste Teil der Burg Karlstein in Prag wird fertiggestellt.
1356: Die Goldene Bulle wird auf den Reichstagen in Nürnberg und Metz verkündet. Niederlage bei Poitiers und Gefangennahme Johanns II. des Guten. Peter Parler siedelt sich in Prag an.
1357: Grundsteinlegung für die Karlsbrücke in Prag. Weihe der Marien- und der Passionskapelle auf der Burg Karlstein.
1361: Der künftige Wenzel IV. wird geboren.
1363: Karl IV. vermählt sich in vierter Ehe mit Elisabeth von Pommern. Wenzel wird zum König von Böhmen gekrönt.
1364: Der Brünner Erbvertrag regelt die gegenseitige Erbfolge der Luxemburger und Habsburger. In Frankreich wird Karl V. zum König gekrönt.
1365: Karl IV. wird in Arles zum König von Burgund/Arelat gekrönt.
1366: Gründung des Carolinums an der Universität Prag.
1367: Eingliederung der Niederlausitz in das Königreich Böhmen.
1368: Aufenthalt Karls IV. in Rom und in der Toskana. Geburt seines Sohnes Sigismund.
1370: Ludwig I. von Ungarn wird zum König von Polen gekrönt.

1372: Fertigstellung der Burg Karlstein.

1373: Mit dem Vertrag von Fürstenwalde wird die Mark Brandenburg gegen eine Entschädigung in das Königreich Böhmen eingegliedert.

1376: Gregor XI. wird in Rom zum Papst gewählt. Wenzel IV. wird zum römisch-deutschen König gewählt und gekrönt.

1377/78: Karl IV. hält sich in Paris auf.

1378: Karl IV. stirbt in Prag. Doppelte Papstwahl: Urban VI. in Rom und Clemens VII. in Avignon.

1387: Sigismund vermählt sich mit der ungarischen Prinzessin Maria und wird König von Ungarn.

1400: Wenzel IV. wird als römisch-deutscher König abgesetzt, bleibt jedoch bis 1419 König von Böhmen. Ruprecht von der Pfalz wird zum römisch-deutschen König gewählt.

1410: Ruprecht von der Pfalz stirbt.

1411: Sigismund wird zum römisch-deutschen König gewählt.

1415: Jan Hus wird während des Konzils von Konstanz als Ketzer verbrannt. Die Mark Brandenburg wird den Hohenzollern überlassen.

1419: Krönung Sigismunds zum König von Böhmen.

1431: Krönung Sigismunds zum König der Lombarden.

1433: Sigismund wird in Rom zum Kaiser gekrönt.

1437: Sigismund stirbt. Sein Schwiegersohn Albrecht II. von Habsburg wird König von Böhmen und von Ungarn sowie römisch-deutscher König.

1439: Albrecht II. stirbt. Sein postum geborener Sohn Ladislaus, der letzte Abkömmling des Luxemburger Königshauses, wird 1440 zum König von Ungarn und 1453 zum König von Böhmen gekrönt.

1440: Der Jagellone Władysław III. wird König von Ungarn. Friedrich III. von Habsburg wird zum römisch-deutschen König gewählt und 1452 zum Kaiser des HRR gekrönt.

Anmerkungen

Einleitung

1 *Vita Caroli Quarti. Die Autobiographie Karls IV.*, herausgegeben und übersetzt von Eugen Hillenbrand, Stuttgart 1979, S. 141 ff. Pierre Monnet: „Le roi d'un rêve, le rêve d'un roi: Charles IV à Terenzo en 1333", in: Jean-Christophe Cassard u. a. (Hrsg.): *Le Prince, l'argent, les hommes au Moyen Âge. Mélanges offerts à Jean Kerhervé*, Rennes 2008, S. 181–193.

2 Jacques Le Goff: „Rêves", in: ders. und Jean-Claude Schmitt (Hrsg.): *Dictionnaire raisonné de l'Occident médiéval*, Paris 1999, S. 950–968.

3 Jean-Claude Schmitt: „Les rêves de Guibert de Nogent", in: ders.: *Le Corps, les rites, les rêves, le temps*, Paris 2001, S. 262–294. Zum Traum Karls IV. siehe Jean-Claude Schmitt und Gisèle Besson: *Rêver de soi. Les songes autobiographiques au Moyen Âge*, Toulouse 2017, S. 425–433. Jean-Claude Schmitt: „Dante en rêveur médiéval: ‚Memoria' funéraire et récit autobiographique", in: *Dante Studies*, 136 (2018), S. 187–200.

4 Zum komplexen Problem der „Autobiografie" im Mittelalter siehe Georg Misch: *Geschichte der Autobiographie*, Frankfurt am Main 1949–1967. *L'autobiografia nel Medioevo*, Spoleto 1998. Klaus Arnold, Sabine Schmolisky und Urs Martin Zahnd (Hrsg.): *Das dargestellte Ich. Studien zu Selbstzeugnissen des späteren Mittelalters und der frühen Neuzeit*, Bochum 1999. Jean-Claude Schmitt: „La découverte de l'individu: une fiction historiographique?", zunächst erschienen in: Paul Mengal und Françoise Parot: *La Fabrique, la figure et la feinte: fictions et statut des fictions en psychologie*, Paris 1989, Nachdruck in: Jean-Claude Schmitt: *Le Corps, les rites, les rêves, le temps. Essais d'anthropologie médiévale*, Paris 2001, S. 242–262. Ders.: *Die Bekehrung Hermanns des Juden: Autobiographie, Geschichte und Fiktion.* Stuttgart 2006.

5 Jacques Le Goff: *Die Geburt des Fegefeuers*, Stuttgart 1984.

6 Olivier Dumoulin und Raphael Valéry (Hrsg.): *Périodes. La Construction du temps historique*, Paris 1991. Stéphane Gibert, Jean Le Bihan und Florian Mazel (Hrsg.): *Découper le temps. Actualité de la périodisation en histoire*, Rennes 2014. Pierre Monnet, Thomas Maissen und Barbara Mittler (Hrsg.): *Les Usages de la temporalité dans les sciences sociales / Vom Umgang mit Temporalität in den Geistes- und Sozialwissenschaften*, Bochum 2019.

7 Jean Favier (Hrsg.): *XIVe et XVe siècles. Crises et genèses*, Paris 1996.

8 Ulf Dirlmeier, Gerhard Fouquet und Bernd Fuhrmann: *Europa im Spätmittelalter 1215–1378*, München 2003.

9 Barbara Tuchmann: *Der ferne Spiegel. Das dramatische 14. Jahrhundert*, München 1982 (engl. Orig. von 1978).

10 Johan Huizinga: *Herbst des Mittelalters: Studien über Lebens- und Geistesformen des 14. und 15. Jahrhunderts in Frankreich und in den Niederlanden.* Aus dem Niederländischen übersetzt von T. Wolf-Mönckeberg und nach der Ausgabe letzter Hand von 1941 herausgegeben von Kurt Köster. Stuttgart 1987. Élodie Lecuppre-Desjardin (Hrsg.): *L'Odeur du sang et des roses. Relire Johan Huizinga aujourd'hui*, Lille 2019.

11 Patrick Boucheron: *Gebannte Angst. Siena 1338. Essay über die politische Kraft der Bilder*, Schmalkalden 2017.

12 Jacques Le Goff: *Die Geburt Europas im Mittelalter*, München 2004.

13 Brigitte Miriam Bedos-Rezak und Dominique Iogna-Prat (Hrsg.): *L'Individu au Moyen Âge*, Paris 2005. Jérôme Baschet: *Corps und âmes. Une histoire de la personne au Moyen Âge*, Paris 2016.

14 Hans Lemberg: „Kaiser und König im tschechischen Geschichtsbild seit 1945", in: *Kaiser Karl IV. Staatsmann und Mäzen*, Ausst.-Kat. Nürnberg/Köln, herausgegeben von Ferdinand Seibt, München 1978, S. 414–418. Beat Frey: *Pater Bohemiae – Vitricus imperii. Böhmens Vater, Stiefvater des Reichs. Kaiser Karl IV. in der Geschichtsschreibung*, Frankfurt am Main/Bern 1978.

15 Dies vor allem dank František Palacký, der in seinem Land ähnlichen Einfluss ausübte wie Jules Michelet in Frankreich und eine monumentale fünfbändige Geschichte des tschechischen Volkes in Böhmen und Mähren verfasste (*Dějiny národa českého v Čechách a v Moravě* (1836–1867); dank der Feiern anlässlich des 500. Jubiläums der Karls-Universität 1848 und des 500. Todestags Karls IV. 1878; auch dank der zu diesem Anlass verfassten Biografie Karls IV. von Josef Kalousek.

16 Natalia Aleksiun u. a.: *Histoire de l'Europe du Centre-Est*, Paris 2004. Marie-Madeleine de Cevins: *L'Europe centrale au Moyen Âge*, Rennes 2013.

17 Pierre Monnet: „La Bulle d'or de 1356, une ‚constitution' pour l'Empire?", in: François Foronda und Jean-Philippe Genet (Hrsg.): *Des chartes aux constitutions. Autour de l'idée constitutionnelle en Europe (XIIe–XVIIe siècle)*, Paris/Rom 2019, S. 149–188.

18 Der Versuch einer kontrafaktischen Geschichte, die früher als Anachronismus und reine Fiktion abgetan wurde, wird unter Historikern seit einiger Zeit zu Recht wieder als Methode geschätzt, die Kausalzusammenhänge und Zufälle in einem neuen Licht erscheinen lassen kann. Siehe Fabrice d'Almeida, Anthony Rowley: *Et si on refaisait l'histoire?*, Paris 2009. Pierre Singaravélou und Quentin Deluermoz: *Pour une histoire des possibles. Analyses contrefactuelles et futurs non advenus du passé*, Paris 2016.

19 Rainer Babel: *Deutschland und Frankreich im Zeichen der habsburgischen Universalmonarchie 1500–1648*, Darmstadt 2005.

20 François Dosse: *Le Pari biographique. Écrire une vie*, Paris 2005. Ders.: „Biographie, prosopographie", in: Christian Delacroix, François Dosse, Patrick Garcia, Nicolas Offenstadt (Hrsg.): *Historiographies. Concepts et débats*, Paris 2010, Bd. 1, S. 79–86.

21 Giovanni Levi: „Les usages de la biographie", in: *Annales E.S.C.*, 1989 (44/6), S. 1325–1336.

22 Michel Marian: „L'histoire saisie par la biographie", in: *Esprit* 8–9, August/September 1986. *Quand l'historien se fait biographe*, Dossier *Esprit*, August/September 1992. Sabina Loriga: *Le Petit x. De la biographie à l'histoire*, Paris 2010.

23 Bernard Guenée: *Entre l'Église et l'État. Quatre vies de prélats français à la fin du Moyen Âge*, Paris 1987, S. 7–16.

24 Jacques Le Goff: *Ludwig der Heilige*, Stuttgart 2000. Ders.: „Comment écrire une biographie historique aujourd'hui?", in: *Le Débat*, März/April 1989 (54), S. 48–53.

25 Pierre Monnet und Jean-Claude Schmitt (Hrsg.): *Autobiographies souveraines*, Paris 2012.

26 Glücklicherweise erschien kürzlich eine Biografie in tschechischer Sprache, die Karl IV. aus dem kritischen Blickwinkel eines jungen, vielversprechenden Prager Experten betrachtet: Václav Žůrek: *Karel IV. Portét středověkého vládce*, Prag 2018.

Kapitel 1

1 *Vita Caroli Quarti. Die Autobiographie Karls IV.* (wie Einl. Anm. 1), S. 111.

2 Jean-Patrice Boudet: *Entre science et nigromance. Astrologie, divination et magie dans l'Occident médiéval, XIIe–XVe siècle*, Paris 2006.

3 Jean-Claude Schmitt: *L'Invention de l'anniversaire*, Paris 2009.

4 Kurt-Ulrich Jäschke und Peter Thorau (Hrsg.): *Die Regesten des Kaiserreichs unter Rudolf, Adolf, Albrecht, Heinrich VII. 1273–1313. 4. Abteilung: Heinrich VII. 1288/1308–1313* (1. Lieferung: 1288/1308–August 1309),

Wien 2006. Dies. (Hrsg.): *Die Regesten des Kaiserreichs unter Rudolf, Adolf, Albrecht, Heinrich VII. 1273–1313. 4. Abteilung: Die Regesten des Kaiserreichs unter Heinrich VII. 1288/1308–1313* (2. Lieferung: 1.9.1309–23.10.1310), Köln/Weimar/Wien 2014.

5 Malte Heidemann: *Heinrich VII. (1308–1313). Kaiseridee im Spannungsfeld von staufischer Universalherrschaft und frühneuzeitlicher Partikularautonomie*, Warendorf 2008. Ellen Widder (Hrsg.): *Vom luxemburgischen Grafen zum europäischen Herrscher. Neue Forschungen zu Heinrich VII.*, Luxemburg 2008. Sabine Penth und Peter Thorau (Hrsg.): *Rom 1312. Die Kaiserkrönung Heinrichs VII. und die Folgen. Die Luxemburger als Herrscherdynastie von gesamteuropäischer Bedeutung*, Köln/Weimar/Wien 2016.

6 Dante Alighieri: *Die göttliche Komödie*, 30. Gesang, Z. 133–138, übertragen und mit Erläuterungen herausgegeben von Karl Witte, Köln 2009, S. 416.

7 Michel Pauly (Hrsg.): *Die Erbtochter, der fremde Fürst und das Land. Die Ehe Johanns des Blinden und Elisabeths von Böhmen in vergleichender europäischer Perspektive*. Luxemburg 2013.

8 Michel Margue, Michel Pauly und Wolfgang Schmid (Hrsg.): *Der Weg zur Kaiserkrone. Der Romzug Heinrichs VII. in der Darstellung Erzbischof Balduins von Trier*, Trier 2009, S. 42. „*Matrimonium Spire inter Johannem filium Henrici regis romanorum et Elysabeth heredem Boemie anno X o*" (Bl. 5).

9 Übertragung der französischen Übersetzung in: *La Chronique de Dalimil. Les débuts de l'historiographie nationale tchèque en langue vulgaire au XIVe siècle*, übersetzt und herausgegeben von Éloïse Adde-Vomáčka, Paris 2016, Kapitel 103, S. 397. Vgl. *Dalimils Chronik von Böhmen*, herausgegeben von Venceslav Hanka (Bibliothek des Literarischen Vereins Stuttgart, Bd. XLVIII), Stuttgart 1859, Kapitel 106; tschechisches Original von 1315, mittelhochdeutsche Reimübersetzung 1342–1346. URL: https://de.wikisource.org/wiki/Dalimils_Chronik_von_B%C3%B6hmen [aufgerufen 2.11.2020].

10 Běla Marani-Moravová: *Peter von Zittau. Abt, Diplomat und Chronist der Luxemburger*, Ostfildern 2019.

11 *Die Königsaaler Geschichtsquellen. Chronicon Aulae regiae*, herausgegeben von Johann Loserth, Wien 1875, Neuausgabe Graz 1970.

12 Stefan Albrecht (Hrsg.): *Chronicon Aulae regiae – Die Königsaaler Chronik. Eine Bestandsaufnahme*, Frankfurt am Main 2013.

13 *Die Königsaaler Chronik*, herausgegeben und übersetzt von Stefan Albrecht und Josef Bujnoch, Frankfurt am Main 2014, S. 468 f.

14 Josef Emler (Hrsg.): *Cronica ecclesiae Pragensis Benessii Krabice de Weitmile – Kronika Beneše Krabice z Weitmile*, Prag 1884, S. 459–548, hier S. 469. „*Eodem anno, videlicet MCCCXVI pridie idus Magii in civitate Pragensi natus est regi Iohanni ex Elizabeth sua coniuge filius primogenitus, cui in baptismo Wenceslaus nomen imponitur. Post plures vero annos, cum idem puer Franciam ad educandum traditus esset, nomen Karolus, adinstar Karoli, regis Francie, sibi in confirmacione inponitur, quod et obtinuit, ut patebit in sequentibus.*" Josef Emler (Hrsg.): *Cronica Francisci Pragensis (Kronika Františka Pražského)*, Prag 1884, S. 347–456. Jana Zachová: *Die Chronik des Franz von Prag. Inhaltliche und stilistische Analyse*, Prag 1977.

15 Johannes Mötsch (Bearb.): *Die Balduineen. Aufbau, Entstehung und Inhalt der Urkundensammlung des Erzbischofs Balduin von Trier*, Koblenz 1980.

16 Johannes Mötsch, Franz-Josef Heyen u. a. (Hrsg.): *Balduin von Luxemburg. Erzbischof von Trier – Kurfürst des Reiches*, Mainz 1985. Reiner Nolden (Hrsg.): *Balduin von Luxemburg. Erzbischof und Kurfürst von Trier (1308–1354)*, Trier 2010. Verena Kessel: *Balduin von Trier (1285–1354). Kunst, Herrschaft und Spiritualität im Mittelalter*, Trier 2012.

17 Margue u.a. 2009 (wie Kap. 1 Anm. 8).
18 Johannes-Hugo Wyttenbach und Michael Franz Josef Müller (Hrsg.): *Gesta Trevirorum integra lectionis varietate et animadversionibus illustrata ac indice duplici instructa*, Bd. 2, Trier 1838, S. 179–271.
19 David Kirt: *Peter von Aspelt (1240/45–1320) – Ein spätmittelalterlicher Kirchenfürst zwischen Luxemburg, Böhmen und dem Reich*, Luxemburg 2013.
20 Peter Blickle (Hrsg.): *Résistance, représentation et communauté*, Paris 1998, aus der Reihe *Les origines de l'État moderne en Europe, XIIe–XVIIIe siècles.*
21 Joseph Morsel: *L'Aristocratie médiévale, V^e^–XVe siècle*, Paris 2004.
22 Cevins 2013 (wie Einl. Anm. 16).
23 Matthias Becher und Harald Wolter-von dem Knesebeck (Hrsg.): *Die Königserhebung Friedrichs des Schönen im Jahr 1314. Krönung, Krieg und Kompromiss*, Köln/Weimar/Wien 2017.
24 Karl-Friedrich Krieger: *Die Habsburger im Mittelalter. Von Rudolf I. bis Friedrich III.*, Stuttgart 2004.
25 Auf dieses historische Treffen bezieht sich der Name der 1993 gegründeten, aus Vertretern Polens, Ungarns, Tschechiens und der Slowakei bestehenden „Visegrád-Gruppe".
26 *Vita Caroli Quarti. Die Autobiographie Karls IV.* (wie Einl. Anm. 1), S. 115. Étienne Anheim: *Clément VI au travail. Lire, écrire, prêcher au XIVe siècle*, Paris 2014, S. 78 f.
27 *Vita Caroli Quarti. Die Autobiographie Karls IV.* (wie Einl. Anm. 1), S. 113.
28 Ebd., S. 121. Siehe Franck Collard: *Le Crime de poison au Moyen Âge*, Paris 2003.
29 Pauly 2013 (wie Kap. 1 Anm. 7) (Einl.).
30 *Vita Caroli Quarti. Die Autobiographie Karls IV.* (wie Einl. Anm. 1), S. 149–151.
31 Ebd., S. 155.
32 Ebd., S. 211.
33 Georg Leidinger (Hrsg.): *Bayerische Chroniken des 14. Jahrhunderts*, Hannover/Leipzig 1918, S. 151–175, hier S. 170.
34 Jean Favier: *La Guerre de Cent Ans*, Paris 1980. Boris Bove: *Le Temps de la Guerre de Cent Ans 1328–1453*, Paris 2009. Andrew Ayton und Philip Preston (Hrsg.): *The Battle of Crécy, 1346*, Woodbridge 2005. Richard W. Barber: *Edward III and the Triumph of England. The Battle of Crécy and the Company of the Garter*, London 2013.
35 Uwe Tresp: „Die Schlacht bei Crécy 1346", in: *Kaiser Karl IV. 1316–2016*, Ausst.-Kat. Prag/Nürnberg, herausgegeben von Jiří Fajt und Markus Hörsch, Prag 2016, S. 65–68.
36 Jean Froissart: *Chroniques*, herausgegeben und kommentiert von Peter F. Ainsworth und George T. Diller, Paris 2001, Erstes Buch, § 279, S. 578 f.: *„Li vaillans et gentils rois de Behagne, il fu filz a l'empereour Henri de Lussembourch, entendi par ses gens que la bataille estoit commencie; car quoique il fust là armés et en grant arroy, il ne veoit goutes et estoit aveugles: si demanda as chevaliers, qui dalès lui estoient, comment il ordonance de leurs gens se portoit. Chil l'en recordèrent le vérité* […] *et ossi eussent pluiseur bon chevalier de le conté de Lussembourc, qui estoient tout dalés de lui* […] *ils s'alloièrent par les frains de leurs chevaus tous ensamble et mirent le roy leur seigneur tous devant, pour mieulz acomplir son desirier. Et ensi s'en alèrent il sus leurs enemis."*
37 Ebd., S. 579.

Kapitel 2

1 *Vita Caroli Quarti. Die Autobiographie Karls IV.* (wie Einl. Anm. 1), S. 239.
2 Ordo ad coronandum regem Bohemorum et Ordo ad benedicendam reginam.
3 Johann Loserth (Hrsg.): „Die Krönungsordnung der Könige von Böhmen", in: *Archiv für österreichische Geschichte*, 54 (1876), S. 9–36 Bernd-Ulrich Hergemöller: „Carolus quartus latinus. Karl IV. als literarisches Ego, als gestaltender Urheber und als geistige Autorität", in: ders.: *Cogor ad-*

versum te. Drei Studien zum literarisch-theologischen Profil Karls IV. und seiner Kanzlei, Warendorf 1999, S. 221–413. Jana Nechutová: *Die lateinische Literatur des Mittelalters in Böhmen*, Köln/Weimar/Wien 2007, S. 146–148, 169–173.

4 Jacques Verger: *Les Universités au Moyen Âge*, Paris 1973. Walter Rüegg (Hrsg.): *Geschichte der Universität in Europa*, München 1993. Jean-Philippe Genet: *La Mutation de l'éducation et de la culture médiévales*, Paris 1999.

5 Roderich Schmidt: „Begründung und Bestätigung der Universität Prag durch Karl IV. und die kaiserliche Privilegierung von Generalstudien", in: Hans Patze (Hrsg.): *Kaiser Karl IV. 1316–1378. Forschungen über Kaiser und Reich*, Neustadt/Aisch 1978, S. 695–719. Barbara Drake Boehm: „Die Universität von der Gründung bis zum Kuttenberg Dekret", in: *Karl IV. Kaiser von Gottes Gnaden. Kunst und Repräsentation des Hauses Luxemburg 1310–1437*, Ausst.-Kat. Prag/New York, herausgegeben von Jiří Fajt, Markus Hörsch und Andrea Langer, München/Berlin 2006, S. 263–269.

6 František Kop: *Die Gründung der Karlsuniversität in Prag*, Prag 1945, S. 13. Nachdruck auch in Anton Blaschka: „Vom Sinn der Prager Hohen Schule nach Wort und Bild ihrer Gründungsurkunden", in: Rudolf Schreiber (Hrsg.): *Studien zur Geschichte der Karls-Universität zu Prag*, Salzburg 1954, S. 39–80, hier S. 46–53.

7 *Cronica ecclesiae Pragensis Benessii Krabice de Weitmile – Kronika Beneše Krabice z Weitmile* (wie Kap. 1 Anm. 14), S. 517.

8 Benoît Grevin: *Rhétorique du pouvoir médiéval. Les lettres de Pierre de la Vigne et la formation du langage politique européen (XIIIe–XVe siècles)*, Rom 2008.

9 Frank Rexroth: *Deutsche Universitätsstiftungen von Prag bis Köln. Die Intention des Stifters und die Wege und Chancen ihrer Verwirklichung im spätmittelalterlichen Territorialstaat*, Köln/Weimar/Wien 1992, S. 59–107. Ivana Čornejová, Michal Svatoš und Petr Svobodný: *History of Charles University*. Bd. 1: *1348–1802*, Prag 2001. Interessanterweise skizzieren die *nationes* der Prager Universität spätere Grenzen in Mitteleuropa vor.

10 Arthur Wyss (Hrsg.): *Die Limburger Chronik des Tilemann Elhen von Wolfhagen*, Hannover 1883, Nachdruck München 1993, S. 25–95.

11 Ernst Kantorowicz: *Die zwei Körper des Königs. Eine Studie zur politischen Theologie des Mittelalters*, übersetzt von Walter Theimer, München 1990.

12 Jörg K. Hoensch: *Die Luxemburger. Eine spätmittelalterliche Dynastie gesamteuropäischer Bedeutung 1308–1437*, Stuttgart 2000, S. 95–98.

13 Jean-Noël Biraben: *Les Hommes et la peste en France et dans les pays européens et méditerranéens*. Bd. I: *La peste dans l'histoire*. Bd. II: *Les hommes face à la peste*, Paris 1975–1976. František Graus: *Pest – Geißler – Judenmorde. Das 14. Jahrhundert als Krisenzeit*, Göttingen 1987. Klaus Bergdolt: *Der schwarze Tod in Europa*, München 2011.

14 *Cronicon Francisci Pragensis/Kronika Františka Pražského*, herausgegeben von Jana Zachová, Prag 1997, S. 205. Gerrit Jasper Schenk: „Die Zeit Karls IV. zwischen Frost und Blüte. Katastrophen, Krisen und Klimawandel im 14. Jahrhundert", in: Ausst.-Kat. Prag/New York 2006 (wie Kap. 2 Anm. 5), S. 31–39.

15 *Die Chronik des Mathias von Neuenburg*, herausgegeben von Adolf Hofmeister, Berlin 1924/1940.

16 *Die Chronik Heinrichs Taube von Selbach (Chronica Heinrici Surdi de Selbach)*, herausgegeben von Harry Bresslau, Berlin 1922.

17 Helmut Schmidbauer: „Herzog Ludwig V. von Bayern (1315–1361). Anmerkungen zu seiner Biographie", in: *Zeitschrift für bayerische Landesgeschichte*, 55 (1992), S. 77–87. Roland Pauler: „Die Rehabilitierung Lud-

wigs des Brandenburgers im Rahmen der päpstlichen Imperialpolitik", in: *Zeitschrift für bayerische Landesgeschichte*, 60 (1997), S. 317–328.

18 Martin Kintzinger: „Karl IV. (1346–1378). Mit Günther von Schwarzburg (1349)", in: Bernd Schneidmüller und Stefan Weinfurter (Hrsg.): *Die deutschen Herrscher des Mittelalters. Historische Portraits von Heinrich I. bis Maximilian I. (919–1519)*, München 2003, S. 408–432.

19 Alexander Schubert: „Echte Macht und falsche Herrschaft – Vom Einfluss falscher Herrscher auf die Reichsgeschichte", in: Matthias Puhle und Claus-Peter Hasse (Hrsg.): *Heiliges Römisches Reich Deutscher Nation 962–1806. Von Otto dem Großen bis zum Ausgang des Mittelalters, Essayband zur 29. Ausstellung des Europarates*, Dresden 2006, S. 348–357.

20 Gilles Lecuppre: *L'Imposture politique au Moyen Âge. La seconde vie des rois*, Paris 2005.

21 Robert Folz: *Études sur le culte liturgique de Charlemagne dans les églises de l'Empire*, Paris 1951. Pierre Monnet: *„Charlemagne à Francfort: VIII*e*–XV*e *siècles. Mémoire et espace urbain"*, in: Franz J. Felten, Pierre Monnet und Alain Saint-Denis (Hrsg.): *Robert Folz (1910–1996). Mittler zwischen Frankreich und Deutschland. Actes du colloque „Idée d'Empire et royauté au Moyen Âge: un regard franco-allemand sur l'œuvre de Robert Folz"*, Dijon, 2001/Stuttgart 2007, S. 117–130.

22 Klaus Bender: *Die Verpfändung von Reichseigentum in den ersten drei Regierungsjahren Karls IV. von 1346 bis 1349*, Hamburg 1967. Götz Landwehr: *Die Verpfändung der Reichsstädte im Mittelalter*, Köln/Wien 1967.

23 *Matthiae Nuewenburgensis Cronica 1273–1350*, herausgegeben von Alfons Huber, Stuttgart 1868, S. 254. *Die Chronik des Mathias von Neuenburg*, herausgegeben von Adolf Hofmeister, Berlin 1924/1940.

24 Bernard Guillemain: *Les Papes d'Avignon (1309–1376)*, Paris 1998.

25 Olaf B. Rader (Hrsg.): *Wie Blitz und Donnerschlag. Die Kaiserkrönung Karls IV. nach den Berichten des Johannes Porta de Annoniaco*, aus dem Mittelitalienischen übersetzt von Marianna Spano und Ulrike Hohensee, Berlin 2016, S. 21 und 65.

26 Peter Hilsch: „Die Krönungen Karls IV.", in: Ausst.-Kat. Nürnberg/Köln 1978 (wie Einl. Anm. 14), S. 108–111. Olaf B. Rader: „Collector coronarum. Karl IV. als Kronensammler", in: Ausst.-Kat. Prag/Nürnberg 2016 (wie Kap. 1 Anm. 35), S. 86–94.

27 Jean-Claude Maire Vigueur: *L'Autre Rome: une histoire des Romains à l'époque des communes (XII*e*–XIV*e *siècle)*, Paris 2010. Andreas Rehberg und Anna Modigliani: *Cola di Rienzo e il Comune di Roma*, Rom 2004.

28 Claudia Garnier und Hermann Kamp (Hrsg.): *Spielregeln der Mächtigen. Mittelalterliche Politik zwischen Gewohnheit und Konvention*, Darmstadt 2010.

29 Wie Albertus Magnus 1250 in seinem Traktat *De mineralibus* ausführt, wurde dieser Opal der „Waise" (*orphanus*) genannt, „weil er niemals sonst irgendwo gesehen war. [...] Er hat eine Farbe wie Wein, wie zartes Weinrot, und es ist, wie wenn das blendende, leuchtende Weiß des Schnees in das helle Weinrot eindringt und dabei doch das Rot beherrschend bleibt. Dieser Edelstein glänzt stark und es heißt, er habe einst sogar bei Nacht geleuchtet; doch das tut er in unserer Zeit nicht mehr. Wohl aber wird gesagt, dass er die Ehre des Reiches bewahre." Percy Ernst Schramm: *Herrschaftszeichen und Staatssymbolik. Beiträge zu ihrer Geschichte vom 3. bis zum 16. Jahrhundert*, Stuttgart 1954–1956, 3 Bde. und ein Ergänzungsband: *Herrschaftszeichen und Staatssymbolik. Beiträge zu ihrer Geschichte vom dritten bis zum sechzehnten Jahrhundert*, München 1978.

30 Rader 2016a (wie Kap. 2 Anm. 25), S. 131.

31 Eva Schlotheuber: „Kaiser Karl IV. und der päpstliche Legat Aegidius Albornoz", in: *Deutsches Archiv für Erforschung des Mittelalters*, 69/2 (2013), S. 531–579.

32 Roland Pauler: *Die deutschen Könige und Italien im 14. Jahrhundert*, Darmstadt 1997.

33 Ernst Kantorowicz: *Kaiser Friedrich der Zweite*, Berlin 1927 (Neuauflage Stuttgart 2016). Sylvain Gouguenheim: *Frédéric II. Un empereur de légendes*, Paris 2015.

34 *Regesta Imperii.* Teil 8: *Die Regesten des Kaiserreichs unter Kaiser Karl IV., 1346–1378.* Aus dem Nachlasse J. F. Böhmers, herausgegeben und ergänzt von A. Huber, Nachdruck Hildesheim 1968, S. 185. Bernd-Ulrich Hergemöller: *Fürsten, Herren und Städte zu Nürnberg 155/56. Die Entstehung der „Goldenen Bulle" Karls IV.*, Köln/Wien 1983.

Kapitel 3

1 Johann Wolfgang von Goethe: *Aus meinem Leben. Dichtung und Wahrheit, Neuausgabe mit einer Biographie des Autors. Herausgegeben von Karl-Maria Guth, Berlin 2016, S. 15.*

2 Gemeint ist der Frankfurter Johann Daniel von Olenschlager, Rechtsgelehrter und Verfasser eines vielgelesenen Kommentars zur Goldenen Bulle (1766).

3 Goethe 2016 (wie Kap. 3 Anm. 1), S. 130. Michael Niedermeier: „Goethe und die Goldene Bulle", in: Ulrike Hohensee, Mathias Lawo, Michael Lindner u. a. (Hrsg.): *Die Goldene Bulle. Politik – Wahrnehmung – Rezeption*, Berlin 2009, Bd. 2, S. 1121–1135, insbes. S. 1126 und 1130.

4 *Vita Caroli Quarti. Die Autobiographie Karls IV.* (wie Einl. Anm. 1), S. 107.

5 Pierre Monnet: „La Bulle d'Or de 1356, un texte dans la longue durée allemande et européenne", in: *Bulletin de l'Institut Historique Allemand de Paris*, 15, 2010, S. 29–51. Pierre Monnet: „La Bulle d'Or de 1356, une ‚constitution' pour l'Empire?", in: Foronda und Genet 2019 (wie Einl. Anm. 17), S. 149–188.

6 Vielleicht ist das der Grund, warum die UNESCO die Goldene Bulle 2013 im Rahmen des Programms „Memory of the World" zum Weltdokumentenerbe erklärte und so mit der *Magna Carta* von 1215 (die 2009 in das Verzeichnis aufgenommen wurde) und den *Decretos* der Cortes de León de 1188 (2013) in eine Reihe stellte. Unter den 200 Texten, die 2013 zum „Gedächtnis der Welt" gehörten, finden sich nur drei historische „Verfassungen".

7 *Die Goldene Bulle: König Wenzels Handschrift. Codex Vindobonensis 338 der Österreichischen Nationalbibliothek. Kommentar zum Faksimile*, Graz 1977, 2. bearb. Aufl. Darmstadt 2002.

8 Hartmut Boockmann: „Zu den Wirkungen der ‚Reform Kaiser Siegmunds'", in: *Deutsches Archiv für Erforschung des Mittelalters*, 1979, S. 514–541. Heinz Angermeier: *Die Reichsreform 1410–1555. Die Staatsproblematik in Deutschland zwischen Mittelalter und Gegenwart*, München 1984. Karl-Friedrich Krieger: *König, Reich und Reichsreform*, München 1992. Eberhard Holtz: „Die Goldene Bulle Karls IV. im Politikverständnis von Kaiser und Kurfürsten während der Regierungszeit Friedrichs III. (1440–1493)", in: Hohensee u. a. 2009 (wie Kap. 3 Anm. 3), Bd. 2, S. 1043–1070.

9 Kurt Flasch: *Nikolaus von Kues. Geschichte einer Entwicklung*, Frankfurt am Main 1998.

10 *Kaiser und Reich. Libellus de Cesarea monarchia*, herausgegeben und übersetzt von Rainer A. Müller, Frankfurt am Main 1998.

11 Hergemöller 1983 (wie Kap. 2 Anm. 34).

12 Lorenz Weinrich (Hrsg.): *Quellen zur Verfassungsgeschichte des römisch-deutschen Reiches im Spätmittelalter (1250–1500)*, Darmstadt 1983, S. 314–377.

13 Françoise Autrand: *Charles V*, Paris 1994. Bove 2009 (wie Kap. 1 Anm. 34).

14 Bernd-Ulrich Hergemöller: „Die Entstehung der Goldenen Bulle zu Nürnberg und Metz 1355 bis 1357", in: *Die Kaisermacher. Frankfurt am Main und die Goldene Bulle 1356–1806*, Ausst.-Kat. Frankfurt am Main, herausgegeben von Evelyn Brockhoff und Michael Matthäus, Frankfurt am Main 2006, Bd. „Aufsätze", S. 26–40.

15 Michael Lindner: „Es war an der Zeit. Die Goldene Bulle in der politischen Praxis Kaiser Karls IV.“, in: Hohensee u. a. 2009 (wie Kap. 3 Anm. 3), Bd. 1, S. 93–141.

16 Wilhelm Volkert: „Die Siegel Karls IV.“, in: Ausst.-Kat. Nürnberg/Köln 1978 (wie Einl. Anm. 14), S. 308–312. Michael Matthäus: „Die Kaisergoldbulle Karls IV. im Kontext der Entwicklung deutscher Herrschersiegel im Mittelalter“, in: Ausst.-Kat. Frankfurt am Main 2006 (wie Kap. 3 Anm. 14), Bd. „Aufsätze“, S. 64–76.

17 Reinhaart Staats: *Theologie der Reichskrone. Ottonische „Renovatio Imperii“ im Spiegel einer Insignie*, Stuttgart 1976. Ders.: *Die Reichskrone. Geschichte und Bedeutung eines europäischen Symbols*, Göttingen 1991. Mechthild Schulze-Dörrlamm: *Die Kaiserkrone Konrads II. (1024–1039). Eine archäologische Untersuchung zu Alter und Herkunft der Reichskrone*, Sigmaringen 1992.

18 Wolf Erich Kellner: *Das Reichsstift Sankt-Bartholomäus zu Frankfurt im Spätmittelalter*, Frankfurt am Main 1962.

19 Liselotte E. Saurma-Jeltsch (Hrsg.): *Karl der Große als vielberufener Vorfahr*, Sigmaringen 1994. August Heuser und Mathias Kloft (Hrsg.): *Karlsverehrung in Frankfurt am Main*, Frankfurt am Main, 2000.

20 Paul-Joachim Heinig: „*Solide bases imperii et columpne immobiles*? Die geistlichen Kurfürsten und der Reichsepiskopat um die Mitte des 14. Jahrhunderts“, in: Hohensee u. a. 2009 (wie Kap. 3 Anm. 3), Bd. 1, S. 65–92. Axel Gotthard: „Cardo Imperii. Das Kurfürstenkollegium im spätmittelalterlichen und frühneuzeitlichen Reichsverband“, in: Ausst.-Kat. Frankfurt am Main 2006 (wie Kap. 3 Anm. 14), Bd. „Aufsätze“, S. 130–140.

21 Gabriele Annas und Heribert Müller: „Kaiser, Kurfürsten und Auswärtige Mächte. Zur Bedeutung der Goldenen Bulle im Rahmen von Rangstreitigkeiten auf Reichsversammlungen und Konzilien des 15. Jahrhunderts“, in: Ausst.-Kat. Frankfurt am Main 2006 (wie Kap. 3 Anm. 14), Bd. „Aufsätze“, S. 106–130. Joachim Kunisch: „Formen symbolischen Handelns in der Goldenen Bulle von 1356“, in: Barbara Stollberg-Rilinger (Hrsg.): *Vormoderne politische Verfahren*, Berlin 2001, S. 263–280. Gerald Schwedler „Dienen muss man dürfen oder die Zeremonialvorschriften der Goldenen Bulle zum Krönungsmahl des römisch-deutschen Herrschers“, in: Claus Ambos u. a. (Hrsg.): *Die Welt der Rituale. Von der Antike bis heute*, Darmstadt 2005, S. 156–166. Bernd Schneidmüller: „Das spätmittelalterliche Imperium als lebendes Bild: Ritualentwürfe der Goldenen Bulle von 1356“, in: Claus Ambos und Peter Rösch (Hrsg.): *Bild und Ritual. Visuelle Kulturen in historischer Perspektive*, Darmstadt 2010, S. 210–230. Ders.: „Die Aufführung des Reichs. Zeremoniell, Ritual und Performanz in der Goldenen Bulle von 1356“, in: Ausst.-Kat. Frankfurt am Main 2006 (wie Kap. 3 Anm 14), Bd. „Aufsätze“, S. 76–94.

22 Pierre Monnet: „De l’honneur de l’Empire à l’honneur urbain: la Bulle d’Or de 1356 et les villes dans l’Empire médiéval et moderne“, in: Julie Claustre, Olivier Mattéoni und Nicolas Offenstadt (Hrsg.): *Un Moyen Âge pour aujourd’hui. Mélanges offerts à Claude Gauvard*, Paris 2010, S. 152–160.

23 Weinrich 1983 (wie Kap. 3 Anm. 12), S. 290–293.

24 Klaus Richter: *Rechtsbücher: Sachsenspiegel und Schwabenspiegel*“, in: Jörg Wolff (Hrsg.): *Kultur- und rechtshistorische Wurzeln Europas. Band 1.*, Mönchengladbach 2005.

25 Eva Schlotheuber: „Das *Privilegium maius* – eine habsburgische Fälschung im Ringen um Rang und Einfluss“, in: Peter Schmid und Heinrich Wanderwitz: *Die Geburt Österreichs. 850 Jahre Privilegium minus*, Regensburg 2007, S. 143–165.

26 Henry Bogdan: *Histoire des Habsbourg: des origines à nos jours*, Paris 2005. Heinz-Dieter Heimann: *Die Habsburger. Dynastie und Kaiserreiche*, München 2016.

27 Mario Müller, Karl-Heinz Spiess und Uwe Tresp (Hrsg.): *Erbeinungen und Erbverbrüderungen in Spätmittelalter und Früher Neuzeit*, Berlin 2014, darin insbes.: Heinz-Dieter Heimann: „Die luxemburgisch-habsburgischen Erbverbrüderungen von 1364 und 1366. Ein inner- und interdynastisches Rechtswerk", S. 133–149.

28 Erhard Hirsch: *Generationsübergreifende Verträge reichsfürstlicher Dynastien vom 14. bis zum 16. Jahrhundert*, Berlin 2013.

29 Flaminia Pichiorri: „L'autobiographie de Charles IV. Essai d'analyse lexicale", in: *Histoire & mesure*, 18/3–4 (2003), S. 335–374.

30 Gabriele Annas: *Hoftag – Gemeiner Tag – Reichstag. Studien zur strukturellen Entwicklung deutscher Reichsversammlungen des späten Mittelalters (1349–1471)*, Göttingen 2004. Julia Dücker: *Reichsversammlungen im Spätmittelalter. Politische Willensbildung in Polen, Ungarn und Deutschland*, Ostfildern 2011.

31 Jean-Marie Moeglin: *L'Empire et le royaume. Entre in différence et fascination 1214–1500*, Lille 2011.

32 Andreas Büttner: *Der Weg zur Krone. Rituale der Herrschererhebung im spätmittelalterlichen Reich*, Ostfildern 2012.

33 Jean-Claude Schmitt: „Rites", in: Jacques Le Goff und Jean-Claude Schmitt (Hrsg.): *Dictionnaire raisonné de l'Occident médiéval*, Paris 1999, S. 969–984. Gert Melville und Martial Staub (Hrsg.): *Enzyklopädie des Mittelalters*, Darmstadt 2008, 2 Bde., insbes. das Kapitel „Symbolische Formen", Bd. 1, S. 248–256. Hans-Werner Goetz: *Moderne Mediävistik. Stand und Perspektiven der Mittelalterforschung*, Darmstadt 1999, insbes. das Kapitel „Nonverbale Kommunikation, Symbolik, Ritualität", S. 362 ff. Jean-Claude Schmitt, Otto Gerhard Oexle (Hrsg.): *Les Tendances actuelles de l'histoire du Moyen Âge en France et en Allemagne*, Paris 2002, insbes. das Kapitel „Rituels et institutions", S. 231–283. Heinz Duchhardt und Gert Melville (Hrsg.): *Im Spannungsfeld von Recht und Ritual. Soziale Kommunikation in Mittelalter und Früher Neuzeit*, Köln 1997. Gerd Althoff: *Spielregeln der Politik im Mittelalter. Kommunikation in Frieden und Fehde*, Darmstadt 1997. Ders.: *Inszenierte Herrschaft*, Darmstadt 2003. Ders.: *Die Macht der Rituale. Symbolik und Herrschaft im Mittelalter*, Darmstadt 2003. Philippe Buc: *Dangereux rituels. De l'histoire médiévale aux sciences sociales*, Paris 2003. Martin Kintzinger: „Zeichen und Imaginationen des Reiches", in: Bernd Schneidmüller und Stefan Weinfurter (Hrsg.), *Heilig – Römisch – Deutsch. Das Reich im spätmittelalterlichen Europa*, Dresden 2006, S. 345–371. Barbara Stollberg-Rillinger, Mathias Puhle und Gerd Althoff: *Spektakel der Macht. Rituale im alten Europa 800–1800*, Darmstadt 2008.

34 Jochen A. Führer: „Kaiserinnenkrönungen in Frankfurt am Main", in: Ausst.-Kat. Frankfurt am Main 2006 (wie Kap. 3 Anm. 14), Bd. „Aufsätze", S. 294–308. Amalie Fössel: *Die Königin im mittelalterlichen Reich*, Stuttgart 2000.

35 Michael Niedermeier: „Goethe und die Goldene Bulle", in: Hohensee u. a. 2009 (wie Kap. 3 Anm. 3), Bd. 2, S. 1121–1135.

36 *Vita Caroli Quarti. Die Autobiographie Karls IV.* (wie Einl. Anm. 1), S. 97.

37 Pierre Monnet: „Le Saint-Empire entre *regnum* et *imperium*", in: Frédéric Hurlet (Hrsg.): *Les Empires. Antiquité et Moyen Âge. Analyse comparée*, Rennes 2008, S. 155–180. Pierre Monnet: „L'Empire et ses royaumes voisins du Nord et de l'Est de l'Europe", in: Patrick Boucheron (Hrsg.): *Histoire du monde au XVe siècle*, Paris 2009, S. 155–175.

38 Paul-Joachim Heinig: „*Solide bases imperii et columpne immobiles?* Die geistlichen Kurfürsten und der Reichsepiskopat um die Mitte des 14. Jahrhunderts", in: Hohensee u. a. 2009 (wie Kap. 3 Anm. 3), S. 65–92. Axel Gotthard: „*Cardo Imperii.* Das Kurfürstenkollegium im spätmittelalterlichen und frühneuzeitlichen Reichsverband", in:

Ausst.-Kat. Frankfurt am Main 2006 (wie Kap. 3 Anm. 14), S. 130–140.

39 František Kavka: „Böhmen, Mähren, Schlesien", in: Ausst.-Kat. Nürnberg/Köln 1978 (wie Einl. Anm. 14), S. 189–194. Heinz Stoob: *Kaiser Karl IV. und seine Zeit*, Graz/Wien/Köln 1990, S. 182–202 (Karl IV. und Europa im Jahrzehnt nach der Goldenen Bulle). Lenka Bobková: „Die Länder der böhmischen Krone", in: Ausst.-Kat. Prag/Nürnberg 2016 (wie Kap. 1 Anm. 35), S. 123–132.

40 Heribert Sturm: „Des Kaisers Land in Bayern", in: Ausst.-Kat. Nürnberg/Köln 1978 (wie Einl. Anm. 14), S. 208–212.

41 *Das „Böhmische Salbüchlein" Kaiser Karls IV. über die nördliche Oberpfalz 1366/68*, herausgegeben von Fritz Schnelbögl, München 1973.

42 Richard Němec: „Herrscher – Kunst – Metapher. Das ikonografische Programm der Residenzburg Lauf an der Pegnitz als eine Quelle der Herrschaftsstrategie Karls IV.", in: Hohensee u. a. 2009 (wie Kap. 3 Anm. 3), S. 369–402.

43 Heinz-Dieter Heimann, Klaus Neitmann und Uwe Tresp (Hrsg.): *Die Nieder- und Oberlausitz – Konturen einer Integrationslandschaft*, Bd. 1 : *Mittelalter*, Berlin 2013.

44 Johannes Schultze (Hrsg.): *Das Landbuch der Mark Brandenburg von 1375*, Berlin 1940. Jan Winkelmann: *Die Mark Brandenburg des 14. Jahrhunderts. Markgräfliche Herrschaft zwischen räumlicher „Ferne" und politischer „Krise"*, Berlin 2011. Franziska Heidemann: *Die Luxemburger in der Mark. Brandenburg unter Kaiser Karl IV. und Sigismund von Luxemburg (1373–1415)*, Warendorf 2014. Sascha Bütow: „Das Landbuch der Mark Brandenburg", in: Jan Richter, Jan, Peter Knüvener und Kurt Winkler (Hrsg.): *Kaiser Karl IV. und Brandenburg*, Berlin 2016, S. 12–19.

45 Uwe Tresp: „Karl IV., das Haus Luxemburg und die Erbeinungen der Böhmischen Krone im späten Mittelalter", in: Müller u. a. 2014 (wie Kap. 3 Anm. 27). S. 159–172.

46 Die *Constitutiones Sanctæ Matris Ecclesiæ* von 1357 wurden erst 1816 außer Kraft gesetzt. Jean-Pierre Delumeau und Isabelle Heullant-Donat: *L'Italie au Moyen Âge. V^{e}–XVe siècle*, Paris 2000. Élisabeth Crouzet-Pavan: *Renaissances italiennes* 1380–1500, Paris 2007.

47 Zitiert in: Ferdinand Seibt: *Karl IV. Ein Kaiser in Europa 1346 bis 1378*, München 1978, S. 340 f., nach Gustav Pirchan: *Italien und Kaiser Karl IV. in der Zeit seiner zweiten Romfahrt*, Reichenberg 1930, S. 298.

48 Crouzet-Pavan 2007 (wie Kap. 3 Anm. 46), S. 70–78 und 165–176. Laurent Baggioni: *La „Forteresse de la raison". Lectures de l'humanisme politique florentin d'après l'Epistolario de Coluccio Salutati (1331–1406)*, Lyon 2011.

49 Wolfgang von Stromer: „Wirtschaftsleben unter den Luxemburgern", in: Gerhard Pfeiffer (Hrsg.): *Nürnberg – Geschichte einer europäischen Stadt*, München 1971, S. 92–100.

50 Der Nürnberger Ratsherr und Kaufmann Ulman Stromer war Autor einer der allerersten auf Deutsch verfassten Autobiografien, der er eine Chronik der Stadt und des Reichs voranstellte. Im dritten Kapitel berichtet er vom Romzug Karls IV. Zitiert in: Seibt 1978 (wie Kap. 3 Anm. 47), S. 341, nach: Ulman Stromer: *Püchel von meim geslecht und von abentewr*, herausgegeben von Karl Hegel, Nürnberg/Leipzig 1862, S. 64. Zu dieser faszinierenden Persönlichkeit siehe Peter Fleischmann: *Rat und Patriziat in Nürnberg. Die Herrschaft der Ratsgeschlechter vom 13. bis zum 18. Jahrhundert.* Bd. 2: *Ratsherren und Ratsgeschlechter*, Nürnberg 2008.

51 Roland Pauler: *Die deutschen Könige und Italien im 14. Jahrhundert*, Darmstadt 1997, S. 215–223. Martin Bauch: „Wie ein zweiter Konstantin. Karl IV. und der Romzug 1368/69", in: Ausst.-Kat. Prag/Nürnberg 2016 (wie Kap. 1 Anm. 35). S. 203–207.

52 Jean Favier: *Les Papes d'Avignon*, Paris 2006.

53 Paul Payan: *Entre Rome et Avignon, une histoire du Grand Schisme (1378–1417)*, Paris 2009.

54 Henri Bresc: „La génèse du grand schisme: les partis cardinalices et leurs ambitions dynastiques“, in: *Genèse et Début du grand schisme d'Occident (Colloque d'Avignon 1978)*, Paris 1980, S. 45–57.

55 Stefan Weiß: „Onkel und Neffe. Die Beziehungen zwischen Deutschland und Frankreich unter Kaiser Karl IV. und König Karl V. und der Ausbruch des Großen Abendländischen Schismas. Eine Studie über mittelalterliche Außenpolitik“, in: ders. (Hrsg.): *Regnum et Imperium. Die französisch-deutschen Beziehungen im 14. und 15. Jahrhundert/Les Relations franco-allemandes au XIVe et au XVe siècle* [Deutsches Historisches Institut Paris], München 2008, S. 101–164. Moeglin 2011 (wie Kap. 3 Anm. 31), insbes. S. 43–56. Heinz Thomas: „Die Beziehungen Karls IV. zu Frankreich von der Rhenser Wahl im Jahre 1346 bis zum Großen Metzer Hoftag“, in: Patze 1978 (wie Kap. 2 Anm. 5), S. 165–201.

56 Jean-Marie Moeglin und Stéphane Péquignot: *Diplomatie et ‚relations internationales‘ au Moyen Âge (IXe–XVe siècle)*, Paris 2017.

57 *Vita Caroli Quarti. Die Autobiographie Karls IV.* (wie Einl. Anm. 1), S. 115.

58 Michel Parisse (Hrsg.): *Histoire de la Lorraine*, Toulouse 1977.

59 Jean Schneider: *La Ville de Metz aux XIIIe et XIVe siècles*, Nancy 1950. François-Yves Le Moigne (Hrsg.): Histoire de Metz, Toulouse 1986.

60 Moeglin 2011 (wie Kap. 3 Anm. 31).

61 Zum Umgang mit den Konzepten Bündnis, Freundschaft und Neutralität im Spätmittelalter siehe Klaus Oschema: *Freundschaft und Nähe im spätmittelalterlichen Burgund. Studien zum Spannungsfeld von Emotion und Institution*, Köln/Weimar/Wien 2006.

62 Autrand 1994 (wie Kap. 3 Anm. 13), S. 164–166.

63 Pierre Racine: *Frédéric Barberousse 1152–1190*, Paris 2009. Knut Görich: *Friedrich Barbarossa. Eine Biographie*, München 2011.

64 Esther Dehoux: *Saints guerriers: Georges, Guillaume, Maurice et Michel dans la France médiévale (XIe–XIIIe siècles)*, Rennes 2014.

65 Réjane Brondy, Bernard Demotz und Jean-Pierre Leguay: *Histoire de Savoie. La Savoie de l'an mil à la Réforme, XIe–début XVIe siècle*, Rennes 1984. Bernard Demotz: *Le Comté de Savoie du XIe au XVe siècle: Pouvoir, château et État au Moyen Âge*, Genf 2000.

66 *L'Europe des Anjous. Aventure des princes angevins du XIIIe au XVe siècle*, Paris 2001. Noël-Yves Tonnerre und Élisabeth Verry (Hrsg.): *Les Princes angevins du XIIIe au XVe siècle. Un destin européen*, Rennes 2003.

Erster Akt

1 *Les Grandes Chroniques de France: Chronique des règnes de Jean II et de Charles V*, herausgegeben von Roland Delachenal, Paris 1910–1920. *Les Grandes Chroniques de France*, herausgegeben von Jules Viard, Paris 1920–1953. *Les Grandes Chroniques de France*, ins Neufranzösische übersetzt und erläutert von Nathalie Desgrugillers, Clermont-Ferrand 2013. Bernard Guenée: „Les Grandes chroniques de France, le Roman aux roys (1274–1518)“, in: Pierre Nora (Hrsg.): *Les Lieux de mémoire*, Bd. II/1, Paris 1986, S. 189–214. Anne D. Hedeman: *The Royal Image: Illustrations of the „Grandes Chroniques de France“ (1274–1422)*, Berkeley 1991.

2 *Le Livre des Fais et bonnes meurs du sage roy Charles V*, herausgegeben von Suzanne Solente, Paris 1936–1940. *Christine de Pizan. Livre des faits et bonnes mœurs du sage roi Charles V*, herausgegeben, ins Neufranzösische übersetzt und erläutert von Joël Blanchard und Michel Quereuil Paris, 2013.

Françoise Autrand: *Christine de Pizan*, Paris 2009.

3 BNF, ms. fr. 2813, fol. 467–480. *Les Fastes du gothique. Le siècle de Charles V*, herausgegeben von Bruno Donzet und Christian Sire, Ausst.-Kat. Paris, Paris 1981, S. 329–331.

4 Vgl. Autrand 1994 (wie Kap. 3 Anm. 13), S. 788–805. Dies.: „Mémoire et cérémonial: la visite de l'empereur Charles IV à Paris en 1378 d'après les Grandes Chroniques de France et Christine de Pizan", in: Liliane Dulac und Bernard Ribémond (Hrsg.): *Une Femme de lettres au Moyen Âge. Études autour de Christine de Pizan*, Orléans 1995, S. 91–103.

5 Die beste Beschreibung der einzelnen Chronikteile findet sich in: Jean-Claude Schmitt: *Les Rythmes au Moyen Âge*, Paris 2016, S. 452–469. Siehe auch: František Šmahel: *The Parisian Summit 1377–78. Emperor Charles IV and King Charles V of France*, Prag 2014.

6 Colette Beaune: *Les Manuscrits des rois de France au Moyen Âge. Le miroir du pouvoir*, Paris 1997. Bernd Carqué: *Stil und Erinnerung. Französische Hofkunst im Jahrhundert Karls V. und im Zeitalter ihrer Deutung*, Göttingen 2004. Zu Perrin oder Pierre Remiet: Michael Camille: *Master of Death. The Lifeless Art of Pierre Remiet, Illuminator*, New Haven 1996, S. 253.

7 BNF, Fr. 2813.

8 Jana Fantysová-Matějková: *Wenceslas de Bohême, un prince au carrefour de l'Europe*, Paris 2013.

9 Moeglin und Péquignot 2017 (wie Kap. 3 Anm. 56).

10 Colette Beaune: *Naissance de la nation France*, Paris 1985.

11 Martin Kintzinger: „Zeremoniell und politische Repräsentation bei dem berühmten Treffen zwischen Karl IV. und Karl V. von Frankreich", in: Hohensee u. a. 2009 (wie Kap. 3 Anm. 3), Bd. 1, S. 299–326.

12 Jacques Krynen: *L'empire du roi. Idées et croyances politiques en France XIIIe–XVe siècle*, Paris 1993.

13 František Šmahel: „Die letzte Ausstrahlung der kaiserlichen Majestät: Die Reise Karls IV. nach Paris und seine Prager *pompa funebris*", in: Ausst.-Kat. Prag/Nürnberg 2016 (wie Kap. 1 Anm. 35), S. 247–252.

14 Gerhard Schwedler: *Herrschertreffen des Spätmittelalters. Formen – Rituale – Wirkungen*, Ostfildern 2008.

15 *„Et, pour ce que de coustume l'Empereur dit la 7e leçon à matines, revestus de ses habiz et enseignes imperiaulz, il fu advisé par les gens du Roy que, ou royaume, ne le pourroit il faire, ne souffert ne li seroit"*, so die *Grandes Chroniques*. Vgl. Hermann Heimpel: „Königlicher Weihnachtsdienst im späteren Mittelalter", in: *Deutsches Archiv für Erforschung des Mittelalters*, 39 (1983), S. 131–206.

16 Bernard Guenée und Françoise Lehoux: *Les Entrées royales francaises de 1328 à 1515*, Paris 1968. Christian de Merindol: „Théâtre et politique au Moyen Âge. Les entrées royales et autres cérémonies", in: *Théâtre au Moyen Âge. 115e congrès national des Sociétés savantes*, Avignon 1980, S. 179–212. Bernard Guenée und Christian Desplat: *Les Entrées. Gloire et déclin d'un cérémonial*, Société Henri IV, Colloquium, Biarritz 1997.

17 „[…] *et pour ce que l'Empereur voult en toutes manières monter en hault, devant la dicte chasse, et veoir les saintes reliques, et la montée soit greveuse et estroite, il n'y pot estre porté en sa chaiere, mais se fist tyrer par les braz et jambes contre mont la vix, et grevance de son corps, pour la grant devocion qu'il a voit à veoir de près les dites saintes reliques pareillement ravaler* […]"

18 Richard C. Trexler: *Le Voyage des mages à travers l'histoire*, Paris 2009. Original: *The Journey of the Magi. Meanings in History of a Christian Story*, Princeton (NJ) 1997.

19 Marcel Thomas: „La visite de l'empereur Charles IV en France d'après l'exemplaire des ‚Grandes Chroniques' exécuté pour le

roi Charles V", in: *VIe Congrès international des bibliophiles,* Wien 1971, S. 85–98.

20 Fançoise Autrand 1994: *Charles VI.*, Paris 1986. Bove 2009 (wie Kap. 1 Anm. 34).

21 Stefan Weiß: „Onkel und Neffe. Die Beziehungen zwischen Deutschland und Frankreich unter Kaiser Karl IV. und König Karl V. und der Ausbruch des Großen Abendländischen Schismas. Eine Studie über mittelalterliche Außenpolitik", in: Weiß 2008 (wie Kap. 3 Anm. 55), S. 101–164.

22 Zur Entstehung des Konzepts der Neutralität: Klaus Oschema: „Auf dem Weg zur Neutralität: Eine neue Kategorie politischen Handelns im spätmittelalterlichen Frankreich", in: ders. (Hrsg.): *Freundschaft oder „amitié"? Ein politisch-soziales Konzept der Vormoderne im zweisprachlichen Vergleich (15.–17. Jahrhundert),* Berlin 2007, S. 81–108.

23 Vital Chomel (Hrsg.): *Dauphiné, France. De la principauté indépendante à la province (XIIe–XVIIe siècles),* Grenoble 1999. Anne Lemonde: *Le Temps des libertés en Dauphiné. L'intégration d'une principauté à la couronne de France* (1349–1408), Grenoble 2002. Moeglin 2011 (wie Kap. 3 Anm. 31), insbes. S. 35–41.

24 Rader 2016b (wie Kap. 2 Anm. 26).

25 Françoise Autrand: *Jean de Berry: l'art et le pouvoir,* Paris 2000.

26 Martin Kintzinger: *Westbindungen im spätmittelalterlichen Europa. Auswärtige Politik zwischen dem Reich, Frankreich, Burgund und England in der Regierungszeit Kaiser Sigmunds,* Stuttgart 2000.

27 Heinz Thomas: „Ein zeitgenössisches Memorandum zum Staatsbesuch Kaiser Karls IV. in Paris", in: Wolfgang Haubrichs (Hrsg.): *Zwischen Saar und Mosel. Festschrift für Hans-Walter Herrmann zum 65. Geburtstag,* Saarbrücken 1995, S. 99–119.

28 *„De quoy l'Empereur et tous ceuls qui le sceurent entendre monstrerent semblant de en avoir très grant plaisir. Et en briefves paroles l'Empereur dist en alemant à ses gens, qui presens estoient et qui n'entendoient pas françois, ce que le Roy luy avoit dit, et leur exposa les lectres que sur ce avoit oy lire, et fist response au Roy tele comme il s'ensuit, c'est assavoir qu'il dist que très bien avoit entendu ce que le Roy avoit dit très sagement, et veu et bien cogneu, tant par ses lectres comme autrement, sa bonne querele et justice, et que partout le magnifesteroit et feroit savoir, et que, se les Englois se efforçoient, en Alemaigne, de publier le contraire, comme autre fois avoient fait, il deffendroit et soustendroit le droit du Roy."*

29 *Die Metzer Chronik des Jaique Dex (Jacques d'Esch) über die Kaiser und Könige aus dem Luxemburger Hause (1307–1435),* herausgegeben von Georg Wolfram, Metz 1906. Michel Margue: „L'histoire impériale au service de la bourgeoisie: les Chroniques de Jacques d'Esch et la maison impériale de Luxembourg", in: Mireille Chazan und Gérard Noroy (Hrsg.): Écrire l'histoire à Metz au Moyen Âge: actes du colloque organisé par l'Université Paul-Verlaine de Metz, *23–25 avril 2009,* Metz 2011, S. 281–312. Siehe das aktuelle Forschungsprojekt mit Unterstützung des Nationalen Forschungsfonds von Luxemburg: „Les Chroniques de Jacques d'Esch (avant 1439): historiographie, littérature et identités culturelles entre Empire et France sous les Luxembourg".

30 *Die Metzer Chronik des Jaique Dex* (wie 1. Akt Anm. 29), S. 313 (Kap. XLII).

Kapitel 4

1 Jean-Marie Moeglin: „Les dynasties princières allemandes et la notion de Maison à la fin du Moyen Âge", in: ders.: *Les Princes et le pouvoir au Moyen Âge,* Paris 1993, S. 137–154.

2 Pichiorri 2003 (wie Kap. 3 Anm. 29).

3 Einen guten Überblick vermitteln Michel Pauly: *Geschichte Luxemburgs,* München 2011. Gilbert Trausch: *Histoire du Luxembourg. Le destin européen d'un „petit pays",* Toulouse 2002. Joseph Goedert: *La Formation territoriale du pays de Luxembourg*

depuis les origines jusqu'au milieu du quinzième siècle, Luxemburg 1963.

4 Michel Margue (Hrsg.): *Un itinéraire européen. Jean l'Aveugle, comte de Luxembourg et roi de Bohême (1296–1346)*, Luxemburg 1996. Michel Pauly (Hrsg.): *Johann der Blinde. Graf von Luxemburg, König von Böhmen. 1296–1346*, Luxemburg 1997. Klaus Sütterlin: *König Johann. Ritter auf dem Schauplatz Europa*, Landau 2003. Pauly 2013 (wie Kap. 1 Anm. 7).

5 Hoensch 2000 (wie Kap. 2 Anm. 12).

6 Josef Macek und Robert Mandrou: *Histoire de la Bohême. Des origines à 1918*, Paris 1984. Friedrich Prinz (Hrsg.): *Deutsche Geschichte im Osten Europas. Böhmen und Mähren*, Berlin 1993. Jörg K. Hoensch: *Geschichte Böhmens. Von der slawischen Landnahme bis ins 20. Jahrhundert*, München 1987. Cevins 2013 (wie Einl. Anm. 16).

7 Zu nennen sind u.a. die *Chronica Boemorum* (1119–1125) des Prager Domherrn Cosmas, die sogenannte Dalimil-Chronik (ca. 1310), Peters von Zittau Chronik des Königshofes (um 1315–1335) sowie die Schriften des Benesch Krabitz von Weitmühl (1345–1374), des Franz von Prag (ab 1342), des Franziskaners Giovanni de Marignolli (um 1355) und des Přibík Pulkawa von Radenin (ab 1375).

8 Martin Nejedly: „Le concept de nation en Bohême au XIVe et au début du XVe siècle", in: *Nation et nations au Moyen Âge*, Paris 2014, S. 231–244.

9 Helmut Beumann: „Europäische Nationenbildung im Mittelalter. Aus der Bilanz eines Forschungsschwerpunktes", in: *Geschichte in Wissenschaft und Unterricht*, 10 (1988), S. 587–593. Norbert Kersken: *Geschichtsschreibung im Europa der „nationes". Nationalgeschichtliche Gesamtdarstellungen im Mittelalter*, Köln/Weimar/Wien 1995. Jean-Marie Moeglin: „Nation et nationalisme du Moyen Âge à l'époque moderne", in: *Revue Historique*, 301/3 (1999), S. 537–553. Pierre Monnet: „Nation et nations au Moyen Âge. Introductions", in: *Nation et nations au Moyen Âge*, Paris 2014, S. 9–34.

10 Charles Higounet: *Les Allemands en Europe centrale et orientale au Moyen Âge*, Paris 1989. Peter Moraw: „Das Mittelalter", in: Prinz 1993 (wie Kap. 4 Anm. 6), S. 126–133.

11 Heinz Thomas: *Deutsche Geschichte des Spätmittelalters. 1250–1500*, Stuttgart 1983. Widder 2008 (wie Kap. 1 Anm. 5). Michel Pauly (Hrsg.): *Europäische Governance im Spätmittelalter. Heinrich VII. von Luxemburg und die großen Dynastien Europas*, Luxemburg 2010. Penth und Thorau 2016 (wie Kap. 1 Anm. 5).

12 Francis Rapp: *Les Origines médiévales de l'Allemagne moderne. De Charles IV à Charles Quint (1346–1519)*, Paris 1989. Peter Moraw: *Von offener Verfassung zu gestalteter Verdichtung. Das Reich im späten Mittelalter 1250 bis 1490*, Berlin 1985. Ernst Schubert: *Einführung in die Grundprobleme der deutschen Geschichte im Spätmittelalter*, Darmstadt 1992. Michel Parisse: *Allemagne et Empire au Moyen Âge*, Paris 2002. Frank Rexroth: *Deutsche Geschichte im Mittelalter*, München 2005. Stefan Weinfurter: *Das Reich im Mittelalter. Kleine deutsche Geschichte von 500 bis 1500*, München 2008.

13 Alexander Demandt: *Deutschlands Grenzen in der Geschichte*, München 1990. Pierre Monnet: „La recherche des frontières", in: *L'Allemagne de Luther à nos jours*, Sonderheft von *L'Histoire*, Paris 2017, S. 9–26.

14 Das deutsche Wort „Grenze" (greniza) ist eines der wenigen Lehnwörter aus dem Slawischen.

15 Michel Parisse (Hrsg.): *De la Meuse à l'Oder. L'Allemagne au XIIIe siècle*, Paris 1997.

16 Étienne François und Thomas Serrier: *Europa notre histoire*. Bd. 2: *Les Europe*, herausgegeben von Pierre Monnet und Olaf B. Rader, Paris 2017.

17 Annas 2004 (wie Kap. 3 Anm. 30).

18 Barbara Stollberg-Rilinger: *Des Kaisers alte Kleider. Verfassungsgeschichte und Symbolsprache des Alten Reiches*. München 2013.

19 Gerrit Jasper Schenk: *Zeremoniell und Politik. Herrschereinzüge im spätmittelalterlichen Reich*, Köln/Weimar/Wien 2002.

20 Falk Bretschneider und Christophe Duhamelle (Hrsg.): *Le Saint-Empire. Histoire sociale (XVIe–XVIIIe siècle)*, Paris 2018.

Kapitel 5

1 Kantorowicz 1990 (wie Kap. 2 Anm. 11).

2 Theodor Lindner: *Das Urkundenwesen Karls IV und seiner Nachfolger, 1346–1437*, Stuttgart 1882. Herwig Wolfram und Anton Scharer (Hrsg.): *Intitulatio III: Lateinische Herrschertitel und Herrschertitulaturen vom 7. bis zum 13. Jahrhundert*, Wien/Köln/Graz 1988. Wolfgang Eggert: „Bemerkungen zur Intitulation in den Urkunden Karls IV.", in: Michael Lindner, Eckhard Müller-Mertens, Olaf B. Rader u.a. (Hrsg.): *Kaiser, Reich und Region. Studien und Texte aus der Arbeit an den Constitutiones des 14. Jahrhunderts und zur Geschichte der Monumenta Germaniae Historica*, Berlin 1997, S. 295–311.

3 *Karolus dei gracia Romanorum rex semper augustus et Boemie rex / Karl von gotes gnaden Romischer kunig, ze allen ziten merer des Riches und kunig ze Beheim.*

4 *Karolus quartus divina favente clemencia Romanorum imperator semper augustus et Boemie rex / Karl IV. von gotes gnaden Romischer kaiser, ze allen ziten merer des Riches und kunig ze Beheim.*

5 Interessant ist hingegen, dass auch sein Sohn Wenzel in seiner Titulatur als römisch-deutscher König die aus der Erbfolge der böhmischen Přemysliden stammende Ordnungszahl „IV." führte, obwohl vor ihm noch kein römisch-deutscher Monarch denselben Vornamen getragen hatte wie er.

6 Robert Folz: *Le Souvenir et la légende de Charlemagne dans l'Empire germanique médiéval*, Paris 1950.

7 Jiří Spěvaček: „Der Name, seine Tradition und die Herrschertitulationen in den machtpolitischen Aspirationen Karls IV.", in: *Folia Diplomatica* 2 (1976), S. 129–148.

8 Siehe die sechsbändige *Genèse médiévale de l'anthroponymie moderne*, herausgegeben von Monique Bourin, Tours 1988–2002. Christiane Klapisch-Zuber: „Le nom refait", in: dies.: *La Maison et le nom. Stratégies et rituels dans l'Italie de la Renaissance*, Paris 1990, S. 83–107 (erschienen in *L'Homme*, 20/4 [1980], S. 77–104); auf Deutsch erschienen unter dem Titel *Das Haus, der Name, der Brautschatz. Strategien und Rituale im gesellschaftlichen Leben der Renaissance*, aus dem Französischen übersetzt von Alexandre Métraux, Frankfurt am Main/New York 1995. Dies.: „L'attribution d'un prénom à l'enfant en Toscane à la fin du Moyen-Âge", in: *L'Enfant au Moyen Âge*, Aix-en-Provence 1980, S. 73–85.

9 Michael Mitterauer: *Ahnen und Heilige: Namengebung in der europäischen Geschichte*, München 1993.

10 *Vita Caroli Quarti. Die Autobiographie Karls IV.* (wie Einl. Anm. 1), S. 113.

11 Der zweitälteste Sohn Johanns von Böhmen, der 1318 geborene jüngere Bruder von Wenzel/Karl, hieß beispielsweise Přemysl Ottokar, in ehrerbietiger Huldigung der geradezu „nationalen" dynastischen Tradition Böhmens. Diese Geste, so eine der Chroniken, sollte in erster Linie die wegen der Umbenennung Wenzels in Karl aufgebrachten Böhmen beschwichtigen, denn „der Vorname Ottokar geziemt sich eher für einen böhmischen Prinzen". Auch Johanns 1322 geborener dritter Sohn erhielt nach seinem Vater und Großvater (Kaiser Heinrich VII.) den doppelten Vornamen Johann Heinrich.

12 Reinhard Schneider: *„Karolus, qui et Wenceslaus"*, in: Karl-Ulrich Jäschke und Reinhard Wenskus (Hrsg.): *Festschrift für Helmut Beumann*, Sigmaringen 1977, S. 365–386.

13 *Die Königsaaler Geschichtsquellen. Chronicon Aulae regiae* (wie Kap. 1 Anm. 11), S. 423.

14 Von der *Vita* Karls IV. existiert sogar eine deutschsprachige Abschrift aus der zweiten Hälfte des 14. Jahrhunderts, die den Text

überträgt als: „do sante mich *Wenczeslaum Karolum* genant meyn vater Johannes zcu dem gnanten konige keyn Francken" („Mein Vater schickte mich, *Wenzel Karolus*, zu besagtem König von Frankreich"), so, als habe Karl selbst in seiner Autobiografie den Doppelnamen verwendet.

15 *Vita Caroli Quarti. Die Autobiographie Karls IV.* (wie Einl. Anm. 1), S. 129.

16 Wenzel IV. hingegen erhielt schon früh den Beinamen „der Faule" oder auch „der Trunkenbold".

17 Karl IV. hatte mit seiner vierten Ehefrau 1372 einen Sohn, der den Namen Karl erhielt, jedoch schon im Jahr darauf verstarb. In der Thronfolge stand er ohnehin weit hinter seinen älteren Halbbrüdern.

18 Michel Pastoureau: *Les Sceaux*, Turnhout 1981. Brigitte Bedos-Rezak: *Sigillographie médiévale*, Paris 1998.

19 Wilhelm Volkert: „Die Siegel Karls IV.", in: Ausst.-Kat. Nürnberg/Köln 1978 (wie Einl. Anm. 14), S. 308–312.

20 Reinhard Elze: *Die* ordines *für die Weihe und Krönung des Kaisers und der Kaiserin. Ordines coronationis imperialis*, Hannover 1960. Manfred Hellmann (Hrsg.): *Corona regni. Studien über die Krone als Symbol des Staates im späteren Mittelalter*, Weimar 1961. János M. Bak (Hrsg.): *Coronations: Medieval and Early Modern Monarchic Rituals*, Berkeley 1990.

21 Robert Folz: *Le Couronnement impérial de Charlemagne*, Paris 1964.

22 Armin Wolf: „Prinzipien der Thronfolge in Europa um 1400", in: Reinhard Schneider (Hrsg.): *Das spätmittelalterliche Königtum im europäischen Vergleich*, Sigmaringen 1987, S. 233–278. Mathias Becher (Hrsg.): *Die mittelalterliche Thronfolge im europäischen Vergleich*, Ostfildern 2017.

23 *Nation et nations au Moyen Âge*, Paris 2014.

24 Schramm 1954–1956 (wie Kap. 2 Anm. 29).

25 Kantorowicz 1990 (wie Kap. 2 Anm. 11).

26 *Krönungen. Könige in Aachen. Geschichte und Mythos*, herausgegeben von Mario Kramp, Ausst.-Kat. Aachen, 2 Bde., Mainz 2000.

27 Elze 1960 (wie Kap. 5 Anm. 20).

28 Der gewählte König ist zunächst nur designiert: *in regem Romanorum electus*. Erst durch die Krönung wird er zum *rex Romanorum*. Der Unterschied mag heute banal erscheinen, doch in der politischen Terminologie des Mittelalters war der Übergang vom erwählten zum „tatsächlichen" König von entscheidender Bedeutung.

29 Anders als die sonst üblichen Reifkronen ist die Reichskrone eine achteckige Plattenkrone mit einem Bügel, der mit acht halbkreisförmigen kleinen Platten verziert ist.

30 Christian Jörg und Christoph Dartmann (Hrsg.): *Der „Zug über Berge" während des Mittelalters. Neue Perspektiven der Erforschung mittelalterlicher Romzüge*, Wiesbaden 2014.

31 Pauler 1997 (wie Kap. 2 Anm. 32).

32 Rader 2016b (wie Kap. 2 Anm. 26). Rader 2016a (wie Kap. 2 Anm. 25).

33 Roland Pauler: *Die Auseinandersetzungen zwischen Kaiser Karl* IV. *und den Päpsten. Italien als Schachbrett der Diplomatie*, Neuried 1996.

34 *Chronik der Stadt Augsburg von 1368–1406 mit Fortsetzung bis 1447*, herausgegeben von Ferdinand Frensdorff, Leipzig 1865, S. 60 (zitiert in: Rader 2016a [wie Kap. 2 Anm. 25], S. 62, Anm. 127).

35 Pál Engel, Gyula Kristó und András Kubinyi: *Histoire de la Hongrie médiévale*. Bd. 2: *Des Angevins aux Habsbourgs*, Rennes 2008.

36 Andreas Rüther: „Anna von Schweidnitz", in: Amalie Fössel (Hrsg.): *Die Kaiserinnen des Mittelalters*, Regensburg 2011, S. 273–286.

37 Dieter Veldtrup: *Zwischen Eherecht und Familienpolitik. Studien zu den dynastischen Heiratsprojekten Karls* IV., Warendorf 1988.

38 Václav Žůrek: „Die Heiratspolitik Karls IV.", in: Ausst.-Kat. Prag/Nürnberg 2016 (wie Kap. 1 Anm. 35), S. 189–193.

Kapitel 6

1 *Vita Caroli Quarti. Die Autobiographie Karls IV.* (wie Einl. Anm. 1), S. 97.
2 *Die Chronik Heinrichs Taube von Selbach, mit den von ihm verfassten Biographien Eichstätter Bischöfe*, herausgegeben von Harry Bresslau, Berlin 1922, S. 89.
3 *Matteo Villani. Cronica*, herausgegeben von Giuseppe Porta, 2 Bde., Parma 1995, hier 4. Buch, Kap. 74, Bd. 1, S. 582.
4 Jacques Le Goff: „Roi", in: ders. und Jean-Claude Schmitt (Hrsg.): *Dictionnaire raisonné de l'Occident médiéval*, Paris 1999, S. 985–1004. Bernhard Jussen (Hrsg.): *Die Macht des Königs. Herrschaft in Europa vom Frühmittelalter bis in die Neuzeit*, München 2005.
5 Schneider 1987 (wie Kap. 5 Anm. 22).
6 Margue 1996 (wie Kap. 4 Anm. 4). Pauly 2013 (wie Kap. 1 Anm. 7).
7 Hoensch 1987 (wie Kap. 4 Anm. 6). Cevins 2013 (wie Einl. Anm. 16).
8 Thomas 1983 (wie Kap. 4 Anm. 11). Moraw 1985 (wie Kap. 4 Anm. 12). Rapp 1989 (wie Kap. 4 Anm. 12). Hartmut Boockmann: *Stauferzeit und spätes Mittelalter 1125–1517*, Berlin 1994. Ernst Schubert: *Einführung in die deutsche Geschichte im Spätmittelalter*, Darmstadt 1998. Parisse 2002 (wie Kap. 4 Anm. 12).
9 Pierre Monnet: „Le Saint-Empire entre *regnum* et *imperium*", in: Frédéric Hurlet (Hrsg.): *Les Empires. Antiquité et Moyen Âge. Analyse comparée*, Rennes 2008, S. 155–180. Ders.: „L'Empire et ses royaumes voisins du Nord et de l'Est de l'Europe", in: Boucheron 2009 (wie Kap. 3 Anm. 37), S. 155–175.
10 Bove 2009 (wie Kap. 1 Anm. 34).
11 Marie-Luise Heckmann: *Stellvertreter, Mit- und Ersatzherrscher. Regenten, Generalstatthalter, Kurfürsten und Reichsvikare in* Regnum *und* Imperium *vom 13. bis zum frühen 15. Jahrhundert*, 2 Bde., Warendorf 2002.
12 Nolden 2010 (wie Kap. 1 Anm. 16). Kessel 2012 (wie Kap. 1 Anm. 16).
13 Roland Pauler: *Die deutschen Könige und Italien im 14. Jahrhundert*, Darmstadt 1997. Uwe Ludwig: „Kreuzzug und Reichsvikariat. Zu den Beziehungen zwischen Karl IV. und Venedig", in: Hohensee u.a. 2009 (wie Kap. 3 Anm. 3), S. 761–803.
14 Peter Moraw: „Räte und Kanzlei", in: Ausst.-Kat. Nürnberg/Köln 1978 (wie Einl. Anm. 14), S. 285–292. Seibt 1978 (wie Kap. 3 Anm. 47), Achtes Kapitel „Der Friedensfürst", S. 301–351. Jiří Fajt und Robert Suckale: „Der Kreis der Räte", in: Ausst.-Kat. Prag/New York 2006 (wie Kap. 2 Anm. 5), S. 172–195.
15 Mathias Lawo: „Sprachen der Macht – Sprache als Macht. Urkundensprachen im Reich des 13. und 14. Jahrhunderts", in: Hohensee u.a. 2009 (wie Kap. 3 Anm. 3), S. 517–562.
16 Benoît Grévin: *Rhétorique du pouvoir médiéval. Les Lettres de Pierre de la Vigne et la formation du langage politique européen (XIIIe-XVe siècle)*, Rom 2009.
17 Wolfgang von Stromer: „Der kaiserliche Kaufmann. Wirtschaftspolitik unter Karl IV.", in: Ausst.-Kat. Nürnberg/Köln 1978 (wie Einl. Anm. 14), S. 63–73.
18 Torsten Fried: „Schnöder Mammon oder Repräsentationsobjekt? Kaiserliche und kurfürstliche Münzen zu Zeiten der Goldenen Bulle", in: Hohensee u.a. 2009 (wie Kap. 3 Anm. 3), S. 465–492. Ders.: „Finanz- und Münzwesen", in: Ausst.-Kat. Prag/Nürnberg 2016 (wie Kap. 1 Anm. 35), S. 235–238.
19 Rolf Sprandel: *Das Eisengewerbe im Mittelalter*, Stuttgart 1968. Antoni Maczak, Henryk Samsonowicz und Peter Burke (Hrsg.): *East-Central Europe in Transition: from the Fourteenth to the Seventeenth Century*, Cambridge/New York 1985. Karl-Heinz Ludwig und Volker Schmidtchen: *Metalle und Macht 1000 bis 1600*, Berlin 1991 (Propyläen Technikgeschichte, Bd. 2). Philippe Braunstein: *Travail et entreprise au Moyen Âge*, Brüssel 2003, Kapitel II „Mines et métallurgie, un secteur industriel européen", S. 113–236. Ivonne Burghardt und Vojtěch

Vaněk: „Bergbau und Fernhandel", in: Ausst.-Kat. Prag/Nürnberg 2016 (wie Kap. 1 Anm. 35), S. 227–234.

20 *Le Livre de la description des pays. Publié pour la première fois avec une introd. et des notes et suivi de l'Itinéraire Brugeois, de la table de Velletri et de plusieurs autres documents géographiques inédits ou mal connus du 15e siècle*, herausgegeben von Ernest Théodore Hamy, Paris 1908, S. 115.

21 Wolfgang von Stromer: *Oberdeutsche Hochfinanz 1350–1450*, 3 Bde., Wiesbaden 1970.

22 Flaminia Pichiorri: „Die Rekrutierung diplomatischen Personals unter Karl IV. Zeitphasen und Verfahrensweisen" in: Hohensee u.a. 2009 (wie Kap. 3 Anm. 3), S. 835–868.

23 Pierre Monnet, Patrick Boucheron und Denis Menjot: „Formes d'émergence, d'affirmation et de déclin des capitales. Rapport introductif", in: *Les Villes capitales au Moyen Âge*, XXXVI. Tagung der Société des historiens médiévistes de l'Enseignement Supérieur Public SHMESP, Paris 2006, S. 1–43.

24 Werner Paravicini: *Die ritterlich-höfische Kultur des Mittelalters*, München 2011. Ders. und Jörg Wettlaufer: *Der Hof und die Stadt. Konfrontation, Koexistenz und Integration im Verhältnis von Hof und Stadt im Spätmittelalter und in der Frühen Neuzeit*, Ostfildern 2006.

25 Jiří Fajt und Andrea Langer (Hrsg.): *Kunst als Herrschaftsinstrument. Böhmen und das Heilige Römische Reich unter den Luxemburgern im europäischen Kontext*, Tagung des Geisteswissenschaftlichen Zentrums Geschichte und Kultur Ostmitteleuropas an der Universität Leipzig und Prager Burgverwaltung vom 9.–13. Mai 2006 in Prag, Berlin/München 2009, hier Kapitel 3 „Prag – ‚Hauptstadt des Weltreiches'", S. 117–191. Ausst.-Kat. Prag/New York 2006 (wie Kap. 2 Anm. 5), Kapitel III „Prag", S. 196–289. Jana Gajdošová: „Karls Hauptstadt Prag. Großbaustelle und Versuchslabor einer neuen Richtung gotischer Architektur", in: Ausst.-Kat. Prag/Nürnberg 2016 (wie Kap. 1 Anm. 35), S. 95–102.

26 *Vita Caroli Quarti. Die Autobiographie Karls IV.* (wie Einl. Anm. 1), S. 151.

27 Erich Bachmann: „Karolinische Reichsarchitektur", in: Ausst.-Kat. Nürnberg/Köln 1978 (wie Einl. Anm. 14), S. 334–338. Anton Legner (Hrsg.): *Die Parler und der schöne Stil 1350–1400. Europäische Kunst unter den Luxemburgern*, 4 Bde., Köln 1978–1980. Fajt und Langer 2009 (wie Kap. 6 Anm. 25). Ausst.-Kat. Prag/New York 2006 (wie Kap. 2 Anm. 5). Jiří Fajt und Wilfried Franzen: „Die neue Hofkunst. Von der Nachahmung zum neuen Stil", in: Ausst.-Kat. Prag/Nürnberg 2016 (wie Kap. 1 Anm. 35), S. 139–148.

28 *Le Livre de la description des pays 1908* (wie Kap. 6 Anm. 20), S. 115.

29 *Voyages et ambassades de messire Guillebert de Lannoy, chevalier de la Toison d'or, seigneur de Santes, Willerval, Tronchiennes, Beaumont et Wahégnies 1399–1450*, herausgegeben von Constant-Philippe Serrure, Mons 1840, S. 165. Jaroslav Svátek, Martin Nejedlý, Olivier Marin u.a. (Hrsg.): *Guillebert de Lannoy. Cesty a poselstva*, Prag 2009. Anne Bertrand: „Guillebert de Lannoy (1386–1462), ses voyages et ambassades en Europe de l'Est", in: *Publications du Centre européen d'études bourguignonnes (XIVe–XVIe siècles)*, 31 (1991), S. 79–92.

30 Marc C. Schurr: *Die Baukunst Peter Parlers. Der Prager Veitsdom, das Heiligkreuzmünster in Schwäbisch Gmünd und die Bartholomäuskirche zu Kolin im Spannungsfeld von Kunst und Geschichte*, Stuttgart 2003.

31 Markus Hörsch: „Die künstlerische Repräsentation der frühen Jahre. Vorbilder und Vielfalt", in: Ausst.-Kat. Prag/Nürnberg 2016 (wie Kap. 1 Anm. 35), S. 133–138.

32 Parisse 2002 (wie Kap. 4 Anm. 12).

33 *Les Villes capitales au Moyen Âge* 2006 (wie Kap. 6 Anm. 23).

34 Annas 2004 (wie Kap. 5 Anm. 30).

35 Pierre Monnet: *Villes d'Allemagne au Moyen Âge*, Paris 2004. Eberhard Isenmann: *Die deutsche Stadt im Mittelalter*

1150–1550. Stadtgestalt, Recht, Verfassung, Stadtregiment, Kirche, Gesellschaft, Wirtschaft, Köln/Weimar/Wien 2012.

36 Gerhard Pfeiffer (Hrsg.): *Nürnberg – Geschichte einer europäischen Stadt*, München 1971. Peter Fleischmann: *Rat und Patriziat in Nürnberg. Die Herrschaft der Ratsgeschlechter vom 13. bis zum 18. Jahrhundert*, 3 Bde., Nürnberg 2008.

37 Philippe Braunstein: *Les Allemands à Venise (1380–1520)*, Rom 2016.

38 Günther Bräutigam: „Nürnberg als Kaiserstadt", in: Ausst.-Kat. Nürnberg/Köln 1978 (wie Einl. Anm. 14), S. 339–343. Fajt und Langer 2009 (wie Kap. 6 Anm. 25), hier Kapitel „Nürnberg – Ein Zentrum karolinischer Macht und Kunstpolitik im Reich", S. 193–246. Jiří Fajt und Markus Hörsch: „Zwischen Prag und Luxemburg. Eine Landbrücke im Westen", in: Ausst.-Kat. Prag/New York 2006 (wie Kap. 2 Anm. 5), S. 356–400. Benno Baumbauer und Jiří Fajt: „Nürnberg – die Metropole wird karolinisch", in: Ausst.-Kat. Prag/Nürnberg 2016 (wie Kap. 1 Anm. 35), S. 111–122.

39 Gerhard Dohrn-van Rossum: *Die Geschichte der Stunde. Uhren und moderne Zeitordnungen*, München 1992. Jean-Claude Schmitt: *Les Rythmes au Moyen Âge*, Paris 2016.

40 Moeglin und Péquignot 2017 (wie Kap. 3 Anm. 56).

41 Norbert Ohler: *Reisen im Mittelalter*, München 1986. *Voyages et voyageurs au Moyen Âge* (XXVIe congrés de la SHMESP 1995), Paris 1996.

42 Winfried Eberhard: „Herrschaft und Raum. Zum Itinerar Karls IV.", in: Ausst.-Kat. Nürnberg/Köln 1978 (wie Einl. Anm. 14), S. 101–108. Ellen Widder: *Itinerar und Politik. Studien zur Reiseherrschaft Karls IV. südlich der Alpen*, Köln/Weimar/Wien 1993.

43 Martin Bauch, Julia Burkhardt, Tomáš Gaudek und Václav Zurek (Hrsg.): *Heilige, Helden, Wüteriche. Herrschaftsstile der Luxemburger (1308–1437)*, Wien/Köln/Weimar 2017.

44 Kavka 1978 (wie Kap. 3 Anm. 39).

Kapitel 7

1 David Nicholas: *The Later Medieval City 1300–1500*, London/New York 1997.

2 Peter Moraw: „Die Städtepolitik Kaiser Karls IV. (1346–1378) unter besonderer Berücksichtigung von Wetzlar", in: *Mitteilungen des Wetzlarer Geschichtsvereins*, 31 (1985), S. 21–39.

3 *Cronica ecclesiae Pragensis Benessii Krabice de Weitmile – Kronika Beneše Krabice z Weitmile* (wie Kap. 1 Anm. 14), S. 457–548, hier S. 486.

4 Philippe Dollinger: *La Hanse (XIIe–XVIIe siècles)*, Paris 1964. Albert d'Haenens: *Europe of the North Sea and the Baltic. The World of the Hanse*, Antwerpen 1984. Jörgen Bracker, Volker Henn und Rainer Postel (Hrsg.): *Die Hanse. Lebenswirklichkeit und Mythos*, Lübeck 1998.

5 Bernhard Kirchgässner und Hans-Peter Becht (Hrsg.): *Vom Städtebund zum Zweckverband*, Sigmaringen 1994. Laurence Buchholzer und Olivier Richard (Hrsg.): *Ligues urbaines et espace à la fin du Moyen Âge*, Straßburg 2012.

6 Guy P. Marchal: „Pfahlburger, bourgeois forains, buitenpoorters, bourgeois du roi: Aspekte einer zweideutigen Rechtsstellung", in: *Migration und Austausch in der Städtelandschaft des alten Reiches (1250–1550)*, Berlin 2002 (*Zeitschrift für Historische Forschung* Beih. 30), S. 333–367.

7 Edith Ennen: *Die europäische Stadt des Mittelalters*, Göttingen 1972. Evamaria Engel: *Die deutsche Stadt des Mittelalters*, München 1993. Pierre Monnet: „Les villes allemandes à la fin du Moyen Âge", in: *Historiens et Géographes*, 360 (1998), S. 255–293. Jean-Luc Pinol (Hrsg.): *Histoire de l'Europe urbaine*. Bd. 1: Patrick Boucheron u.a. (Hrsg.): *De l'antiquité au XVIIIe siècle. Genèse des villes européennes*, Paris 2003. Monnet 2004 (wie Kap. 6 Anm. 35). Felicitas Schmieder: *Die mittelalterliche Stadt*, Darmstadt 2005. Isenmann 2012 (wie Kap. 6 Anm. 35).

8 Ellen Widder: „Die Luxemburger und die Städte. Königtum und Kommunen im Spätmittelalter", in: Penth und Thorau 2016 (wie Kap. 1 Anm. 5), S. 221–259.

9 Paul-Joachim Heinig: *Reichsstädte, freie Städte und Königtum 1389–1450*, Wiesbaden 1983.

10 Hergemöller 1983 (wie Kap. 2 Anm. 34).

11 Bräutigam 1978 (wie Kap. 6 Anm. 38). Anna-Dorothee von den Brincken: „Privilegien Karls IV. für die Stadt Köln", in: *Blätter für deutsche Landesgeschichte*, 114 (1978), S. 243–264. Ludwig Schnurrer: „Die Reichsstadt Rothenburg im Zeitalter Karls IV. 1346–1378", in: *Blätter für deutsche Landesgeschichte*, 114 (1978), S. 563–612. Peter-Johannes Schuler: „Ludwig der Bayer und Karl IV. und die schwäbischen Städte", in: Patze 1978 (wie Kap. 2 Anm. 5), S. 659–695. Michel Margue und Michel Pauly: „Luxemburg, Metz und das Reich. Die Reichsstadt Metz im Gesichtsfeld Karls IV.", in: Hohensee u.a. 2009 (wie Kap. 3 Anm. 3), S. 869–917. Erwin Frauenknecht: „Kaiser Karl IV. und die Städte in Württemberg und Umgebung", in: Sigrid Hirbodian und Peter Rückert (Hrsg.): *Württembergische Städte im späten Mittelalter. Herrschaft, Wirtschaft und Kultur im Vergleich*, Ostfildern 2016, S. 167–182.

12 Jiří Kejř: *Die mittelalterlichen Städte in den böhmischen Ländern. Gründung – Verfassung – Entwicklung*, Köln/Weimar/Wien 2010.

13 Jiří Kejř: „Organisation und Verwaltung des königlichen Städtewesens in Böhmen zur Zeit der Luxemburger", in: Wilhelm Rausch (Hrsg.): *Stadt und Stadtherr im 14. Jahrhundert*, Linz 1972, S. 79–96.

14 Josef Zemlicka: „Die Städtepolitik Johanns von Luxemburg im Königreich Böhmen", in: Pauly 1997 (wie Kap. 4 Anm. 4), S. 255–261.

15 Joachim Blaschke, Winfried Eberhard und Miloslav Polívka (Hrsg.): *Handbuch der historischen Stätten. Böhmen und Mähren*, Stuttgart 1998. Ivan Hlaváček: „Die Luxemburger und die böhmischen königlichen Städte des 14. Jahrhunderts im Lichte ihres Privilegiengutes", in: Helmut Bräuer und Elke Schlenkrich (Hrsg.): *Die Stadt als Kommunikationsraum. Beiträge zur Stadtgeschichte vom Mittelalter bis ins 20. Jahrhundert*, Leipzig 2001, S. 413–430.

16 Peter Moraw: „Das Mittelalter", in: Prinz 1993 (wie Kap. 4 Anm. 6), S. 126–133.

17 Ivan Hlaváček: „Die Rolle der böhmisch-mährischen Städte, Burgen und Klöster im Itinerar der Luxemburger (1311–1419)", in: Helmut Bräuer, Gerhard Jaritz und Käthe Sonnleitner (Hrsg.): *Viatori per urbes castraque. Festschrift für Herwig Ebner zum 75. Geburtstag*, Graz 2003, S. 277–291. Petr Elbel: „Prag und Ofen als Kaiserresidenzen. Die Verlagerung des Reichsschwerpunkts nach Osten unter den Luxemburgern und deren Folgen für das Reich", in: Penth und Thorau 2016 (wie Kap. 1 Anm. 5), S. 259–331.

18 Jean-Pierre Delumeau und Isabelle Heullant-Donat (Hrsg.): *L'Italie au Moyen Âge. Ve–XVe siècle*, Paris 2000. Patrick Boucheron (Hrsg.): *Les Espaces sociaux de l'Italie urbaine (XIIe–XVe siècles)*, Paris 2005. François Menant: *L'Italie des communes (1100–1350)*, Paris 2005.

19 Widder 1993 (wie Kap. 5 Anm. 42).

20 Pauler 1997 (wie Kap. 2 Anm. 32).

21 Werner Goez: „Italien", in: Ausst.-Kat. Nürnberg/Köln 1978 (wie Einl. Anm. 14), S. 212–216.

22 Stoob 1990 (wie Kap. 3 Anm. 39), S. 283–291. Martin Bauch: „Wie ein zweiter Konstantin. Karl IV. und der Romzug 1368/69", in: Ausst.-Kat. Prag/Nürnberg 2016 (wie Kap. 1 Anm. 35), S. 203–208.

23 Demgegenüber bestätigte Karl IV. die Verfassung des Elsässer Zehnstädtebunds erst 1354. Lucien Sittler: *La Décapole alsacienne. Des origines à la fin du Moyen âge*, Straßburg 1955. Odile Kammerer: *Entre Vosges et Forêt-Noire. Pouvoir, terroir et villes de l'Oberrhein. 1250–1350*, Paris 2001. Bernard Vogler (Hrsg.): *La Décapole. Dix villes d'Al-*

sace alliées pour leurs libertés 1354–1679, Straßburg 2009. Laurence Buchholzer und Olivier Richard (Hrsg.): *Ligues urbaines et espace à la fin du Moyen Âge*, Straßburg 2012.

24 Peter-Johannes Schuler: „Die Rolle der schwäbischen und elsässischen Städtebünde in den Auseinandersetzungen zwischen Ludwig dem Bayern und Karl IV.", in: *Blätter für deutsche Landesgeschichte*, 114 (1978), S. 659–694.

25 Hierunter fallen die schon unter Ludwig IV. geschlossenen regionalen Landfriedenseinigungen wie der 1334 unterzeichnete und 1337 sowie 1344 erneuerte Landfrieden für die Wetterau mit Frankfurt, Gelnhausen, Wetzlar und Friedberg, die 1340 für Franken einschließlich Nürnberg, Rothenburg, Bamberg, Würzburg und Eichstätt getroffene Einigung oder der für das Elsass, insbesondere für Straßburg und Oppenheim geltende Vertrag, der 1332 geschlossen, 1337, 1339 und 1344 verlängert und 1343 auf Mühlhausen und Hagenau erweitert wurde.

26 Heinz Angermeier: *Königtum und Landfriede im deutschen Spätmittelalter*, München 1966. Arno Buschmann und Elmar Wadle (Hrsg.): *Landfrieden. Anspruch und Wirklichkeit*, Paderborn 2002.

27 Moraw 1985 (wie Kap. 4 Anm. 12), S. 289.

28 Schätzungen zufolge nahm Karl IV. dank solcher Pfandgeschäfte knapp 450 000 Silbermark und 950 000 Goldgulden ein, Ludwig IV. seinerseits jedoch 600 000 Silbermark und 650 000 Gulden. Beide Kaiser konzentrierten sich bei diesen Transaktionen auf 25 Reichsstädte, die einen Sonderstatus genossen (sie mussten ihnen als unmittelbaren Lehnsherren unterstehen): Altenburg, Aufkirchen, Donauwörth, Duisburg, Feuchtwangen, Gelnhausen, Germersheim, Giengen, Harburg, Heidelsheim, Kaisersberg, Kaiserslautern, Kaiserswerth, Landau, Mosbach, Münster, Nordhausen, Offenburg, Oppenheim, Selz, Sinsheim, Sinzig, Türckheim, Weibstadt, Weißenburg.

29 Karl IV. musste nämlich laut Vertrag von Fürstenwalde 1373 für die endgültige Abtretung Brandenburgs an die Krone Böhmens 500 000 Gulden (davon 200 000 in bar) zahlen; 1376 erkaufte er sich von den Kurfürsten die Wahl seines Sohnes Wenzel zum römisch-deutschen König; nach heutiger Schätzung erhielt der Pfalzgraf bei Rhein rund 50 000 Gulden (durch die „en bloc"-Verpfändung von Mainz, Oppenheim, Odernheim, Schwabsberg, Nierstein, Winterheim und Ingelheim), der Erzbischof von Köln 40 000 Gulden, dessen Amtskollege von Trier 30 000 und derjenige von Mainz 20 000 Gulden – allesamt beträchtliche Summen, jedoch weit entfernt von den 100 000 Gulden pro Kopf, die Enea Silvio Piccolomini Mitte des 15. Jahrhunderts in *De ritu, situ, moribus et conditione Germaniae* errechnete.

30 Angermeier 1966 (wie Kap. 7 Anm. 26), S. 34–54.

31 Eberhard Holtz: *Reichsstädte und Zentralgewalt unter König Wenzel (1376–1400)*, Warendorf 1993. Evamarie Distler: *Städtebünde im deutschen Spätmittelalter. Eine rechtshistorische Untersuchung zu Begriff, Verfassung und Funktion*, Frankfurt am Main 2006.

32 Alexander Schubert: *Der Stadt Nutz oder Notdurft? Die Reichsstadt Nürnberg und der Städtekrieg von 1388/89*, Husum 2003.

33 Helmut Maurer (Hrsg.): *Kommunale Bündnisse Oberitaliens und Oberdeutschlands im Vergleich*, Sigmaringen 1987. Rolf Kiessling: „Städtebünde und Städtelandschaften im oberdeutschen Raum: Ostschwaben und Altbayern im Vergleich", in: Monika Escher, Alfred Haverkamp und Frank G. Hirschmann (Hrsg.): *Städtelandschaft – Städtenetz –zentralörtliches Gefüge. Ansätze und Befunde zur Geschichte der Städte im hohen und späten Mittelalter*, Trier 2000, S. 79–116.

34 Hohensee u.a. 2009 (wie Kap. 3 Anm. 3).

35 Petr Elbel: „Prag und Ofen als Kaiserresidenzen. Die Verlagerung des Reichsschwerpunkts nach Osten unter den Lu-

xemburgern und deren Folgen für das Reich", in: Penth und Thorau 2016 (wie Kap. 1 Anm. 5), S. 259–331.

Zweiter Akt

1 Peter Blickle: *Unruhen in der ständischen Gesellschaft 1300–1800*, München 1988.

2 Alessandro Stella: *La Révolte des Ciompi. Les hommes, les lieux, le travail*, Paris 1993.

3 Michel Mollat und Philippe Wolff: *Ongles bleus, Jacques et Ciompi. Les révolutions populaires en Europe aux XIVe et XVe siècles*, Paris 1970. Samuel Cohn: *Lust for Liberty. The Politics of Social Revolt in Medieval Europe 1200–1425*, Cambridge 2006. Monique Bourin, Giovanni Cherubini und Giuliano Pinto (Hrsg.): *Rivolte urbane e rivolte contadine nell'Europa del Trecento*, Florenz 2008.

4 Marie Bláhová: „Die königlichen Begräbniszeremonien im spätmittelalterlichen Böhmen", in: Lothar Kolmer (Hrsg.): *Der Tod des Mächtigen. Kult und Kultur des Todes spätmittelalterlicher Herrscher*, Paderborn/München/Wien 1997, S. 89–111. Rudolf Meyer: *Königs- und Kaiserbegräbnisse im Spätmittelalter. Von Rudolf von Habsburg bis zu Friedrich III.*, Köln/Weimar/Wien 2000. Cornell Babendererde: *Sterben, Tod, Begräbnis und liturgisches Gedächtnis bei weltlichen Reichsfürsten des Spätmittelalters*, Ostfildern 2006.

5 *Chronik der Stadt Augsburg von 1368–1406 mit Fortsetzung bis 1447*, herausgegeben von Ferdinand Frensdorff. Leipzig 1865.

6 Šmahel 2016 (wie 1. Akt Anm. 13).

7 Vgl. Martin Bauch: „Der schwarze Reiter. Die Funeralzeremonie Karls IV. im europäischen Kontext", in: Bauch u.a. 2017 (wie Kap. 6 Anm. 43), S. 45–63.

8 Olaf B. Rader: *Grab und Herrschaft. Politischer Totenkult von Alexander dem Großen bis Lenin*, München 2003.

9 Alain Erlande-Brandenburg: *Le Roi est mort. Étude sur les funérailles, les sépultures et les tombeaux des rois de France jusqu'à la fin du XIIIe siècle*, Genf 1975. Beaune 1985 (wie Erster Akt Anm. 10). Ralph E. Giesey: *Le Roi ne meurt jamais. Les obsèques dans la France de la Renaissance*, Paris 1987 (engl. Original: *The Royal Funeral Ceremony*, Genf 1960). Murielle Gaude-Ferragu: *D'or et de cendres, la mort et les funérailles des princes dans le royaume de France au bas Moyen Âge*, Lille 2005. Joël Cornette und Anne-Marie Helvétius (Hrsg.): *La Mort des rois. De Sigismond (523) à Louis XIV (1715)*, Paris 2017.

10 Michael Borgolte: *Petrusnachfolge und Kaiserimitation. Die Grablegen der Päpste, ihre Genese und Traditionsbildung*, Göttingen 1995. Agostino Paravicini Bagliani: *Le Corps du pape*, Paris 1997. Florence Buttay: „La mort du pape entre Renaissance et Contre-Réforme: les transformations de l'image du Souverain Pontife et ses implications (fin XVe – fin XVIe siècle)", in: *Revue Historique*, 625 (2003) S. 67–94.

11 Michael Evans, *The Death of the Kings. Royal Deaths in Medieval England*, London/New York 2003.

12 Kantorowicz 1990 (wie Kap. 2 Anm. 11). Krynen 1993 (wie Erster Akt Anm. 12). Elizabeth A. R. Brown: „The French Royal Funeral Ceremony and the King's Two Bodies. Ernst H. Kantorowicz, Ralph E. Giesey and the Construction of a Paradigm", in: Agostino Paravicini Bagliani (Hrsg.): *Le Corps du prince*, Florenz 2014, S. 105–138.

13 Juliusz A. Chrościcki, Mark Hengerer und Gérard Sabatier (Hrsg.): *Les Funérailles princières en Europe (XVIe–XVIIIe siècle)*, Rennes 2012–2015, 3 Bde.

14 Iva Rosario: *Art and Propaganda. Charles IV of Bohemia*, Woodbridge 2000.

15 Barbara Baumüller: *Der Chor des Veitsdomes in Prag. Die Königskirche Kaiser Karls IV. Strukturanalyse mit Untersuchung der baukünstlerischen und historischen Zusammenhänge*, Berlin 1994. Michael Viktor Schwarz (Hrsg.): *Grabmäler der Luxemburger. Image und Memoria eines Kaiserhauses*, Luxemburg 1997. Olaf B. Rader: „Erinnerte Macht. Zu Symbol, Form und Idee spät-

mittelalterlicher Herrschergräber", in: Fajt und Langer 2009 (wie Kap. 6 Anm. 25), S. 173–183.

Kapitel 8

1 Ausst.-Kat. Paris 1981 (wie Erster Akt Anm. 3). Autrand 1994 (wie Kap. 3 Anm. 13).

2 Fajt und Langer 2009 (wie Kap. 6 Anm. 25).

3 Eva Schlotheuber: „Der weise König. Herrschaftskonzeption und Vermittlungsstrategien Kaiser Karls IV.", in: *Hemecht. Revue d'histoire luxembourgeoise*, 63/3 (2011), S. 265–279.

4 *Vita Caroli Quarti. Die Autobiographie Karls IV.* (wie Einl. Anm. 1), S. 149.

5 Monnet und Schmitt 2012 (wie Einl. Anm. 25). Neben der Autobiografie Karls IV. ist hier auch diejenige Peters IV. von Aragon zu nennen, siehe Stéphane Péquignot: „Un chemin de roi: Pierre IV d'Aragon et son *Livre*", in: Monnet und Schmitt 2012, S. 179–200, sowie Jaume Aurell: „King Peter's Llibre and Royal Self-Representation", in: ders.: *Authoring the Past. History, Autobiography, and Politics in Medieval Catalonia*, Chicago/London 2012, S. 91–107.

6 Čornejová u. a. 2001 (wie Kap. 2 Anm. 9). Boehm 2006 (wie Kap. 2 Anm. 5), S. 263–275.

7 Weinrich 1983 (wie Kap. 3 Anm. 12), S. 393–395. Hohensee u.a. 2009 (wie Kap. 3 Anm. 3).

8 František Graus: *Prag als Mitte Böhmens 1346–1421. Zentralität als Problem der mittelalterlichen Stadtgeschichtsforschung*, Köln/Wien 1979. Legner 1978 (wie Kap. 6 Anm. 27). František Machilek: *Praga caput regni. Zur Entwicklung und Bedeutung Prags im Mittelalter. Stadt und Landschaft im deutschen Osten und in Ostmitteleuropa*, Köln/Wien 1983. Eva Schlotheuber und Hubertus Seibert (Hrsg.): *Böhmen und das Deutsche Reich. Ideen- und Kulturtransfer im Vergleich (13.–16. Jahrhundert)*, Prag 2009.

9 Kersken 1995 (wie Kap. 4 Anm. 9).

10 Martin Nejedlý, Jaroslav Svátek und Marilyn Nicoud (Hrsg.): *Histoires de Bohême. Nouveaux regards sur les sources (XIVe–XVe siècles)*, in: *Médiévales* 67 (2014).

11 *Die Chronik der Böhmen des Kosmas von Prag*, herausgegeben von Berthold Bretholz, Berlin 1923.

12 *Dalimils Chronik von Böhmen* (wie Kap. 1 Anm. 9). *La Chronique de Dalimil* (wie Kap. 1 Anm. 9).

13 Josef Macek: „Die Hofkultur Karls IV.", in: Ausst.-Kat. Nürnberg/Köln 1978 (wie Einl. Anm. 14), S. 237–241.

14 *Johannes von Marignola. Chronik*, herausgegeben von Joseph Emler, Prag 1882, S. 492.

15 Hubert Herkommer: „Kritik und Panegyrik: zum literarischen Bild Karls IV. (1346–1378)", in: *Rheinische Vierteljahrsblätter*, 44 (1980), S. 68–116.

16 Fidel Rädle: „Karl IV. als lateinischer Autor", in: Ausst.-Kat. Nürnberg/Köln 1978 (wie Einl. Anm. 14), S. 253–260.

17 Gilles Docquier: „Le document autographe, une ‚non-réalité' pour l'historien? Quelques réflexions sur les traces écrites autographes à la fin du Moyen Âge et Notes des pages 209 à 213 à l'aube des Temps modernes", in: *Le Moyen Âge*, CXVIII/2 (2012), S. 387–410. Claude Jeay: *Signature et pouvoir au Moyen Âge*, Paris 2015. Martin Bauch: „‚*Et hec scripsi manu mea propria*'. Known and Unknown Autographs of Charles IV as Testimonies of Intellectual Profile, Royal Literacy and Cultural Transfer", in: Sébastien Barret, Dominique Stutzmann und Georg Vogeler (Hrsg.): *Ruling the Script in the Middle Ages. Formal Aspects of Written Communication (Books, Charters and Inscriptions)*, Turnhout 2017, S. 25–48.

18 Eugen Hillenbrand: „Die Autobiographie Karls IV. Entstehung und Funktion", in: *Blätter für deutsche Landesgeschichte*, 114 (1978), S. 39–72. Eva Schlotheuber: „Die

Autobiographie Karls IV. und die mittelalterlichen Vorstellungen vom Menschen am Scheideweg", in: *Historische Zeitschrift*, 281 (2005), S. 561–591. Anke Paravicini-Ebel. „Die Vita Karls IV., ein ‚Egodokument'?", in: *Deutsches Archiv für Erforschung des Mittelalters*, 63 (2007), S. 101–109.

19 Le Goff 1999 (wie Einl. Anm. 2). Schmitt 2001 (wie Einl. Anm. 1). Monnet 2008 (wie Einl. Anm. 1). Besson und Schmitt 2017 (wie Einl. Anm. 3).

20 Aaron J. Gourevitch: *La Naissance de l'individu dans l'Europe médiévale*, Paris 1997. Richard van Dülmen: *Die Entdeckung des Individuums 1500–1800*, Frankfurt am Main 1997. Ders.: *Entdeckung des Ich. Die Geschichte der Individualisierung vom Mittelalter zur Gegenwart*, Köln 2001. Peter von Moos (Hrsg.): *Unverwechselbarkeit. Persönliche Identität und Identifikation in der vormodernen Gesellschaft*, Köln/Weimar/Wien 2004. Bedos-Rezak und Iogna-Prat 2005 (wie Einl. Anm. 13). Baschet 2016 (wie Einl. Anm. 13).

21 Monnet und Schmitt 2012 (wie Kap. 8 Anm. 5).

22 Michel Zimmermann (Hrsg.): Auctor *et* auctoritas*: invention et conformisme dans l'écriture médiévale*, Paris 2001.

23 Die ersten Wiegendrucke stammen von 1585 und 1602, Josef Emlers erste fundierte Ausgabe des lateinischen Texts von 1882. Drei moderne Übersetzungen sind erhältlich: *Vita Caroli Quarti. Die Autobiographie Karls IV.* (wie Einl. Anm. 1); *Karoli IV Imperatoris Romanorum vita Ab Eo Ipso Conscripta et Hystoria Nova de Sancto Wenceslao Martyre. Autobiography of Emperor Charles IV and his Legend of St. Wenceslas*, herausgegeben und übersetzt von Balázs Nagy und Frank Schaer, Budapest 2001; sowie *Vie de Charles IV de Luxembourg*, herausgegeben, übersetzt und kommentiert von Pierre Monnet und Jean-Claude Schmitt, Paris 2010, S. LXXXIV–LXXXVII.

24 *„Fut cestui empereur ung très grant sages homs et conquist plus l'empire par sens que par armes". Chronique des quatre premiers Valois (1327–1393)*, herausgegeben von Siméon Luce, Paris 1862, S. 278.

25 Pichiorri 2003 (wie Kap. 3 Anm. 29).

26 Bernd-Ulrich Hergemöller: *Maiestas Carolina. Der Kodifikationsentwurf Karls IV. für das Königreich Böhmen von 1355*, München 1995.

27 Jiří Kejř: „Die sogenannte *Maiestas Carolina.* Forschungsergebnisse und Streitfragen", in: Friedrich B. Fahlbusch (Hrsg.), *Studia Luxemburgensia. Festschrift Heinz Stoob zum 70. Geburtstag*, Warendorf 1989, S. 79–122.

28 Siehe Teil II in diesem Band. Hergemöller 1999 (wie Kap. 2 Anm. 3). Hohensee u.a. 2009 (wie Kap. 3 Anm. 3).

29 *Die St. Wenzelslegende Kaiser Karls IV.*, eingeleitet, herausgegeben und kommentiert von Anton Blaschka, Prag 1934. *Karoli IV Imperatoris Romanorum vita* (wie Kap. 8 Anm. 23).

30 Maria Bláhová: „Der Kult des Heiligen Wenzel in der Ideologie Karls IV.", in: Marek Derwich und Mikhaïl Vladimirovich Dmitriev (Hrsg.) *Fonctions sociales et politiques du culte des saints dans les sociétés de rite grec et latin au Moyen Âge et à l'époque moderne = De sociali et politico momento cultus sanctorum medio et in recentiore aevo in hominum ritus Graeci et latini societatibus observato Approche comparative*, Breslau 1999, S. 227–236.

31 Ferdinand Seibt: „Wenzelslegenden", in: *Bohemia*, 23 (1982), S. 249–276.

32 Berechnungen zufolge dauerte die Lesung, vermutlich gesungen oder psalmodiert, rund 18 Minuten.

33 1355 widmete er dem Kaiser das allegorische Preisgedicht *Der Meide Kranz.*

34 Arnold Angenendt: *Heilige und Reliquien*, München 1994. Edina Bozoky. Anne-Marie Helvétius und Guy Lobrichon (Hrsg.): *Les Reliques: objets cultes symboles*, Turnhout 1999. Edina Bozoky: *La Politique des reli-*

ques, de Constantin à Saint Louis, Paris 2006.

35 Franz Machilek: „Privatfrömmigkeit und Staatsfrömmigkeit", in: Ausst.-Kat. Nürnberg/Köln 1978 (wie Einl. Anm. 14), S. 87–101.

36 Martin Bauch: *Divina favente clemencia. Auserwählung, Frömmigkeit und Heilsvermittlung in der Herrschaftspraxis Kaiser Karls IV.*, Köln 2015.

37 Karel Otavský: „Die Goldschmiedekunst in der Herrschaftspraxis Kaiser Karls IV.", in: Ausst.-Kat. Prag/Nürnberg 2016 (wie Kap. 1 Anm. 35), S. 149–161.

38 Jacques Chiffoleau: *La Comptabilité de l'Au-Delà: les hommes, la mort et la religion dans la région d'Avignon à la fin du Moyen Âge (vers 1320 – vers 1480)*, Rom 1980. Nikolaus Paulus: *Geschichte des Ablasses im Mittelalter. Vom Ursprunge bis zur Mitte des 14. Jahrhunderts*, 3 Bde., Paderborn 1922/23, Neuauflage mit einer Einleitung und einer Bibliografie von Thomas Lentes, 3 Bde., Darmstadt 2000.

39 Patrick J. Geary: *Furta Sacra. Thefts of Relics in the Central Middle Ages*, Princeton 1978.

40 František Šmahel: *La Révolution hussite, une anomalie historique*, Paris 1985. Ders.: *Die Hussitische Revolution*, 3 Bde., Hannover 2002, 3 Bde. Pavel Soukup: *Jan Hus. Prediger – Reformator – Märtyrer*, Stuttgart 2014.

41 *Vita Caroli Quarti. Die Autobiographie Karls IV.* (wie Einl. Anm. 1), S. 211.

42 Ebd.

43 Ausst.-Kat. Prag/New York 2006 (wie Kap. 2 Anm. 5).

44 Jacques Le Goff: À la recherche du temps sacré: Jacques de Voragine et la Légende dorée, Paris 2011. Jacobus de Voragine: *Legenda Aurea – Goldene Legende*, Lateinisch-Deutsch, übersetzt von Bruno W. Häuptli, Freiburg im Breisgau 2014.

45 *Ordo ad coronandum regem Bohemorum et Ordo ad benedicendam reginam.* Loserth 1876 (wie Kap. 2 Anm. 3).

46 *Karoli IV Imperatoris Romanorum vita* (wie Kap. 8 Anm. 23).

47 Folz 1950 (wie Kap. 5 Anm. 6).

48 Ausst.-Kat. Aachen 2000 (wie Kap. 5 Anm. 26), S. 489–500.

49 Rader 2016 (wie Kap. 2 Anm. 25).

50 Legner 1978 (wie Kap. 6 Anm. 27).

51 *Magister Theodoricus. Hofmaler Kaiser Karls IV. Die künstlerische Ausstattung der Sakralräume auf Burg Karlstein*, herausgegeben von Jiří Fajt und Jan Royt, Ausst.-Kat. Prag, Prag 1998.

52 Baumbauer und Fajt 2016 (wie Kap. 6 Anm. 38).

53 Fajt und Langer 2009 (wie Kap. 6 Anm. 25).

54 Widder 1993 (wie Kap. 6 Anm. 42). Pauler 1997 (wie Kap. 2 Anm. 32).

55 Moeglin und Péguignot 2017 (wie Kap. 3 Anm. 56).

Kapitel 9

1 Gottfried Boehm: *Bildnis und Individuum*, München 1985.

2 Enrico Castelnuovo: *Das künstlerische Portrait in der Gesellschaft: das Bildnis und seine Geschichte in Italien von 1300 bis heute*, Berlin 1988 (ital. Original: *Il significato del ritratto pittorico nella società*, Rom 1973). Dominic Olariu: *La Genèse de la représentation ressemblante de l'homme. Reconsidérations du portrait à partir du XIIIe siècle*, Bern 2014.

3 Édouard Pommier: *Théories du portrait*, Paris 1998. Andreas Beyer: *Das Porträt in der Malerei*, München 2002. Hans Belting: *Faces. Eine Geschichte des Gesichts*, München 2013.

4 Von Moos 2004 (wie Kap. 8 Anm. 20). Bedos-Rezak und Iogna-Prat 2005 (wie Einl. Anm. 13). Agostino Paravicini-Bagliani, Jean-Michel Spieser und Jean Wirth (Hrsg.), *Le Portrait. La représentation de l'individu*, Florenz 2007. Brigitte Miriam Bedos-Rezak: *When Ego was Imago: Signs of Identity in the Middle Ages*, Leiden 2010. Baschet 2016 (wie Einl. Anm. 13).

5 Jérôme Baschet: *L'Iconographie médiévale*, Paris 2008. Ders. und Pierre-Olivier Dittmar (Hrsg.): *Les Images dans l'Occident médiéval*, Turnhout 2015. Jean Wirth: *L'Image à la fin du Moyen Âge*, Paris 2011.
6 Martin Büchsel und Peter Schmidt (Hrsg.): *Das Porträt vor der Erfindung des Porträts*, Mainz 2003.
7 Dominic Olariu (Hrsg.): *Le Portrait individuel. Réflexions autour d'une forme de représentation, XIIIe–XVe siècles*, Bern 2009.
8 Louis Marin: *Le Portrait du roi*, Paris 1981. Stephen Perkinson: *The Likeness of the King*, Chicago 2009.
9 Belting 2013 (wie Kap. 9 Anm. 3).
10 Jean-Claude Schmitt: *La Raison des gestes dans l'Occident médiéval*, Paris 1990.
11 Marc Bloch: *Die wundertätigen Könige*, aus dem Franz. von Claudia Märtl, München 2001.
12 Lecuppre 2005 (wie Kap. 2 Anm. 20).
13 Jean Boutier, Alain Dewerpe und Daniel Nordman: *Un Tour de France royal. Le Voyage de Charles IX (1564–1566)*, Paris 1984. Sylvain Destephen, Josiane Barbier und François Chausson (Hrsg.): *Le Gouvernement en déplacement. Pouvoir et mobilité de l'Antiquité à nos jours*, Rennes 2019.
14 Das Original befindet sich im Louvre.
15 Diese „Pariser Handschrift" wurde erst 2005 in Frankreich entdeckt und inzwischen von der Prager Nationalbibliothek erworben.
16 Adde-Vomáčka 2016 (wie Kap. 8 Anm. 12).
17 Legner 1978 (wie Kap. 6 Anm. 27). Ausst.-Kat. Prag/New York 2006 (wie Kap. 2 Anm. 5). Fajt und Langer 2009 (wie Kap. 6 Anm. 25).
18 Marco Bogade: *Karl IV. Ikonographie und Ikonologie*, Stuttgart 2005.
19 *Vita Caroli Quarti. Die Autobiographie Karls IV.* (wie Einl. Anm. 1).
20 Giovanni Villani: *Nuova Cronica*, herausgegeben von Giovanni Porta, 3 Bde., Parma 1991.
21 Thomas Ebendorfer: *Chronica regum Romanorum*, herausgegeben von Harald Zimmermann (Scriptores rerum Germanicarum, Nova series 18,1), Hannover 2003, S. 537.
22 Nadezda Kubu: *Die Burg Karlstejn*, Prag 1994.
23 Gabor Klaniczay: *Holy Rulers and Blessed Princesses. Dynastic Cults in Medieval Central Europe*, Cambridge 2007.
24 Martin Nejedlý: „L'idéal du roi en Bohême à la fin du XIVe siècle", in: Dominique Boutet und Jacques Verger (Hrsg.): *Penser le pouvoir au Moyen Âge (VIIIe–XVe siècle)*, Paris 2000, S. 247–260.
25 Von allen Königen seiner Epoche verfügte Karl IV. über die umfangreichste Palette unter anderem an alttestamentlichen, christlichen, karolingischen, luxemburgischen, lothringischen und böhmischen, aber auch kaiserlichen, königlichen, herzoglichen Vorbildern und Traditionen.
26 Andrew Martindale: *Heroes, Ancestors, Relatives and the Birth of the Portrait*, Den Haag 1988. Friedrich B. Polleross: *Das sakrale Identifikationsporträt. Ein höfischer Bildtypus vom 13. bis 20. Jahrhundert*, Worms 1988.
27 Rosario 2000 (wie Zweiter Akt Anm. 14).
28 Paul Crossley und Zoë Opačič: „Prag. Die Krone des böhmischen Königtums", in: Ausst.-Kat. Prag/New York (wie Kap. 2 Anm. 5), S. 196–236. Fajt und Langer 2009 (wie Kap. 6 Anm. 25), hier Kapitel 3 „Prag – ‚Hauptstadt des Weltreiches'", S. 117–191.
29 Pavel Kalina: „Architecture and Memory. St. Vitus' Cathedral Prague and the Problem of the Presence of History", in: Fajt und Langer 2009 (wie Kap. 6 Anm. 25), S. 150–157.
30 *Cronica ecclesiae Pragensis Benessii Krabice de Weitmile – Kronika Beneše Krabice z Weitmile* (wie Kap. 1 Anm. 14).
31 Dominique Iogna-Prat: *La Maison Dieu. Une histoire monumentale de l'Église au Moyen Âge (v. 800–v. 1200)*, Paris 2006.

32 Diese Praxis war schon im 13. Jahrhundert üblich: Der Baumeister Hugues Libergier ließ sich in der von ihm erbauten Abteikirche Saint-Nicaise in Reims beisetzen. Sein Grabstein von 1263, heute in der Kathedrale von Reims, zeigt ihn mit fein ausgearbeiteten Gesichtszügen als stehende Ganzfigur, im Arm ein Modell seines Werkes, in der Hand ein Lineal und zu seinen Füßen Winkelmaß und Stechzirkel.

33 Fantysová-Matějková 2013 (wie Erster Akt Anm. 8).

34 *Die Königsaaler Geschichtsquellen. Chronicon Aulae regiae* (wie Kap. 1 Anm. 11). Zachová 1977 (wie Kap. 1 Anm. 14).

35 Ralf Lützelschwab: „Prag – Das neue Paris? Der französische Einfluss auf die Reliquienpolitik Karls IV.", in: Daniel Doležal und Hartmut Kühne (Hrsg.): *Wallfahrten in der europäischen Kultur*, Frankfurt am Main 2006, S. 201–219. Bernd Carqué, „Leitbilder in Paris? Stilmerkmale und der Grad an Öffentlichkeit unter den letzten Kapetingern", in: Fajt und Langer 2009 (wie Kap. 6 Anm. 25), S. 56–67.

36 Autrand 1994 (wie Kap. 3 Anm. 13). Mary Whiteley: „Le Louvre de Charles V: dispositions et fonctions d'une résidence royale", in: *Revue de l'Art*, 92 (1997), S. 60–71.

37 Jiří Fajt, Jan Royt und Libor Gottfried: *Geheiligte Räumlichkeiten der Burg Karlstein*, Prag 1998.

38 Christian Heck: *L'Échelle céleste. Une histoire de la quête du ciel*, Paris 1997.

39 Šmahel 2014 (wie Erster Akt Anm. 5).

40 Siehe hierzu das Forschungsprogramm über die „vecteurs de l'idéel" unter der Leitung von Jean-Philippe Genet sowie die Tagungsunterlagen zum Kolloquium „Les mutations des sociétés politiques (XIIIe-XVIIe siècle)", Rom 16.–18.12.2013.

41 Fajt und Royt 1998 (wie Kap. 8 Anm. 51).

42 Beaune 1985 (wie Erster Akt Anm. 10). Le Goff 2000 (wie Einl. Anm. 24).

43 Hohensee u.a. 2009 (wie Kap. 3 Anm. 3).

44 Jean-Michel Leniaud und Françoise Perrot: *La Sainte-Chapelle*, Paris 2007.

45 Louis van Tongeren: *Exaltatio crucis, het feest van kruisverheffing en de zingeving van het kruis in het westen tijdens de vroege middeleeuven een liturgie-historische studies*, Tilburg 1995.

46 Bauch 2015 (wie Kap. 8 Anm. 36).

47 Rainer Budde (Hrsg.): *Die Heiligen Drei Könige. Darstellung und Verehrung*, Köln 1982.

48 Seit 1932 in der Pierpont-Morgan Library, New York, daher die gebräuchliche Benennung.

49 Élisabeth Antoine-König (Hrsg.): *Le Trésor de l'abbaye de Saint-Maurice d'Agaune*, Paris 2014.

50 Jan Keupp, Hans Reither, Peter Pohlit u.a. (Hrsg.): *„... die keyserlichen zeychen ..." Die Reichskleinodien – Herrschaftszeichen des Heiligen Römischen Reiches*, Regensburg 2009.

51 Franz Machilek, Karlheinz Schlager und Theodor Wohnhaas: „*O felix lancea.* Beiträge zum Fest der Heiligen Lanze und der Nägel", in: *Jahrbuch des historischen Vereins für Mittelfranken*, 92 (1984/85), S. 43–107. Franz Kirchweger (Hrsg.): *Die Heilige Lanze in Wien. Insignie – Reliquie – Schicksalsspeer*, Wien 2005. Mechthild Schulze-Dörrlamm: „Heilige Nägel und heilige Lanzen", in: Falko Daim und Jörg Drauschke (Hrsg.): *Byzanz – das Römerreich im Mittelalter.* Teil 1: *Welt der Ideen, Welt der Dinge*, Mainz 2010, S. 97–171.

52 Michel Margue und Éloïse Adde: „Luxemburg, Brabant und die Karolinger. Versuch einer Neubewertung der Selbstdarstellung der beiden ersten Kaiser aus dem Hause Luxemburg", in: Tagungsbericht des Kolloquiums der Akademie der Wissenschaften der Karlsuniversität Prag von September 2016 (noch nicht erschienen).

53 Also ebenso viele Bilder, wie die 1315 vollendete Serie französischer Könige in der Grand'Salle des Palais de la Cité in Paris.

54 Roderich Schmidt: „Brandenburg und Pommern in der Politik Kaiser Karls IV.", in: Ausst.-Kat. Nürnberg/Köln 1978 (wie

Einl. Anm. 14), S. 203–208. Evelin Wetter: „Die Lausitz und die Mark Brandenburg", in: Ausst.-Kat. Prag/New York 2006 (wie Kap. 2 Anm. 5), S. 341–349.

55 Monnet 2010 (wie Kap. 3 Anm. 22).

56 Zdeňka Hledíková: „Johann Ocko von Vlasim († 1380). 1351–1364 Bischof von Olmütz. 1364–1378 Erzbischof von Prag. 1378 Kardinal", in: Erwin Gatz (Hrsg.): *Die Bischöfe des Heiligen Römischen Reiches 1198 bis 1448. Ein biographisches Lexikon*, Berlin 2001, Bd. 1, S. 589–590. Barbara Drake Boehm und Jiří Fajt (Hrsg.): *Prague: The Crown of Bohemia, 1347–1437*, New York 2005, S. 93. Bogade 2005 (wie Kap. 9 Anm. 18), S. 101–103.

57 Jean-Claude Schmitt: *Penser par figure. Du compas divin aux diagrammes magiques*, Paris 2019.

58 Bräutigam 1978 (wie Kap. 6 Anm. 38). Fajt und Langer 2009 (wie Kap. 6 Anm. 25), Kapitel „Nürnberg – Ein Zentrum karolinischer Macht und Kunstpolitik im Reich", S. 193–247.

59 (BNF, fr. 2813). Schmitt 2016 (wie Erster Akt Anm. 5), S. 449–469.

60 Lucca, Archivio di Stato, Bibl. Manoscr. Q 602/1.

61 François Avril (Hrsg.): *Jean Fouquet, peintre et enlumineur du XVe siècle*, Paris 2003, Kat. Nr. 26 = *Grandes Chroniques de France*, Tours, um 1455–1460, BNF fr. 6465, S. 219–248, Abb. auf S. 244–246.

62 Österreichische Nationalbibliothek Wien, Cod. 2618.

63 Österreichische Nationalbibliothek Wien, Cod. 581.

64 Diesen Typus findet man auch bei einem weiteren Porträt des Kaisers: einer Statue in der Stadtpfarrkirche St. Marien im oberpfälzischen Sulzbach (heute Sulzbach-Rosenberg).

65 Pierre Monnet: „Charles IV de Luxembourg et ses portraits", in: Gabriele Annas und Jessika Nowak (Hrsg.): *Et l'homme dans tout cela? Von Menschen, Mächten und Motiven. Festschrift für Heribert Müller zum 70. Geburtstag*, Stuttgart 2017, S. 351–378.

66 Marin 1981 (wie Kap. 9 Anm. 8). Naïma Ghermani: *Le Prince et son portrait. Incarner le pouvoir dans l'Allemagne du XVIe siècle*, Rennes 2009. Diane H. Bodart: *Pouvoirs du portrait sous les Habsbourg d'Espagne*, Paris 2011.

Kapitel 10

1 Hans Lembert: „Der Kaiser und König im tschechischen Geschichtsbild seit 1945", in: Ausst.-Kat. Nürnberg/Köln 1978 (wie Einl. Anm. 14), S. 414–418.

2 Robert Fossier: *Le Moyen Âge. Le temps des crises 1250–1520*, Paris 1983. Favier 1996 (wie Einl. Anm. 7). Dirlmeier u.a. 2003 (wie Einl. Anm. 8). Boucheron 2009 (wie Kap. 3 Anm. 37). Bernd Schneidmüller: *Grenzerfahrung und monarchische Ordnung. Europa 1200–1500*, München 2011.

3 Frey 1978 (wie Einl. Anm. 14).

4 Olivier Guyotjeannin: *Les Sources de l'histoire médiévale*, Paris 1998.

5 Bernard Guenée: *Histoire et culture historique dans l'Occident médiéval*, Paris 1980. Jean-Marie Sansterre (Hrsg.): *L'Autorité du passé dans les sociétés médiévales*, Brüssel/Rom 2004. *L'Autorité de l'écrit au Moyen Âge (Orient-Occident)* XXXIX. Tagung der SHMESP, Paris 2009.

6 Hoensch 2000 (wie Kap. 2 Anm. 12).

7 Heinz Thomas: *Ludwig der Bayer (1282–1347). Kaiser und Ketzer*, Regensburg 1993.

8 Claude Gauvard: *La France au Moyen Âge du Ve au XVe siècle*, Paris 1996 (Neuauflage 2010). Bove 2009 (wie Kap. 1 Anm. 34).

9 Václav Žůrek: „Der Weise auf dem Thron. Zu einem wichtigen Aspekt des Herrschaftsstils Karls IV.", in: Bauch u.a. 2017 (wie Kap. 6 Anm. 43).

10 Heinrich Neureuther: *Das Bild Kaiser Karls IV. in der zeitgenössischen französischen Geschichtsschreibung*, Heidelberg 1964.

11 Jacques Krynen: *Idéal du prince et pouvoir royal en France à la fin du Moyen Âge (1380–1440)*, Paris 1981. Krynen 1993 (wie 1. Akt Anm. 12). Colette Beaune: „Roi", in: Claude Gauvard, Alain de Libera und Michel Zink (Hrsg.): *Dictionnaire du Moyen Âge*, Paris 2002, S. 1232–1234.

12 Alain Boureau und Claudio-Serge Ingerflom (Hrsg.): *La Royauté sacrée dans le monde chrétien*, Paris 1992. Le Goff 1999 (wie Kap 6 Anm. 4), S. 985–1004. Jussen 2005 (wie Kap. 6 Anm. 4). Jean-Patrice Boudet: „Le modèle du roi sage aux XIIIe et XIVe siècles: Salomon, Alphonse X et Charles V", in: *Revue Historique*, 647 (2008), S. 545–566.

13 Jean Barbey: *Être roi: le roi et son gouvernement en France de Clovis à Louis XVI*, Paris 1992. Joël Blanchard (Hrsg.): *Représentation, pouvoir et royauté à la fin du Moyen Âge*, Paris 1995.

14 Claude Gauvard: *Violence et ordre public au Moyen Âge*, Paris 2005.

15 Schneider 1987 (wie Kap. 5 Anm. 22).

16 Robert Folz: *Les Saints Rois du Moyen Âge en Occident (VIe–XIIIe siècle)*, Brüssel 1984.

17 Le Goff 2000 (wie Einl. Anm. 24).

18 Irena Raithel-Živsa: „Karl IV. – Ein Fremder in der deutschen Literatur", in: Ausst.-Kat. Nürnberg/Köln 1978 (wie Einl. Anm. 14), S. 411–413.

19 Kantorowicz 1927/2016 (wie Kap. 2 Anm. 33). Olaf B. Rader: *Friedrich II.*, München 2010.

20 Froissart 2001 (wie Kap. 1 Anm. 36), Zweites Buch, § 27 (fol. 285r), S. 773.

21 Klaus Voigt (Hrsg.): *Italienische Berichte aus dem spätmittelalterlichen Deutschland. Von Francesco Petrarca zu Andrea de' Franceschi (1333–1492)*, Stuttgart 1973.

22 Adrianus van Heck (Hrsg.): *Pius II., Enee Silvii Piccolominei postea Pii PP. II De Europa*, Vatikanstadt 2001. Enea Silvio Piccolomini: *Europa*, herausgegeben von Günter Frank, Paul Metzger und Albrecht Hartmann, Heidelberg 2005.

23 Jan Royt: „Das Nachleben Karls IV.", in: Ausst.-Kat. Prag/Nürnberg 2016 (wie Kap. 1 Anm. 35), S. 259–266 und Kat. S. 614–623.

24 Margue 1996 (wie Kap. 4 Anm. 4). Pauly 1997 (wie Kap. 4 Anm. 4). Pauly 2013 (wie Kap. 1 Anm. 7).

25 Peter Moraw: „Kaiser Karl IV. im deutschen Mittelalter", in: *Historische Zeitschrift*, 229 (1979), S. 1–24.

26 Karl Müller (Hrsg.): *Occams Traktat gegen die Unterwerfungsformel Clemens VI.*, Gießen 1888, S. 5–26. Richard Scholz (Hrsg.): *Unbekannte kirchenpolitische Streitschriften aus der Zeit Ludwigs des Bayern*, Bd. II, Rom 1914, S. 349–363.

27 Alain de Libera: *La Philosophie médiévale*, Paris 1993. Jürgen Miethke: *Die Anfänge des säkularisierten Staates in der politischen Theorie des späteren Mittelalters*, Berlin 1996. Volker Leppin: *Wilhelm von Ockham. Gelehrter, Streiter, Bettelmönch*, Darmstadt 2003.

28 Beat Frey: „Karl IV. in der älteren Historiographie", in: Ausst.-Kat. Nürnberg/Köln 1978 (wie Einl. Anm. 14), S. 399–404.

29 Konrad von Megenberg: *Tractatus contra Wilhelmum Occam de coronatione Caroli Quarti*, in: Scholz 1914 (wie Kap. 10 Anm. 26), S. 346–391, hier S. 360. Jürgen Miethke: „Konrads von Megenberg Kampf mit dem Drachen: Der ‚Tractatus contra Occam' im Kontext", in: Claudia Märtl, Gisela Drossbach und Martin Kintzinger (Hrsg.): *Konrad von Megenberg (1309–1374) und sein Werk. Das Wissen der Zeit*, München 2006, S. 73–97.

30 Konrad von Megenberg: *Tractatus de translatione imperii*, in: Scholz 1914 (wie Kap. 10 Anm. 26), S. 249–345. Werner Goez: *Translatio imperii. Ein Beitrag zur Geschichte des Geschichtsdenkens und der politischen Theorie im Mittelalter und in der frühen Neuzeit*, Tübingen 1958. Karl Ubl: „Die Rechte des Kaisers in der Theorie deutscher Gelehrter des 14. Jahrhunderts (Engelbert von Admont, Lupold von Bebenburg, Konrad von Megenberg)", in:

Märtl u.a. 2006 (wie Kap. 10 Anm. 29), S. 353–387.

31 Hans-Dieter Mück: *Matthias von Neuenburg: Ein Chronist des Spätmittelalters am Oberrhein. Seine Zeit, sein Leben, sein Werk*, Neuenburg 1995. *Die Chronik des Mathias von Neuenburg* (wie Kap. 2 Anm. 15).

32 Ebd., S. 281.

33 *Jakob Twinger von Königshofen. Chronik*, herausgegeben von Karl von Hegel, Leipzig 1870–1871, hier S. 473 und 482.

34 Man findet dieses Argument bei Froissart in seinem vierten Buch, § 50, fol. 68r., S. 561, für das Jahr 1396 und für Wenzel, mit einem Verweis auf die Zeit Karls IV.: Jean Froissart: *Chroniques, Livre I et Livre II*, herausgegeben von Peter F. Ainsworth und Alberto Varvaro, Paris 2004, S. 561.

35 *Die Chronik Johanns von Winterthur*, herausgegeben von Friedrich Baethgen unter Mitwirkung von Carl Brun, Berlin 1924.

36 *Liber de rebus memorabilioribus, sive Chronicon Henrici de Hervordia*, herausgegeben von August Potthast, Göttingen 1859. Klaus Peter Schumann: *Heinrich von Herford. Enzyklopädische Gelehrsamkeit und universalhistorische Konzeption im Dienste dominikanischer Studienbedürfnisse*, Münster 1996. Peter Johanek: „Karl IV. und Heinrich von Herford", in: Franz J. Felten, Annette Kehnel und Stefan Weinfurter (Hrsg.): *Institution und Charisma. Festschrift für Gert Melville zum 65. Geburtstag*, Köln/Weimar/Wien 2009, S. 229–244.

37 *Die Chronik Heinrichs Taube von Selbach* (wie Kap. 2 Anm. 16).

38 *Johannes von Marignola. Chronik* (wie Kap. 8 Anm. 14), S. 485–604. Christine Gadrat: *Jean de Marignolli. Au jardin d'Eden*, Toulouse 2009. Xenja von Ertzdorff: *„Et transivi per principaliores mundi provincias*: Johannes Marignoli als weitgereister Erzähler der *Böhmenchronik*", in: *Wolfram-Studien*, 13 (1994), S. 142–173.

39 Jean Richard: *La papauté et les missions d'Orient au Moyen Âge (XIIIe–XVe siècles)*, Rom 1998. Kersken 1995 (wie Kap. 4 Anm. 9), S. 589–594.

40 Giovanni Villani: *Nuova Cronica*, herausgegeben von Giovanni Porta, Parma 1991.

41 Giorgio Chittolini (Hrsg.): *Statuten, Städte und Territorien zwischen Mittelalter und Neuzeit in Italien und Deutschland*, Berlin 1992. Pauler 1997 (wie Kap. 2 Anm. 32). Elena Taddei, Matthias Schnettger und Robert Rebitsch (Hrsg.): *„Reichsitalien" in Mittelalter und Neuzeit*, Innsbruck 2017.

42 Villani 1991 (wie Kap. 10 Anm. 40). Franca Ragone: *Giovanni Villani e i suoi continuatori: la scrittura delle cronache a Firenze nel Trecento*, Rom 1998.

43 Enrico Fenzi: *Pétrarque*, Paris 2015.

44 Nechutová 2007 (wie Kap. 2 Anm. 3). Nejedlý und Svátek 2014 (wie Kap. 8 Anm. 10).

45 *Die Chronik der Böhmen des Cosmas von Prag*, herausgegeben von Berthold Bretholz, Berlin 1923.

46 Josef Jireček (Hrsg.): *Dalimili Bohemiae Chronicon* (Fontes rerum bohemicarum, 3), Prag 1882. Adde-Vomáčka 2016 (wie Kap. 8 Anm. 12).

47 *Cronica ecclesiae Pragensis Benessii Krabice de Weitmile – Kronika Beneše Krabice z Weitmile* (wie Kap. 1 Anm. 14).

48 *Cronicon Francisci Pragensis/Kronika Františka Pražského* (wie Kap. 2 Anm. 14), S. 205. *Kronika Františka Pražského*, herausgegeben von Jana Zachová, Prag 1998. Zachová 1977 (wie Kap. 1 Anm. 14). *Petra Žitavského Kronika zbraslavská*, herausgegeben von Josef Emler, Prag 1884, S. 1–337. Albrecht 2013 (wie Kap. 1 Anm. 12). Marani-Moravová 2019 (wie Kap. 1 Anm. 10).

49 *Neplacha, opatova Opatovského, krátká Kronika* římská a česká, Prag 1882, S. 443–484.

50 Alphons Lhotsky und Karl Pivec (Hrsg.): *Historisch-politische Schriften des Dietrich von Nieheim*. Teil 1: *Viridarium imperato-*

rum et regum Romanorum (Monumenta Germaniae Historica, Staatsschriften des späteren Mittelalters 5), Stuttgart 1956.

51 Harald Zimmermann: *Thomas Ebendorfer, ein Universalhistoriker der konziliaren Epoche*, Wien 1998.

52 Ulrich Andermann, *Albert Krantz. Wissenschaft und Historiographie um 1500*, Weimar 1999.

53 *Philippe de Mézières. Songe du vieux pèlerin*, herausgegeben von Joël Blanchard, Paris 2008, S. 193–194.

54 Jörg K. Hoensch: *Kaiser Sigismund. Herrscher an der Schwelle zur Neuzeit 1368–1437*, Darmstadt 1996. Michel Pauly und François Reinert (Hrsg.): *Sigismund von Luxemburg. Ein Kaiser in Europa*, Mainz 2006. Karel Hruza und Alexandra Kaar (Hrsg.): *Kaiser Sigismund (1368–1437). Zur Herrschaftspraxis eines europäischen Monarchen*, Wien 2012.

55 Gary Ianziti: *Writing History in Renaissance Italy: Leonardo Bruni and the Uses of the Past*, Cambridge/London 2012.

56 Stefan Bauer: *The Censorship and Fortuna of Platina's Lives of the Popes in the Sixteenth Century*, Turnhout 2006. Zu ergänzen wäre hier noch Flavio Biondos *Historiarum Ab Inclinatione Romanorum Imperii, Decades III, Libri XXXI* (Venedig 1483). Crouzet-Pavan 2007 (wie Kap. 3 Anm. 46).

57 Aeneas Silvius Piccolomini: *Historia Bohemica*, herausgegeben von Joseph Hejnic und Hans Rothe, 3 Bde., Köln/Weimar/Wien 2005. Maria Antonietta Terzoli (Hrsg.): *Enea Silvio Piccolomini. Uomo di lettere e mediatore di culture – Gelehrter und Vermittler der Kulturen*, Basel 2006. Volker Reinhardt: *Pius II. Piccolomini. Der Papst, mit dem die Renaissance begann. Eine Biographie*, München 2013.

58 Von ihm stammt interessanterweise die erste deutsche Übersetzung der Chronik von Philippe de Commynes.

59 Helmut Slpanicka: „Karl IV. als Gesetzgeber in der Legende des 16. und 17. Jahrhunderts", in: Ausst.-Kat. Nürnberg/Köln 1978 (wie Einl. Anm. 14), S. 404–407.

60 Michael Matthäus: „‚Reichsgrundgesetz' oder nur ‚ein nichtsnützig Stück Pergament'? Die Rezeption der Frankfurter Goldenen Bulle in Wissenschaft und Literatur", in: Ausst.-Kat. Frankfurt am Main 2006 (wie Kap. 3 Anm. 14), S. 170–200. Arno Buschmann: „Die Rezeption der Goldenen Bulle in der Reichspublizistik des Alten Reiches", in: Hohensee u.a. 2009 (wie Kap. 3 Anm. 3), S. 1071–1120.

61 Franck Collard: *Un historien au travail à la fin du XVe siècle: Robert Gaguin*, Genf 1996.

62 Léonard Dauphant: *Le Royaume des quatre rivières. L'espace politique français (1380–1515)*, Paris 2012.

63 Johann Daniel Olenschlager: *Neue Erläuterung der Guldenen Bulle Kaysers Carls IV.*, Frankfurt am Main/Leipzig 1766.

64 Anne-Marie Thiesse: *La Création des identités nationales. Europe XVIIIe–XIXe siècle*, Paris 1999.

65 Jiří Kořalka: *František Palacký (1798–1876), der Historiker der Tschechen im österreichischen Vielvölkerstaat* (Studien zur Geschichte der österreichisch-ungarischen Monarchie, 30), Wien 2007.

66 Pierre Monnet: „Le projet de paix et d'union chrétiennes de Georges de Podiebrad", in: Boucheron 2009 (wie Kap. 3 Anm. 37), S. 527–532.

67 Otto Gerhard Oexle: „Das entzweite Mittelalter", in: Gerd Althoff (Hrsg.): *Die Deutschen und ihr Mittelalter. Themen und Funktionen moderner Geschichtsbilder vom Mittelalter*, Darmstadt 1992, S. 7–28.

68 Stoob 1990 (wie Kap. 3 Anm. 39), S. 398–406.

69 Walter Schamschula: „Tschechische Dichtung um Karl IV.", in: Ausst.-Kat. Nürnberg/Köln 1978 (wie Einl. Anm. 14), S. 407–411.

70 René Küpper: „Größter Tscheche aller Zeiten, Deutscher, großer Europäer? Das Bild Karls IV. in Geschichtsschreibung und Öffentlichkeit", in: Ausst.-Kat. Prag/Nürnberg 2016 (wie Kap. 1 Anm. 35), S. 267–275.

71 Johann Gustav Droysen: *Grundriss der Historik. Vorlesungen zur Geschichtswissen-*

schaft und Methodik, Nachdruck der Orig.-Ausgabe von 1868, Hamburg 2011.

72 Otto Gerhard Oexle: *Geschichtswissenschaft im Zeichen des Historismus. Studien zu Problemgeschichten der Moderne*, Göttingen 1996.

73 *Der Zug nach dem Osten. Die kolonisatorische Großtat des deutschen Volkes im Mittelalter*, Leipzig 1921.

74 Ausst.-Kat. Nürnberg/Köln 1978 (wie Einl Anm. 14).

75 Seibt 1978 (wie Kap. 6 Anm. 14).

76 Hohensee u.a. 2009 (wie Kap. 3 Anm. 3).

77 Ausst.-Kat. Prag/New York 2006 (wie Kap. 2 Anm. 5). Fajt und Langer 2009 (wie Kap. 6 Anm. 25).

78 Ausst.-Kat. Prag/Nürnberg 2016 (wie Kap. 1 Anm. 35).

Fazit

1 Hoensch 2000 (wie Kap. 2 Anm. 12). Martin Kintzinger: „Wenzel (1376–1400)", in: Schneidmüller und Weinfurter 2003 (wie Kap. 2 Anm. 18), S. 433–445.

2 *Die Metzer Chronik des Jaique Dex (Jacques d'Esch)* (wie 1. Akt Anm. 26), S. 315.

3 Eberhard Holz: *Reichsstädte und Zentralgewalt unter König Wenzel: 1376–1400*, Warendorf 1993.

4 Josef Krasa: *Die Handschriften König Wenzels* IV., Prag 1971. Fajt und Langer 2009 (wie Kap. 6 Anm. 25). Ulrike Jenni und Maria Theisen: *Mitteleuropäische Schulen IV (ca. 1380–1400). Hofwerkstätten König Wenzels IV. und deren Umkreis*, Wien 2014.

5 Jiří Fajt und Barbara Drake Boehm: „Wenzel IV. 1361–1419: Herrscherrepräsentation in den Fußstapfen des Vaters", in: Ausst.-Kat. Prag/New York 2006 (wie Kap. 2 Anm. 5), S. 460–540. Fajt und Langer 2009 (wie Kap. 6 Anm. 25), Kapitel „Söhne eines großen Herrschers in bewegten Zeitläuften. Wenzel IV. und Sigismund", S. 365–440.

6 Françoise Autrand: *Charles VI*, Paris 1986, S. 345.

7 František Graus: „Das Scheitern von Königen: Karl VI., Richard II., Wenzel IV.", in: Schneider 1987 (wie Kap. 5 Anm. 22), S. 17–40. Ernst Schubert: *Königsabsetzung im deutschen Mittelalter. Eine Studie zum Werden der Reichsverfassung*, Göttingen 2005.

8 Šmahel 1985 (wie Kap. 8 Anm. 40). Šmahel 2002 (wie Kap. 8 Anm. 40). Soukup 2014 (wie Kap. 8 Anm. 40).

9 Hoensch 1996 (wie Kap. 10 Anm. 54). Pauly und Reinert 2006 (wie Kap. 10 Anm. 54). Imre Takács (Hrsg.): *Sigismundus Rex et Imperator. Kunst und Kultur zur Zeit Sigismunds von Luxemburg (1387–1437)*, Mainz 2006. Hruza und Kaar 2012 (wie Kap. 10 Anm. 54).

10 Heinz-Dieter Heimann: „Die luxemburgisch-habsburgischen Erbverbrüderungen von 1364 und 1366. Ein inner- und interdynastisches Rechtswerk", in: Müller u.a. 2014 (wie Kap. 3 Anm. 27).

11 Luisa Secchi Tarugi (Hrsg.): *Pio II umanista europeo*, Florenz 2007. Reinhardt 2013 (wie Kap. 10 Anm. 57).

12 Pierre Monnet: „1378–2018: Charles IV un Européen?", in: *Francia*, 46 (2019), S. 105–120.

13 Folz 1984 (wie Kap. 10 Anm. 16).

14 *Omne regnum in se divisum desolabitur* (Luk 11,17).

Dank

1 *Vie de Charles IV de Luxembourg*, hrsg., übers. und komm. von Pierre Monnet und Jean-Claude Schmitt, Paris 2010.

2 Pierre Monnet und Jean-Claude Schmitt (Hrsg.): *Autobiographies souveraines*, Paris 2012.

3 Pierre Monnet: „De l'honneur de l'Empire à l'honneur urbain: la Bulle d'Or de 1356 et les villes dans l'Empire médiéval et moderne", in: Julie Claustre, Olivier Mattéoni und Nicolas Offenstadt (Hrsg.): *Un Moyen Âge pour aujourd'hui. Mélanges offerts à Claude Gauvard*, Paris 2010, S. 152–160.

Weiterführende Literatur

Vom selben Autor

Les Rohrbach de Francfort. Pouvoirs, affaires et parenté à l'aube de la Renaissance, Genf 1997.

Die Gegenwart des Feudalismus (hrsg. mit Otto Gerhard Oexle und Natalie Fryde), Göttingen 2002.

Memoria, communitas, civitas. Mémoire et conscience urbaines en Occident à la fin du Moyen Âge (hrsg. mit Hanno Brand und Martial Staub), Ostfildern 2003.

Stadt und Recht im Mittelalter (hrsg. mit Otto Gerhard Oexle), Göttingen 2003.

Villes d'Allemagne au Moyen Âge, Paris 2004.

Le Technicien dans la cité en Europe occidentale. 1250–1650 (hrsg. mit Mathieu Arnoux), Rom 2004.

Gebrauch und Missbrauch des Mittelalters, 19.–21. Jahrhundert (hrsg. mit Janos Bak, Jörg Jarnut und Bernd Schneidmüller), München 2009.

La Vita de Charles IV de Bohême (1316–1378) (hrsg. mit Jean-Claude Schmitt), Paris 2010.

Autobiographies souveraines (hrsg. mit Jean-Claude Schmitt), Paris 2012.

1414–2014: Das Konstanzer Konzil. Neue Ansätze, neue Methoden: ein deutsch-französischer Blick, Tagung Frankfurt a. M., 12.–13.5.2015, Paderborn 2015.

Bouvines 1214–2014. Histoire et mémoire d'une bataille – Eine Schlacht zwischen Geschichte und Erinnerung. Approches et comparaisons franco-allemandes/Deutsch-französische Ansätze und Vergleiche (hrsg. mit Rolf Große, Martin Kintzinger und Claudia Zey), Bochum 2016.

Vielfalt und Widersprüche (mit Olaf Rader), in: Thomas Serrier und Etienne François (Hrsg.): Europa: Die Gegenwart unserer Geschichte, Bd. 2, Darmstadt 2019.

Les Usages de la temporalité dans les sciences sociales/Vom Umgang mit Temporalität in den Geistes- und Sozialwissenschaften (hrsg. mit Thomas Maissen und Barbara Mittler), Bochum 2019.

Quellen

Dalimils Chronik von Böhmen, hrsg. von Venceslav Hanka, Stuttgart 1859.

Die Krönungsordnung der Könige von Böhmen, hrsg. von Johann Loserth, Archiv für österreichische Geschichte, 54 (1876), S. 9–36.

Johannes von Marignola. Chronik, hrsg. von Joseph Emler, Prag 1882 (Fontes rerum Bohemicarum, III).

Cronica ecclesiae Pragensis Benessii Krabice de Weitmile – Kronika Beneše Krabice z Weitmile, hrsg. von Joseph Emler, Prag 1884 (Fontes rerum Bohemicarum, IV).

Die Metzer Chronik des Jaique Dex (Jacques d'Esch) über die Kaiser und Könige aus dem Luxemburger Hause (1307–1435), hrsg. von Georg Wolfram, Metz 1906.

Les Grandes Chroniques de France: Chronique des règnes de Jean II et de Charles V, hrsg. von Roland Delachenal, Paris 1910–1920.

Die Chronik der Böhmen des Cosmas von Prag, hrsg. von Berthold Bretholz, Berlin 1923.

Ein Fürstenspiegel Karls IV., hrsg. von Samuel Steinherz, Prag 1925.

Das Landbuch der Mark Brandenburg von 1375, hrsg. von Johannes Schultze, Berlin 1940.

Die Regesten des Kaiserreichs unter Kaiser Karl IV. 1346–1378 (Regesta imperii, Teil 8), aus dem Nachlasse J. F. Boehmers, hrsg. von Alfons Huber, Nachdruck Hildesheim 1968.

Bulla aurea Karoli IV. imperatoris anno MCCCLVI promulgata, hrsg. und übers. von Wolfgang D. Fritz, Leipzig 1972 (Monumenta Germaniae Historica, Fontes iuris Germanici antiqui, 11).

„Das Böhmische Salbüchlein" Kaiser Karls IV. über die nördliche Oberpfalz 1366/68, hrsg. von Fritz Schnelbögl, München 1973.

Die Balduineen. Aufbau, Entstehung und Inhalt der Urkundensammlung des Erzbischofs Balduin von Trier, bearb. von Johannes Mötsch, Koblenz 1980.

Quellen zur Verfassungsgeschichte des römisch-deutschen Reiches im Spätmittelalter (1250–1500), hrsg. von Lorenz Weinrich, Darmstadt 1983.

Maiestas Carolina. Der Kodifikationsentwurf Karls IV. für das Königreich Böhmen von 1355, hrsg. von Bernd-Ulrich Hergemöller, München 1995.

Cronicon Francisci Pragensis/Kronika Františka Pražského, hrsg. von Jana Zachová, Prag 1997 (Fontes rerum Bohemicarum, Series nova 1).

Karoli Imperatoris Romanorum Vita ab eo ipso conscripta et Historia Nova de Sancto Wenceslao Martyre, hrsg. von Balázs Nagy und Frank Schaer, Budapest 2001.

Aeneas Silvius Piccolomini: *Historia Bohemica*, hrsg. von Joseph Hejnic und Hans Rothe, 3 Bde., Köln/Weimar/Wien 2005.

Der Weg zur Krone. Der Romzug Heinrichs VII. in der Darstellung Erzbischof Balduins von Trier, hrsg. und übers. von Michel Margue, Michel Pauly und Wolfgang Schmid, Trier 2009.

Die Königsaaler Chronik, hrsg. und übers. von Stefan Albrecht und Josef Bujnoch, Frankfurt a. M. 2014.

Die Autobiographie Karls IV. / Vita Caroli Quarti, hrsg. und übers. von Eugen Hillenbrand, Stuttgart 1979.

Wie Blitz und Donnerschlag. Die Kaiserkrönung Karls IV. nach den Berichten des Johannes Porta de Annoniaco, hrsg. von Olaf B. Rader, aus dem Mittellateinischen übers. von Marianna Spano und Ulrike Hohensee, Berlin 2016.

Sekundärliteratur

Überblicksdarstellungen

Ulf Dirlmeier, Gerhard Fouquet und Bernd Fuhrmann: *Europa im Spätmittelalter 1215–1378*, München 2003.

L'Europe des Anjou. Aventure des princes angevins du XIIIe au XVe siècle, Ausst.-Kat. Abtei Fontevraud, Paris 2001.

Jean Favier (Hrsg.): *XIVe et XVe siècles. Crises et genèses*, Paris 1996.

Christian Hesse, Peter Moraw und Rainer Chr. Schwinges (Hrsg.): *Europa im Spätmittelalter. Politik – Gesellschaft – Kultur*, München 2006.

Werner Maleczek (Hrsg.): *Fragen der politischen Integration in Europa*, Ostfildern 2005.

Klaus Oschema: *Bilder von Europa im Mittelalter*, Ostfildern 2013.

Reinhard Schneider (Hrsg.): *Das spätmittelalterliche Königtum im europäischen Vergleich*, Sigmaringen 1987.

Bernd Schneidmüller: *Grenzerfahrung und monarchische Ordnung. Europa 1200–1500*, München 2011.

Noël-Yves Tonnerre und Élisabeth Verry (Hrsg.): *Les Princes angevins du XIIIe au XVe siècle. Un destin européen*, Rennes 2003.

Frankreich und England

Christopher Allmand: *La Guerre de Cent Ans*, Paris 1989.

Françoise Autrand: *Charles V*, Paris 1994.

Dies.: *Christine de Pizan*, Paris 2009.

Colette Beaune: *Naissance de la nation France*, Paris 1985.

Boris Bove: *Le Temps de la Guerre de Cent Ans 1328–1453*, Paris 2009.

Bruno Donzet und Christian Sire (Hrsg.): *Les Fastes du gothique. Le siècle de Charles V*, Ausst.-Kat. Paris, Paris 1981.

Christian Freigang und Jean-Claude Schmitt (Hrsg.): *Hofkultur in Frankreich und Europa im Spätmittelalter / La culture de cour en France et en Europe à la fin du Moyen Âge*, Berlin 2005.

Anne D. Hedeman: *The Royal Image: Illustrations of the „Grandes Chroniques de France" (1274–1422)*, Berkeley 1991.

Jacques Le Goff: *Saint Louis*, Paris 1996.

Italien

Elisabeth Crouzet-Pavan: *Enfers et paradis. L'Italie de Dante et de Giotto*, Paris 2001.

Jean-Pierre Delumeau und Isabelle Heullant-Donat: *L'Italie au Moyen Âge. Ve–XVe siècles*, Paris 2000.

Roland Pauler: *Die deutschen Könige und Italien im 14. Jahrhundert*, Darmstadt 1997.

Volker Reinhardt: *Pius II. Piccolomini. Der Papst, mit dem die Renaissance begann. Eine Biographie*, München 2013.

Heiliges Römisches Reich

Gabriele Annas: *Hoftag – Gemeiner Tag – Reichstag. Studien zur strukturellen Entwicklung deutscher Reichsversammlungen des späten Mittelalters (1349–1471)*, Göttingen 2004.

Hartmut Boockmann: *Stauferzeit und spätes Mittelalter 1125–1517*, Berlin 1994.

Evelyn Brockhoff und Michael Matthäus (Hrsg.): *Die Kaisermacher. Frankfurt am Main und die Goldene Bulle 1356–1806*, Ausst.-Kat. Frankfurt am Main, 2 Bde., Frankfurt a. M. 2006.

Andreas Büttner: *Der Weg zur Krone. Rituale der Herrschererhebung im spätmittelalterlichen Reich*, Ostfildern 2012.

Martin Clauss: *Ludwig IV. der Bayer. Herzog, König, Kaiser*, Regensburg 2014.

Robert Folz: *Le Souvenir et la légende de Charlemagne dans l'Empire germanique médiéval*, Paris 1950.

Amalie Fössel: *Die Königin im mittelalterlichen Reich*, Stuttgart 2000.

Christian Hesse: *Synthese und Aufbruch (1346–1410)* (Gebhardt: Handbuch der deutschen Geschichte, Bd. 7b), Stuttgart 2017.

Charles Higounet: *Les Allemands en Europe centrale et orientale au Moyen Âge*, Paris 1989.

Eberhard Isenmann: *Die deutsche Stadt im Mittelalter 1150–1550. Stadtgestalt, Recht, Verfassung, Stadtregiment, Kirche, Gesellschaft, Wirtschaft*, Köln/Weimar/Wien 2012.

Mario Kramp (Hrsg.): *Krönungen. Könige in Aachen. Geschichte und Mythos*, Ausst.-Kat. Aachen, 2 Bde., Mainz 2000.

Karl-Friedrich Krieger: *Die Habsburger im Mittelalter. Von Rudolf I. bis Friedrich III.*, Stuttgart 2004.

Jean-Marie Moeglin: *L'Empire et le royaume. Entre différence et fascination 1214–1500*, Lille 2011.

Pierre Monnet: *Villes d'Allemagne au Moyen Âge*, Paris 2004.

Peter Moraw: *Von offener Verfassung zu gestalteter Verdichtung. Das Reich im späten Mittelalter 1250 bis 1490*, Berlin 1985.

Werner Paravicini: *Die ritterlich-höfische Kultur des Mittelalters*, München 2011.

Francis Rapp: *Les Origines médiévales de l'Allemagne moderne. De Charles IV à Charles Quint (1346–1519)*, Paris 1989.

Gerrit Jasper Schenk: *Zeremoniell und Politik. Herrschereinzüge im spätmittelalterlichen Reich*, Köln/Weimar/Wien 2002.

Bernd Schneidmüller und Stefan Weinfurter (Hrsg.): *Heilig – Römisch – Deutsch. Das Reich im spätmittelalterlichen Europa*, Dresden 2006.

Heinz Thomas: *Deutsche Geschichte des Spätmittelalters. 1250–1500*, Stuttgart 1983.

Ders.: *Ludwig der Bayer (1282–1347). Kaiser und Ketzer*, Regensburg 1993.

Stefan Weiß (Hrsg.): *Regnum et imperium. Die französisch-deutschen Beziehungen im 14. und 15. Jahrhundert / Les relations franco-allemandes au XIVe et XVe siècles*, München 2008.

Böhmen und Mitteleuropa

Martin Bauch, Julia Burkhardt, Tomáš Gaudek und Václav Zurek (Hrsg.): *Heilige, Helden, Wüteriche. Herrschaftsstile der Luxemburger (1308–1437)*, Wien/Köln/Weimar 2017.

Barbara Drake Boehm und Jiří Fajt (Hrsg.): *Prague. The Crown of Bohemia, 1347–1437*, New York 2005.

Marie-Madeleine de Cevins: *L'Europe centrale au Moyen Âge*, Rennes 2013.

Pál Engel, Gyula Kristó und András Kubinyi: *Histoire de la Hongrie médiévale*, Bd. 2: *Des Angevins aux Habsbourgs*, Rennes 2008.

Jörg K. Hoensch: *Geschichte Böhmens. Von der slawischen Landnahme bis ins 20. Jahrhundert*, München 1987.

Jeizy Ktoczowski u. a. (Hrsg.): *Histoire de l'Europe du Centre-Est*, Paris 2004.

Josef Macek und Robert Mandrou: *Histoire de la Bohême. Des origines à 1918*, Paris 1984.

Jana Nechutová: *Die lateinische Literatur des Mittelalters in Böhmen*, Köln/Weimar/Wien 2007.

Martin Nejedlý, Jaroslav Svátek und Marilyn Nicoud (Hrsg.): *Histoires de Bohême. Nouveaux regards sur les sources (XIVe–XVe siècles)*, = Médiévales 67 (2014).

Friedrich Prinz (Hrsg.): *Deutsche Geschichte im Osten Europas. Böhmen und Mähren*, Berlin 1993.

Eva Schlotheuber und Hubertus Seibert (Hrsg.): *Böhmen und das Deutsche Reich. Ideen- und Kulturtransfer im Vergleich (13.–16. Jahrhundert)*, Prag 2009.

Luxemburg und Haus Luxemburg

Raymond Cazelles: *Jean l'Aveugle, comte de Luxemburg roi de Bohême*, Paris 1947.

Jiří Fajt und Andrea Langer (Hrsg.): *Kunst als Herrschaftsinstrument. Böhmen und das Heilige Römische Reich unter den Luxemburgern im europäischen Kontext*, Tagung des Geisteswissenschaftlichen Zentrums Geschichte und Kultur Ostmitteleuropas an der Universität Leipzig und Prager Burgverwaltung vom 9.–13. Mai 2006 in Prag, Berlin/München 2009.

Franziska Heidemann: *Die Luxemburger in der Mark. Brandenburg unter Kaiser Karl IV. und Sigismund von Luxemburg (1373–1415)*, Warendorf 2014.

Jörg K. Hoensch: *Die Luxemburger. Eine spätmittelalterliche Dynastie gesamteuropäischer Bedeutung 1308–1437*, Stuttgart 2000.

Verena Kessel: *Balduin von Trier (1285–1354). Kunst, Herrschaft und Spiritualität im Mittelalter*, Trier 2012.

Anton Legner (Hrsg.): *Die Parler und der schöne Stil 1350–1400. Europäische Kunst unter den Luxemburgern*, 4 Bde., Köln 1978–1980.

Běla Marani-Moravová: *Peter von Zittau. Abt, Diplomat und Chronist der Luxemburger*, Ostfildern 2019.

Michel Margue (Hrsg.): *Un itinéraire européen. Jean l'Aveugle, comte de Luxembourg et roi de Bohême (1296–1346)*, Luxemburg 1996.

Reiner Nolden (Hrsg.): *Balduin von Luxemburg. Erzbischof und Kurfürst von Trier (1308–1354)*, Trier 2010.

Michel Pauly (Hrsg.): *Johann der Blinde. Graf von Luxemburg, König von Böhmen. 1296–1346*, Luxemburg 1997.

Ders. (Hrsg.): *Jean et Elisabeth. Die Erbtochter, der fremde Fürst und das Land. Die Ehe Johanns des Blinden und Elisabeths von Böhmen in vergleichender europäischer Perspektive / L'héritière, le prince étranger et le pays. Le mariage de Jean l'Aveugle et d'Élisabeth de Bohême dans une perspective comparative européenne*, Luxemburg 2013.

Ders.: *Histoire du Luxemburg*, Brüssel 2013.

Sabine Penth und Peter Thorau (Hrsg.): *Rom 1312. Die Kaiserkrönung Heinrichs VII. und die Folgen. Die Luxemburger als Herrscherdynastie von gesamteuropäischer Bedeutung*, Köln/Weimar/Wien 2016.

Michael Viktor Schwarz (Hrsg.): *Grabmäler der Luxemburger. Image und Memoria eines Kaiserhauses*, Luxemburg 1997.

Ellen Widder (Hrsg.): *Vom luxemburgischen Grafen zum europäischen Herrscher. Neue Forschungen zu Heinrich VII.*, Luxemburg 2008.

Karl IV.

Martin Bauch: *Divina favente clemencia. Auserwählung, Frömmigkeit und Heilsvermittlung in der Herrschaftspraxis Kaiser Karls IV.*, Köln 2015.

Marco Bogade: *Karl IV. Ikonographie und Ikonologie*, Stuttgart 2005.

Daniela Břízová, Jiří Kuthan, Jana Peroutková und Stefan Scholz (Hrsg.): *Kaiser Karl IV. Die böhmischen Länder und Europa / Emperor Charles IV. Lands of the Bohemian Crown and Europe*, Prag 2017.

Jiří Fajt und Jan Royt (Hrsg.): *Magister Theodoricus. Hofmaler Kaiser Karls IV. Die künstlerische Ausstattung der Sakralräume auf Burg Karlstein*, Ausst.-Kat. Prag, Prag 1998.

Jiří Fajt, Markus Hörsch und Andrea Langer (Hrsg.): *Karl IV. Kaiser von Gottes Gnaden. Kunst und Repräsentation des Hauses Luxemburg 1310–1437*, Ausst.-Kat. Prag/New York, München/Berlin 2006.

Jiří Fajt und Markus Hörsch (Hrsg.): *Kaiser Karl IV. 1316–2016*, Ausst.-Kat. Prag/Nürnberg, Prag 2016.

Jiří Fajt und Jan Šícha (Hrsg.): *Weiser Herrscher in einer Zeit der Katastrophen. Auf den Spuren Kaiser Karls IV. zwischen Prag und Nürnberg*, Ausst.-Kat. Prag/Nürnberg, Prag 2017.

Beat Frey: *Pater Bohemiae – Vitricus imperii. Böhmens Vater, Stiefvater des Reichs. Kaiser Karl IV. in der Geschichtsschreibung*, Frankfurt a. M./Bern 1978.

Bernd-Ulrich Hergemöller: *Fürsten, Herren und Städte zu Nürnberg 1355/56. Die Entstehung der „Goldenen Bulle" Karls IV.*, Köln/Wien 1983.

Ders.: *Cogor adversum te. Drei Studien zum literarisch-theologischen Profil Karls IV. und seiner Kanzlei*, Warendorf 1999.

Ulrike Hohensee, Mathias Lawo, Michael Lindner, Michael Menzel und Olaf B. Rader (Hrsg.): *Die Goldene Bulle. Politik – Wahrnehmung – Rezeption*, Berlin 2009.

Pierre Monnet: „Le roi d'un reve, le reve d'un roi: Charles IV à Terenzo en 1333", in: Jean-Christophe Cassard, Yves Coativy, Alain Gallicé und Dominique Le Page (Hrsg.): *Le Prince, l'argent, les hommes au Moyen Âge. Mélanges offerts à Jean Kerhervé*, Rennes 2008, S. 181–193.

Ders.: „De l'honneur de l'Empire à l'honneur urbain: la Bulle d'Or de 1356 et les villes dans l'Empire médiéval et moderne", in: Julie Claustre, Olivier Mattéoni und Nicolas Offenstadt (Hrsg.): *Un Moyen Âge pour aujourd'hui. Mélanges offerts à Claude Gauvard*, Paris 2010, S. 152–160.

Ders.: „Charles IV de Luxembourg et ses portraits", in: Gabriele Annas und Jessika Nowak (Hrsg.): *Et l'homme dans tout cela? Von Menschen, Mächten und Motiven. Festschrift für Heribert Müller zum 70. Geburtstag*, Stuttgart 2017, S. 351–378.

Ders.: „La Bulle d'or de 1356, une ‚constitution' pour l'Empire?", in: François Foronda und Jean-Philippe Genet (Hrsg.): *Des chartes aux constitutions. Autour de l'idée constitutionnelle en Europe (XIIe–XVIIe siècle)*, Paris/Rom 2019, S. 149–188.

Ders.: „1378–2018: Charles IV un Européen?", in: Francia, 46 (2019), S. 105–120.

Hans Patze (Hrsg.): *Kaiser Karl IV. 1316–1378. Forschungen über Kaiser und Reich*, Neustadt/Aisch 1978.

Iva Rosario: *Art and Propaganda. Charles IV of Bohemia*, Woodbridge 2000.

Ferdinand Seibt (Hrsg.): *Kaiser Karl IV. Staatsmann und Mäzen*, Ausst.-Kat. Nürnberg/Köln, München 1978.

Ders.: *Karl IV. Ein Kaiser in Europa 1346 bis 1378*, München 1978.

František Šmahel: *The Parisian Summit 1377–78. Emperor Charles IV and King Charles V of France*, Prag 2014.

Heinz Stoob: *Kaiser Karl IV. und seine Zeit*, Graz/Wien/Köln 1990.

Dieter Veldtrup: *Zwischen Eherecht und Familienpolitik. Studien zu den dynastischen Heiratsprojekten Karls IV.*, Warendorf 1988.

Ellen Widder: *Itinerar und Politik. Studien zur Reiseherrschaft Karls IV. südlich der Alpen*, Köln/Weimar/Wien 1993.

Václav Žůrek: *Karel IV. Portét středověkého vládce*, Prag 2018.

Personenregister

Die Namen von Königen, Fürsten, Päpsten etc. sind in der gebräuchlichen deutschen Schreibweise aufgeführt, ggf. in Klammern durch die tschechische Entsprechung ergänzt. Die Reihenfolge der Namen von Königen, Fürsten, Päpsten etc. richtet sich nach dem Anfangsbuchstaben des Vornamens.

Ortsregister

Die Namen von Städten im heutigen Polen und Ungarn, in der Slowakei und in Tschechien sind in der im Mittelalter und in der Frühen Neuzeit gebräuchlichen deutschen Fassung aufgeführt. Der heutige Name ist in Klammern ergänzt.

Abbildungsnachweis

S. 2 akg-images/picture-alliance/dpa; S. 17 akg-images/De Agostini Picture Lib. W. Buss; S. 65 Hauptstaatsarchiv Stuttgart/Wikimedia Commons; S. 69 akg-images/De Agostini Picture Lib.; S. 96 akg-images/Album/Oronoz; S. 131 akg-images; S. 137 Wikimedia Commons; S. 156 Wikimedia Commons; S. 157 Manuel Cohen/akg-images; S. 160 akg-images/picture-alliance/dpa; S. 205 akg-images/Erich Lessing; S. 211 akg-images/Erich Lessing; S. 232 akg-images/Erich Lessing; S. 240 Wikimedia Commons; S. 245 akg-images; S. 254 akg-images/Album/Prisma